新时代 新编辑 新作为

中国编辑学会第19届年会获奖论文（2018）

中国编辑学会　编

人民出版社

Contents

目　录

凝聚创新正能量　书写融合新篇章 ·············· 郭义强　1

出版的本质与编辑的地位与作用 ··············· 郝振省　9

做新时代的优秀编辑 ·················· 乔还田　15

一 等 奖

编辑出版人才培养 40 年：历程、机制及问题挑战 ···· 万安伦　刘浩冰　3

新时代优秀编辑的变与不变 ··············· 周蔚华　17

新时代编辑的使命担当与核心素养 ··········· 云慧霞　30

从三个维度看融合出版 ················ 周百义　40

论新时代编辑在出版融合发展中的地位与作用 ········· 张　俊　47

项目带动战略：浅议大型出版项目提升出版社核心
　　竞争力的方法 ··············· 潘　飞　55

新时代的教材建设：理念与实践·················黄　强　64

"新出版""新"在哪里？·····················曹光哲　77

中国特色出版专业主义及其建构·················宣海林　83

如何做好选题策划：一个编辑的视角···············迟　云　93

二 等 奖

关于增强出版自信、推动出版创新的几点思考··········王　森　105

满足时代需求，出版生态学精品力作

·················李冰祥　柳丽丽　关　焱　殷　鸽　112

新时代编辑的文化担当与素养建构···············胡亮亮　120

论满足人民美好阅读需要与新时代编辑的担当·······李国昌　李爽爽　128

新时代智能算法推荐环境下编辑职能的转变··········毛文思　135

发挥汉语国际教育出版物"先行者"作用，推动中华文化"走出去"

·······························郑　炜　141

论知识服务视域下的编辑创新··················刘　坚　149

新时代主题出版核心编辑力生成路径分析············何军民　158

创新专业知识服务能力，探索出版融合发展之路·········都　兰　167

新时代的编辑如何利用大数据··················刘　洁　175

策划之道　数里乾坤······················张宗芳　183

数字出版时代编辑的核心能力建设···············祝元志　191

数字资源的运用与图书编辑审读加工能力的优化········朱金波　196

新时代基础教育期刊高质量发展的创新融合路径········许　雯　203

试论互联网时代背景下责任编辑的四重角色转变……杨宁巍 冯 婷 210

融合发展背景下学术编辑定位、作用及评价……………………朱 月 220

知识服务中编辑作用和价值的思考…………………………侯笑宇 228

如何打造国家级重大出版项目………………………………李慧平 234

浅谈图书出版如何打造精品力作……………………………王创国 240

新时代一名医学编辑的思考与实践…………………………周 宁 244

三 等 奖

新时代编辑对出版工作的思考………………………………高 静 257

"出版+"理念下的编辑人才培养创新探索…………………马伊顺 265

新时代背景下青年编辑人才培养与激励机制优化的探讨………刘思思 274

新时代中职学校工科专业教材编辑创新能力的提升及教材创新点研究

…………………………………………………………………王佳玮 281

核心素养时代下研究型英文编辑的培养路径………………毛燕琴 290

出版融合发展背景下的传统编辑转型研究…………………吴 桐 297

如何提升中华文化的国际影响力………………………黄新炎 吴 迪 305

新时代少儿读物编辑的新作为………………………………王明雷 314

编辑的创意权及保障…………………………………………张礼庆 322

在数字出版时代传统出版业还可以做什么…………………戴亦梁 328

论新时代视域下主题出版编辑素养的提升…………………蒋佩轩 337

试论英语教材研发中编辑的文化自觉与自信………………朱 萌 346

坚定文化自信明确特色定位 拓展年鉴新功能………………李丽艳 354

从文化自信的角度观照主题出版·······················彭曦瑶 361

如何打造国家级重大出版项目·······················马爱梅 369

借助新媒体优势 开拓文化传播新路径················张秀芹 377

新技术的运用对出版业的改变与影响················喻 刚 384

浅谈新时代图书编辑如何利用大数据················陈学砧 390

基于大数据的图书选题策划路径·····················雷亚妮 397

主题出版：深度化、生动化、市场化、国际化········胡艳红 405

地方出版社主题出版板块发展探究··················魏飞建 412

新时代教辅图书编辑如何面对新未来················吴艳玲 421

媒介融合背景下的出版导向研究·····················刘 琮 428

"互联网＋"背景下传统专业出版社之挑战与机遇思考····何 波 437

互联网时代的纸质书籍设计应融入新理念············徐 晖 449

编辑工匠精神在新时代的发扬光大··················刘 迅 454

标准化铸就出版人工匠精神·························李 旗 462

编辑助力书稿"更上一层楼"·······················王长民 470

铸教育援外"航母"扬文化自信"风帆"···········邹楚林 甘 哲 481

提升《中国大百科全书》传播力的思考··············王 瑜 491

凝聚创新正能量　书写融合新篇章

郭义强

今年是新中国成立70周年，70年伟大历程，70年不懈奋斗，70年成就辉煌。正如习近平总书记指出的，70年砥砺奋进，我们的国家发生了天翻地覆的变化。无论是在中华民族历史上，还是在世界历史上，这都是一部感天动地的奋斗史诗。70年来，出版业与时代同行，取得了巨大成就。数字出版作为出版与数字技术、网络技术融合的产物，已经成为我国文化产业领域最具活力的板块之一。特别是党的十八大以来，以习近平同志为核心的党中央作出推动传统媒体和新兴媒体融合发展的重大决策，习近平总书记发表一系列重要论述，为数字出版发展提供了根本指导和遵循。过去的七年，是数字出版产业发展最快、成果最显著的时期。第十五届中国（深圳）国际文化产业博览交易会特别举办"庆祝新中国成立70周年数字出版成果展"，充分展示70年来特别是党的十八大以来出版转型升级、融合发展的斐然成就。本届文博会数字出版论坛以"聚能融合，聚力创新"为主题，很好地反映了出版业发展新趋势，彰显了新时代对数字出版的新要求。站在新时代新起点，要深入贯彻落实习近平总书记重要指示精神和中央要求，坚持守正创新，积极作为，努力推进传统出版与新兴出版融合向纵深发展。

一、把握融合发展新要求，展现数字出版新作为

习近平总书记强调，互联网正在媒体领域催发一场前所未有的变革，全媒体不断发展，出现了全程媒体、全息媒体、全员媒体、全效媒体，信息无处不在、无所不及、无人不用；强调建设全媒体成为我们面临的一项紧迫课题，要运用信息革命成果，推动媒体融合向纵深发展，做大做强主流舆论；强调要坚持正能量是总要求、管得住是硬道理、用得好是真本事，打造新型传播平台，建成新型主流媒体。本届文博会集中展现了国家数字出版产业基地（园区）在推动出版与科技融合方面取得的丰硕成果，展现了数字出版产业蓬勃兴旺的发展态势。同时，也要清醒地看到，当前我国出版融合发展正处在爬坡过坎的关键期，传统出版与新兴出版从"相加"到真正完全"相融"还有不小距离。我们要深入学习贯彻习近平总书记的重要论述，充分认识出版融合发展是大势所趋，充分认识在我国出版业由大变强、由并跑到领跑的进程中数字出版承担的重要责任，因势而谋、应势而动、顺势而为，坚持导向为魂、移动为先、内容为王、创新为要，切实增强做好数字出版、融合发展工作的责任感、紧迫感和自觉性、坚定性，做到四个坚持。

一是坚持以正确导向引领数字出版。数字出版作为一种受众广泛、社会影响力很强的新兴文化业态，不管产品形态、服务模式如何变化，传播样式怎样创新，都必须把坚持正确导向作为第一位的要求，始终聚焦优质内容生产传播，不能偏离出版内核和文化传承的使命。无论是开展数字化

业务的传统出版单位，还是新兴出版企业，都要以习近平新时代中国特色社会主义思想为指导，树牢"四个意识"，坚定"四个自信"，做到"两个维护"，坚持正确的政治方向、舆论导向、价值取向，弘扬主旋律，传播正能量，让积极健康的数字出版内容充盈网络空间。要秉持高尚的文化情怀和价值追求，与时代同步伐，以人民为中心，始终将社会效益放在首位，自觉践行社会主义核心价值观，讲品位、讲格调、讲责任，向人民奉献更加丰富、更加优质的数字出版产品和服务。

二是坚持以内容优势打造发展优势。内容资源是数字出版企业的关键资源和核心竞争力，经过多年发展，传统出版单位积累了海量优质内容，新兴网络出版企业也汇聚了大量优质内容。要加快传统出版资源的数字化，对线下已经出版的优秀出版物，加大数字化制作加工和网络传播力度。积极推动网络原创内容的创作生产传播，把提高作品的内容品质和思想内涵作为紧要任务，不断推出主题鲜明、导向正确、质量上乘的原创数字出版精品。鼓励出版单位与网络出版传播平台加强合作，完善内容版权相互授权模式，实现优势互补、合作共赢。要加强分类指导，促进大众出版、教育出版、专业出版、少儿出版等不同类型内容资源整合，研发定制差异化内容产品与服务，实现内容精准化推送传播。

三是坚持以科技创新提升融合效能。数字出版具有鲜明的技术特性，信息科技的每一次重要突破，都助推数字出版向前发展甚至跨越。要紧跟信息化、网络化、智能化发展趋势，始终保持对技术的敏感性和前瞻性，以技术更新业态，以技术丰富产品与服务，以技术促进融合。密切跟踪、深刻洞察市场需求，把握有声读物、知识服务、在线教育、专业内容资源库等行业新热点，运用各种先进适用技术，开拓融合发展新思路，创新产品功能与体验，打造内容增值新空间。5G 将深刻影响和变革内容组织生产方式和舆论传播格局，与大数据、云计算、人工智能、物联网等技术的结合，将极大拓展数字出版的应用空间和场景，有力助推数字出版产业形态升级、市场价值提升。要紧密跟踪、积极拥抱 5G 时代带来的产业变革新机遇，把信息技术创新的后发优势、技术应用的领先优势和大市场优势转化为数字出版的发展优势，以信息化培育新动能，以新动能推动新发展，在数字出版领域加快实现对国际先进水平的赶超。

四是坚持以一体化发展构建全媒体传播格局。加快构建融为一体、合而为一的全媒体传播格局，牢固树立传统业务与新兴业务一体化发展的工作思路。把出版融合发展作为"一把手"工程进行安排，加强协调统筹、组织谋划，在运营架构、编辑加工、经营管理、人才队伍建设等方面建立起有利于深度融合的体制机制和政策措施，集中资源力量深入推进。顺应全媒体格局下内容生产传播的需要，通过流程优化、平台再造，促进各种出版媒介资源、生产要素的有效整合，实现信息内容、技术应用、平台终端、管理手段共融互通，有效破除传统业务与新兴业务相互分割的局面，催化融合质变，放大一体效能，真正实现从"相加"迈向"相融"。

二、发挥基地聚集示范效应，打造融合发展高地

在本届文博会上，包括国家数字出版产业基地、音乐产业基地和网络动漫游戏产业基地在内的全国出版产业基地（园区）集体亮相。据初步测算，2018年全国数字出版营业收入有望突破8 000亿元，出版产业基地（园区）作出了重要贡献，其中，14家国家数字出版产业基地（园区）收入规模超过数字出版总营收的1/3。出版产业基地（园区）汇聚了出版相关产业具有代表性和领先优势的一大批龙头企业和骨干企业，实现了优质资源聚集、先进技术聚集、优秀人才聚集，产业集聚效应和带动效应日益凸显，为出版业高质量发展汇聚能量、积蓄力量，已成为推动出版业供给侧结构性改革的重要引擎，成为优质内容产业的孵化器和集聚地，成为出版融合创新的领航者和生力军。下一阶段，出版产业基地（园区）建设，希望从以下四个方面着力，做到四个走在前列。

一是在融合发展方面走在前列。基地（园区）要坚持走协同创新道路，促进各类创新要素的加速聚集与合理配置，以信息流带动技术流、资

金流、物资流，充分释放创新、创造、创业活力。要完善有利于科技创新和技术应用的机制措施，引导入驻企业在内容创新、模式创新、标准制定、版权保护与开发等方面，提高自主研发运营能力，加快大数据、云计算、人工智能、物联网、AR/VR、5G等技术在出版业的深度应用，通过"智能+"为出版业转型升级赋能，充分发挥先行先试先导作用。要顺应产业变革、发展新需求新趋势，大力培育新兴多元产品和业态，优化基地（园区）产业孵化平台，完善支持政策，打造具有蓬勃活力和可持续成长能力的新兴产业板块，发挥基地（园区）引领出版创新融合发展的动力源作用。

二是在打造精品力作方面走在前列。基地（园区）要引导企业树立精品意识，提高原创能力，构建精品生产传播的策划、运营、保障机制，不断推出质量和功能俱佳，社会效益和经济效益"双优"，思想精深、艺术精湛、制作精良的出版产品和服务。加快实施品牌战略，以精品树品牌，以品牌促精品，打造品牌项目、品牌工程、品牌企业，树立基地（园区）的品牌优势与特色，形成各类精品持续涌现、品牌价值持续成长的良好局面，不断提升基地（园区）引导力、影响力、竞争力和可持续发展能力。

三是在构建数字经济产业生态方面走在前列。当前，新媒体新技术深刻影响和改变信息传播方式，数字内容产业边界不断扩大，跨界融合、IP运营越来越普遍。基地（园区）以其丰富的内容资源和先进的运营理念，越来越成为优质IP资源的重要来源地。要加强优质数字出版内容资源多层级、多角度、多渠道开发利用，向动漫、影视、艺术、教育、医疗、旅游、体育等相关领域延伸，完善技术、人力资源、投融资等配套服务体系，促进数字出版与相关产业的共融互通，着力构建以数字出版为核心的数字经济生态圈，为基地（园区）建设和区域经济发展增添新动力。

四是在履行社会责任方面走在前列。基地（园区）要引导企业始终把社会效益放在首位，正确处理社会效益与经济效益、价值导向引领与市场需求满足的关系，坚守道德底线，不越法律红线，推出更多有利于强信心、聚民心、暖人心、筑同心的产品和服务，推出更多大力弘扬中华优秀传统文化、革命文化、社会主义先进文化的产品和服务，推出更多有助于人民群众特别是青少年增长知识、陶冶情操、拓宽视野，培养健康情趣的产品和服务。要加强入驻企业的导向把关和内容管理，建立健全监督检查机制，制定完善相关考核奖惩制度。要强化信用分级管理，为优秀企业保驾护航，让违规企业受到应有惩戒。要在加强自律、保护版权方面做好表率，走正路、行大道。

在出版产业基地（园区）建设方面，我们将会同有关部门研究出台指导意见，开展评估考核工作，加强标准化、规范化建设，完善准入退出机制，推动基地（园区）提质增效，切实发挥对产业的孵化、集聚、提升和带动作用。各地出版管理部门、基地（园区）运营机构要积极会同相关部门，制定完善支持基地（园区）发展的政策措施，推动出版产业创新融合发展，在行业立标杆，为地方文化和经济建设添活力。

三、加强和改进服务管理，营造融合发展良好发展环境

作为数字出版主管部门，中宣部出版局将在认真总结以往工作成绩经验的基础上，结合出版实际，研判发展趋势，加强顶层设计与系统谋划，创新思路、突出重点、多措并举，做好对数字出版的引导、规范和管理工作，推动出版融合向纵深发展。

一是完善产业促进政策。数字出版作为出版与科技融合的新兴交叉产业，既要注意运用国家有关扶持文化事业、文化产业方面的政策，也要注意运用国家在"互联网＋"、数字经济、高新技术企业和小微企业等方面的扶持政策。我们将坚持问题导向，着力破除制约数字出版做大做强、融合发展向纵深推进的困难和障碍，加快研究完善相关政策措施，构建与全媒体建设相适应的数字出版扶持政策体系。我们正在对国家和有关部门出台的相关政策措施进行梳理，为数字出版行业提供指引和支持。

二是实施重点项目带动。我们将继续开展优秀网络文学原创作品推介

活动和中国民族网络游戏出版工程，以原创精品内容引领网络文学、网络游戏走高质量发展之路。从 2019 年开始，我们将组织实施数字出版精品评选推荐计划，每年面向出版单位和新兴出版企业，按照主题出版、大众出版、教育出版、专业出版、少儿出版等方向门类，征集遴选一批导向正确、创新突出、双效显著的数字出版产品和服务，并持续积累形成重点项目库，条件成熟时与有关奖项和资助对接。在中国出版政府奖评选中，扩大数字出版产品参评门类和数量。通过扶持打造融合度高的精品项目，引导出版单位加大应用新技术，探索开展新业务，推动传统出版与新兴出版更快从"相加"迈向"相融"。

三是积极推动数字出版走出去。数字出版源自互联网基因，在跨时空、精准化对外传播方面具有天然优势。近年来，我国网络游戏、网络文学走出国门开拓国际市场，取得不俗成绩，积累了有益经验。目前，我们在有声读物、知识付费、专业数据库、在线开放课程等领域，涌现出一大批具有国际水准的优质产品和服务，在技术运用、用户体验、运营模式等方面，还建立起一定的领先优势。我们鼓励企业加强国外目标市场需求分析，研发针对细分市场、主流受众的拳头产品，以优质的产品内容和体验赢得国外受众。我们应充分利用举办中国数字出版博览会和北京国际图书博览会，以及参加法兰克福等国际书展，推动我国数字出版在更大平台、更高层次参与国际交流合作，将数字出版打造成为我国文化对外交流和贸易的闪亮品牌。

四是大力培养全媒体人才。数字出版人才队伍是出版人才队伍的重要组成部分，是出版融合发展的重要支撑。落实中央要求，出版战线正在开展增强脚力、眼力、脑力、笔力教育实践工作，结合 2019 年 6 月开展的"不忘初心、牢记使命"主题教育，我们将组织引导数字出版企业广泛深入参与，加强思想教育、业务培训，加强实践锻炼、作风锤炼，做到既政治过硬，又本领高强。我们还将组织开展出版融合骨干集中培训，推荐全媒体出版人才参评文化名家暨"四个一批"人才，创新选人用人机制和考核评价体系，探索市场化的全媒体人才激励制度和手段，努力吸引人才、留住人才、用好人才。

　　喜迎新中国成立 70 周年，出版战线要奋发有为，出新出彩，着力营造共庆祖国华诞、共享伟大荣光、共筑复兴伟业的浓厚氛围，数字出版单位要努力奉献一批礼赞新中国、讴歌新时代的精品力作，向祖国献礼。

　　　　　［注：本文是作者 2019 年 5 月 17 日在第十五届中国（深圳）
　　　　　　　国际文化产业博览交易会数字出版论坛上的主旨演讲］

　　　　　　　　　　　　　　　　　　（作者：中宣部出版局局长）

　　　　　　　　　　　　　　　　　　（责任编辑：云慧霞）

出版的本质与编辑的地位与作用

郝振省

2019 年 6 月 14 日，中国编辑学会和中国青年出版总社联合主办了一次题为"出版的本质：新时代编辑工作的价值和使命"的学术研讨会。其实编辑工作的价值和使命就是编辑的地位和作用问题。相对于融合发展、数字出版，相对于选题策划、市场营销等，这是一个形而上的问题。当我们确定这一形而上的研论主题时，恰好是准备纪念五四运动一百周年的时候，大家商定就像纪念五四运动追溯民主与科学的真谛一样来重新厘清编辑出版业这最古老，也是最基本、最根本的问题，同时赋予它的新的含义。

一、为什么要研究这个问题

的确有一些现实方面的考虑：比如《出版单位社会效益评价指标体系》的初步实施与进展；又比如中央深改委批准的《关于加强和改进出版工作的意见》的贯彻与落实，实际上都直接或间接地涉及出版的本质与编辑的地位、作用问题。再比如根据中国编辑学会对出版社编辑人员职业素养试点调研报告，在肯定编辑工作重要、编辑职业崇高的同时，也提出了一些值得我们深度关注的问题：比如出版社转企改制后，原本的出版单位变成了出版企业，随之出版企业的价值追求发生了相应改变，其工作重心当然还是要出版好的作品，但获取更多的经济效益实际上成为一种更硬的指标。面对这种体制上和价值目标方面的冲击，许多编辑产生了不够适应的情况，整体编辑队伍心态趋于浮躁，有的甚至认为自己斯文扫地，丧失了编辑作为文化人、读书人的尊严与社会地位。对于编辑来说，自己也不愿出版质量差的图书，但面对越来越大的经济压力，他们只能选择继续做出版。关于编辑的社会识别与薪酬待遇与其他行业的差距，也使编辑职业的吸引力逐年走低，有条件或有其他机会的年轻人都选择进入或跳槽到其他行业，这几乎是一种带有普遍性的现象。调研中许多社长同志反映出版社编辑主力为社里辛苦工作，但能给予他们的回报实在太少，这种现象又造成了编辑群体结构老化、青黄不接的现象，在一个省的座谈会上，所有到场的编辑人员中只有一位是"90后"的，这对于其他行业来说几乎是不可思议、不可想象的，这种现象又与全行业的融合发展转型不足存着内在的因果关联。一些或者说不少编辑讲，在实际工作环境中，没有感受到社会对于自己的关注和重视，反而感到更多是约束性、惩罚性规定与制度，而保护性政策却基本空白。包括现有的法律制度对作者著作权的高度重视与严密保护，但对编辑付出的创造性劳动却很不到位，许多编辑感到自己处境尴尬，权利和义务并不平衡与对等。这就涉及在改革开放、实行社会主义市场经济体制的环境下，出版业与编辑人群的关系问题。

还比如，根据中央关于出版要向高质量阶段迈进的精神，我们事实上已经开始和正在形成抓出版质量的趋势与潮流，但就其内容质量和编校质量而言，我们存在着明显的软肋和不足，内容质量方面的原创严重不足与编校质量方面的跌破底线，已经成为行业发展的瓶颈。究其原因可能还是和我们对出版的本质与编辑的地位及作用的理念与实践不到位有直接关系。这就成为研究这个问题的动因。

二、主要应该研究哪几个问题

一是出版的本质问题。

出版的本质属性是指将文字和图片按照一定的逻辑关系组成的作品，通过相应方式、相应载体"公之于众、传之于后"的一种人类特有的文化行为。

这是我综合多种资讯后给出的一个定义。这里可以分解一下。"文字和图片"，可以破译为人是符号的动物，尤其是文字符号性的动物，而家畜、家禽和其他兽类则是信号性的动物。人类发明了文字，文字反过来成为人之所以为人、之所以成为社会性动物的标志或伴随物。文字的发明克服了人类在语言交际过程中在时间和空间上的局限性，使一发即逝的语言可以"传于异地，留于彼时"。文字通过书面语言（或甲骨，或钟鼎，或石鼓，或陶器，或硬载体，或软载体，或虚拟载体语言），更好地记录了人类的各种活动，包括文化活动；文字使人类思维有了表象，促进了人类思维高度发展、积累式发展，设想没有文字符号来完成一个简单的方程运算是多么的困难。图形也是一种文字，象形文字其实是文图合一的阶段，文字使出版成为可能。

"按照一定逻辑体系组成的作品"，不论是演绎式的，或者是归纳式的；也不论是简短篇幅的，抑或是冗长篇幅的，它必须是有内在逻辑关联的一个文本。

"通过相应方式、相应载体"，相应方式指或是刀刻或是用模具浇铸而成，或是雕刻在石鼓、石条、石表上，或是涂抹刻划在陶坯上烧制而成，或是印在丝绢绸缎上，印在后来的纸张上，或是借助数字化方式，显现在互联网上。这里既有出版对社会科学、技术、经济、文化的基础作用，也有出版根据社会经济文化需求对陆续产生出来的科学技术的不断吸纳。于是，就有了出版方式的不断进化和出版载体的不断更新。

"公之于众、传之于后"。这就是我们常说的出版的本质功能。即从横向上看，出版是将一个人或少数人的思想成果或技术发明变成若干个人的思想成果或技术发明，或者变成若干个人思想创新的基础和技术发明的源头，此为文化传播；从纵向看，出版是将前面若干朝代人们的思想成果或技术创新变成我们今天时代与社会的思想创新基础和技术发明的源头，此为文明传承。

总的来看，出版始终和人类的进步相伴随，是人类特有的文化活动。

二是由出版的本质属性、本质功能，我们能够逻辑地推演出编辑的地位及作用问题。

因为出版的本质属性、本质功能最终体现在出版物上，而出版物形成的最核心的工序和环节是由编辑完成的，我们今天所说的传统文化、红色文化、先进文化最后呈现给人们的并且世代相传的只能是不同时代、不同社会编辑人群的劳动。文化没有出版物的凝聚、集结、传承，它是被风化掉的，而出版物如果不是人类精神文化、制度文化、物质文化的结晶，那么它的存在也就失去了意义。严格讲，它也存在不下来。于是我们就找到所谓出版的本质功能横向的文化传播与纵向的文明传承，其实是由编辑人们所承担、所完成的。其实也就是编辑的本质作用，而正是这种本质作用决定了编辑在出版业、出版史上的地位。编辑是人类出版业的生产主导者，是整个人类出版史的核心承担者。因而在今天的时代与社会，他理所当然地成为出版企业、出版单位的核心资产、核心生产力，成为出版市场的核心竞争力。

三是由编辑对于出版业的生产主导者，对于出版史的核心承担者，对于出版企业的核心资产、核心生产力进一步追溯，就提出一个问题：即编辑对于作品的加工，是整理性的还是创新性的、创意性的，抑或是二者兼而有之的。

根据我的初步思考与推断，恐怕编辑对文稿的加工本质是创新性的或者是创意性的。即便是所谓的整理性加工，也必然渗透和体现着某种程度的创造性思维和创新性劳动。记得哪一位思想家讲过：如果没有理论思维，连两个简单的东西也连结不起来。理论思维本身就是人类在知识和经验事实基础上形成的一种认识事物本质规律及普遍联系的一种理性思维，其特点在于其抽象性。理论思维往往不受特定时空限制，通过分析综合、归纳演绎由现象达到对其本质的把握，由特殊达到对其一般的把握等等。传统文化中的"四书五经"，其实是当时的思想家兼编辑家创造性继承、创新性发展的结果。五经包括《诗经》《尚书》《礼记》《周易》《春秋》，据传是经过孔子编辑和修正过的。四书包括《论语》《孟子》《大学》《中庸》，首次将其编辑在一起的是南宋学者朱熹，其中《大学》《中庸》是从《礼记》中分拆编辑而成的。红色文化中的马克思主义中国化的一系列代表作其实既是马克思主义思想家的智慧结晶，也是马克思主义编辑家的智慧劳动。当年《毛泽东选集》的编辑、编纂工作花费了他老人家和编辑家们多少心血，而他自己本身就是一身而任的。今天作为代表先进文化的中国特色社会主义理论体系，从邓小平到习近平都是以厚重的出版物为依托的，而成就这些厚重出版物，没有编辑们、编辑家们的创造性继承、创新性发展怎么可以。

三、研究这一问题的价值、意义何在

从理念上，我们可以厘清出版对于文化的基础作用、源头作用、依托作用，可以厘清编辑对于出版业的生产主导地位、对于出版企业的核心资产地位、核心生产力地位及文化传播功能、文明传承功能，可以厘清编辑在这种传播与传承中的创造性作用、创新性贡献。

从对编辑的管理上，应该充分地维护他的核心资产地位、核心生产力的地位，维护他作为出版社主体、出版业主体的地位，精神劳动者的地位。在制度安排上，包括书稿加工劳动量的指标下达及选题策划的更加理性的要求，包括管理手段更多地从经验管理、科学管理走向文化管理，至少将效益管理与文化管理结合起来，包括倡导工匠精神、培养学者型编辑，从根本上解决出版质量问题。

从编辑朋友自身而言，进而厘清出版改革本质上是调整不适应出版生产力发展的出版生产关系与相应的出版上层建筑，而不是降低编辑出版人的社会地位与职业尊严，关键在于提高自己的文化品位，塑造自己的文化形象，增强自己策划精品、打造精品的综合能力，要有自己的影响社会的品牌书、招牌书，要忠诚于党的出版事业。

从著作权法方面考虑，在保护作者权利的同时可以考虑给予编辑创造性劳动的相应保护。编辑不可能对作品只是一般文字性加工，更多的情况、更普遍性的情况是对其内容的加工和提升。尤其在新时代，编辑的策划能力几乎成了整个出版业的牵引能力与整合能力，更应考虑法律保护的完备问题。我曾在全国政协几次提出过这方面的提案，获得了认可，引起了一定注意。目前提案还在继续，落实还得假以时日。

（作者：中国编辑学会会长）

做新时代的优秀编辑

乔还田

中国编辑学会是编辑之家。通过培养编辑名家，宣传编辑名家，起到示范引领作用，提升编辑职业的社会影响力，加强编辑的责任感，激励广大编辑工作者自觉贯彻落实党的十九大精神，用习近平新时代中国特色社会主义思想武装头脑，坚定"四个自信"，增强"四力"，弘扬工匠精神，为时代画像、为时代立传、为时代明德，为出版繁荣、文化繁荣和社会主义文化强国建设多作贡献是中国编辑学会的使命所在、职责所在。

2017年5月，中国编辑学会向原新闻出版广电总局和中宣部出版局呈送了《关于举办"优秀出版编辑"评选表彰活动的请示报告》。中宣部出版局函复："你会以'优秀出版编辑'评选为抓手，推动打造政治素质过硬、职业品质优秀、文化情怀深厚、市场眼光敏锐的编辑，完全符合国家级出版学术社团的身份和责任，有利于出版界多出好书、多出人才，为社会主义文化繁荣发展贡献更大力量。"后经国务院全国评比达标表彰工作协调小组同年 7 月 6 日所发"国评组函〔2017〕15 号"批准，同意由中国编辑学会主办"优秀出版编辑（2017）"评选活动，表彰名额为 10 名。

自 2017 年 10 月 10 日发出《关于举办中国"优秀出版编辑（2017）"评选活动的通知》，截至 2018 年 1 月 10 日，中国编辑学会共收到中央部委在京出版机构和 29 个省区市新闻出版广电主管部门、学会、出版机构推荐的符合参评条件的 125 名候选人的评比材料。遵循严谨、科学、公正，以作品说话的原则，经过严格的初评、复评、终评，并采取不记名投票方式，巢峰、何军民、吴雪梅、杨宗元、郑海燕、郑殿华、黄一九、蔡敏、游道勤、韩敬群等 10 位同志入选中国"优秀出版编辑"。按评选程序，2018 年 6 月 25 日分别在中国新闻出版广电报和中国编辑学会网站进行了公示。11 月 1 日，中国编辑学会作出《关于表彰中国十大优秀出版编辑的决定》。11 月 26 日，在中国编辑学会第 19 届年会上进行了隆重的十大优秀出版编辑颁奖仪式，评选委员会授予他们的颁奖词分别是：

巢　峰　中国出版政府奖优秀编辑奖、中国韬奋出版奖获得者，业界唯一的终身编辑。他是中国出版改革最早的探索者和实践者，主持领导了上海人民出版社和上海辞书出版社的组织重造、流程变革、绩效评估等工作。他是出版和辞书理论专家，率先提出出版经济学的概念。他参与或主持了《辞海》1979 年版、1989 年版、1999 年版、2009 年版的编纂出版工作，与团队铸就了以"严谨的作风、严肃的态度、严格的纪律、严密的制度"为基本内容的"辞海精神"。他情系《辞海》，曾告白："我的生命跟编纂《辞海》是交织在一起的。"所组织推出的一大批重点辞书有 11 部荣获国家级图书奖，填补了国家文化建设中的许多空白，推动了辞书出版业的发展和繁荣。

何军民　时代出版编辑委员会重大办副主任，中国出版政府奖优秀编辑奖获得者。从事编辑工作期间，爱岗敬业，导向意识强，力推优秀原创现实新作，为引领中国儿童文学讲好中国故事、培养优秀青年作家作出了有益探索。策划、责编的《少年与海》《兔子作家》《爸爸树》《少年英雄》等图书获国家三大奖共 11 次，省部级奖项近百次。审稿报告和业务论文多次获得全国性大奖。2015 年带领 6 人编辑团队实现全年发货码洋超亿元，成为安徽业界新中国成立以来第一个"亿元编辑部"。

吴雪梅 高等教育出版社生命科学与医学出版事业部主任。自 1992 年起，一直工作在编辑第一线。做审读一丝不苟，策划选题不断创新，能够积极探索实践传统纸质教材与数字出版的融合发展，在"新形态教材""数字课程"方面闯出了一条新路，通过创新助力高校教学改革。策划或责编的图书屡获中国出版政府奖、国家图书奖、国家级教学成果奖、国家级优秀教材奖等奖项；数十种教材输出美国、韩国、南非、荷兰等国。植根教育，奉献精品。这些成就是她拥有浓厚教育情怀的结晶。

杨宗元 中国人民大学出版社学术出版中心主任。从步入编辑行当那天起，始终坚守在学术出版领域，从编辑《康德著作全集》《西域历史语言研究丛书》，到带领团队共同完成《中国近现代思想家文库》《梁启超全集》，一直兢兢业业，精益求精。她是沟通大师与大众之间的使者，不仅将饶宗颐、方立天、汤一介、罗国杰等大师的一部部扛鼎之作摆在了大众面前，还带领部门同事创办了"学术守望者"微信公众号、举办"人文咖啡馆"系列学术普及活动。她参与策划、编辑的图书，获得国家级奖项 3 项，国家级项目 11 项，国家级走出去项目 13 项；获得省部级奖项共 15 项。她是学术出版锲而不舍的守望者。

郑海燕 人民出版社经济与管理编辑部负责人。18 年编辑工作中，不断提高政治素养和业务水平，始终坚持"质量第一"，既善于结合时政热点策划社会反响大、市场销量好的图书，又潜心打磨经济类学术精品力作。参与策划编辑的图书中，《习近平讲故事》获"五个一工程"图书类特别奖，《经济增长质量的逻辑》获中国出版政府奖提名奖，《世界贸易组织基本知识》获中国图书奖，《中国供给侧结构性改革》《中国近代经济史1927—1937》等 30 余种图书获 94 个省部级奖项；还有 16 种图书输出 25 个语种的版权。这些精心打磨的精品力作，凝聚了她的心血与智慧。

　　郑殿华　商务印书馆学术编辑中心主任。他是难得的学者型策划人才，策划、责编的图书多次入选国家出版基金项目，并荣获中国出版政府奖图书奖、"三个一百"原创图书等奖项。他是难得的管理型人才，在大型重点学术图书项目的编辑出版工作中，统筹协调，推进了"汉译世界学术名著丛书""中华现代学术名著丛书"等系列丛书的规模化出版。他是难得的创新型人才，积极探索数字出版在专业学术领域的应用，参与策划并组织实施了人文社会科学年度报告数字服务平台。他用自己的编辑实践诠释了传承120年的"商务精神"。

　　黄一九　湖南科技出版社原社长，中国出版政府奖优秀出版人物奖获得者。从业35年来，始终追求社会责任、文化情怀与商业理性高度融合的职业境界，在出版理论探索、编辑实践、出版管理方面都有突出贡献。做编辑，精心打造医卫图书板块，《九亿农民健康教育读本》《湖湘名医典籍精华》等图书多次获得国家级大奖；做社长，筚路蓝缕，殚精竭虑，一手抓经营，一手抓产品，从优化机制、提升管理、强化品牌、整合营销多维度发力，打造了《时间简史》《世界是平的》等一批现象级畅销长销图书，也培养了一支充满活力的团队。

　　蔡　敏　文物出版社考古图书中心主任。在从事30多年的文物考古编辑工作中，以母校北京大学的赠言"勤奋、严谨、求实、创新"为座右铭，注重职业道德和修养的提高，一直默默奉献。从《长沙东牌楼东汉简牍》到《唐宋时期的雕版印刷》，从《郭店楚墓竹简》到《新中国出土墓志》，获清一色的国家图书奖。《敦煌吐鲁番文书与丝绸之路》《藏传佛教寺院考古》等15部图书荣获省部级奖项。所撰《古籍编辑工作漫谈》一书，成为业界培训班的常用教材之一。

　　游道勤　中文天地出版传媒集团总编辑。32个寒暑春秋，一路跋涉，一路攀登，孜孜于传播知识、传承文明、弘扬红色文化。从《东方文化丛书》到《江西通史》《世界历史》，从《信仰永恒》《中国有个毛泽东》到《中国共产党执政兴国研究丛书》，从《井冈山革命根据地史》《中央苏区史》到《红色中华》《中央革命根据地史历史资料文库》，在学术出版、主题出版的园地里，纵横驰骋，敢为人先，辛勤耕耘，精雕细琢。这一部部沉甸甸、获国家级各种奖项的精品力作，既凝聚着他的汗水与智慧，也彰显了他的敬业与担当。

韩敬群　北京十月文艺出版社总编辑、全国政协委员。投身文学出版业后，近三十年耕耘不辍。从《补天裂》《红处方》，到《汤显祖全集》《百年人生丛书》《大家小书》《乔伊斯传》……乃至《耶路撒冷》《中关村笔记》，精彩选题纷呈，表现出深厚的学养、持久的韧劲和高度的专业精神。策划和编辑的作品多次获得"五个一工程"奖、政府出版奖、中国图书奖、北京市文学艺术奖等国家级、省部级奖项。执掌北京十月文艺出版社后，坚守"以出版的高度，追逐这个时代文学的高度和思想的高度"的出版理念，制定"立足原创，品质为王"的出版策略，终成业内打造中国当代原创文学的翘楚。

习近平总书记曾用优秀作品，精品力作，精品，经典，不会过时的作品，文化杰作，不朽的作品，传世之作，不朽之作，伟大作品，好的文艺作品，好的作品，有筋骨、有道德、有温度的作品，有骨气、有个性、有神采的作品等颇为精准且接地气的说法，要求作家、学者打造更多的能够留得住、传得开、叫得响的思想精深、艺术精湛、制作精良的传世佳作。2019年3月4日，习近平总书记在看望参加全国政协十三届二次会议的文化艺术界、社会科学界委员时强调，要坚持以精品奉献人民。一切有价值、有意义的文艺创作和学术研究，都应该反映现实、观照现实，都应该有利于解决现实问题、回答现实课题。他"希望大家立足中国现实，植根中国大地，把当代中国发展进步和当代中国人精彩生活表现好展示好，把中国精神、中国价值、中国力量阐释好。"显而易见，出版界要推出从内容上弘扬主旋律、传播正能量，既有神采，又有鲜明的中国风格、中国气派，同时还有影响力、传播力的精品力作，离不开具有过硬政治素质、优秀职业品质、深厚文化情怀、敏锐市场眼光的编辑队伍。中国编辑学会评出的十大"优秀出版编辑"是新时代编辑工作者的榜样、楷模和标杆。他们的专业造诣高、职业道德好；他们与时俱进、勤学不辍、甘于奉献、成绩卓著。所有编辑同仁，特别是年轻的编辑应向他们那样，爱岗敬业，追求卓越，开拓进取，弘扬工匠精神，自觉贯彻落实党的十九大精神，用习近平新时代中国特色社会主义思想武装自己的头脑，为提高国家的文化软实力，为读者、社会、国家、民族推出更多的传世佳作。

（作者：中国编辑学会副会长兼秘书长）

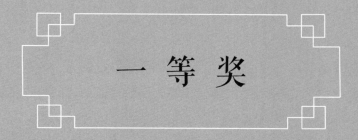

一 等 奖

编辑出版人才培养 40 年：
历程、机制及问题挑战

万安伦　刘浩冰

　　改革开放 40 年来，中国出版业成就巨大，编辑出版人才在其发展过程中起到了举足轻重的作用。基于出版业自身发展的特点，以编辑出版人才培养为路径管窥出版业的发展，梳理其阶段历程，审视其机制形成，并直面其所临的问题挑战，将会对当下及未来中国出版业的发展有所助益参考。

一、编辑出版人才培养的阶段历程

　　通常认为，中国出版业发展的历史阶段划分也多以标志性的重大事件作为关键节点，1978 年年底召开的十一届三中全会无疑具有鲜明的标志性意义。此后，中国的各项改革迅速拉开帷幕，中国出版业的改革也不例外。但制度层面上的决策落实迟误于具体的调研及操作实践是司空见惯的事实。国家有关部门在"文革"结束后，基于出版以满足政治宣传需要的特殊性而被迅速提上日程，由此发现出版队伍的匮乏问题已然迫在眉睫。笔者认为，改革开放40年来，关于编辑出版的人才培养阶段性划分的起始界线或可以稍异于时下以1978年十一届三中全会的召开，至少可上溯到1977年12月全国出版工作座谈会的召开，在政策上把"长期压得抬不起头来的广大出版工作者解放出来"[①]，此后可划分为四大历史阶段。

（一）出版事业化背景下解决出版队伍匮乏为特征的初期培养阶段（1977—1992）

改革开放之初，中国出版业面临的首要问题是为了解决"书荒"问题，原因之一就是"出版队伍人数不足，青黄不接，思想水平和业务水平赶不上新形势发展的需要"[②]。其实，早在1977年12月，国家出版局于北京召开全国出版工作座谈会，会议明确提出要"正确地贯彻执行党对知识分子的团结、教育、改造的政策，建设一支又红又专的编辑出版队伍"，在具体要求上提出"编辑人员更应孜孜不倦地努力提高理论水平、文字修养和业务知识。编辑人员的首要职责是处理书稿，同时也要在一两门学科上有所专长"[③]。这已经对编辑的业务工作提出了指导性要求。

业务的落实最终要通过相关人员来实现落实，编辑队伍的素质直接影响到出版方针的贯彻，对编辑及出版干部的培训就成为重中之重。国家明确要求出版部门及有关单位要制订规划，充实编辑队伍，并采取多种形式，加强编辑队伍特别是青年编辑的培训工作。[④]《1981—1990年全国出版事业发展规划纲要（草案)》中，指出，在出版方面的要求之一就是

[①]　宋木文：《亲历出版三十年》，商务印书馆2007年版，第30页。

[②]　《中共中央、国务院关于加强出版工作的决定》，《出版工作文件选编（1981—1983.12)》（内部文件），第35页。

[③]　《关于加强和改进出版工作的报告》，《出版工作文件选编（1976.10—1980.12)》（内部文件），第4—6页。

[④]　参见《出版工作文件选编（1981—1983.12)》（内部文件），第38—39页。

"加强编辑队伍的培训工作"，同时还要求搞好编辑人员和其他专业技术人员的职称评定工作。

编辑出版工作人员的培训只是一时的权宜之计，如何更加长远地规划出版人才，这也成为出版业发展的一项长期工作。出版专业的高等教育规划便提上日程。在 20 世纪 80 年代的十年国家规划中，"六五"期间，出版界要会同教育部门在有条件的重点文科大学设置图书编辑、出版专业或进修班。"七五"期间如有条件则创办出版学院。在印刷方面，加强印刷技术教育和职工培训工作。在一两个文科大学设立图书发行专业（本科四年），并在有条件的大专院校附设两年制的图书发行专科，培训在职干部；有条件的省、区、市可以建设或联合建立图书发行中等专业学校。①

（二）出版市场化背景下以提升人才队伍整体素质为特征的培养阶段（1992—2001）

在解决 20 世纪 80 年代面临的"书荒"难题后，出版业也面临进一步发展的问题，中国出版体制改革也进一步开启。邓小平 1992 年南方谈话和党的十四大的召开提出建立社会主义市场经济体制作为标志，中国出版业进入了一个新的历史阶段。这一时期的主要任务就是要逐步建立与社会主义市场经济体制相适应的出版体制。1992 年 12 月 23 日，宋木文在全国新闻出版局长会议上作了《贯彻十四大精神　把新闻出版事业推向一个新的发展阶段》的报告，认为出版部门不仅仅是上层建筑的一个领域，还是一项文化产业。出版产业化和市场化逐渐成为出版改革发展方向的共识，而编辑出版人才的培养正与此息息相关。

中国出版体制改革在这一阶段主要从发行领域开启，进一步放开图书批发渠道，进一步放开批发折扣，建立和完善图书批发市场，积极发展全民所有制的图书销售网点，这带来了出版市场的繁荣景象。市场化促使编辑出版人才具备市场化的综合素养，也带来了人才培养机制的变化和变

---

① 参见《中国出版年鉴 1983》，第 20—22 页。

革。但一味地追求市场化和产业化也导致了图书市场面临的混乱发展的状态，也给出版人才的培养带来了巨大的挑战。这一时期的出版教育在出版业的繁荣景象下呈现出高速发展的态势，以满足出版业的迅速发展的需要。同时，从学科角度，"编辑出版专业"如何重新定位，也成为这一时期的重要任务。

（三）出版国际化背景下实现以人才队伍高端化为特征的培养阶段（2001—2009）

在这一阶段，由对外开放推动出版改革，由国际化推动集团化，成为这一时期的鲜明特点。中国加入世界贸易组织（WTO）进程中，中国出版业一度面临着国际化的严峻挑战。为抵御外资，大规模的出版集团化陆续开展。2001 年 12 月 11 日，以中国加入世界贸易组织为标志，中国的编辑出版人才培养进入了第三阶段。

2002 年 7 月，新闻出版总署出台了《关于新华书店（发行集团）股份制改造的若干意见》，指导新华书店（发行集团）在股份制改造增强国有发行企业的竞争实力。于友先指出，国际化是出版产业发展的一大趋势，就要"通过组建大型出版集团、发行集团、销售集团的方式，利用集团的规模效益及集团实力进入国际出版市场"。由此，"培育更多的面向国际出版市场的现代出版人，特别是高层次的管理人员。中国出版要走向世界，首先就要求中国出版人的出版观念必须走向世界，出版理论和出版实践必须走向世界"。[①]

这一时期中国出版业一度面临库存激增，销售乏力的困境。网络书店的兴起以及网络出版的兴起给中国出版业注入了活力，迫切要求相应编辑出版人才的配备。2003 年中国民营书业获得了总发权，国家在民营书业已将部分民营书业人才列为培养的对象。常规的编辑出版业务培训延续了之前的传统，已成为制度性的常例。在新形势下，对编辑出版人才培养提出了新的要求，也呈现出国际化、高端化的新特征。

---

① 于友先：《建立和发展中国特色社会主义出版产业》，《人民日报》2003 年 3 月 17 日。

（四）数字技术应用为基础的出版产业背景下以高层次人才、复合型人才为特征的培养阶段（2009—至今）

这一阶段面临的主要问题就是互联网的迅速发展应用，数字技术的应用，出版业态发生了颠覆性的改变。2009 年，数字出版产业的总产值超过传统出版产业为标志，充分显示出数字出版具有强大生命力。数字技术手段的运用不仅改变了出版媒介形态和出版内容的形式，甚至直接改变了出版的产业结构、运作方式和出版理念。[①] 2009 年，新闻出版的工作重点之一就是"大力推动以数字化和自主知识产权为核心的科技兴业战略实施，改造传统产业，发展新兴产业。大力实施人才战略，遴选和培养领军人才，高技能人才，评选表彰优秀记者、编辑、技术创新专家和优秀出版企业家、出版商各 100 名"[②]。2011 年，《中共中央关于深化文化体制改革推动社会主义文化大发展大繁荣若干重大问题的决定》指出，"高层次领军人才和专业文化工作者是社会主义文化建设的中坚力量"，在出版实践中要"抓紧培养善于开拓文化新领域的拔尖创新人才、掌握现代传媒技术的专门人才、懂经营善管理的复合型人才，适合文化走出去需要的国际化人才"。2012 年，《新闻出版业"十二五"时期人才发展规划》指出：在我国人才培养的任务主要有"实施新闻出版名家工程""实施新闻出版行业领军人才工程""加快新闻出版新型人才培养""培养国际化外向型人才""支持边疆民族地区人才培养""提升新闻出版党政人才素质""培养造就企业经营管理人才""提升专业技术人才素质能力""实施高技能人才工程"九个方面。

这一时期的出版教育面临新的任务，"我们新闻传播教育的培养目标、教育体系、教学体系、学生结构、教师结构都要进行改革"，以培养新的编辑出版人才。[③] 同时，2009 年"民营出版工作室"一词在政府文件中提

---

① 参见汪曙华：《数字环境下出版传播的变迁研究》，北京印刷学院硕士学位论文，2003 年。

② 《新闻出版工作文件选编 2009 年》，第 53 页。

③ 参见柳斌杰：《传媒发展：趋势、融合和创新》，《传媒》2014 年第 8 期。

出，标志着国家对民营书业在出版核心领域地位和作用的承认。尤其是 2012 年，国内首家民营出版社的成立，充分表明国家在不断将民营书业的编辑策划人才培养纳入到体制之内。

二、编辑出版人才的培养机制

编辑出版是一门实践性非常强的学科，其学科特性决定了工作实践是业务提升的必备步骤。同时，为了培养高层次人才，高校的专业教育也成为人才培养的重要途径之一。由此，在 20 世纪 80 年代奠定了工作实践和高校培养两条基本路径的基础性框架，其后，在出版业发展进程中不断完善提升，并随着出版新形势的发展变化呈现出新的特点。

（一）工作实践和业务培训是出版业界的基础性人才培养路径

职工教育培训制度和出版考试制度成为编辑出版人才培养的基础性手段，再者与之密切相关的职称制度、荣誉奖项和人才工程等人才激励机制也成为人才培养的重要举措。

1. 职工教育培训和出版考试制度逐渐系统化和规范化

由于经历了"文革"动乱，在改革开放初期，编辑出版人才队伍建设成为十分重要的问题。1983 年 1 月 8 日，时任文化部部长朱穆之《在全国出版会议上的讲话》中指出："首先，要抓好在职干部的轮训，组织他们学政治、学理论、学文化，特别要学业务。按照中央的要求，每个在职干部工作 3 年就要脱产学习半年，这个任务相当重"。[1]

1991 年 7 月 24 日至 8 月 6 日，新闻出版署在京举办新中国成立以来第一次全国出版社社长经营管理研讨班，提出有计划地培养一大批具有较好政治素质，既懂图书编辑又懂图书经营的出版家。[2] 在中央的部署下，

---

[1]　《中国出版年鉴 1983》，第 19 页。

[2]　参见《中国出版年鉴 1992》，第 102—103 页。

干部培训迅速开展，随之编辑的培训也迅速展开。1992 年 7 月 28 日，新闻出版署印发《全国新闻出版系统职工教育培训计划要点（1992—1995年)》。①1994 年 10 月 25—27 日，昆明召开全国出版系统第二次职工教育培训工作会议，会议部署了在全国新闻出版行业开展岗位培训，实施"持证上岗"制度，确定岗位培训工作的步骤、分工和实施"持证上岗"制度的主要措施。② 在此指导思想下，1995 年 12 月 25 日，《关于在出版行业开展岗位培训实施持证上岗制度的规定》颁布，规定了岗位培训和持证上岗制度的基本细则。③1995 年 5 月 5 日至 6 月 13 日，新闻出版署在京举办第一期全国出版社社长、总编辑岗位培训班，通过培训学习以期达到适应社会主义市场经济体制建立和出版业由出版数量到出版质量上的转移，这标志着我国新闻出版行业的在职从业培训从此走进了规范化、系统化、制度化的新阶段。④

1995 年 7 月 6 日，新闻出版署转发了中组部等五部委《关于加强干部培训管理的若干规定》，首先落实和加强干部培训。⑤ 除此之外，自1995 年起新闻出版署还进行了专项培训。如针对校对人才流失严重的现象，中国出版协会校对委员会开办了全国校对师资培训班，来自中央及地方出版单位的 63 名校对骨干接受了新闻出版署颁发的培训合格证书。⑥

职业资格考试制度是编辑业务学习的又一大举措。2001 年 8 月起，国家对出版专业技术人员实行职业资格制度，正式将其纳入全国专业技术人员职业资格制度的统一规划。职业资格制度的实施，是顺应市场化运作需要的结果。随着出版单位转企改制进程的推进，行业对编辑队伍的要求却日益提高。规范化的人才评价标准体系出台，为产业发展提供人才评价服务，有助于行业整体人才素质的提升。2002 年，在全国范围内举行了首次全

---

① 参见《中国出版年鉴 1994》，第 140 页。

② 参见《中国出版年鉴 1995》，第 195 页。

③ 参见《中国出版年鉴 1996》，第 299—300 页。

④ 参见《中国出版年鉴 1996》，第 212 页。

⑤ 参见《中国出版年鉴 1996》，第 298 页。

⑥ 参见《中国出版年鉴 1996》，第 213—214 页。

国出版专业职业资格考试，参考人数达到了1.7万人。全国出版专业职业资格考试一直延续至今。随着出版业新形势变迁，就考试内容上来说，近年来有关数字出版、新媒体技术的相关内容的比例逐渐加大。

2. 以职称制度、荣誉奖项和人才工程的设立为代表的激励机制的确立

评定编辑业务职称，是加强编辑队伍建设的重要举措。"文革"结束后，在中央部署下，编辑的职称问题也陆续落实。为加强对编辑干部的培养、考核及合理使用，1980年11月，国务院颁布《编辑干部业务职称暂行规定》的通知，首先对充分调动编辑干部的积极性起到了重要作用。1982年11月8日，文化部出版局在北京召开了全国评定编辑业务职称的工作会议，要求各级出版部门领导把评定编辑业务职称工作作为一项重要任务来抓。[1]1986年3月30日，中央职称改革工作领导小组转发文化部《出版专业人员职务试行条例》及《实施意见》，又对编辑人员职称作出了详细规定。这些措施都可以看作编辑工作实践的培养以及政策性引导。

荣誉作为职业尊严的重要体现，从出版行业来看，国家宣传部门以及出版部门针对编辑所获得的成就设定了各级别的奖项及荣誉称号。新闻出版署、中国出版工作者协会早在1987年9月17日颁发《关于向老出版工作者颁发荣誉证书通知》，对新中国成立前在我党领导下的出版单位工作和新中国成立后在出版单位工作累计20年以上者进行奖励。[2]尤其在20世纪90年代，各类激励荣誉奖项逐渐设立，例如，出版行业的三大最高奖项，有两项就在此时设立。1991年1月，中宣部组织评选"五个一工程"。1992年新闻出版署决定设立"国家图书奖"，于1992年10月制定并颁布了《国家图书奖评奖办法》。该奖是全国图书评奖中的最高奖项，每两年举办一次。荣获该奖的著译者、责任编辑和出版机构将被授予证书、奖状和奖金。首届"国家图书奖"于1993年上半年举办。1992年11月25日，新闻出版署表彰署机关及直属单位先进集体、先进工作者。此

---

① 参见《中国出版年鉴1983》，第96页。

② 参见《新闻出版工作文件选编（1986—1987）》，第538页。

外，各省新闻出版局以及各省出版工作者协会每年都会举办各类图书奖，也对省内的出版单位和优秀个人进行表彰奖励。[①] 除宣传出版部门设立的国家级的奖项之外，诸多协会也举办各个学科类图书的评奖以及地方的优秀图书奖项。1997 年，新闻出版署颁布《图书质量保障体系》，通过设立"奖惩机制"，设立对优秀编辑人员的表彰制度，调动编辑出版人员的积极性。

人才工程又是国家培养编辑出版人才的重要措施。1995 年 5 月 22 日，新闻出版署发布《关于成立"新闻出版系统跨世纪人才工程"领导小组的通知》。通知认为，"人才工程"是新闻出版署在"九五"期间为培养出版业的编辑、印刷、发行、行政管理等各方面人才而统一规划并组织实施的系统工程。该人才工程从 1995 年起开始实施。[②] 新闻出版署向各地发文，要求各地开展跨世纪人才工程，成立领导机构，制定规划措施。同时，还开展了行业队伍的摸底调查工作。 1997 年新闻出版署召开了署机关和直属系统的人才工程会议；成立了人才培养专项资金管委会，并召开了第一次管委会会议，讨论通过了《出版人才培养专项资金管理章程》等有关文件；向各省下发了《出版行业跨世纪专业技术人才选拔培养实施办法》，成立了有关组织机构和专家评议组。同年 10 月 5 日，新闻出版署颁布《出版行业跨世纪专业技术人才选拔培养实施办法（试行）》，由此，相关人才津贴制度也相继建立。[③]1998 年，新闻出版署实施第一期专项资金支持的人才培养项目。比如，在上海财经大学举办脱产的新闻出版工商管理硕士班，组织入选人才到国外进行专题考察。这些行业内部培训对推进跨世纪人才工程，促进队伍总体建设影响深远。

一大批高层次的新闻出版行业领军人才也被培养和评选。2007 年 1 月 23 日，新闻出版总署印发了《全国新闻出版行业领军人才遴选与培养实施办法》的通知，其目的在于加强高层次人才建设的要求，培养一批适

---

① 参见《中国出版年鉴 1996》，第 215 页。

② 参见《新闻出版工作文件选编 1995 年》，第 509—511 页。

③ 参见《中国出版年鉴 1998》，第 283 页。

应国家新闻出版事业发展需要的领军人才。①"全国新闻出版行业领军人才"评选从 2008 年开始启动，每两年评选一次，到 2016 年已经遴选和培养了五批。

（二）高等院校专业人才培养是编辑出版人才培养的保障

高等院校的专业人才培养是编辑出版人才培养的重要保障，通过编辑出版专业的设立，为出版业培养了大批编辑出版人才。以产学研相结合的高校编辑出版人才培养模式也成为未来人才培养的重点。

1. 多层次高等编辑出版人才培养体系的形成

《中共中央、国务院关于加强出版工作的决定》中对编辑出版人员从业学历明确了要求，"必须具备大学以上的文化、专业水平，至少具备相当于大学的文化、专业水平。中央和地方的计划、教育和人事部门在分配研究生和大学毕业生时，对编辑出版部门的需要，应当予以重视和照顾"②。学历上的要求，自然需要高校支持。1984 年 7 月，时任中宣部部长胡乔木给教育部写信，提出"编辑之为学，非一般基础课学得好即能胜任"。认为编辑有学，编辑是一种专业，并提倡在我国高校开办编辑专业，以便有计划有目的地培养专业编辑工作者。这封信把编辑专业教育纳入我国高等教育系列开辟了道路。高校编辑出版学科专业的设置，正是解决编辑出版专业队伍后继乏人的难题。

高校编辑出版相关专业为出版业输送了大批出版人才，形成了相对系统的人才培养体系。首先在出版专业上相对完备，编辑出版专业随着出版业发展的现实需求，相继建立了编辑学、出版管理、新媒体网络、印刷、书籍岗位设计等专业和研究方向。在教育层次上，也呈现出研究生教育、本科教育以及大专和专科教育三个层次。在授课形式上也多样化，满足了不同层次编辑的实际需求，高校与出版业界的联系更加密切。1992 年 5 月，新闻出版署在武汉大学召开高等院校编辑学建设座谈会。与会同志一致认

---

① 参见《新闻出版工作文件选编 2007 年》，第 829—830 页。
② 《出版工作文件选编 1981—1983.12》（内部文件），第 38—39 页。

为编辑学是一门独立的综合性学科，它以编辑活动的特征、规律、原理和方法为研究对象，具有独立的研究对象和独立的学科体系。

基于出版业自身实践性强的特点，出版专业"重术轻学"的现象一直延续，这也在一定程度上阻碍了编辑出版学学科自身的发展。1998 年，教育部将编辑学本科专业和图书发行专业合并为编辑出版学本科专业，列在新闻与传播学一级学科之下，解决了编辑"有学还是无学"的问题，促进了高校与学术界的合作，鼓励了越来越多的科研人员投入到编辑出版学的教育和研究中去，进一步促进了编辑出版学教育的发展。[①] 由此，1999 年以后全国高校新设立编辑、出版、发行专业的专业院校不断涌现，到 2003 年达 40 余家。南京大学、武汉大学、北京大学、北京师范大学等院校在相关专业之下培养了一批以编辑出版为研究方向的硕士生，北京大学、武汉大学等院校还招收培养了以编辑出版为研究方向的博士生。

2. 产学研相结合的编辑出版人才培养模式的确立

进入 21 世纪，在激烈的国内和国际市场竞争环境下，出版企业为了增强竞争力，集团化组建趋势极为明显，这就需要一大批具有国际视野的出版人才和一批具有卓越的经营管理能力的人才。基于 20 世纪 90 年代单纯的行业技能培训，已然不能完全胜任出版业这一形势发展的需要。业务实践培训与高校研究学习的产学研相结合模式将有助于完成编辑出版人才的综合素质培养。同样，对数字出版人才的培养也鲜明地体现在这一模式上。一般而言，数字出版技术的出现和广泛应用，极大地拓展了出版的范围与形式，也更需要多学科的手段以及实践经验才能让编辑掌握新技能。2012 年原国家新闻出版总署颁布《新闻出版业"十二五"时期发展规划》，规定其目标之一就是："新闻出版高端人才群形成。培养造就一批新闻出版名家，培养造就一批理论素养好、党性强、具有战略思维和国际眼光的服务型现代行政管理人才，培养造就一批战略投资与资本运作人

---

① 参见肖东发、许欢：《我国编辑出版学教育的回顾与展望》，《河北大学学报（哲学社会科学版）》2003 年第 1 期。

才，培养造就一批现代企业经营管理人才，培养造就一批既懂新闻出版业务又懂数字出版技术，适应新业态、新媒体的数字出版与传播人才，培养造就一批国际化外向型新闻出版人才"。在具体操作实践中，就要"发挥产学研机构人才培养作用，建立产学研战略联盟。加强新闻、出版、印刷包装等专业教学指导委员会建设，促进产学研各界的联系和协作，为高等学校培养高素质毕业生提供咨询和指导。为学科带头人深入行业、深入基层、科研攻关创造条件。支持实践经验丰富、具有一定理论水平的产业人才到高校担任兼职教师。支持产学研联合开发教学、培训教材。支持有条件的新闻出版单位设立实习实训基地。进一步发挥高等院校新闻出版人才培养基地的作用，支持人才培养基地举办新闻与传播及出版专业硕士、在职研修班、专题研讨会、专业培训班等"。

三、编辑出版人才培养中面临的问题及挑战

编辑出版人才培养过程中所面临的首要问题是出版观念与出版导向问题，这是前提及根本。其次，在此前提下，在出版业发展市场化进程中，市场化压力下如何培养市场化人才，这是促进发展的需要。再者，新技术应用下，我们更应直面编辑出版人才面临的问题和挑战，包括人才素质、学科的发展以及专业未来。

（一）编辑出版人才培养过程中如何坚持马克思主义出版观

出版关乎意识形态安全，一直备受党和国家相关部门的关注。1983年，《关于加强出版工作的决定》指出，我国出版工作的性质就是党领导的社会主义事业的一个组成部分，必须坚持为人民服务、为社会主义服务的根本方针，宣传马克思列宁主义、毛泽东思想，传播一切有益于经济和社会发展的科学技术和文化知识，丰富人民的精神生活。在新技术应用的背景下，我国的出版工作面临着新的挑战，编辑出版人才的培养多注重业务实践，而对思想建设相对缺乏。编辑出版人才培养过程中如何树立马克

思主义出版观将是一大难题。

首先，在编辑出版人才的业务实践与培训中，要坚持马克思主义出版观，坚持出版的党性原则以及正确的导向。在出版实践中将社会效益放在首位，结合新技术运用，不断在出版的内容、主题、形式上创新，繁荣社会主义出版事业。

其次，在高校编辑出版人才培养过程中，同样要加强马克思主义出版观的教育，夯实编辑出版学科的基础性研究，并进一步迎接新技术、新趋势下的挑战，以适应现实发展的需要。

再次，在编辑出版人才培养过程中坚持马克思主义出版观，正是在坚持正确的出版导向下，以一种开放的心态来选拔和培养编辑出版人才，将人才培养纳入到党和国家的出版实践中，为社会主义发展服务。纵观改革开放 40 年民营书业的发展过程，也是民营书业不断发展壮大的过程，也是不断纳入到党和国家领导下的过程。尤其是在新技术应用背景下，如何在坚持正确导向、坚持党的领导下，促进人才发展则成为一项重要任务。

（二）出版业市场化压力下，如何坚持社会效益前提下进行市场化人才培养

改革开放 40 年来，出版业发展的主要方向之一就是市场化，出版体制改革的目的就是围绕其展开。出版过程中首先要坚持社会效益，社会效益通常以经济效益的手段实现，因为出版者要通过获得经济效益来维持生产，并实现收益最大化。而出版物"作为商品，出版图书要以追求利润为目标，而作为文化商品，图书的出版又必须以文化的普及与提高为宗旨。这种双重目标有时可以相容，有时却无法调和"。[①] 因此，在坚持社会效益的前提下，如何培养市场化人才就成为重要挑战。

首先，在出版实践中，市场化人才培养首先要在坚持社会效益前提下，面向市场，按照市场的规律办事。树立正确崇高的出版理念，在出版实践中不断强化提升自己，达到经济效益与社会效益的结合。

---

① 陈昕：《中国出版文化产业论稿》，复旦大学出版社 2006 年版，第 14 页。

其次，在高校出版教育中，在课程设置上要与时俱进，不断吸收相关学科的理念，提升编辑出版人才的综合素质，重视出版实践，产学研相结合。

（三）新技术应用下的编辑出版人才培养面临的机遇和挑战

出版业是与出版技术紧密结合的产业。在新技术的推动下，出版业发生着日新月异的变化，也给出版形态带来了全新的变化。尤其是进入 21 世纪以后，数字出版技术的运用，给我们带来了新的挑战。

首先，在出版业界，需要强化对复合型出版人才的培养力度，加强专业培训，提升专业综合素质，将数字出版知识与传统出版知识相结合，同时还应建立有效的奖励机制。[①]

其次，数字技术的运用突破了传统出版的概念，这便对编辑出版的学科发展带来了新的机遇挑战。加强编辑出版学科的基础性理论建设，如何对编辑出版学科进行重新定位，便是编辑出版学科面临的挑战。[②] 在现实需求下，高校编辑出版人才的培养也面临着问题与挑战，这就突出体现在编辑出版专业的设置上。如，2018 年裁撤编辑出版学专业的高等院校达 7 家，而新办的新闻传媒类专业达 82 个。这也足以说明新技术应用下编辑出版学学科发展的新方向。

（作者单位：北京师范大学新闻传播学院）

[①] 参见万安伦：《中外出版史》，高等教育出版社 2017 年版，第 517 页。

[②] 参见李频：《编辑出版学科的发展与变革管窥——以编辑出版的专业逻辑为讨论中心》，《现代出版》2018 年第 3 期；万安伦、曹晶晶、曹继华：《对出版学科理论逻辑和结构范式的思考》，《出版发行研究》2018 年第 4 期。

新时代优秀编辑的变与不变

周蔚华

习近平总书记在全国宣传工作会议上指出：必须把人民对美好生活的向往作为我们的奋斗目标，既解决实际问题又解决思想问题，更好强信心、聚民心、暖人心、筑同心。美好生活，不仅仅需要满足丰足的物质生活，更需要满足高品质的精神生活。出版业作为精神生活的生产者、提供者，在满足人们精神生活、树立文化自信方面起到了拱心石的作用。编辑是出版工作的核心。在新的时代，编辑工作发生了巨大变化，编辑的职责、使命以及对编辑的要求也发生了巨大变化，这就促使我们进行深入思考：在新时代，与过去优秀编辑相比有哪些不变的东西，需要我们继承并发扬光大？哪些是变化的东西，需要我们努力弥补，跟上时代发展的步伐？本文结合中外出版家的相关论述对这个问题进行初步探讨。

一、新时代，新变化，新要求

这里说的新时代首先是指党的十九大后我国进入了一个在指导思想、社会主要矛盾、发展任务、发展思路和发展目标等一系列关键要素发生重大变化的新阶段，我国正在围绕着解决坚持和发展什么样的中国特色社会主义、怎样坚持和发展中国特色社会主义这一重大课题进行理论和实践上的新探索。习近平新时代中国特色社会主义思想作为指导思想被写入党章和宪法，我国社会主要矛盾已经转化为人民日益增长的美好生活需要和不平衡不充分的发展之间的矛盾，"五位一体"总体布局和"四个全面"战略布局的确立，"五大发展理念"的提出，文化自信作为"四个自信"的组成部分被单独加以强调，我国"两个一百年"的奋斗目标的确立和细化，等等，这些重大变化对我们的新闻出版工作尤其是编辑工作提出了新的任务和要求。作为编辑必须对这一新时代变化有充分的认识和回应：比如，习近平新时代中国特色社会主义理论需要出版界加以宣传和贯彻；文化自信需要有高质量的文化产品作为支撑，人们日益增长的美好生活需要更主要的是对美好精神生活的需要，美好的精神生活需要有高水平的精神产品；再比如，就"五大发展理念"而言，新的发展理念中第一位的是创新，新闻出版必须通过不断地进行机制体制创新、技术创新、产品创新、传播方式创新等去履行创新理念，新的发展理念中协调理念需要我们在选题策划和传播时要充分统筹城乡、东西部、发达和不发达、贫与富等不同受众群体的不同需要，绿色发展理念要求我们要充分注意保护我们赖以生存的环境，尽量采用环保材料、工艺和技术，减少对环境的污染，开放理念要求我们加大国际文化交流，既要把国外优秀的文化和先进的科学技术成果及时引进国内，更要加强中国文化和出版"走出去"，讲好中国故事，传播好中国声音，扩大中华文化的传播力、引导力、影响力和公信力，提升中华文化的软实力，共享理念要求我们加强新闻出版公共服务，完善公共文化服务体系，提高基本公共文化服务的覆盖面和适用性，使文化成果惠及更多的群体。这些新变化对编辑工作提出了新要求，我们必须适应这种变化，满足这样的要求。

这里的新时代也应包括我们目前的传媒技术、传播内容和传播方式等新闻出版环境进入到一个新的阶段。进入新世纪以来，对传媒业影响较大的新技术包括互联网传播技术、社交网络技术、大数据技术、人工智能技术、虚拟现实（VR）与增强现实（AR）技术以及区块链技术等，这些新技术极大地拓展了新闻出版的边界，改变了传统的生产方式、传播模式和盈利模式，从而也改变了我们习惯了的编辑加工模式。这些由新技术导致的新变化，对我们的编辑知识、编辑技能和编辑理念都产生了极大的冲击和影响。在新的时代，我们如何适应技术的新变化，增强自己的能力和素养，满足时代对编辑的要求，这是摆在我们每一个编辑工作者面前的现实问题。

新时代的新变化还包括我们所服务的主流群体发生了变化，2018 年，新世纪出生的这个群体已经 18 岁了，他们已经成人了。从今以后，新世纪出生的群体将越来越成为我们的主流阅读对象，成为我们的主要受众。这是一个从出生开始就浸淫于电子媒体的群体，他们的阅读习惯、阅读方式以及接受方式都和我们过去所熟悉的群体有质的变化，我们需要了解他们的需求，了解他们的阅读习惯和交流方式，了解他们乐于接受的形式，更好地满足新时代新受众的新需求。

新时代，新变化，新要求，好像一切都是全新的，但无论时代如何变化，编辑作为一种职业，编辑活动作为出版活动的一个核心环节，有些本质的东西并没有改变，这就是它对文化内容的选择、优化和再创造的基本功能没有变，编辑的基本职责也没有变，相应地对优秀编辑的基本要求也没有变。但时代发生了这么大的变化，总会有一些对编辑要求的变化需要我们进行分析研究。因此，辩证、全面而客观地看待编辑的变与不变，对我们更好地认识和理解新时代的优秀编辑具有极其重要的意义。

二、编辑的职责及其新变化

对于编辑的职责，以往的出版家们作出了许多精彩的论述。著名出版家陈原在《编辑的社会责任和自我修养》中指出：编辑作为读者与作者之间的桥梁，永远是革命事业的鼓吹者，永远是进步事业的鼓吹者，永远是先进思想的鼓吹者。编辑的社会职责，第一是当好"伯乐"，要发现作者，挑选作者，培育作者。第二是负责、严肃、认真向社会、读书界提供（推荐）尽可能优秀或比较优秀的作品，但不能"唯利是图"。为了履行这些职责，编辑要认真恰当地确定选题，学会加工，提高修养。[①] 编辑学家刘杲先生在他那篇具有广泛影响的《我们是中国编辑》一文中提出，编辑要"当好精神食粮的生产者，先进文化的传播者，民族素质的培育者，社会文明的建设者"。编辑是"读者的知己、作者的知音"，编辑是"精神产品的生产者、参与策划经营、发现佳作和作者"，编辑要"勤奋敬业、洁身自好、向往崇高"[②]。由中国编辑学会组织编写的《普通编辑学》一书，从编辑的功能角度对编辑职能作了论述，主要包括发现和选择、优化传播、创意和实现文化价值、舆论引导与文化教育以及文化存储和创新五个方面。[③] 该书作者认为，编辑活动是编辑主体（编辑人）依据一定的原则对编辑客体（编辑对象）进行选择优化、使其符合传播要求的再创造性文化活动。编辑需要发现市场需求、发现优秀作品、发现合适的作者，按照一定的标准对作品进行选择，并对作品通过信息集成、语言符合、传播载体等加以优化，对作品进行再创造，并通过评价推荐宣传等使其文化价值得到最大限度实现，从而引导社会舆论、教化大众，并实现文化的存储和创新。

---

①　参见《陈原出版文集》，中国书籍出版社 1995 年版，第 467—474 页。

②　参见刘杲：《我们是中国编辑》，海豚出版社 2011 年版，第 118—121 页。

③　参见邵益文、周蔚华主编：《普通编辑学》，中国人民大学出版社 2011 年版，第 97—116 页。

　　对于编辑的职能，国外的出版家们也给予了探讨和论述。德国出版家汉斯－赫尔穆特·勒林认为，关于现代出版社的编辑人员的职责和工作任务到底是什么并没有统一的固定不变的答案。他认为编辑首要的职能是在选题策划方面为出版商或总编辑提出建议，帮助人们决定是否将某单部作品纳入出版选题计划；编辑的第二项也是工作量最大的任务是整理加工书稿，使其达到付印要求；编辑的第三项任务可以描述为充当单本图书项目的"项目经理"，经营自己的图书项目，这项任务最能体现现代出版社编辑职业的特点；编辑的第四项任务是与作者打交道，在出版社和作者之间充当中间人。①D.威廉姆斯在《编辑都在做些什么？》中提出：出版社编辑同时扮演三种不同的角色。第一，他们必须多方搜寻（搜猎者），并且挑选出可以出版的好书。第二，他们还要编书（絮聒不休的治疗师或化平凡为神奇的魔术师）。第三，他们扮演双面人，在面对作者的时候，代表出版社；在面对出版社的时候，又代表作者。② 布雷思·S.布鲁克斯等在他那本著名教科书《编辑的艺术（第八版）》中探讨了"编辑的角色转换"，他指出，编辑的角色长期扮演的是守门人和议程设置者，他们判断那些内容具有价值，适合播出或出版，他们设置公共话题、引导公共议程，从而引导舆论。日本出版家鹫尾贤也在他的《编辑力》一书中提出，编辑必须是策划者，是从无到有的创意人；编辑也像打杂总管，在构思策划的同时，得把打样送回印刷厂、委托封面设计并和业务部门协商；编辑是不可或缺的协调者；编辑具有教育者和保健老师的功能；编辑要有商业意识；编辑要有乐在工作、为社会工作的志向等③。美国出版研究者格雷科提出"首先编辑要分析书稿的形式和内容，尤其是作品的结构和清晰程度。其次，在出版社内部，编辑要扮演作者的'教父'或'祭司'，以确

----

　　① 参见 [德] 汉斯－赫尔穆特·勒林：《现代图书出版导论》，商务印书馆 1998 年版，第 29—31 页。

　　② [美] 格罗斯主编：《编辑人的世界》，齐若兰译，中国工人出版社 2000 年版，第 12 页。

　　③ [日] 鹫尾贤也：《编辑力》，陈宝莲译，中国人民大学出版社 2007 年版，第 7—10 页。

保图书能够引起关注。再次，编辑必须'能够清晰且生动地描述任何一本特定的图书的独特之处。在编辑报告、书目、书封和宣传单中，编辑要依靠对一本书最早的重要买书向读者说明为何这本书值得购买'"[1]。

从上面中外出版编辑家们的论述，可以总结出编辑职能的共性：一是选择和服务作者；二是选择和服务作品，使其列入出版规划；三是编辑加工，优化作品，使其达到出版要求；四是参与其他流程，使作品达到更好的传播效果；五是向读者和社会推介作品；六是服务读者，引导阅读。在新时代这些职能变了吗？我认为没有变化，不仅没有变化，而且这些职能还需要继续强化。

同样是这些职能，其在新时代的表现形式以及履行职能的方式也有了新的变化。首先是新的传播技术在出版中广泛应用，这些应用对如何实现编辑的职能产生了很大的影响。美国出版家阿伦森在20多年前就在《从拍卖会到电子盛会——编辑学在美国的演变》一文中指出：发掘作者、与经纪人谈判、找出文稿的优点和缺点的能力，以及在出版社内部的角逐中，一步步修改书稿，直到它可以推出上市等各种能力，在出版业中还是非常重要。然而编辑仅仅凭着专业上的能力和个人的热情，完全担负起推动出版社发展的重大责任，却可能无以为继了。当超文本、互动式家用电脑和电子书等各种多媒体的形式愈来愈流行时，出版社的优势，是能够提供创意人所需要的专业经验、资金和接触不同媒体的渠道，而通过这些富有创意的团队，出版社才能跟上深受电子媒体影响的大众快速变化的品位。在这种情况下，编辑工作的定义可能演变成"在电脑上为一本书所做的所有工作"，包括把文稿转变为五光十色的多媒体形式。[2] 这些关于技术对编辑工作的预见对于今天的编辑更加具有现实性。如果采用大数据技术，那么对作者的了解以及对读者需求的了解和分析就会更加便捷，更为准确，也更有针对性，那么我们所策划的选题更能满足读者的需要；通过

---

[1]　［美］艾伯特・N.格雷科：《图书出版业（第二版）》，周丽锦等译，清华大学出版社2011年版，第130页。

[2]　参见［美］格罗斯主编：《编辑人的世界》，第27—28页。

AR、VR 等技术的运用可以更真实（逼真）、更直观地表达过去无法表达的内容；在编辑加工环节运用人工智能技术可以提高编辑加工的效率和准确度，节省大量人力成本。如果运用社交传播技术、移动互联技术对作品进行生产、宣传和推介，就能够满足个性化需求、差异化需求、定制化需求等传统生产、传播方式所不能做到的事情，真正做到以客户为核心。层出不穷的新技术为编辑提供了更为广阔的展示空间，也更好地达到了传播效果。

新时代的另一个重要变化是在出版产业化、市场化条件下，商业和经营对文化以及编辑的冲击。对于这一变化，国内外很多出版家既表达了充分理解，同时也表现出了深深地忧虑。

陈原曾提出，出版业必须有市场观念，如果没有市场观念，势必为生产而生产，不知道公众的需要，生产出公众所不需要的东西，其结果必然导致"晒鱼干"（书存在书库里变成了"鱼干"）。但编辑不仅要有深刻的市场观念，还要有更大的抱负，这就是文化的抱负，文明的抱负。不了解市场等于自杀，但单纯追逐市场需要，那是一种危险的"投机"，出版社不能只出亏钱的书，但出版社也决不能出只能赚大钱的书。因此，把利润指标分配给每一个编辑是不可取的。① 刘杲也提出，文化和经济是出版的两个轮子，但这两个轮子不是半斤八两、平分秋色，如果平分秋色的话，因为经济的压力太大、诱惑力太大，常常导致文化服从经济。"如果文化服从经济的情况一再发生，甚至居于统治地位，其后果将不堪设想。如果整个出版产业都是文化服从经济，那将是出版产业的悲剧、中华民族的悲剧。"② 可是在现实中，这种文化服从经济的状况却一而再再而三地发生，比如前不久抖音、今日头条、快手等新媒体都是在利益的诱惑下不断挑战传播伦理和道德底线。

即使在资本主义社会，这种状况也引起了很多有识之士的担忧。美国

---

① 参见《陈原出版文集》，第 513 页。

② 刘杲：《我们是中国编辑》，第 151 页。

出版家安德烈·希夫林在《出版业》一书中谈道："长期以来，无论在欧洲，还是在亚洲，出版传统上都被看做是一项和知识及政治有关的职业。出版商对自己的本事也很自豪，因为他们不但能赚到钱，同时还能出好书。可近年来，由于出版社换了新的主人，这种平衡被打破了。现在的出版社老板唯一的兴趣就是赚钱，赚更多的钱。许多人都认为，在引进娱乐业的那套做法后，出版业很可能变成第二个娱乐业。看看那些畅销书，除了享受生活，就是名人轶事，以前的知识性和艺术性几乎荡然无存，这体现的完全就是娱乐业的标准。"[①]美国出版经纪人柯蒂斯在《我们真的需要编辑吗？》一文中提出：今天的编辑不再具备这种对于工作的自豪感和下苦功夫的精神。今天的编辑什么事都得做，就是不做编辑工作。……新一代的编辑轻视文字编辑工作和书籍制作上的细节，而出版业所有权日益集中和竞争日益激烈，使得出版社面临巨大的时间和金钱压力，不再重视书籍制作水准。随着注重盈亏的跨国企业大举并购出版社，把编辑工作神圣召唤的极少数文人渐无立足之地。今天已经看不到珀金斯、富尔兹、希布斯这类的杰出编辑，今天的出版环节也不允许这类的编辑继续存在。由于许多出版社转向商学院寻找编辑人才，今天许多新编辑都才疏学浅，对于债券的认识恐怕要高过他们的文法造诣。[②]霍华德在他那篇影响巨大的《典范在夙昔——珀金斯精神死了吗？》一文中尖锐地指出：今天，美国的出版业在两种传统功能间的巨大混乱之中拉锯：第一种是经常被拿来大声宣扬、高尚的"文化使命感"，出版业的文化使命是教诲读者，提升美国阅读大众的文化水准；第二种则是比较不会明讲出来，但影响力更大的"商业目的"，想办法让消费者掏出钱来买书。而这样做的结果却令人大失所望，他以讽刺的口吻谈道："几乎所有的著名出版社要不是自己已经壮大成为大企业，就是慢慢并入大企业旗下。他们随着大企业的财务步调起舞，但跳的不是狐步，而是横冲直撞、鼻青脸肿的快舞。从市场上看，

---

① ［美］安德烈·希夫林：《出版业》，白希峰译，机械工业出版社 2005 年版，第 XIV—XV 页。

② 参见［美］格罗斯主编：《编辑人的世界》，第 37—38 页。

结果十分可笑，而且惨不忍睹。出版商以相对稀少的资源，玩大笔进出的金钱游戏。在美国企业的版图上，书籍消费市场所占的比例小得可怜。"① 当然，他也并没有否认经济、经营、利益在编辑工作中的重要性，他提出："对出版而言，好的编辑需要扮演的角色就和制片家一样。他们必须同时兼顾读者阅读的文稿内容本身，以及这本书所面对的文化及商业环境；他们也必须一方面照顾到作者精神上、情感上以及经济上的需求，同时也照顾到出版社的利益。可以说，成功的编辑必须同时得到上帝和财神的眷顾。"② 出版对文化的忽视需要警惕，但出版业重视经营管理是不可抗拒的潮流，平衡文化与商业就成了编辑的艺术。

传播技术的日新月异及其在编辑领域的广泛应用，经营理念的强化以及将传媒作为产业进行经营和发展繁荣的要求，这是编辑职能的新变化，也是对编辑职能的扩展。据此，我们可以在过去的六项编辑职能上再增加两项职能：七是运用新技术所提供的多种传播方式扩大内容传播力；八是对内容经营与管理，使其达到最佳的传播效果。我们今天必须正视这种变化，并根据这种变化来扩展知识、提升能力、培育素养。

三、新时代优秀编辑的变与不变

随着网络技术的兴起，自媒体影响在不断扩大，国内外有一种观点认为，随着技术的发展，消费者可以接触到无穷无尽的信息，复杂的软件是人们能够对内容进行编程及选择，只接受人们想看的信息，帮助人们选择和把关的是电脑软件，而不是编辑，决定信息流动的也不是编辑，而是消费者。③ 在这样的情况下，还需要编辑吗？或者说编辑能够做什么？柯蒂

---

① ［美］格罗斯主编：《编辑人的世界》，第 67—68 页。

② ［美］格罗斯主编：《编辑人的世界》，第 64 页。

③ 参见 ［美］布雷思·S. 布鲁克斯等：《编辑的艺术（第八版）》，李静滢、刘英凯译，中国人民大学出版社 2009 年版，第 3—4 页。

斯在他的《我们真的需要编辑吗？》一文中给予了回答："面临这些变革，编辑还剩下什么工作可做呢？答案是，几乎每一件事情都需要编辑。今天的编辑和老一辈编辑不同的是，他们必须十八般武艺样样俱全，既要精通书籍制作、营销、谈判、促销、广告、新闻发布、会计、销售、心理学、政治、外交等等，还必须有绝佳的——编辑技巧。而编辑工作又包括五花八门、各式各样的活动。其中许多工作几乎无法让人联想到过去坐在办公室里埋头校对的编辑刻板印象。"① 就是说，编辑工作仍然十分重要，但编辑的角色发生了变化。因此，对优秀编辑的要求也发生了变化。编辑职能的实现对编辑的要求更高、更全面。

那么，优秀编辑应该具备哪些要素？不同的论者有着不同的理解。比如刘杲就认为"编辑工作是政治性、思想性、科学性和专业性很强的工作，又是艰苦、细致的创造性工作，所以要求我们的编辑人员努力在政治方向、编辑功底、学科知识、社会责任、经营才能、开拓精神、职业道德等方面不断取得长进。"② 陈原除了提出编辑需要政治的、学术的、专业的、编辑的、语言文字的修养外，还指出编辑需要有眼光、劳作、胆识和理想。汉斯－赫尔穆特·勒林提出"广泛的兴趣、对我们生活于其中的世界的好奇心、耐力、勤奋和乐于与他人交际是作为编辑的基本条件"。③ 吉尔·戴维斯提出："编辑的成功需要执着、坚毅、努力"以及"自信、合作"，同时编辑还必须结合开创精神、财务知识、仔细周详的做事风格，高超的生产力理论以及社交和心理技巧等条件，全部投入竞争极为激烈的市场中。④ 多萝西·A.鲍尔斯认为，文字编辑的专业素养包括自信、客观、敏锐、聪慧、善于发问、交际技巧、写作能力、幽默感八个方面。⑤

① ［美］格罗斯主编：《编辑人的世界》，第40页。

② 刘杲：《我们是中国编辑》。

③ ［德］汉斯－赫尔穆特·勒林：《现代图书出版导论》，第29页。

④ 参见 ［英］吉尔·戴维斯：《我是编辑高手》，宋伟航译，河北教育出版社2004年版，第15、164页。

⑤ 参见 ［美］多萝西·A.鲍尔斯、黛安娜·L.博登：《创造性的编辑》，田野等译，中国人民大学出版社2008年版，第9—10页。

柯蒂斯认为，编辑人的许多特质例如个人的品位、判断能力、情绪反应、做事的条理、决断力、投入的热情，以及温柔的关爱等是其他人无法替代的。[①] 蔡雯在《新闻编辑学》中提出新闻编辑人才由知识结构、能力结构和职业道德修养三方面构成，她还进一步对这三个方面的内容进行了细化分析。[②] 我基本上认同蔡雯的观点。在我看来，新时代要更好地发挥编辑的职能，做好编辑工作，需要有知识、能力和素养三个方面的支撑，缺一不可（见下图）。过去优秀编辑需要这三个方面的构成要件，在新时代，仍然需要这三个方面的要件，这是相同点；不同点在于，在新时代这三个构成要件的内涵及其重点发生了一定的变化。

编辑职能与编辑知识、能力和素养结构关系图

就编辑知识结构而言，一般认为，编辑的知识结构起码应该包括这样几个方面：首先是编辑的语言文字知识，包括语法、修辞、逻辑等方面的基础知识；其次是编辑的新闻出版方面尤其是新闻出版法律法规方面的基础知识以及著作权知识等；再次是相关的专业知识，主要是与工作内容相关的专业知识。这几个方面的知识仍然是编辑所必须掌握的。那么在新的传播条件下，仅仅这些就显得不够了，编辑还需要掌握经营管理、财务、市场营销及消费者心理等相关知识，更需要了解传播前沿技术的进展情

---

① 参见［美］格罗斯主编：《编辑人的世界》，第 41 页。
② 参见蔡雯：《新闻编辑学》，中国人民大学出版社 2010 年版，第 42—53 页。

况，了解传播技术及信息技术方面的知识，掌握网络传播规律，提高用网水平。由于传播新技术及其应用日新月异、层出不穷，很多编辑觉得这对于自己要求太高了。但是我们应该看到，随着媒介融合步伐的加快，同一内容多渠道传播、多次传播以及同一传播渠道承载不同方式的内容表达形式都将成为常态，在这种情况下，了解新技术在传媒中的应用及其相关知识，把握互联网传播规律，就成为对编辑的基本要求，是编辑知识结构中不可或缺的组成部分。

就编辑能力结构而言，过去编辑要求具有市场调查能力、内容判断和鉴别能力、书稿审读与加工能力、组织和协调能力、社会交往能力以及写作能力等。在新时代，这些能力仍然极其重要，缺一不可。但与此同时，我们更需要重视和培养的能力包括：一是学习的能力，通过不断学习，掌握新的知识和技能；二是运用大数据分析的能力，通过大数据分析市场、分析受众、分析自身的经营状况等；三是运用多媒体形式进行表达和传播的能力；四是集成与创新能力，善于把零散的、碎片化的内容进行知识集成，通过知识服务进行再创新，拓展发展空间。

就编辑素养结构而言，我们通常倡导的编辑素养包括：编辑的政治素养，坚持正确的政治方向和舆论导向，坚持"二为"方向，坚持以人民为中心的编辑导向，坚持把社会效益放在首位力图实现两个效益的统一等；编辑的职业素养，包括爱岗敬业、认真负责、廉洁奉公、团结协作，对读者和作者负责等；编辑的心理素养，包括自信、自律、热情、真诚、友善、执着、敏锐等。这些基本的素养，作为优秀的编辑依然必须坚持，不能有丝毫动摇。在新时代，优秀编辑除了上述素养外，还需要加强对互联网思维和大数据素养的培养，掌握互联网传播的规律，要学会运用互联网、大数据等新技术来进行分析，分析读者的个性化需求，把提升人的价值、满足人们的更高的精神生活需要，为用户提供高品位的内容消费和体验作为编辑的重要任务。

对于这三者之间的关系大体可以这样看待：编辑知识结构是编辑的大脑，它为编辑工作提供智力支持；编辑素质结构是编辑的灵魂，它决定着编辑工作的方向；编辑能力结构是编辑的体魄，它在大脑和灵魂的支配下采取具体的行动。三者缺一不可，没有坚强的体魄，精神和灵魂找不到依托，而没有精神和灵魂，再强的体魄也只能是行尸走肉。三者有机结合，编辑职能才能更好地发挥出来。

近30年前，面对商业化和新技术的冲击，美国出版界发出"珀金斯精神死了吗？"的呐喊，他们惊诧于"当剧变的狂风扫进出版业时，编辑行业中几个宝贵的基本要素：时间、安全感、忠诚度，对于文学和知识价值以及财务价值的共识，都变得愈来愈不可靠。"现在，无论是商业化程度还是技术对传媒业的影响都是当时不可同日而语的，但正如当时的一位出版家所指出的："我无意亵渎人们对珀金斯的记忆或贬低他的成就，我只是不认为'今天的珀金斯在哪里？'是个好问题。这个问题过度简化了过去和现在的编辑工作，同时也没有考虑到今天的编辑所做的工作事实上和他们的老前辈截然不同。"① 时代在不断变幻，社会在不断前进，我们必须适应时代的发展而不断提升自己的知识、能力和素养，但有些东西是永恒的、久远的，这就是人们对优质精神产品的需要和追求，优秀的编辑的职责就是运用自己的聪明、智慧和汗水，为社会奉献更多的高质量精神产品，提升社会品位，促进文明的进步。

（作者单位：中国人民大学新闻学院）

---

① ［美］格罗斯主编：《编辑人的世界》，第66页。

新时代编辑的使命担当与核心素养

云慧霞

习近平总书记在十九大报告中指出:"满足人民过上美好生活的新期待,必须提供丰富的精神食粮。"出版作为文化传承创新的重要形式,在新时代中国特色社会主义文化事业建设中发挥着重要作用,这对处于出版工作核心地位的编辑的思想文化素养提出了更高的要求。新时代编辑应主动适应社会发展新形势,认真把握出版方向,勇于担当新时代赋予的神圣职责和光荣使命。

一、编辑的文化担当:牢记出版使命

新时代的编辑要牢记出版使命,为践行社会主义核心价值观,增强文化软实力，建设文化强国作出更大的贡献。应坚持正确出版导向，树立世界眼光，通过实施重大出版工程，发掘内容资源，提升原创能力，在打造传播当代中国价值、体现中华文化精神、反映人民审美追求以及展现改革发展成就的高峰之作方面积极作为。

（一）坚定文化自信，把握出版导向

文化自信是一个国家、一个民族发展中更基本、更深沉、更持久的力量，文化兴则国运兴，文化强则民族强。没有高度的文化自信，没有文化的繁荣兴盛，就没有中华民族的伟大复兴。新时代的出版是我国文化繁荣发展的关键环节，是文化积累和文明传承的重要平台，也是引领社会发展和深化学术理论研究的阵地，在提升文化自信方面发挥着不可替代的作用。

出版自强必然是文化自信的题中应有之义，在完成这一文化使命的过程中，处于出版工作核心地位的编辑主体发挥着至关重要的作用。增强文化自信和出版自强，是新时代编辑应有的使命担当。"一家好的出版社、一个好的责任编辑不仅要推出一批读者喜闻乐见的好书，拿出最专业和最优秀的精品力作奉献给读者，更有责任努力打造能够在人类文明史、中国文化史、学术发展史上做出推动、留下烙印的经典之作。"[①] 出版工作者是传承优秀传统文化的承担者，也是开展精神文明和思想道德建设的责任人，应时刻牢记自己的文化使命和社会责任，围绕"一带一路"倡议、精准扶贫工程、全民阅读活动等，精心策划能够提高人民思想境界、道德水平和文明素养的精品力作，深入阐释社会主义核心价值观和中国梦，增强民族自信心和凝聚力。

（二）弘扬优秀文化，打造传世精品

唐代诗人白居易说："文章合为时而著，歌诗合为事而作。"文章应该为时代而作，诗歌应该为事理而作，这是对历代文人历史使命感的一种集中概括。因为优秀的文艺作品反映着一个国家、一个民族的文化创造能

---

① 王为松：《坚定文化自信　打造传世精品》，《中国编辑》2017 年第 3 期。

力和水平，吸引、引导、启迪人们必须有好的作品，推动中华文化"走出去"也必须有好的作品。衡量一个时代的文艺成就最终要看作品，只有那些继承和弘扬优秀文化传统，体现时代精神的作品才是传世精品。

源远流长的中华文化得以传承，依靠的是一本本典籍无间断地把历史和文化记载下来。历史文化典籍的编纂工作则有赖于历代的编辑家来完成，如孔子就是中国历史上第一位大编辑家，整理六经，泽被后世。到了唐代，出现大规模的编辑活动，现在看到的典籍，不论是手抄的、临摹的，还是仿制的，最早都是从唐时流传下来的。"编辑的价值就在于传承文明。'三玄''四书''五经''六典'，这些典籍承载着几千年中华文明，如果没有编辑的加盟，这些文明是无法传承至今的。是编辑把古代的思想成果变成今天的思想营养，还有可能把今天的思想变成未来的思想资源。"[1]正是历代的编辑家拥有着强烈的文化意识和责任担当，才把整理典籍这项文化工作绵延不绝地传承下来。

编辑出版思想精深、艺术精湛、制作精良的优秀作品，是新时代赋予出版工作者的责任和使命。每一个编辑都要立志成为行家里手，紧扣重大理论建设及其普及进行选题策划，立足学术探索主题出版的内容建设和形式创新，以读者易于接受的表述方式，用活泼的语言、生动的案例展示新时代新气象，努力打造更多叫得响、传得开、留得住的时代精品。

（三）坚持社会效益第一，强化责任意识

民国时期的商务印书馆、中华书局等老牌出版社遵循"不必赚钱，但求不亏本"的出版原则，大量影印、翻刻、出版古籍丛书，引进西方学术名著，对开启民智，为当时的学术繁荣和社会振兴起到重要的促进作用。新时代的编辑也应把握出版活动的本质规律，始终把社会效益放在首位，坚持先进文化的前进方向。

近年来，我国纸质图书的年出版量保持在 50 万种左右，电子出版物

---

① 张丽：《编辑：传播文化、传承文明的使者——郝振省委员谈编辑的学问与职责》，《人民政协报》2016 年 8 月 22 日。

的年出版量近 1 万种，从出版物的数量来看，我国出版居世界首位，已成为名副其实的出版大国。但出版业和出版物也存在着内容资源有限、原创力不足的问题，虽然出版了不少书，但是单品种图书销量较低，缺乏精品图书。读者面对眼花缭乱的图书市场无所适从，获得感不充分、不强烈，降低了图书的社会效益。造成这一现象的原因，有大的出版环境使然：出版社之间的恶性竞争导致其片面追求经济效益最大化，快节奏的出版必然放宽了质量尺度；也有编辑自身的原因：淡化责任意识，淡薄了自己身上承担的文化使命，工作只是为了完成领导布置的任务、为了获得一份收入。编辑是出版的主要参与者和责任人，应充分认识到转企改制和融合发展给出版带来的机遇和挑战，意识到自己身上所承担的职责，将传播文化精神视为使命，在保证社会效应的前提下实现社会效益和经济效益的统一。

二、编辑的社会角色：三位一体的功能定位

编辑要意识到自身在出版活动中的重要性，不能满足于做几本好书，更不能停留在改正几个错别字、核对几个参考文献，而要明确自身的社会角色和功能定位，努力做好舆论导向的引领者、内容质量的把关者和优秀作者的培育者。

（一）舆论导向的引领者

意识形态决定文化的前进和发展方向。出版是筑牢意识形态工作的防线，也是维护意识形态安全的阵地。作为出版活动主体的编辑，要时刻保持高度的政治敏锐性，高度警惕书稿中出现的意识形态问题，避免"盲目地标新立异，求奇逐新，竞相赶浪头，脱离实际地进行'超前探索'，结果为错误思潮所利用，出现了舆论导向上的偏差"[1]。编辑作为社会精神食

---

① 王捷：《略论学术编辑的思维方式》，《上海师范大学学报（哲学社会科学版）》1993 年第 2 期。

粮的提供者，要正确引领舆论导向，通过自己编辑的出版物让习近平新时代中国特色社会主义思想深入人心。

编辑既是文化工作者，也是社会思想家，他通过策划的出版物、编辑的书稿来体现自己的思想和意志。编辑家陈原说："在革命的进行中，在建设的进行中，编辑——作为读者与作者的桥梁，永远是革命事业的鼓吹者，永远是进步事业的鼓吹者。"①商务印书馆和三联书店的出版人，如叶圣陶、郑振铎、邹韬奋等，他们用自己的出版活动推动了当时社会的进步。我党的很多领导人同时也是编辑家，李大钊任《晨报》总编辑、瞿秋白主编刊物《前锋》、毛泽东创办《湘江评论》等，这些刊物对宣传推动革命事业起到重要的作用。新时代编辑应主动吸收前辈和革命者积攒的编辑出版和舆论引导的经验，把握好出版物的导向功能，做亮主题出版、讲好中国故事，弘扬主旋律、传播正能量，充分发挥社会主义核心价值观对人民的引导作用。

（二）内容质量的把关者

编辑作为内容的把关者，其工作远远不是文字的编校和版式的统一那样简单，思想和内容的鉴别把关能力才是编辑的核心能力。特别是在移动互联网时代，各种知识、信息鱼龙混杂、真伪并存，编辑的鉴别把关作用显得尤为重要。

一是政治和意识形态的把关。相较于书稿的内容质量和编校质量而言，编辑对出版物的政治把关是重中之重。书稿中常见的政治问题有民族问题、宗教问题、党的基本路线和方针政策问题等。2004 年，中宣部和教育部联合启动了中央实施马克思主义理论研究和建设工程（简称"马工程"）重点教材建设项目，笔者负责《文学理论》《西方文学理论》《当代西方文学思潮评析》等多部教材的联络员和责编工作。作为一项生命工程，"马工程"重点教材的政治把关尤为严格，课题组、学术专家、评审

---

① 宋应离、袁喜生、刘小敏编：《20 世纪中国著名编辑出版家研究资料汇辑》第 10 辑，河南大学出版社 2005 年版，第 71 页。

委员会层层把关，但是书稿到了出版社还是会发现问题。如有书稿提到某位作家的经历时，说他的足迹遍布"美国、日本、台湾"等地，这里把我国台湾地区与美国、日本并列，等于承认了台湾是一个"国家"，属于严重的政治错误。又如，2017 年教育部下发文件，要求在讲述历史人物和历史故事时要突出"十四年抗战"的概念，但是已出版的"马工程"重点教材中，还在沿用"八年抗战"的说法。编辑部紧急调来所有样书，一一排查，及时做了挖改。库存的书也都做了销毁，以保证学生到手的都是改后的新书。虽然出版社在经济上受到了损失，但是出版物尤其是教材是用于"教书育人"的，其中所含有的任何政治问题，都可能造成无可挽回的严重后果。

二是学术和社会价值的把关。新时代的编辑，一方面要"练就一双'火眼'，准确识别有悖于社会主义意识形态或在政治导向上有偏差的文章（书稿）"，另一方面还要"必须具备一双'慧眼'，发现具有学术价值、社会价值的研究成果"①。编辑要时刻站在学术的前沿，把握学术动态，判断和预知学术走向，在学术活动中积极发挥创新和引领作用。同时，编辑也要善于发现那些被人们忽略甚至不被人认同的有社会价值的成果，对成果的价值判断、创新性发现，是由编辑来完成的。岳麓书社的编辑唐浩明，从 20 世纪 80 年代就开始收集有关曾国藩的材料，发现曾国藩既不是一代完人、千古楷模，也不是十恶不赦的汉奸、罪人，而是一个"身上有着民族和文化的负载"，"一个集传统文化于一身的典型人物"②。他顶住来自各方面的压力整理出版了《曾国藩全集》，体现出编辑的远见和胆识在文化传承中所发挥的重要作用。

三是内容和编校质量的把关。一本内容粗俗、品格低下、错字连篇的劣质图书，会让读者对编辑和出版社的业务水准产生怀疑。作为内容和编校质量的把关人，编辑应在策划、组稿、约稿、审稿、校对等各个环节全

---

① 尹金凤、胡文昭：《如何提升中国学术的话语权——兼论学术期刊编辑的问题意识与学术使命》，《中国编辑》2018 年第 7 期。

② 唐浩明：《从编辑〈曾国藩全集〉到研究曾国藩》，《中国编辑》2008 年第 3 期。

程把控，"最终使稿件的主题思想更加鲜明、逻辑结构更加严谨、字句使用更加规范、数据材料更加准确"①。从公布的数据看，这几年图书的编校质量抽查合格率徘徊在 80% 左右，不合格图书的比例较高，特别是在数字化、网络化以及人工智能介入出版，市场竞争的复杂多元态势下，上述问题更加严重。有关部门加大了图书质量抽查频次和力度，央视《新闻联播》栏目也曝光了印制和编校质量不合格图书，对出版社和编辑做出提醒和警示。

（三）优秀作者的培育者

在传统出版观念中，文化成果的产生和文化的发展是由作者来完成的，作为"为他人作嫁衣裳"的编辑的作用和价值很少得到发现和认可。毋庸置疑，无论是创作成果，还是研究成果，都是作者思想的凝聚和结晶，体现的是作者的意志和风格。但是，作为将成果以出版形式呈现出来的编辑，一项很重要的职责就是发现作者，挖掘作者的全部潜力，打造出有价值的文化产品。

作为优秀成果发现者和优秀作者培育者的编辑，先得让自己成为一个学者型编辑，要有一定的真才实学。因为在整个编辑活动过程中，方方面面都要与作者沟通、协调，与作者之间的顺畅交流和良好互动，是做好编辑工作的关键。编辑力不足的编辑，是很难发现优秀作者的，也不可能激发作者的创作灵感，更不能与作者进行平等对话。宗白华与郭沫若的交往是编辑史上有名的伯乐与千里马的佳例。1919 年，作为《时事新报·学灯》编辑的宗白华从众多投稿中发现了郭沫若的诗稿，他敏锐地觉察到这位年轻诗人胸中蕴藏着不可估量的创造力，接二连三地发表这位"无名小辈"的作品。这也激发了郭沫若的创作热情，大量创作诗歌并陆续寄回国内，在《学灯》上发表。当时他们还与田汉三人通了许多邮件，谈论人生和事业、诗歌和戏剧以及婚姻和创作等诸多方面的社会问题。正是同样具有丰厚学识和创作才能的编辑宗白华，才成就了一代浪漫主义诗人郭沫若和他的《女神》。

---

① 申海菊：《编辑加工活动中修改权与编辑的人格追求》，《编辑学报》2010 年第 6 期。

三、编辑的职业素养：编辑力的提升

编辑的职业素养涉及多方面的内容，其核心是政治素养、文化知识和业务能力。政治素养是编辑方向的重要保障，文化知识是胜任编辑工作的基础条件，业务能力是编辑水平不断提升的源力，三者构成编辑的核心素养，也是编辑的基本能力，即编辑力。所谓编辑力，指编辑在从事具体工作过程中体现出来的综合素质和能力，在实际工作中，具体表现为选题、策划、组稿以及书稿加工等方面的能力。① 拥有较高素质和能力的编辑团队或群体构成一家出版社的核心竞争力，而这个团队或群体的编辑力如何，"从小里讲，决定一本书、一种刊的命运；从中里讲，决定一家出版社、一家期刊社的命运；从大里讲，决定整个出版业的命运与发展"②。新时代的编辑应该具备以下三个方面的能力。

（一）立足本职，历练把握大势的能力

编辑一旦将自己的职业定位在做一个出版人，就要有清晰的规划，确立近期目标和长期目标，通过承担大量的业务工作和不断地学习来增强自己的内生动力。编辑要努力让自己成为百科全书式的人才，博览群书、广泛涉猎，与时俱进、守正出新，不断学习进取、完善知识结构，始终保持良好的学习状态和较强的社会适应能力。业务能力的提升没有其他捷径可以选择，只能靠踏踏实实、一步一个脚印地积累。编辑只有对出版心存敬畏，才能从内心对这份工作产生认同，带着方向、拥有梦想去工作，才会将眼光放远，勇于克服困难，将满腔热情投入工作当中。

在网络化、多元文化并存的当代社会里，各种知识、思想和观念混杂，各种能量、信息碎片化，出版业肩负的生产精神文化产品、服务社会、引领人民的责任也更加重大。作为先进文化代表的编辑，应保持一种

---

① 参见迟云：《一个编辑的视角：如何提升出版活力》，《中国编辑》2017 年第 11 期。

② 郝振省：《努力提升编辑队伍的学术理论素养》，《中国编辑》2017 年第 1 期。

兼容并蓄、积极开放的心态，主动融入社会、了解社会，历练自己把握大势的能力。不断学习新知识、掌握新理念，使自己的思维始终处于活跃状态，去伪存真，去恶存善，才能对某些问题产生前瞻性看法，并付诸自己的工作实践中。

（二）敏锐感悟，提升选题策划的能力

在激烈的市场竞争中，图书的选题结构体现出一个出版社的实力。而好的选题需要编辑团队的思想碰撞、灵感交融，也需要建立在大数据分析基础上的科学判断。一个方向正确、定位精确、市场明确的好选题，就等于出版工作成功了一半。特别是在互联网、移动数字技术广泛应用的今天，传统出版的平台作用、传播效果都在下降，而作者的权重上升、读者的要求更加多元的情况下，编辑如何通过对出版物的内容把握和品质提升，对供需的精准设计和传递，策划出具有社会影响力和市场竞争力的图书，则显得尤为重要。

在信息化时代，算法和大数据分析已经在选题策划的诸多环节得到应用，信息采集、选题设计和组稿等环节都因为大数据方法的应用而出现了许多创新。内容、读者和平台是编辑在选题策划中的数据来源，编辑在寻找选题方向时，大数据可准确、快捷地为其提供关键信息，使选题方向逐渐清晰化明确化；在确立选题时，可运用舆情分析中的数据挖掘技术手段，对选题的社会影响等作出适当的评估；在组稿环节，可利用各种身份信息、标签信息和作者信息、作品信息，进行作者的聚类分析，从中锁定适合选题的最佳作者。

（三）甘作工匠，磨练编辑加工的能力

首先要有精品意识。精品图书是指"选题优良、内容丰富、错误率低、印装精美的图书"。编辑要发扬工匠精神，精品意识是不可或缺的，编辑要有把图书做好做精的观念和追求，在打造精品的过程中，要付出比制作普通图书更多的心血。张元济为了保护古迹，传承优秀中华文化，利用国外五十多家公私藏书影印出版了《四部丛刊》《百衲本二十四史》《续古逸丛书》，共计 610 种，达 2 万卷。他还花大量的精力和财力去搜集中外名著、

古籍善本，以便在进行图书的编译时作参考。这种广聚天下精品、向经典求证、精益求精的编辑方法也是新时代的编辑工作者应有的能力和品格。

其次要有责任意识。在工作中，发扬工匠精神还要求编辑要有责任意识，调动所有的热情投入编辑工作。"责任心是前提，能力是保证，责任胜于能力，能力永远由责任来承载。"[①]编辑要有责任意识，认识到肩负的责任与编校工作的重要性，从书眉到注释，从标点到字词、到语句，严把书稿编校的每一道关。"一丝不苟、字斟句酌、作风严谨"的辞海精神，体现出编辑工匠精神的难能可贵。编校的工作虽然枯燥，但社会影响重大，对自己所编辑的文稿负责，就是对读者、作者负责，对社会负责。

最后要有细节意识。编辑要发扬工匠精神，主要体现在审读加工书稿的环节，只有对书稿认真打磨，细处着眼，精雕细刻，才能打造出精品力作。2017年上半年，原国家新闻出版广电总局重点围绕辞书、社科和文艺类出版物进行了编校质量检查，查出33种编校质量不合格的出版物，问题集中在文字性、常识性的错误上面，如错别字、漏字，人名、地名、年代以及注释方面。这些错误如果细心一些，或借助工具书、权威网站细心核对大多是可以避免的。俗话说："千里之堤，溃于蚁穴。"编辑工作是在细微处见功底。堪称中国编辑出版界"大国工匠"的周振甫，将满腹的才识和一生的心血倾注于《辞通》《二十五史》《明史》《鲁迅全集》等中国古典文史的编校整理和审读加工之中。在编完《谈艺录》《管锥编》等书稿时得到钱锺书的高度赞赏："校书者如观世音之具千手千眼不可。"新时代的编辑更要练就千只手、千只眼，在审读加工书稿时不放过每一个细节。在今天，编辑的工匠精神意味着对利益驱动下粗制滥造地拼凑图书、追求数量忽略质量现象的自觉抵制。

（作者单位:《中国编辑》杂志社）

---

① 王卫勋、杜亚勤、赵文义:《责任编辑的责任意识与责任能力》,《技术与创新管理》2012 年第 1 期。

从三个维度看融合出版

周百义

传统出版和新兴出版的融合发展，自 2015 年原国家新闻出版广电总局和财政部出台《关于推动传统出版和新兴出版融合发展的指导意见》以来，"理论探讨"成了一个高频的热词。实践上，众多出版单位探索融合发展之路，在技术手段、运营模式上不断推陈出新，加大融合型人才培养力度，试水融合出版，在一些具体项目上取得了初步的成功。如吉林科学技术出版社出版的儿童科普读物《勇敢孩子的恐龙公园》，以恐龙为主题，利用跟踪系统随时定位读者，让读者通过手柄的操作，与 VR 眼镜中的恐龙进行互动，体验感和娱乐性增强。另外一些新兴的数字出版企业，携带自身的创新基因和人才优势，快速抢占融合出版的先机，在知识服务和 IP 开发上取得了丰硕的成果。如阅文集团、中文在线、同方、知网、龙源等，借助多年的积累抢占融合出版的高地。但是，无论是传统出版单位还是新兴出版单位，在融合出版的概念、路径、方法上都还存在一些需要探讨和解决的问题，笔者试从三个维度来说明融合出版的现状及其关系。

一、第一个维度：大与小

根据有关单位发布的统计报告，2017 年全国图书零售市场为 803.2亿元①，图书阅读市场的统计为码洋 1800 亿元②。但数字出版的收入，据中国新闻出版研究院在数博会上发布《2017—2018 年中国数字出版产业年度报告》上称：2017 年国内数字出版产业整体收入规模 7071.93 亿元。其中：互联网期刊收入达 20.1 亿元，电子书达 54 亿元，数字报纸（不含手机报）达 8.6 亿元，博客类应用达 77.13 亿元，在线音乐达 85 亿元，网络动漫达 178.9 亿元，移动出版（移动阅读、移动音乐、移动游戏等）达1796.3 亿元，网络游戏达 884.9 亿元，在线教育达 1010 亿元，互联网广告达 2957 亿元③。

乍一看这些数字，数字出版发展迅猛，传统出版与数字出版比较，销售额不到七分之一。所以，社会上不时有人发出传统出版将于某某年消亡的预测。这种"狼来了"的呼声，加大了人们的焦虑。但是，如果我们认真分析一下目前官方发布的数字、出版的数字，在分类上尚待商榷。

第一个问题是，数字出版统计中的很多项目是否应当看作是传统意义上的出版。

出版这个概念，国内外出版界在表述上有一定的差异。但对出版活

---

① 虞洋：《中国图书市场的增长驱动力——开卷 2017 年图书零售市场报告分析》，《出版人》2018 年第 2 期。

② 中南传媒产业研究院、华泰证券研究所：《阅读产业发展报告（2017）》，见 www.xinhuanet.com/newmedia/2018-07/28/c_137343004.htm。

③ 中国新闻出版研究院：《2017—2018 中国数字出版产业年度报告》，见 www.cbbr.com.cn/article/123368.html。

动的本质和基本要素的认识却比较接近。其中包括四个要素："（1）有反映人类文化知识和思想、情感的作品；（2）进行一定的编创工作；（3）运用复制技术，将作品记录在一定的载体之上；（4）通过发行或者其他办法进行传播。"①数字出版中的网络游戏只有娱乐功能，广告只有商品推广作用，显然并不含有一定的思想文化内容。何况，游戏和广告在传统出版的统计中也未将其列入出版范畴。另外，从目前数字出版的统计数字来看，互联网广告与游戏在数字出版的统计中占了一半以上的份额。如果现在再用数字出版的 7000 亿与传统出版的 800 亿收入来比较，从规模上看一个大一个小，并且差距很大，统计明显不够科学。因此，无论从广义还是从狭义的角度上，我们不能将凡是在流程中使用了二进制技术的活动都称为"出版"，以此泛化出版的内涵，进而消解出版的功能与作用。

第二个问题是，融合出版从统计学的角度如何计算？是将其归于传统出版还是归于数字出版，还是将其重新划为一个类别？这个问题，看起来是个伪命题，但实际上确实存在概念不清、内涵与外延容易混淆的一种倾向。融合出版指的是传统出版与新兴出版在产品、平台、服务上的融合，但落实在具体产品上，其既具有传统出版的属性又具有数字出版的属性。如《三联生活周刊》围绕自身期刊的品牌特色，打造知识付费产品《中读》，以碎片化时代的深度阅读，获得良好的市场反响。他们在刊物上通过印刷二维码，构建作者通向知识付费的"虫洞"。目前看，《中读》这个项目十分成功，但这种收益我们将其归之于融合出版还是数字出版？再如人民文学出版社的《朗读者》是该社第一次尝试使用 AR 技术将电视节目出成书，近 1000 分钟的视频片段"嵌入"书中，实现了文本与节目视频的无缝结合，自 2017 年 8 月出版以来，纸质书销量已超 150 万册。这些融合出版的成功范例，均涉及一个归类问题。是将纸质出版物的销售与知识服务相加还是分开统计？纸质出版物的 IP 开发是计入融合出版还是数字出版？既然是融合，在实际操作中，无法像统计传统出版和数字

---

① 石宗源、柳斌杰总顾问：《中国出版通史》，中国书籍出版社 2008 年版。

出版那样，将其归入某一类。虽然数字统计对出版发展本身影响不大，但评估一个行业的发展速度，往往又习惯于用数字来说话，所以，随着融合出版的项目增多，规模日渐扩大，有关统计部门要考虑这个在新技术条件下出版的新现象。如果在统计上确实无法区分，我们是否只统计一个出版单位的销售收入，或者不要发布类似的"传统出版"与"数字出版"的收入数字。大约为了解决这个矛盾，原国家新闻出版署出版融合发展（武汉）重点实验室将这种兼有传统出版与数字出版功能的项目称之为"现代纸书"，从出版研究的角度来看，这也不失为一种理论探索。

二、第二个维度：冷与热

融合出版是顺应互联网背景下传播移动化、社交化、视频化、互动化趋势，综合运用多媒体表现形式，生产满足用户多样化、个性化需求和多终端传播的出版手段，在编辑、发行、印刷诸环节同步进行的一场技术革命。但传统出版单位由于体制、机制及人才、运作经验等诸多因素的制约，加上融合出版在一定时期内投入大，收益并不明显，因此出现传统出版单位"冷"，新兴出版单位"热"的局面。

传统出版单位"冷"主要体现在如下三个方面。一是从数字上看。2017年，互联网期刊、电子图书、数字报纸的总收入为82.7亿元，与2016年相比增长5.35%，低于2016年5.44%的增长幅度，在数字出版总收入中占比为1.17%，较2016年的1.54%和2015年的1.77%来说，继续处于下降阶段[①]。二是从已经上线的产品来看，能够赢利的融媒体出版物不多，很多传统出版单位的融合出版项目还是处于投入阶段。三是从数量上来看，从第八届中国数字出版博览会发布的《全国数字出版转型升级动态评估报告》看，传统出版单位除了中国科学出版集团、建筑工业出版集

---

① 中国新闻出版研究院：《2017—2018中国数字出版产业年度报告》。

团、人民卫生出版社等几家外，走在融合出版前列的多是新兴出版单位。如中文在线、阅文集团、掌阅、咪咕阅读等。

传统出版单位"冷"有其客观原因。一是体制。传统出版单位多是国有企业。虽然在理论上鼓励国有企业创新发展，但对于具有一定风险的新兴出版产业，国有企业的决策机制不允许冒太大的风险，特别是大的失败。国有企业的文化氛围，偏向稳妥与保守，对于目前还看不到明显收益的项目，往往无人愿意承担亏损的责任。二是机制。国有企业的人才队伍建设缺少激励手段，特别是股权激励，如果要引进成熟的专业人才，现有的分配制度明显缺少吸引力。同时在人事制度上，"劣币驱逐良币"的现象依然存在。有能力的跳槽走了，安于稳妥的留下来了。三是从现实考虑。国有企业的考核，除了社会效益指标外，还有很多经济指标。如果一个企业在融合出版上投入人力物力财力较多，短期又不能产生效益，对当年效益目标责任制的考核不利，会影响到整个企业的员工收入。

新兴出版单位"热"主要体现在如下三个方面。一是产品形态不断创新，企业规模不断壮大。如中文在线教育出版集团，从电子书起步，从服务教育开始，拓展到网络文学原创。从互联网阅读拓展到移动互联网阅读；从单个的产品形态拓展到全媒体出版；从国内发展到国外。二是不断运用资本的力量发展壮大。如阅文集团，用 49 亿的现金，从盛大文学收购起点中文网等国内有影响的网络文学网站。从网络文学阅读到 IP 系列开发，从阅读拓展到知识服务，形成一个全方位的数字出版产业链，并通过在香港上市，用资本推动融合出版。三是这些新兴出版企业多是技术驱动型的企业，本身具有创新的基因。同时他们很早就以市场为导向，产品创新速度快，因此对处于风口的融合出版捷足先登。如喜马拉雅音频分享平台，总用户规模突破 4.7 亿，2013 年 3 月手机客户端上线，两年多时间手机用户规模已突破 2 亿，成为国内发展最快、规模最大的在线移动音频分享平台。

融合出版的大潮中，还有一个重要的现象，大型传统出版单位行动迟缓，各地星罗棋布诞生的小型工作室转型快。目前由于有中央和地方的财政资金支持，一些传统出版单位分别上马了一些融合出版的项目。但这些项目多是单个产品，与传统出版项目比较而言，无论是数量还是规模比例都很小，同时，传统出版单位大多数还处于观望的阶段，寄希望有政府资金支持，否则没有扩大融合出版的计划。

而一些小型的新兴出版单位从一开始就从最受欢迎的微信公众号、移动端 APP 入手，迅速地切入知识服务的领域，其中如"罗辑思维"旗下的微信公众订阅号、知识类脱口秀视频节目：《罗辑思维》、知识服务 APP：得到 APP。"得到"微信公众号，2016 年 5 月上线，目前已有超过 700 万用户。除了知识付费项目，还在经营自己的微店。2015 年 10 月完成 B 轮融资，估值 13.2 亿人民币。

三、第三个维度：浅与深

融合出版的主要方式之一，是通过二维码扫描，进入微信公众号或者 APP，通过音频视频进行知识传播。2016 年，有人认为是中国的知识付费元年。到 2018 年，中国的知识付费市场，根据艾瑞《2018 年中国在线知识付费市场研究报告》显示，同比增长近 3 倍，达到 49.1 亿元。2020 年预计将达到 235 亿元。目前主流的知识付费产品形态有五种，即问答、听书、专栏／课程、社群和咨询。其内容可分为三大类型：一是资讯类，如新闻获取与信息咨询等；二是经验类，如职场经验、沟通技巧、理财方案等；三是认知类，如通识学科和知识点讲解、专栏等。2018 年 6 月，知乎至今已提供 15000 个知识服务产品，生产者达到 5000 名，知乎付费用户人次达到 600 万。每天，有超过 100 万人次使用知乎大学。

以音频视频为主的知识付费服务方式，在给人们工作学习带来便利的同时，也面临使人丧失"思考能力"的质疑。各种读书栏目，都打出"帮你读书"的旗号，为你提供"精华版"，帮你提炼"要义"。有人因此也陶醉于这种"听书"的方式，沉浸于自己一年读了上百本书的喜悦之中。

其实，从人类知识积累的规律来看，听书，只能是获取知识的一种方式，从阅读的心理学来分析，听书还只能算是一种"浅阅读"，必须与其他方式结合才能形成知识链，形成知识体系。正如学生在学校学习，要通过"听说读写"四个步骤才能巩固课本上的知识一样，老师要通过一定的教学技巧才能让学生深刻领会，而不能靠老师"填鸭式"的教学就算完成了知识传授的过程。美国爱荷华大学一项发表在 PLOSONE 上的研究发现，人们对听到的事物的记忆并不牢固，人更能记住看到的或者感觉到的事物。而阅读，才是一种调动各种器官深入学习的方法。因此，知识付费虽然曾是融合出版的一片蓝海，但随着付费者的理性回归，知识付费的市场将面临一场大的调整。

总之，笔者提出上述问题，希望我们在开展融合出版中，共同厘清思路，寻找方向，拓宽路径，同时通过讨论，寻找最大公约数，有助于出版学科的建设和统计的权威性。

（作者单位：湖北省编辑学会）

论新时代编辑在出版融合发展中的
地位与作用

张　俊

　　出版融合发展是以内容为根本，以互联网、信息技术、数字技术等为技术基础，并由此形成"内容＋技术"的核心构架，以融合发展为核心理念的出版业态。现代科技的加速发展，推动出版从"铅与火""光与电"走到了"数与网"。回顾"数与网"这一阶段的发展历程，数字技术进入出版业之初，电子墨水屏幕的研发成功、互联网论坛里帖子连载的写作同人作品、各种文档格式的陆续问世，像一个个闪光点，连接起来，数字出版的雏形开始出现；本世纪初，互联网的快速普及、计算机使用人口的迅猛增加创造了一个全新的虚拟世界，其中诞生的许多新兴产业，就包括数字出版。此时的数字出版相对传统出版已经成熟。技术在产品层，在载体、渠道、平台上深入应用。数字出版方兴未艾，也为出版的融合发展提供了前提条件——换句话说，出版融合已经有了大概的轮廓，数字出版即是微观的、具体方面的出版融合。

2013 年 11 月，党的十八届三中全会通过的《中共中央关于全面深化改革若干重大问题的决定》提出"整合新闻媒体资源，推动传统媒体和新兴媒体融合发展"。这是"媒体融合"首次成为党中央重大决议的重要内容。2014 年 8 月 18 日，习近平总书记主持召开中央全面深化改革领导小组第四次会议，审议通过《关于推动传统媒体和新兴媒体融合发展的指导意见》。这是党和国家关于媒体融合发展的顶层设计和战略部署，至此，媒体融合成为行业内的共识，出版业融合发展驶入快车道。

出版融合由数字出版从雏形到成型，再到发展至一定水平演变而来，内容和技术一直是重要的两个方面。过程中，与"内容＋技术"这个核心架构关系最紧密的，是出版工作的核心环节——编辑。把握好出版融合的特性，抓住出版融合对编辑提出的要求，才能有针对性地提升编辑需要的能力；符合出版融合的要求，具备相应的能力，编辑才能在新的出版业态中精准定位，发挥自身作用。

一、出版融合发展的特性

首先，出版业于数字技术应用初始阶段表现出鲜明的技术性。出版物作为人类智慧的凝集、脑力劳动和体力劳动的成果，在生产、传播、接收，包括反馈时都需要一定的载体。依托技术对行业的支撑，无论是新的出版物样态、产品的生产方式，都是通过先进的技术来实现的。2007 年，亚马逊公司推出了第一代 Kindle 电子阅读器，产品配备了一块 6 英寸的电子墨水屏，得益于这种新型显示技术，读者能在阅读时获得和纸书相似的用户体验。随着移动终端上操作系统、硬件性能的不断发展，在 PC 上使用的软件能够被小型化、轻量化地移植到手机、平板电脑中，以人们熟识的 APP 形式为人们提供相同的功能，同时在使用便利性上又有极大的提升。当下流行的资讯阅读类 APP 如掌阅、布卡漫画等，就是 APP 的一个重要类型分支，在手机等移动终端上占有较大的用户活跃度。

其次，"内容＋技术"构架凸显后的第一阶段，即数字出版成熟期，呈现出复合性。数字出版中，无论是出版的数字化还是数字化的出版，内容的核心地位始终是毋庸置疑的。这一阶段的创新主要存在于产品层面。无论是出版社将纸质图书数字化后形成 PDF 等电子文档，还是互联网企业原创于计算机、发布于网络平台并可通过各种终端获得，支持在线、离线等方式读取的电子图书，内容在表现形式和表现元素上已经发生了深刻变化。数字出版物依托载体创新，摆脱了纸质图书表现形式、元素上的局限。纸质图书作为主要依靠视觉感知的信息媒介，受到了纸张的物理特性限制，经过装订成册，内容的呈现只能在书页上，遵循其装订排版方式，阅读内容的表现仅仅是平面的，阅读顺序也只是线性的。数字出版物的出现使阅读界面由纸张变为屏幕，依照读者的阅读需求与特点，从视觉的功能性情感与综合感官的多元化情境两个角度对电子书进行设计尝试，重新构建更易于体验的知觉空间，就显得尤为重要。① 依照屏幕构造及技术的不同，有的在无限接近纸张阅读感受的同时，保持了页面跳转的便利性，满足同一本书不同页面内容进行拼接、组合呈现的阅读需求；有的以纸质图书为原本进行拟真设计，又依托软硬件在其中加入音视频、二维码、超链接等内容，放置更多的构成元素，赋予"书"更丰富的内涵。

再次，"内容＋技术"的构架走过第一个发展阶段后，出版融合开始出现，这一阶段的融合发展具有跨界性的特征。传统出版下做书就是出版纸质图书，数字出版被认为是产品层面的融合创新，而出版融合则更多是顶层设计和发展理念更新指导下的更高层次的融合，具体体现在内容、渠道、平台、经营、管理等方面。在业务流程上，出现了"中央厨房式"内容采编发思路；在产品传播、受众覆盖上，出现了全媒体出版；在经营理

---

① 参见石慧：《新媒体时代电子书的知觉重构》，《出版广角》2018 年第 2 期。

念、盈利模式上，出现了出版与动漫、出版与实体商品营销相结合的"出版 +"思维。这种跨载体，甚至跨行业的融合是在产品层面的载体内融合之上升华而来，是更高层次的出版融合。

二、出版融合对编辑的要求以及编辑应具备的能力

中国特色社会主义进入新时代，出版行业处于新的发展历史方位。图书编辑身处出版行业，要推动出版向前发展，必须标定自己的坐标，对发展阶段、形势作出准确判断，有针对性地加强自身的编辑能力建设。[①] 出版融合需要编辑对技术，尤其是对与核心业务密切关联的技术有熟练的掌握。当前，融合发展是出版行业所处的发展阶段。从数字出版初现到其成熟，再到出版融合，技术始终伴随着发展的每个阶段。不同于传统出版受到技术影响较多存在于排版、印制环节，融合出版中技术与出版的结合更加紧密，尤其是对出版的核心环节——编辑工作的影响，是前所未有的。因此，加强技术储备成为编辑在新时代做好出版工作的重要要求。首先，编辑要能熟练使用专业软件、管理软件及专门型硬件。编辑策划选题，需要熟练使用搜索引擎从网上获得信息；在电脑上组稿时，需要对文档进行统一的格式处理；随着业务流程在线管理的普及，编辑需要熟练使用 ERP 等管理软件。其次，编辑需要对与出版有关的技术有一定的敏感性。出版发展的实践证明，每次重大的行业变革到来，都是因为技术层面有了重大突破。融合出版阶段，技术更新迭代更加频繁，保持对技术的敏感有助于编辑对新的业务模式、营销热点的把握。

出版融合需要编辑对内容表现的方式、形式有准确的把握。出版融合的雏形是数字出版，可以说，数字出版中存在产品层面、载体上的融合。电子图书、数字图书馆、网络阅读类门户网站、阅读 APP 等形式多种多

---

① 参见张俊：《浅议新时代编辑能力建设》，《中国编辑》2018 年第 5 期。

样，出版物内容呈现的方式、获取平台、终端不一而足，这就要求编辑能够做到准确把握选题，根据其所属内容范围、读者人群、市场定位，采用合适的渠道和呈现元素。编辑已经不能单纯把策划焦点放在内容的意义、定位和创作上，而必须在考虑内容的同时策划如何能够以最合理的媒体来呈现这些内容。① 学术理论著作严肃沉稳，以文字为主，适合简单、舒朗的风格，在配备电子墨水屏的电子阅读器上进行发售效果较好；儿童读物一般是四色排版设计，文字和图片占有相当的比例，可制作适宜平板电脑显示的版本，其中还可加入音视频内容、3D 特效显示，风格活泼轻快，能够迎合少年儿童的阅读习惯。

出版发展到更高层次，融合发展同时发生于出版业内部及与其他行业之间，这就要求编辑做到两个方面：一是深植融合发展的理念，持续提高融合创新的探索能力；二是立足行业内容又跳出内容，有更开阔的视野。编辑在源头就着眼内容到达受众端的群体和方式，制作时针对内容数字化展现、分发平台特性做出调整，达到一稿多用、一文多发的效果。出版融合的业务流程再造目前已经有了报网融合、社网融合，遇到重大活动或突发事件时，报社运用全媒体平台"中央厨房"工作机制，通过运行新流程、探索新机制，引入新技术、制作新产品，逐步推进内容生产流程的融合。流程上的融合进一步提高了信息的利用效率，使现场的信息采集与后台的编辑处理衔接更加紧密。一本书从选题策划开始，就可以尝试融合。如一本以自行车骑行为主题的图书，读者群定位为广大骑友，组稿时就引入"众筹"的理念，通过微信群的方式组织讨论，论证图书的结构；在图书编辑处理时，又可与自行车厂商等商家展开合作，以广告植入、二维码甚至 AR 等方式将图书与所载商品购买渠道打通。跨界融合方面，目前已经形成了"出版+"的模式，有传统出版机构主导及互联网和其他行业机构主导两种。传统媒体在内容的生产上具有优势，但日新月异的新媒体技

---

① 参见张宏：《媒体融合下的编辑策划：内涵、模式及其对编辑实践的影响》，《中国编辑》2015 年第 5 期。

术也给内容的生产、传播提供了更多可能，使得内容不仅是一个产品，更多的是一种服务。① 传统出版机构掌握了出版资源，对已出版图书数字化后进行二次开发，并根据不同的出口和平台多次进行多次利用，就是一种典型的做法。出版社建立网站作为自己在与新媒体世界的接口，在互联网上呈现自己的形象和出版特色，并在后台按照实现功能不同建立不同的数据库：以内容为主题、将出版物碎片化后建立的条目式内容数据库提供了跨越单本图书的大型知识库；按照检索条件不同，如年份、作者、知识层次维度提供的书目检索；等等。将自己的图书、音像资源结合，创建网上在线培训课程，并通过对知识的包装以公开课、慕课、付费知识教程的形式推出。一些企业在自身文化形象、风格标识和产品特色优势的宣传上，也会看重出版物的深度和影响的长期性。如企业推出自己的卡通形象，围绕其创作故事，并以视频、图书等方式推向受众，做到了高层次的营销，不仅让消费者对自己的产品加深了印象，也能吸引一些潜在客户，提高营销效果的转化率。

所以，跨界融合的探索，编辑应具备在出版流程横纵两个维度上延伸探索的能力。

三、编辑在出版融合发展中的地位及作用

编辑是出版融合中使用技术的内容生产者、加工者。新兴出版出现和发展的过程，实际上就是以数字技术为代表的技术和信息内容相互结合与发展的过程，只有技术与内容相互配合好，出版融合才会有高水平的发展。在数字出版轮廓初现时，技术对行业的支撑作用凸显，在推动出版发展时的贡献度曾被认为超过了内容。数字出版成熟阶段，技术与内容关系更加紧密，表现在实践上是传统出版机构和互联网企业既与彼此展开合

---

①　参见高莹：《浅谈自媒体时代传统媒体的内容重构》，《出版广角》2018 年第 5 期。

作，同时也出现了话语权的争夺——是内容为王还是技术为王，抑或渠道为王、平台为王，一系列观点相继被提出。各方面争夺话语权背后都有着自己的逻辑，引起争议的一个重要原因就是对市场主导地位的争夺。无论数字出版还是融合出版，内容、渠道、平台、经营、管理等方面都与"触网"有关，甚至完全依托互联网、移动互联网、新媒体开展业务。互联网企业相对出版社经济实力更强，技术储备更充足，是出版机构想要发展绕不开的。因此，出版机构、出版人，尤其是编辑应该注意把握"技术"与"内容"的关系。习近平总书记指出，"推动传统媒体和新兴媒体融合发展，要遵循新闻传播规律和新兴媒体发展规律，强化互联网思维，坚持传统媒体和新兴媒体优势互补、一体发展，坚持先进技术为支撑、内容建设为根本"①。广大编辑必须意识到，出版业具有鲜明的文化属性，内容才是出版物的核心元素，技术推动出版发展的事实表明了其重要性，更表明了技术始终是服务内容的。在这一大前提下，编辑必然是使用技术、善于使用技术的内容生产者、加工者。

编辑是内容生产、加工的元素整合者、定位者。数字出版在出现后，电子图书无论是阅读体验、制作成本，还是传播效率，较纸质图书都占据绝对优势，其发展甚至被学界业界认为有可能全面取代传统出版。事实证明这种观点显然是错误的。但是，以电子图书为代表的数字出版物的优势却是客观存在的。在打破内容元素种类限制后，它的表现形式变得多种多样，一些形式大于内容的题材通过文字、图片、音频、视频、动画、3D甚至虚拟现实表现得淋漓尽致。结合屏幕触控技术，数字内容消费者还可以完成人机交互，图书既是图书又不是图书，其概念在内涵不断丰富的同时也有更广阔更深远的外延。此外，出版物变换形式从前只有纸张、印制方式上的变化这种情况也被改变，通过有针对性地选择传播渠道和发布平台，万变不离其宗的出版物从此可以千变万化。这为产品定位、市场定位

---

① 习近平：《共同为改革想招一起为改革发力 群策群力把各项改革工作抓到位》，《人民日报》2014 年 8 月 19 日。

和受众群体定位提供了更多选择，编辑有针对性地定向推送产品不仅没有造成传统出版和数字出版两个市场之间的互相倾轧，反而能让自己的书更精准地到达预期读者的手中。

编辑是内容生产流程的规划者、邻接市场的探索者。按照站位高度的不同和数字出版发展阶段的不同，达到更高层次的出版融合需要出版人，尤其是编辑能够清楚梳理内容进入融合出版的脉络和走向。无论是已经存在的报网融合、社网融合，还是中央厨房式采编流程，现有的技术在支撑出版的融合时已经表现出性能过剩，继续取得重大的创新成果更在于出版融合的理念创新。融合发展是一场全方位的革新，不同于以往的排版设计和文稿编撰，也不是局限于原有框架内的细微调整，如果没有一定高度上的全局视野，是无法把握好融合发展创新的。编辑无论在出版发展的哪一个阶段，无论在出版业务的哪一个领域，都处于核心的环节。因此，广大编辑要抓住内容这个核心，以更深远的眼光、更开阔的视野去研究出版的业务流程、管理流程，做到以新发展理念推动新发展实践。围绕出版产业两个效益的实现，编辑应该立足出版找到与其他行业互惠互利、合作共赢的通路，以富有文化属性的方式为其他行业与市场、与消费者架起沟通的桥梁，同时通过与之相关行业的渠道达到出版更广的受众覆盖面。编辑还可以充分利用手中的出版资源，在供给侧选择新的通路对接读者，以让读者耳目一新的呈现方式出现在消费者面前，完成市场新动能的培育和壮大。

观念引领行动，认识推动实践。编辑的进步应该始终与出版的发展保持同步。我们这个行业围绕内容和技术，一直在进行有益探索。当前，这个高层次的融合缘起在发展理念上的更新，核心在于建立好"内容＋技术"这个核心构架，发力在技术驱动实践。必须坚持发展理念的持续更新，通过顶层设计更好地实现出版融合的发展，最大化发挥技术的作用，推动高原向高峰的迈进。

（作者单位：学习出版社）

项目带动战略：浅议大型出版项目
提升出版社核心竞争力的方法

潘 飞

在文化大发展的时代背景下，国家通过奖项、规划、基金等资助扶持出版事业，发挥巨大的示范引领作用，能有效提升出版社的管理水平和生产能力，促进我国出版业繁荣发展，精品佳作迭出。站在战略的高度，充分实施"项目带动战略"，发挥其对出版社核心竞争力的推动作用，将成为加强出版资源科学配置特别是供给侧结构性改革，实现文化大发展大繁荣宏伟目标的重要举措。

一、"大型出版项目"是精品佳作的母体

　　"大型出版项目"是指"多卷本、大篇幅、大工程"①的出版项目，具有特征明显的精品性、重大性和创新性。在数字出版时代，还包括纸质、音像、电子、网络、数据库等形态等融媒体复合出版形式，被誉为"出版产品的高级形态"。

　　国家对大型出版项目的支持具有政策上的连续性，《新闻出版业"十二五"时期发展规划》明确提出要"加强政策支持与引导"，包括"加大政府投入，争取国家财政加大对国家出版基金、农家书屋工程可持续发展资金、民族文字出版专项资金、'走出去'专项资金等的支持力度"，"积极争取中央和地方政府对新闻出版领域重大项目的资金支持，加大新闻出版重点项目的实施力度，加快新闻出版改革发展项目库建设步伐，引导和带动新闻出版业发展"。《新闻出版广播影视"十三五"发展规划》提出要"组织一批对新闻出版广播影视产业发展和结构调整全局带动性强的重大工程，推出一批对推进产业发展效果显著的重大项目"。目前，我国出版主管部门建立了集规划、资助、管理于一体的精品出版机制，其中，包括三级大型出版工程／项目矩阵：第一级，国家级，如国家出版基金、国家重点出版物出版规划、国家古籍整理出版基金等；第二级，省级，如内蒙古自治区的"蒙汉文互译出版工程"、江苏省出版精品系列项目等；第三级，出版单位级，如中国出版集团公司年度宣传文化发展专项资金项目、江苏凤凰出版传媒集团的"凤凰文库"等。不难看出，这些大型出版工程和项目主要资助的方向是与党和国家政策保持一致的重大主题、古籍、辞书、儿童读物、民族文字、重大的社会科学和自然科学创新成果以及向世界展现中国形象的优秀出版物。

---

　　①　高云松：《谈大型出版项目的运作管理——以〈外教社双语词典编纂系统〉研发为例》，《科技与出版》2012 年第 1 期。

一般来说，大型出版项目具有如下特点：从价值来看，导向正确，内容丰富，题材广泛，紧扣学术前沿，在文化品质、社会功用和创新价值方面表现出"选题价值的重大性"[①]；从体量来看，体系全、篇幅大、字数多、卷数多、分量重，卷帙浩繁；从作者来看，多由相关领域的著名专家、学者主持；从出版条件来看，难度大、周期长，专业性强，对编校质量要求更高，需投入相当数量的资金，且执行过程涵盖众多环节、工种、程序、人员，工作量巨大，不仅需要全面的统筹设计、优势的作者资源、科学的编纂方案、明晰的工作细则，更要重视全流程的流程管控、制度管控和质量保障体系建设。[②]

二、轨物范世："项目带动战略"是出版社提升核心竞争力的重要抓手

"项目带动战略"产生于非文化产业领域，从广义上说，是指在政治、经济、文化和社会建设等各个领域，按照项目发展的要求，实现项目滚动发展，以项目带动集聚生产要素、促进投资增长、深化体制改革、实现经济持续快速健康发展和社会全面进步。从狭义上说，是指充分发挥项目在产业发展中的"领先效应"、"集聚效应"和"扩散效应"，带动一个产业发展，实现产业快速做大做强。[③]

在文化产业领域，肇始于"十一五"时期的"重大文化产业项目带动战略"通过支持具有示范性的大规模文化产业项目，全面整合利用国家经济、政策和地域资源，在全国各地区打造文化产业项目集群，充分带动了

---

① 金炳亮、段乐川：《论融合传播环境下的出版大项目运营——以广东人民出版社为例》，《中国编辑》2017 年第 10 期。

② 参见马爱梅、陈东明：《国家重大出版工程项目的创新实践与全流程管控——以〈中国水利史典〉为例》，《中国编辑》2017 年第 4 期。

③ 参见杨吉华：《县域文化产业项目带动战略研究——以蓬莱市八仙过海旅游公司为例》，《枣庄学院学报》2016 年第 4 期。

地区文化产业的规模发展。具体到出版领域，"新闻出版产业项目带动战略"的实施对加快出版产业转型升级和融合发展、优化资源配置、促进技术创新、增加精品出版能力等方面发挥着重大作用。

　　具体到出版领域，"项目带动战略"即是指大型出版项目要发挥全局性、长期性、指导性的作用，加强出版资源和生产要素的优化配置，形成有效的生产能力，以便增强出版社的核心竞争力。"新闻出版核心竞争力是新闻出版组织在从事知识积累和传播的过程中，为取得市场竞争优势，通过不断整合、调整内部各种知识性、机能性资源而形成的独特的、不能模仿的发展能力、应变能力和创新能力。它包括以下几个内容：制定组织长期发展战略；定义并整合内部独特的资源；有效协调、变革内部业务流程；物化长期积累的隐性知识和技能的能力。"[1] 大型出版项目和出版社的核心竞争力之间存在相辅相成的关系：一方面，核心竞争力是核心要义和前进方向，充分发挥导向功能，大型出版项目能够强化出版社的专业特色，特别是在提高生产水平和规范文化导向方面[2] 对出版社的核心竞争力加强引导，任何一家出版社策划、运营大型出版项目，都必须紧紧围绕其来展开；另一方面，大型出版项目是出版社核心竞争力的试金石，出版社应该将大型出版项目纳入核心竞争力发展战略的框架下，通过规划项目获取积累出版资源，不断总结经验，苦练内功。

三、大型出版项目带动战略的具体措施

　　大型出版项目虽然是出版社的"非常态"工作，但足以检验其在生产经营方面的综合协调能力，出版社应该在高标准、严要求地完成入选项目的同时，用"重点"带动"非重点"，既把国家级项目的任务分解到本单

---

　　[1]　转引自李游：《如何做好新闻出版产业项目申报、实施与管理》，《传媒》2016 年第 5 期。

　　[2]　参见梅若冰：《国家出版基金引导效果研究》，《学理论》2015 年第 35 期。

位的年度、长期出版规划中，将重大选题与普通选题结合起来，加强前者对后者的指导、后者对前者的涵养，还应该不断自我完善，把执行大型出版项目过程中摸索出来的成功的工作方法运用到"常态的""日常的"出版工作中去，让大型出版项目垂范于非大型出版项目。在笔者看来，项目带动战略主要包括以下几个具体措施。

第一，品牌建设方面：大型出版项目由于质量高、影响力大，多半是精品力作，具有非常高的辨识度，成为品牌形象的重要组成部分。抓好大型出版项目，将帮助出版社打造富有特色的品牌，并迅速获得知名度和美誉度。比如，以"中国历代绘画大系"为基础，浙江大学出版社围绕中国古代绘画图像文献这一核心资源，在文字文献的整理与高端学术研究、在中国古代艺术的大众传播与知识普及方面，依托浙江大学的学科优势和10年积累的全球资源优势，把出版社打造成集文献、研究与大众鉴赏于一体的中国古代高端艺术出版中心。

第二，制度建设方面：大型出版项目可以推动出版社形成良好的精品生产机制，让质量保障措施得以精进。为了保证项目依照计划、要求得以顺利执行和完成，许多出版社在保障机制上下足功夫。首先，常规的出版管理制度（如出版合同制度、"三校一读"制度、重大选题备案制度、责任校对制度、印刷质量标准和委托书制度、稿件及质量资料归档制度、样书检查制度）在执行过程中得以夯实。其次，有的出版社还在质量管理、资源配置、流程控制方面创新性地建立了社领导负责制、项目负责制、质量保障制度（内部检查评估制度）、责任追究制等专项制度，对出版社原有的制度体系形成补充，两者相得益彰，共同科学地指导出版社的整体工作。

第三，机构设置方面：大型出版项目的难度往往超出了出版社现有编辑团队的编辑能力，并且，散落于各编辑部门也不利于统筹管理，因此，部分出版社打破正常的机构设置，凸显专业性，成立专门的部门来运营大型出版项目，主要有两种形式：一是挂靠在出版集团的总部或出版社的总编室，如时代出版传媒股份有限公司在编辑委员会下设立重大出版工程办公室，中国人民大学出版社在总编室下设立重点项目办公室，这些部门能充分发挥枢纽功能，打破部门和部门之间的壁垒，充分调动有效力量，对社内或集团内重大项目进行统筹协调——对外与主管单位对接，对内协调各部门、各环节的工作，全流程参与项目制定、设计、监督、管理和落实工作，不负责具体选题的落实。二是平行于其他编辑部或事业部的独立部门，如人民出版社的重点项目部、上海交通大学出版社的社部项目部……这些独立的特色部门由出版社抽调各部门的精英集结而成，实行项目负责制，专门落实大型出版项目的具体实施，不面向市场，保证大型出版项目的正常完成，营销等后期工作交由其他部门完成。因此，在运营过程中，出版社在考核机制上会对其予以照顾倾斜，加大出版物社会效益的权重，且对于那些承担大型出版项目的策划、责任编辑进行奖励，如安徽出版集团 2011 年制定《公司所属单位年度考核暂行管理办法》，把荣获国家和省部级奖项、入选重点和资助、坚持原创、入选各类行业榜单等列为社会效益指标来加以考核，2017 年年底将社会效益考核指标的权重从 2015 年的 51% 提高至 60%。总之，这些专门部门的成功设置以及相关配套制度的创设，将会在整个出版社起到良好的典范作用。

第四，选题开发方面：大型出版项目形成的品牌具有延伸效应，衍生出的新产品因为拥有优良的基因，较之新开发的品种更易获得读者的认可，两个选题之间，由此保有逻辑上的连续性；出版社在某一领域的深耕，也将帮助其获得可持续发展的能力。大型出版项目孕育了新的选题，而出版社执行大型出版项目的数量多少、质量高低以及展现的实力往往能给上级主管部门和专家们增加印象分，所以，这些新选题也极有可能再次入选各种规划、工程、奖项，得到资助，从而形成良性回环。除此之外，大型出版项目还能帮助出版社加强向其他选题领域的拓展，比如，清华大学出版社提出的"发展工科优势，加快理科建设，促进文科突破"的建设目标沿袭了坚守优势领地，再开发新的选题领地的路径。上海交通大学出版社除了深耕"大飞机项目"以及相关图书的开发，还重点开发科学文化、人文社科等版块，《走进殿堂的中国古代科技史》荣获"第三届中华优秀出版物奖"，《平易近人——习近平的语言力量》获得销售佳绩，打破了理工出版社只能出专业理工类图书的刻板印象，可见，选题思路上的拓宽，能有效地增加出版社选题的厚度和广度。

第五，人才培养方面：大型出版项目往往对人员素质提出了极高要求，其运营需要综合素质极高的综合型人才，既要熟悉选题策划和运作，还能协调社内、社外等诸多事宜。因此，往往会成为人才的推进器，推动出版社的人才培养和锻炼工作。比如，《辞海》这一大型出版项目，成就了巢峰等一批专家型的编辑领军人物。通过有意识、有计划地安排德才兼备、素质优良的年轻人参加大型出版项目，赋予他们相应的责任和使命，也能使他们在统筹管理能力、质量保障能力、细节落实能力、风险控制能力、营销宣传能力[①] 等方面积累丰富经验。

第六，手段创新方面：许多出版社能紧跟时代发展，将最先进的新一代信息技术如物联网、大数据、数据挖掘、移动互联网、云计算、社交网络、AR、O2O 等运用在大型出版项目中，探索编辑技术的更新和升级。另外，不少出版社能充分发挥大型出版项目体量大、内容多的特点，加强平台化和数据库建设，通过纸质、网络、移动端、数据库等多种样式的出版产品形态，打造全新的知识整合和知识生产模式。比如，群言出版社的"民盟历史文献数据库"就是对被列入"十二五""十三五"国家重点图书出版规划、多次获得国家出版基金项目支持的《民盟历史文献》系列丛书的数字化。上海辞书出版社把屡获支持的《辞海》开发出"《辞海》历版数据库"。上海文艺电子音像出版社的"音乐全媒体专业检索平台"就入选了"十三五"国家重点出版物出版规划"十大骨干工程"。

---

① 参见邓为：《浅谈如何利用大型出版项目提高编辑能力》，《新闻研究导刊》2018年第 9 期。

四、总结与展望

2018 年 8 月，习近平同志在全国宣传思想工作会议上发表重要讲话，提及"兴文化"这一使命任务时，具体要求"激发全民族文化创新创造活力，建设社会主义文化强国"，这为新时代中国文化事业的发展指明了前进方向，与习近平新时代中国特色社会主义思想体系提出的提高新闻舆论"传播力、引导力、影响力、公信力"的要求一脉相承。党的十八大以来，我国文化体制改革不断深化，文化事业和文化产业蓬勃发展，出版界的创新成果显著，在中国特色社会主义文化建设方面迈出了扎实的步伐。但我们也应该看到，随着出版资源的极大丰富，社会出版物总量开始呈现生产饱和、产品剩余的状态时，不可避免会出现鱼龙混杂、泥沙俱下的现象。因此，用"思想精深、艺术精湛、制作精良"的出版物去扮演"良币"，驱逐"劣币"，其实是社会出版系统新陈代谢、自我更新的必经之道。当下出版业界广泛讨论的"高峰"和"高原"以及"供给侧结构性改革"等话题就不外乎围绕着出版物的质量和数量等核心问题在谈。

党的十九大提出，我国经济已由高速增长阶段转向高质量发展阶段，具体到出版业，就是要始终把"精品战略"贯穿于出版物的开发中去，让诸多优质的传世之作成为滋养社会的精神食粮。习近平同志在全国宣传思想工作会议上的讲话中也提出"要推动文化产业高质量发展……推动各类文化市场主体发展壮大……以高质量文化供给增强人们的文化获得感、幸福感"，"高质量""发展壮大""高质量文化供给"等提法完全可以概括"精品战略"的精髓。因此，精品出版仍是未来相当长一段时期内我国出版事业、产业发展的核心，换言之，出版社面对新形势，必须推动生产方式从过去的粗放型向精细型转型。《中华人民共和国国民经济和社会发展第十三个五年规划纲要》以顶层设计和国家意志的高度，首次将国家重大出版工程作为文化精品创作工程的重要内容，可见，大型出版项目绝对是出版社践行精品战略、夯实出版主业的重要突破口。

当然，实施大型出版项目的带动战略，不是盲目地追求"由一产百"式的选题数量的急剧扩张，而是要牢牢树立精品意识，夯实专业出版实力。大型出版项目虽然是实现精品战略的重大抓手，但出版社也不可忽视一般图书，只有总体的图书质量得以提高，才会涌现出更多的精品力作，习近平同志提出的"在基础性、战略性工作上下功夫，在关键处、要害处下功夫，在工作质量和水平上下功夫"可以为出版单位做好大型出版项目、发挥"项目带动战略"的带动作用，从而不断提升核心竞争力提供"方法论"上的启迪。

总之，充分发挥大型出版项目的带动效应，其本质是对出版资源的深层次优化和整合，是出版业深化创新，优化内部组织结构，提升生产效率，加快出版现代化，实现提升出版"传播力、引导力、影响力、公信力"的重要举措。

（作者单位：中国财政经济出版社）

新时代的教材建设：理念与实践

黄　强

　　2017 年 10 月，举世瞩目的中国共产党第十九次全国代表大会隆重召开。这是在我国全面建成小康社会的决胜阶段召开的一次十分重要的大会。大会的召开，宣示着中国特色社会主义进入了一个新时代。作为教育出版的从业者，必须深入探讨在我国发展新的历史方位中，我们的行业如何准确定位，我们自身如何把握机遇，牢记使命，勇于担当，为社会主义现代化强国建设和中华民族伟大复兴恪尽职守，奏出时代强音。本文以中小学教材为重点，对新时代教材建设有关理念和实践作一简单梳理和讨论。

一、教材、教育与出版

教材既是教师的"教本"，也是学生的"学本"，是学校教育和课堂教学的基本要素和基本依据，是反映国家认知、体现国家意志、传承民族文明的重要载体。中国古代的教学材料主要是以"四书五经"为主的儒家经典和《三字经》《百家姓》《千字文》之类的蒙学读物，在封建社会的文化教育中发挥了重要作用。现代意义上的教科书是基于一定的学制、课程计划或课程标准编写的，系统反映不同教学科目学习内容的课堂教学用书。我国现代意义上的教科书出版，肇始于清末，在民国时期得到了较快的发展。商务印书馆、中华书局、世界书局、开明书店等一批私营出版机构就是以教科书出版而闻名于世的。

清末变法革新，引进西学，废科举，兴学校，商务印书馆随之编写出版了适应新式学校教育的教科书。其新特征主要是按学科分类、分课时编排，不仅讲授人文知识，也讲授科学知识。随着中华民国的建立，各大教科书出版机构纷纷推出了适合新共和政体的教科书。民国时期进一步使用白话文编写教科书，现代意义上的教科书出版一时蔚为大观。清末民初的教科书出版，在中国近代社会大变革的背景下展开，充分发挥了传授新学、开启民智、培养人才、推动社会现代化的积极作用。

教育的根本问题是培养什么人、怎样培养人，教科书是解决这一根本问题的重要载体。商务印书馆编译所所长、近代中国最早从事新式教科书编撰出版的先贤张元济说过："今欲教育普及，必须教科书籍日出不穷，方能达此目的。"① 中华书局的创始人陆费逵说："立国根本，在乎教育。教育根本，实在教科书。教育不革命，国基终无由巩固。教科书不革命，教育目的终不能达也。"② 还有学者将教科书的变迁称为"民族魂"③，可见教

---

① 《张元济诗文》，商务印书馆 1986 年版，第 162 页。

② 王建辉：《教育与出版——陆费逵研究》，中华书局 2012 年版，第 112 页。

③ 汪家熔：《民族魂——教科书变迁》，商务印书馆 2008 年版。

科书在培养人才、提升民族素质、推动国家发展、促进社会进步方面的重要意义。

"建设教育强国是中华民族伟大复兴的基础工程"。当下的中国，有着两三亿渴求知识的青少年学生，教材在培养担当民族复兴大任的时代新人的过程中更是肩负着举足轻重的历史使命。新时代教材建设事关党对教育工作的领导，事关中国特色社会主义事业兴旺发达、后继有人，事关党和国家的长治久安。中小学教材中的道德与法治（思想政治）、语文和历史，大学"马克思主义理论研究和建设工程"（简称"马工程"）等意识形态属性较强的教材，更是落实党的教育方针、体现国家意志、弘扬社会主义核心价值观、传承中华优秀传统文化的重要载体，对于加强青少年学生思想道德教育，帮他们扣好人生第一颗扣子，具有极其重要而特殊的作用。

狭义的教材专指教科书（也称"课本"），广义的教材除教科书外，还包括教师教学用书（教学参考书），以及与教科书配套编写和使用的电子音像产品和教学辅助材料等课堂教学材料。截至目前，教材的主要存在形式仍然是纸质媒体。现代印刷技术的普及以及交通运输的发达，使教材得以按需大量复制，在较短的时间、辽阔的地域广为传播。正如传播学者施拉姆所言："正当人们越来越渴求知识的时候，教科书使得举办大规模公共教育成为可能。"[1] 教材的使用者主要是在校的青少年学生。教材受众面广，其内容和使用方式相对稳定，影响深远。美国出版家史密斯在《图书出版指南》中说："任何一个国家图书出版业发展的第一步，很可能是从学校用书开始。"[2] 商务印书馆、中华书局均以教科书出版起家，开创了中国教育出版的先河，中国的教育出版就是从这里开始的。可以说，教育出版是整个出版业的核心部分，而教材又是教育出版的核心产品。无论就出版传播知识、弘扬文化、传承文明的内涵而言，还是从出版产业的结

---

① ［美］威尔伯·施拉姆、威廉·波特：《传播学概论》，陈亮等译，新华出版社1984 年版，第 18 页。

② ［美］达塔斯·史密斯：《图书出版指南》，彭松建等译，北京大学出版社 1994 年版，第 143 页。

构和规模上来说，教材出版都对出版业的发展起到了极为重要的支撑作用。教材与教育事业、教材与出版业关系极为密切。胡适说："得着一个商务印书馆，比得着什么学校更重要。"[1]叶圣陶说："出版工作也是教育工作。"[2]所以张元济"昌明教育平生愿，故向书林努力来"[3]，要以出版工作来实现自己的教育理想。陆费逵说："我们希望国家社会进步，不能不希望教育进步；我们希望教育进步，不能不希望书业进步。"[4]

二、教材建设走进新时代

中华人民共和国成立 70 年来，党和国家一直高度重视教材尤其是中小学教材建设事业。历史表明，每当一个重大历史时期到来，中小学教材必将引起党和国家以及社会各界的高度关注，教材建设必须进行与时俱进的调整，以适应新时代的需要。

（一）中华人民共和国成立初期的统一

早在土地革命时期和延安时期，我党就组织编写过解放区教材。中华人民共和国成立伊始，千头万绪，百废待兴，但党中央毛主席极为重视教材建设。他们清醒地认识到，要培养自己的接班人，就不能继续使用民国时期民营机构编写的教材了。

1948 年年底，全国解放的大形势基本明朗，中共中央派专人从上海将叶圣陶、周建人等一批爱国的教科书编写专家秘密接到华北解放区，组建了华北人民政府教科书编审委员会，着手筹划新政权的教科书事业。中华人民共和国成立伊始，党和人民政府对旧有的教育制度进行了方方面面的彻底变革，包括旧有的教科书编辑、出版和发行体制，首次明确教科书

---

① 《胡适日记全编 3 1919—1922》，安徽教育出版社 2001 年版，第 226 页。

② 叶陶君、吕达：《叶圣陶画传》，人民教育出版社 2003 年版，第 89 页。

③ 张元济：《读史阅世》，新世界出版社 2012 年版，第 252 页。

④ 俞筱尧、刘彦捷：《陆费逵与中华书局》，中华书局 2002 年版，第 96 页。

事业应由国家统一举办，各类民营、私营等出版和发行机构均不得私自进行。1950 年 9 月 15—25 日，出版总署在北京召开第一届全国出版会议，会议提出中小学教材必须全国统一供应的方针。

教材编写出版的历史使命，催生了人民教育出版社（以下简称"人教社"），使其在 1950 年 12 月 1 日光荣地成为中华人民共和国最早建立的出版机构。人教社系统总结解放区红色教科书的优良传统，认真汲取民国时期教科书的优点，积极借鉴苏联教科书的建设经验，探索建立符合社会主义建设需要的教科书体系。这个时期，党和国家领导人给予教材建设直接的关注与指导。一是毛泽东主席亲笔为人教社题写了社名，中共中央派叶圣陶以出版总署副署长身份（后改任教育部副部长）兼任人教社社长。二是对于语文、历史这两个意识形态影响力较大的学科，中共中央在 1953 年专门成立中央语文教学问题委员会和中央历史教学问题委员会，分别由胡乔木和陈伯达牵头，对包括教科书编撰原则在内的重大问题进行专题研究。三是加强教科书编写力量。1953 年 5 月，中央政治局会议讨论教育工作，毛泽东指示教育部：宁可把别的摊子缩小点，也必须抽调大批干部编出社会主义教材。[①] 在这一指示下，迅速从全国调集了近 200 位各个领域的专家，补充到人教社教材研究和编辑队伍之中。

截至 1966 年"文化大革命"爆发，人教社先后编写出版了四套全国通用的中小学教科书，并与全国各省出版单位共同探索建立了"租型代理"这一教科书供给合作模式，创造性地解决了在中国这样一个幅员辽阔、人口众多、发展落后的国度，如何保障近两亿中小学生同时"课前到书，人手一册"的难题。

20 世纪五六十年代国家在中小学教材建设上的一系列举措，有力促进了社会主义新型国民的塑造，并使得党和政府的意志通过教材—学校—教育这个特殊的渠道得到了有力贯彻。

---

① 《中国教育年鉴》编辑部：《中国教育年鉴（1949—1981)》，中国大百科全书出版社 1984 年版，第 482 页。

（二）改革开放以来的探索

"文化大革命"刚刚结束，邓小平肩负着党和人民的众望复出。他高瞻远瞩地指出："不抓科学、教育，四个现代化就没有希望，就成为一句空话。"①重新编写适应改革开放和四个现代化建设的大中小学教材，与恢复高校招生考试、落实知识分子政策一道，是他最先关注和着力的几件大事。

之前的十余年里，中小学教科书编写出版由各地革委会主导，各地分散出版，教材中极左思想充斥，教材质量良莠不齐。教材编写、使用总体上处于混乱状态。

1977年，邓小平指出："要组织一个很强的班子，编大中小学教材。"②"关键是教材。教材要反映出现代科学文化的先进水平，同时要符合我国的实际情况。"③"教材很重要，要统一教材。"④"教育部要管教材，不能设想我们国家可以没有统一的中学教材。"⑤邓小平要求编印通用教材，同时引进外国教材。他亲自拨专款10万美元，责成有关使馆选购一批最新国外教科书，供教材编写人员研究参考。邓小平还说："教材非从中小学抓起不可，教科书非教最先进的内容不可。"⑥

在邓小平的亲自关心和过问下，教育部召集包括人教社编辑在内的全国二百多位专家，聚集在北京香山饭店召开"教材编写工作会议"。邓小平等党和国家领导人还在人民大会堂接见了参加全国中小学教材编写会议的代表并合影留念。从1978年秋季开始，一套新的统编中小学教材陆续在全国普遍使用。这是一套体现教育战线拨乱反正、回归理性的教材，也是一套闪烁着改革开放思想光芒的教材，其中重点借鉴了西方发达国家教科

---

① 何东昌：《中华人民共和国重要教育文献（2003—2008）》，新世界出版社2010年版，第471页。

② 中共中央文献研究室：《回忆邓小平》，中央文献出版社1998年版，第167—168页。

③ 《邓小平文选》第二卷，人民出版社1994年版，第55页。

④ 《邓小平文选》第二卷，人民出版社1994年版，第63页。

⑤ 何东昌：《中华人民共和国重要教育文献（1949—1975）》，海南出版社1998年版，第821页。

⑥ 张仁贤主编：《中国教育教学改革实用全书》，经济日报出版社1996年版，第270页。

书的内容和编撰模式。

改革开放以来，我国的教科书建设不断加强。一方面，加大基础教育课程、教材学术研究的力度，探索教材建设自身的规律性。1983 年成立了课程教材研究所，邓小平亲笔题写所名，与人教社合署办公。在不同时期的国家五年重点科研课题规划中，课程、教材都是重点关注对象，涌现出大量学术成果。在科学研究的基础上，我国于 20 世纪 80 年代末、21 世纪初启动了两次大规模的基础教育课程改革，教材建设也随之发生巨大的变革。

另一方面，在基础教育教科书管理体制上不断进行新的改革探索。20 世纪 80 年代末实行教科书编审分开，由"国定制"转变为"审定制"，并针对不同地域、教育发展的不同水平规划出版了"八套半"教材，初步形成了"一纲多本"的局面。到 21 世纪初，又进一步引入了教材出版发行的市场竞争机制，出现了全国 80 多家出版机构"群雄逐鹿"、共编教材的局面。基础教育教材编写、出版的市场化，一定程度上促进了教材的多样化，提高了教材的质量和水平，但也出现了无序竞争、重复建设和个别教材出现错误等问题。

（三）新时代的重大举措

党的十八大以来，以习近平同志为核心的党中央对教材建设给予了前所未有的重视。习近平总书记就中小学教材、少数民族文字教材、高校思想政治理论教材等作出一系列重要指示，要求从确保意识形态安全、培养中国特色社会主义合格建设者和可靠接班人的高度加强教材建设。教材建设是育人育才的重要依托。建设什么样的教材体系，核心教材传授什么内容、倡导什么价值，体现国家意志，是国家事权。更好地落实立德树人根本任务，培养担当民族复兴大任的时代新人，成为新时代教材建设的目标。党和国家关于教材建设的认识和所采取的一系列重要措施，成为党中央治国理政新理念新思想新战略的一部分。

2016 年 10 月，中央发布了《关于加强和改进新形势下大中小学教材建设的意见》，从"培养什么人、怎样培养人"这一根本问题出发，站在事关党和国家长治久安的高度，提出了教材建设的指导思想和基本原则，特别强调强化教材的思想性，提出了编写、审查、修订、选用等方面的具体要求，从科学制定规划、提升教材质量、强化教材研究、健全国家教材制度等方面，为新时代教材建设指明了方向。《意见》指出，对意识形态属性较强的教材和涉及国家主权、安全以及民族、宗教等内容的教材，实行国家"统一编写、统一审查、统一使用"。

2017年3月，教育部成立专司指导管理教材建设的教材局。7月，国家教材委员会在北京成立，时任国务院副总理刘延东同志担任主任委员。国家教材委员会下设10个专家委员会，统筹协调全国教材工作，研究解决教材建设重大问题。这是我国首次成立的高规格教材管理机构，意义重大。

2017年9月，教育部统一组织编写，经国家教材委员会审定通过的义务教育统编道德与法治、语文、历史三科教材由人教社出版发行，在全国义务教育起始年级统一使用。义务教育三科教材的编写历时数年。通过严格的推荐和评审，教育部遴选出政治立场坚定、学术造诣精深、德高望重的一流专家担任总主编，以修订后的课程标准为依据进行编写。编写组在审查专家的指导下，边编边审边改，不断精雕细琢，保证了教材的内容质量。编辑出版人员严格把关，精编细校，多审多校，保证了教材的编校、设计和印装质量。经过教育部基础教育课程教材专家委员会等不同层次的多次审查，保证了义务教育三科教材的思想性、科学性和时代性。有关反馈情况显示，已经使用的义务教育三科教材得到了广大教师、学生和家长的充分肯定。义务教育三科教材将于2019年实现所有年级全覆盖。教育部领导表示，由国家层面统编三科教材，不是对原来教材编写出版方式的简单调整，而是着眼落实党的教育方针、办好中国特色义务教育、维护国家长治久安作出的重大部署，具有重大现实意义和深远的历史意义。[①]"国家统编义务教育三科教材启用，2019年全国中小学所有年级全

[①] 朱之文：《在国家统编义务教育三科教材国家级培训班上的讲话》，2017年5月15日，转引自高靓、刘博智：《确保义务教育统编三科教材顺利使用——国家统编义务教育道德与法治、语文、历史三门学科教材国家级培训举行》，《中国教育报》2017年5月16日。

覆盖"被评为"2017年全国十大教育新闻"[①]"出版界平稳高效完成三科教材出版发行"被评为"2017 年度中国出版业十件大事"。[②]

目前，中小学教材的编写使用已形成了统一与多元相结合的管理格局。三科教材"一纲一本"，体现价值认同；其他教材"一纲多本"，支持编写创新和各地师生选用。与此同时，大学"马工程"教材的统一编写、修订、审查和使用工作也在大力推进之中。

教材建设的这一系列重大举措，是与习近平新时代中国特色社会主义思想相适应的。新时代的教材建设，就是要为建设富强、民主、文明、和谐、美丽的社会主义现代化强国、实现"两个一百年"奋斗目标、实现中华民族伟大复兴的中国梦培养合格建设者和可靠接班人。上述教材建设新理念的提出和新政策、新举措的实行，标志着中国教材建设步入了新时代。

三、新时代的教材建设

建设社会主义现代化强国，首先要建设教育强国，实现教育现代化。而建设教育强国，实现教育现代化，必须构建与之相匹配的具有中国特色、世界一流的教材体系，反映新时代中国教育的理念和智慧。

在党中央的坚强领导下，经过国家教材委员会、教育部教材局的高效工作，新时代教材建设顺利起航，取得了显著成绩：初步形成了具有中国特色、适应时代要求的课程教材体系，在不同学段、不同领域涌现出一批优秀教材；教材管理不断规范，编写、审查、修订、选用机制不断健全，教材质量不断提高，为提升立德树人提供了有力支撑。目前，义务教育三科教材统一编写工作接近尾声，高中三科教材统一编写工作已经启动，以

---

① 《中国教育报 中国教育电视台联合评选 2017 年全国十大教育新闻揭晓》，《中国教育报》2017 年 12 月 30 日。

② 《2017 年度中国出版业十件大事》，《中国新闻出版广电报》2018 年 1 月 11 日。

"核心素养"为主线的普通高中课程标准修订工作已经完成，《全国大中小学教材建设五年发展规划（2018—2022 年)》《中小学教材管理办法》《职业院校教材管理办法》《高等学校教材管理办法》《引进教材管理办法》正在制定当中。

新时代面临新挑战，新征程呼唤新作为，建设充分体现新时代特征的教材任重道远。作为教材出版人，我们要以习近平新时代中国特色社会主义思想为指导，以高度的担当精神和文化自觉，在继承中创新，不断提高新时代教材建设的质量和水平。

（一）坚持正确的政治方向和价值导向，加强教材的思想性

教材建设是立德树人的大事。教材体现国家意志，具有鲜明的意识形态属性。教材建设始终要坚持正确的政治方向和价值导向，坚守马克思主义在教材编写中的指导地位，培养青少年一代对党、对社会主义的感情，进而引导他们从理性层面认同中国共产党的领导和社会主义道路，树立远大理想，帮助他们从小植入红色基因，使中国特色社会主义事业后继有人。要把习近平新时代中国特色社会主义思想落实到教材中，加强革命传统、法治意识和国家安全、民族团结以及生态文明教育，全面推进社会主义核心价值观进教材，充分体现社会主义办学方向。

要把培育和弘扬社会主义核心价值观作为凝魂聚气、强基固本的基础工程，要从娃娃抓起、从学校抓起，做到进教材、进课堂、进头脑，做到入脑入心，润物无声。受市场经济中负面因素和多元文化的影响，青少年的价值观的养成面临前所未有的冲击和挑战。教材建设必须着力凸显主流价值观，提供更多正能量，下功夫搭配好精神食粮，让青少年健康成长。

在我国现代化建设进程中，意识形态风险和挑战始终存在，而且变得更加复杂。近 20 年来"台独""港独"分子，千方百计对青年学生进行"台独""港独"的教育。我国台湾地区的"太阳花学运"、我国香港特别行政区的"非法'占中'"，都反映出教育乃至教材的问题。日本总是在历史教科书上做文章，对本国学生进行否认侵略历史的教育。国际国内复杂的意识形态环境，迫切需要我们理性面对，在教材建设中把好意识形态关。

（二）不忘本来，大力弘扬中华优秀传统文化

文化传承关系到一个国家和民族的根基，绝不可动摇。教材要坚定文化自信，要大力弘扬中华优秀传统文化，要体现中国特色和中国气魄，要体现中华文化的主体性，不能丢掉自己的话语权。

目前中华优秀传统文化的内容在教材中已经占到相当比例，下一步要着力体现优秀传统文化的系统性。中华五千年文明是一个有机系统，不能断断续续、零零碎碎呈现，要研究中华优秀传统文化在小学、中学、大学教材中的有序衔接。要体现中华优秀传统文化的丰富性，让学生认识、理解和体会中华优秀传统文化蕴含的思想观念、人文精神、道德规范。要深入挖掘和阐发中华优秀传统文化讲仁爱、重民本、守诚信、崇正义、尚和合、求大同的时代价值，深入做好"创造性转化、创新性发展"的工作，以恰当的形式在教材中呈现。要让广大青少年从小植根于中华民族精神沃土，打好中国底色，做堂堂正正的中国人。

（三）吸收外来，面向未来，不断提升教材质量

随着义务教育全面普及、高中教育基本普及和高等教育大众化，我国教育已经由过去主要重硬件建设、集中力量推普及，转向了提高质量、发展内涵的新阶段。广大人民群众对"公平而有质量的教育"的需求日益迫切，也对教材建设提出了新的更高的要求。

教材建设集中体现社会主义先进文化，必须在不忘本来的基础上，吸收外来，面向未来。要在继承我国教材编写优良传统的基础上，借鉴国外教材研发的先进经验，不断提高教材质量。要保证教材知识体系、知识结构的系统性、科学性和先进性。要立足国际学术前沿，反映人类文明的先进成果，及时体现国内外科学技术的最新进展。

要始终尊重教育规律，遵循学生身心发展规律、人才成长规律和学科教学规律，建设门类齐全、学段衔接的教材体系。要循序渐进，贴近不同年龄段学生思想、学习、生活实际，将知识、能力、情感、价值观培养有机结合，增强教材的实效性和感染力。教材要有利于推进素质教育，培育学生的核心素养，激发学生的创新精神和实践能力，促进学生全面发展。

（四）适应信息化时代要求，加强教材的立体化和数字化建设

教材建设不仅仅是纸质教科书的编写出版，还需要进行立体化的资源建设。要以教科书为核心，开发多种教学资源，满足教师的教学需求和学生的学习需求，如教学参考书、工具书以及各种教辅图书和学生课外读物等。目前这方面的图书品种数量不少，但水平良莠不齐，许多教辅图书过于偏重应试，搞题海战术。关键是要不断创新，提高质量，提高与教材的切合度，提高对学生素质、能力培养的适切性。人教社在"十三五"期间实施"以中小学教材为核心的品牌拓展战略"，就是要在这方面作出进一步的努力。

我们已置身于信息化时代，信息网络技术正在改变着社会的运行方式以及我们的生活方式、学习方式。数字化教育如火如荼，影响和改善着教育教学的方法和效果。我国政府所倡导和推行的"三通两平台"（指宽带网络校校通、优质资源班班通、网络学习空间人人通，教育资源公共服务平台、教育管理公共服务平台），为教育信息化创造了基础硬件条件。随着数字技术的迅猛发展，传统教材的内涵和外延都应该与时俱进。教材建设必须顺应信息化的时代潮流，根据教学需求和教学场景，积极利用信息网络技术，探索教材及相关教学资源数字化的呈现方式。这既包括教材的内容，也包括供教师教学和学生学习使用的各种数字网络资源，还包括教学解决方案等多种形式，以适应信息化时代的人才培养模式。

（五）以人民为中心，真心诚意做好教材出版服务相关工作

教材建设必须贯彻以人民为中心的理念，以真心诚意服务教育为宗旨。教材工作关乎千家万户，必须照顾到教师、学生、家长等使用者的需求。教材出版必须坚持把社会效益放在首位，坚持社会效益和经济效益相统一。事实证明，教材工作是双效统一的文化教育工作，以社会效益带动经济效益则双效俱佳，以经济效益代替社会效益则双效俱损。义务教育教材免费供应，是我国教育惠民的一项重要制度，必须长期坚持并不断完善。坚持教材经营中的限价原则、保本微利原则以及针对少数民族地区和特殊群体的优惠办法，都值得肯定并坚持实施。

　　出版人作为教材建设各种要素和资源的组织者，要总结、借鉴历年来教材编写、出版的经验，遵循教材编写、出版规律。以叶圣陶、吕叔湘、戴伯韬等为代表的老一辈教材专家，以一片教育情怀终生致力于教材建设，至今堪为楷模。"编研一体，学术立社"是人教社的优良传统，科研创新永远是教材建设的基础和先导。由学科专家、一线教师和教研员、教材专职编写人员"三结合"组成的编写队伍，较好地保证了教材的科学性和适用性。"工匠精神"是教材编写、出版者必须秉持的修养，要以精益求精的态度促进教材编校质量、设计水平和印制质量的不断提高。

　　经人教社与各地出版、发行单位之间几十年探索形成的教材"代理合作"模式，在市场经济环境下，依然有其不可替代的优越性。继续坚持以版权运营为纽带的合作共赢战略，维护这一成熟的教材发行体系，有利于协调调动全国力量，保证中小学教材在全国各地的及时供应，更好地服务于广大师生。

　　做好常态化、规模化、精准化、体系化的教师培训工作，帮助全国广大教师更好地理解教材、使用教材；重视教材使用者的信息反馈，不断修订、完善教材，不断提升教材出版相关服务的质量和水平，也都是做好新时代教材工作的重要方面。

　　"人才决定未来，教育成就梦想。"[1] 作为新时代的教育出版工作者，我们必须与时俱进，适应新时代新要求，推进教材建设理念、机制、方法的创新，既要使经典通过教材而世代相传，又要在教材中及时反映思想文化建设特别是马克思主义中国化、经济社会发展和科技进步最新成果，编写出版无愧于新时代的优秀教材，真正使教材担当起培养德智体美劳全面发展的社会主义建设者和接班人的神圣使命。

（作者单位：人民教育出版社）

---

　　[1]　习近平：《致国际教育信息化大会的贺信》，《人民日报》2015 年 5 月 24 日。

"新出版""新"在哪里？

曹光哲

　　总结改革开放以来中国出版 40 年的历史，最基本的结论是：中国出版 40 年是中国改革开放 40 年的一个缩影。

　　作为 40 年中国出版史的主要见证者和亲历者，中国的出版编辑们用亲手编辑的一本本图书，铸就了中国出版 40 年的巍巍丰碑。无论人们对一大批"垃圾书"有多少非议，但 40 年间在我们手中一举结束了千百年来就存在的"书荒"的历史，这不能不说是我们这一代出版人最引以为豪的地方。

　　但历史总在前进。中国特色社会主义进入了新时代，中国特色社会主义出版也进入了新时代。

　　业界都在议论"新时代新出版"，自然就引发了对"新编辑新使命"的讨论。如果抛开一般性的政治表态，这种议论和讨论的核心问题只有一个，那就是对"新出版"的认识。

中国出版确实进入新时代了，这不仅意味着"新出版"作为一个出版阶段，而且作为一种出版形态真实地呈现在了我们面前。这不仅仅是从"中国特色社会主义进入了新时代"这一命题推导出的理论逻辑，更是中国出版自身发展变化的历史逻辑。

"新出版"作为一种新的"出版形态"，其特点何在？

一、"新出版"的本质特征是中国特色社会主义的重要组成部分

中国特色社会主义进入了新时代，这是党对我国发展新的历史方位的新的判断。一部中国出版史，无论从仓颉造字写起，还是从蔡伦造纸写起，1978年肯定是一个大转折的年代。可以说，40年的中国出版在为中国的改革开放"摇旗呐喊""添砖加瓦"的同时，自身也经历了脱胎换骨式的变革。但40年的发展又始终伴随着一个若即若离的身影，那就是当我们在过分强调"出版产业化"的时候，我们是在有意无意地强化中国出版的"独立性"，而有意无意地忘记了中国出版的初心。

须知，中国特色社会主义是党的全部理论和实践的主题，也是中国出版的全部理论和实践的主题。中国出版作为中国特色社会主义伟大事业的一个重要组成部分的这一本质特征，决定了中国出版不可能离开中国特色社会主义半步。况且，中国特色社会主义不仅是一种理论、一种道路，还是一种制度，更是一种文化。或者说，中国特色社会主义已经是一种社会形态。作为中国特色社会主义一部分的出版，也就成了一种特殊形态的出版了。这就是新出版"是什么"的问题。纵观古今中外出版史，还没有"中国特色社会主义出版"这样一种出版形态。这是我们认识"新出版"的基本出发点。

二、"新出版"的最高目标是党性和人民性的统一

在中国特色社会主义体系中，出版因何、为何存在？这个问题的通俗提法是：党和人民为什么需要出版这一行业？如果纯粹从 GDP 角度看，出版是可以忽略不计的。当我们开始追问"我们存在的根本意义"的时候，我们发现，新出版"为什么"的问题，是从中国出版一出生就注定了的。中国特色社会主义出版的本质特征，决定了我们的根本使命就是坚持以人民为中心的出版理念，为满足人民日益增长的对美好生活的追求提供精神指引和精神食粮。在全国宣传思想工作会议上，习近平总书记指出，做好新形势下宣传思想工作，必须自觉承担起"举旗帜、聚民心、育新人、兴文化、展形象"的使命任务。这十五个字，就是对中国特色社会主义出版根本使命的最简洁明了的概括。

"举旗帜、聚民心、育新人、兴文化、展形象"既是党对新出版的根本要求，也是人民对新出版的根本要求。因此可以说，"党性和人民性的统一"是出版的最高要求，也是出版的最高境界。我们都说出版的价值远远不是码洋所能衡量的，但我们也不要忘了，出版作为一种精神产品的生产者，其产品的精神价值最终会通过码洋反映出来，而且，精神产品的经济价值还不是几何级增长。很明显，出版最强大的动力来自人民群众文化消费的强劲增长，而正是读书这一古老的文化消费方式在人民群众文化消费中的比例，决定了出版这一古老行业的最终命运。

三、"新出版"的根本要求是把社会效益放在首位、社会效益和经济效益相统一

社会效益和经济效益的关系问题，是中国出版始终绕不过去的基本问题之一。"把社会效益放在首位、社会效益和经济效益相统一"的命

题，为解决这一基本问题划定了一条底线，终结了围绕这一问题的所有争论。

经过痛定思痛，我们终于明白："把社会效益放在首位、社会效益和经济效益相统一"，不仅解决了中国出版发展的最大难题，也开辟了中国出版发展的最大空间。从"中国特色社会主义出版"这一本质特征出发，我们就不难理解，出版具有意识形态和文化产业的双重属性，本身就包含了对社会效益和经济效益的双重追求。而我们知道，出版的意识形态属性是第一位的，文化产业属性是第二位的，所以，"把社会效益放在首位、社会效益和经济效益相统一"也就成了题中应有之义。社会效益和经济效益是中国出版的一种基本关系，而不是中国出版的一种基本矛盾。它本身从来就是统一的，只不过长期以来我们被它的"矛盾"所迷惑了。

今天，当我们看到中国出版并没有出现报纸、电视等那么大的生存压力时，我们终于明白，从根本上说，中国出版 40 年是从市场中拼杀出来的。"这本书讲社会效益，那本书讲经济效益"的时代一去不复返了。一个出版社，只有把经济效益建立在社会效益的基础之上，才是最牢靠的。

四、"新出版"的基本功能是传播和传承新型的人类文明

我们曾经自豪地说，有史以来人类文明的结晶都在书里面。但我们今天还能这么说吗？人类走到今天，"文明"已经和正在发生广泛而深刻的变革，作为人类文明传播和传承主要载体的出版，面对新的文明时代，显得力不从心。

举个例子。中国出版"走出去"的口号我们喊了几十年，为什么成效不那么明显？根本原因是我们"走出去"的内容大多还局限在中华传统文化的范畴。中华文化的国际影响力，说到底，是中华文化能够为人类未

来提供什么选择。这种中华文化，一定是包括中华优秀传统文化、革命文化和中国特色社会主义先进文化在内，并吸收人类一切优秀文化，融会贯通而产生的新的中华文化。对于这种中华新文化的体系化建设，我们的出版还只是开了个头。我们突然发现，我们对中华新文化的出版能力严重不足。这首先是因为知识界对中华新文化的研究严重匮乏，也是因为出版界对中华新文化的传播严重滞后，这也说明我们已经不能完全适应"人类文明传播和传承的主要载体"的角色了。这才是中国出版面临的最大挑战。

当"知识传播者"的角色已经基本上被网络取代，如果出版作为"文明传播者"的角色也发生动摇，那我们存在的价值也就不复存在。

五、"新出版"的基本形态是"数字时代的出版"

出版之所以能够长期承担"人类文明传播和传承的主要载体"的角色，是文字、纸张和印刷三者共同作用的结果。当数字化浪潮席卷全球，传统出版的命运到底如何？

经过十几年的艰辛探索，我们终于明白：对于出版而言，"数字化"并不那么可怕。就算有一天"纸"真的消失了，但"出版"仍然存在。最可怕的情况是：在"数字出版"面前，"出版"不见了；或者，除了"出版"，仍然对"数字"无动于衷。

"数字出版"对于我们的最大意义是：数字出版不是"用数字技术做出版"，而是"数字时代的出版"。"数字时代的出版"意味着"数字出版"不仅仅是一种"出版新业态"，更是一种"出版新形态"。其实，在今天说出版，不可能不使用数字技术，所以"数字出版"或许是个"伪概念"。就像100年前，没有人说"纸质出版"一样。

还是那句话：对我们来说，"数字出版"最可怕的不是数字技术，而是对于"数字时代的出版"的茫然无知。

六、"新出版"的重要前提是"中国式出版"走出去

没有国际化，就没有"新出版"。——这是毫无疑义的。

现代化、全球化、数字化等等的交织，使真正的"地球村"变成现实。中国已经高扬起"构建人类命运共同体"的旗帜，这是新时代中国特色社会主义的世界性表达。"新时代中国特色社会主义"之所以"新"，就在于它具有全球视野和世界眼光。因此可以说，"构建人类命运共同体"也是中国出版应有的价值追求。

在"构建人类命运共同体"这一宏大命题之下，中国出版已经从单纯的"走出去"而真正成为国际出版的一部分。如何超越版权"走出去"、资本"走出去"等等的传统模式，而变为"中国特色社会主义出版形态"（我们可以简称其为"中国式出版"）"走出去"，这才是中国出版面临的最大挑战，也是中国出版未来发展的最大空间。当"走出去"不再是一个政治任务，而是一种商业模式，"中国式出版"才能真正在国际出版格局中确立自己的地位。可以说，"新出版"没有国界。

面对这样的"新出版"，需要怎样的"新编辑"，这是不言而喻的。准确把握"新出版"的新特点，这是做好"新编辑"、承担"新使命"的基本前提。

（作者单位：广西出版传媒集团）

中国特色出版专业主义及其建构

——以新闻专业主义为观照

宣海林

出版工作，经常与新闻合在一起使用，"新闻出版"作为一个名词，人们很少对它们的含义分开来理解。其实，作为一项社会活动，新闻与出版有着较为清晰的界限和程序、职能以及业务范围。

文化传承和舆论引导，经常被作为新闻与出版的两项基本职能来表现，但是现实中两者之间的表现却是有着鲜明区分的。在民众甚至是不少专业人员心目中，新闻对文化传承的贡献显然要更重要一些，而出版，被不少人看成仅仅是一种文字或者著作发表或者呈现的媒介、渠道，具体到对文化传承的贡献，人们更倾向于认为主要的还是出版的内容。

这样的现实是大多数出版工作人员不愿意看到的。笔者认为，造成这样的区分，除了现实中两者职能确实存在一定的区别外，更重要的是在于出版工作在专业主义建构方面的缺陷所致。正是专业主义方面的不完善不健全，导致出版工作在提供文化传承功能方面存在诸多短板，也为自身地位构建造成诸多软肋。

在这里，为了研究的方便，我们将除了广播电视报纸之外的图书期刊出版都统称出版工作，与之对应的具有新闻报道权利的工作则统称为新闻工作。其实，二者在现实中有很多的交叉与重叠方面，诸如很多期刊本身就是时政类期刊，其提供的服务很多方面就是新闻作品。但为了研究的便利，我们将表现形式为图书期刊的工作统称为出版工作。

一、专业主义的理念及其在现代社会的进一步张扬

就新闻工作而言，对专业主义并没有统一的概念与界定，但是对于其外延有着大致相同的概括，国内比较有代表性的观点是陆晔教授和潘忠党教授的观点，他们把新闻专业主义的要素归纳为以下五个方面：一是传媒是社会的公器，新闻工作必须服务于公众利益，而不是仅仅服务于任何政治或经济利益集团；二是新闻从业者是社会的观察者、事实的报道者，而不是某一利益集团的宣传员；三是他们是信息流通的把关人，采纳的基准是以中产阶级为主体的主流社会的价值观，而不是政治经济利益冲突的参与者或鼓动者；四是他们以实证科学的理性标准评判事实的真伪，服从于事实这一最高权威，而不是臣服于任何政治权力或经济势力；五是他们受制于建立在上述原则之上的专业规范，接受专业社区的自律，而不接受在此之外的任何权力或权威的控制。这一观点从社会责任、身份识别、社会功用、职业价值取向与专业自律上对专业主义作出了明晰的判断。（参见吴飞《新闻专业主义研究》，中国人民大学出版社，第 29 页）作为一种职业彰显自身价值和地位的手段，专业主义其实在很大程度上除了提升自身工作的专业化水平和效率外，还在于是强化自身地位和话语权、抬高社会的认可

度和信任度、尊崇度的一种手段。(参见芮必峰《新闻生产中的力量博弈》,中国传媒大学出版社)

但是,所谓专业主义,在很多时候很大程度上不过是一种自我的建构与想象,这种新闻专业主义到底在多大程度上能够被社会认可,还是有待检验的。一个被广泛引用的例子就是,上海、杭州地区新闻工作者对其自身职业的社会地位和专业化程度的认可都低于那些较为专业化的职业如医生、律师等。(参见芮必峰《新闻生产中的力量博弈》,中国传媒大学出版社,第 165 页)

就出版工作而言,这种所谓的专业主义认同度就更低了。浙江理工大学陆高峰副教授在其《中国出版人从业生态研究》一书中指出,近一半的出版工作从业者对自己是否一直从事此工作持怀疑态度,近四成认为自己行业的收入水准有待提高,超过七成认为出版行业的社会地位不高。更为严峻的是,无职称人员占至少 1/4(这项统计是针对正式出版单位的,如果加入民营出版机构,这样的指标将会大大提高),而非正式用工人员占了近四成。近四成有改行的意愿。

从笔者或者同行朋友的职业经历情况看,同样的情况普遍存在。总体而言,对于出版单位而言,尤其是行业内的出版单位,入职并不需要严格的职业素养要求,入职时也不需要太烦琐严格的培训;工作中大多数从事的是校对这样的初级工作,没有太多的技术含量;大量实务性的工作重复劳动,耗费了大量的经历和耐心。因此,大多数编辑出版人员的职业认同感较低。

在社会转型的今天,没有专业主义支撑的职业,在吸引人才、建构话语权、社会影响力、职业持续发展以及社会地位等方面就会处于劣势。对于新闻出版这样一个准入度较低的行业,长期以来一直被人认为没有什么准入门槛,似乎什么样的人都可以做,甚至可以做得很好,虽然说现实中确实存在这样的问题和现实,但是,长此以往,就会对行业的良性发展和正常生态造成或多或少的损害。

二、出版业引入专业主义理念的必要性

当今社会是一个需要专业化的社会。在一个职业分工日益精细化的社会中，很难期待一个职业没有清晰的界定和专业技能，没有一个行业的基本价值定位和共同体意识。就当前出版工作发展的社会环境看，专业主义有其基本的社会需求。

一是提升出版行业基本职业技能的需求。社会分工的日益精细化、出版内容的日益复杂化、新技术的运用日益频繁化、对外交流的日益广泛化，诸多因素使得出版工作已经不单纯是一个文字编辑和校对的职业，而更需要专业的理念和诸多实际技能。从那些较为成功的编辑大家身上无不能看到这一点。

二是强化行业荣誉感和归属感的基本需求。作为编辑出版行业，在社会上的认同感和职业地位相对较低，因此，有必要引入专业主义的职业系统，强化自身的准入门槛，以较高的职业成就提升自己的职业荣誉感和归属感。

三是凝聚行业共识，强化行业凝聚力的需求。建立全行业的职业精神和工作流程以及行业规范，对于建立职业共识十分必要，有利于职业共同体的生成和进一步强化。

四是强化出版行业文化传播和文明传承基本功能的需求。当前，出版行业面临前所未有的冲击，在新媒体的冲击下，传统出版行业面临人才大量流失、精品意识淡漠、商业化意识至上、行业重心转移等趋势，处于风雨飘摇、前途未卜的困境中。重振出版业，必须在出版业内涵的挖掘、前景的廓清等方面下功夫。

三、当前出版工作中的乱象

出版工作，作为一个由来已久的职业，承载着文化传承、教育开化等职能。从某种意义上说，出版工作推动了人类文明的进步和发展。

然而，这些所谓文化传承与文明传播的良好梦想，在社会发展和商品经济大潮中不堪一击。与国家提出的政治家办报的新闻业与新闻从业者的崇高地位相比，书商或者文化商人的称谓，已经近乎成为出版工作者的代名词。

虽然说，出版工作本身具有经济属性和文化属性，两者密不可分，但是，在中国经济转型和商品经济发展的不完善阶段，商品经济的属性已经将其文化属性冲击得七零八落。

与文明传承的良好祝愿相对比的是，当前我国的出版业在文化传播方面存在着诸多乱象，已经对其文化属性构成严重的冲击和威胁，并进一步威胁到出版工作的社会地位和出版工作者的社会形象。

一是唯利是图。只要能够赚钱，不管内容导向如何，不管格调高低如何，不管图书编辑质量如何，一切围绕利润转。

二是重复出版。很多书在市场上出现了几百个版本，这也是只有中国才出现的怪现象。重复出版造成了资源的大量浪费。

三是低质量出版物充斥市场。粗制滥造的出版物遍地皆是，很多没有什么主题或者社会价值的出版物却不断涌现，皆因背后有资金支持，而出版单位不加选择。

四是具有恒久价值的出版物少之又少，出版单位心浮气躁，静不下心来做一些真正传承文明的出版物。失去了文化承载的最核心功能，出版业的价值就会受到普遍质疑。

五是出版物的定价等机制不合理，影响了出版业的健康发展。相比较于西方国家图书定价的较高水准，中国的图书等出版物的价格是非常低的，再加上电商的低价倾销，导致图书的利润进一步降低，这对于出版业的发展是非常不利的。

四、出版工作在专业主义方面的欠缺

作为与新闻工作经常并列的一个职业，出版工作在专业主义建构方面却表现得极为欠缺，不仅很少有人提"出版专业主义"这样的词汇，就连从业者本身对自身的专业主义都不太认可。

与此相对应的是，虽然在发展中也存在着诸多不完善不健全等乱象，但是新闻专业主义作为一个建构自身专业权威和地位的概念，其在实践中发展得较为完善，不仅有着较多的研究成果，也有着较为清晰的界定和职业自觉，甚至在社会中也有着较为明确的认可，尤其是在新媒体时代，在众声喧哗的时代背景下，新闻专业主义得到越来越多的公众的认可与推崇。

在这里，作为与新闻工作在很多方面具有共通性的职业，我们可以用新闻专业主义的不少侧面来观察出版专业主义的构建要素。尤其是出版专业主义并没有多少研究成果的情况下，新闻专业主义的研究成果是一个很好的参照标准。

（一）较低的准入门槛

与律师或者记者等具有较为严格的准入门槛的职业相比，出版专业的准入门槛是很低的。对律师而言，《律师法》规定，取得律师资格不仅需要具有本科以上学历，而且还需要具有在律所实习一年以上的经历，而且，现有的司法职业资格考试难度极大，甚至被称为中国第一难考试。而对编辑记者而言，新闻记者证管理办法规定则较为原则，更重要的是，这里所谓的限制条件，在现实中基本不构成限制，大量的不具备任何条件的人员成为编辑记者。

就出版工作者而言，虽然也有进入的基本条件的要求，如编辑职业资格考试等全国统一的考试，但是现实中，很大一部分编辑并没有职业资格证书，也就是说，在出版单位中，从事策划编辑校对的很大一部分是没有从业资格证的无证人员。尤其是在民营出版机构更为突出。

这种现象的出现，一方面是出版单位与出版管理机构管理不严的结果，另一方面则是出版工作更多的是一种实践职业，有没有资格证书对是否能够做好出版工作并没有直接的相关关系。尤其是就出版职业资格考试的试题而言，与实际工作相差还是较远的，大多数数字化的试题在实践中尤其是出版策划中并没有什么应用价值。

（二）缺乏明确的从业规范和流程

新闻业自诞生以来，在两三百年的发展过程中，已经形成了一套较为严密而完善的流程和规范体系。这套体系包括从采编、审稿、编辑、核查、校对、出版到发行、广告等一整套行为规范。在我国，不仅体现在现实中的从业行为中，而且在行业内部和国家行政管理中都有着一套规范政策。

与此相对，出版工作虽然也有不少行业政策和规范对出版流程等提出要求，但是总体而言，这些规范在现实中并没有得到很好的落实，而不规范的出版行为在现实中也很少能够得到惩戒，大量的打擦边球的行为大行其道，导致出版的严肃性和专业性大大降低。

（三）缺乏明确清晰的职业理念

新闻职业与社会公共利益及社会责任感比较紧密，大量的职业宣传更加强化了这一理念。但是，出版行业则缺乏这样的行业理念。虽然有不少成功的出版人在宣示这样的理念，但是，在利润导向的市场环境下，这样的理念宣示基本上是曲高和寡。

（四）缺乏严密的行业组织及其共同体意识

当前，现有的编辑出版方面的行业协会虽然已经为了提升编辑出版行业的地位和职业规范做了大量的工作，但相比较中国记者协会这样的组织而言，还算是较为松散的行业组织，对行业凝聚力和出版规则的制定与约束机制相对比较薄弱，缺乏对行业发展的强有力统一规划和宏观指导，对政策制定的影响力也有待提升。

（五）缺乏清晰的健全的教育课程设置及再教育制度

出版专业的繁荣是一个不争的现实，但是出版专业的质量和培养学生的导向、水准如何倒是一个值得商榷的现象。现有的开设有编辑出版专业的高校，也在为学生的发展和就业想方设法，在课程设置上也在多方努力，但是总体上看仍然缺乏强有力的长远的科学的规划。

（六）缺乏有效的影响大的评奖机制和社会认可机制

与中国记者协会主办的新闻记者行业评奖机制的较为规范和较大的社会影响相比，编辑出版行业的评奖机制较为薄弱，且没有较大的社会影响力。国家专门设立了记者节，这是对新闻从业者崇高地位的一种认可。与新闻记者的一定程度的社会荣誉感相比，编辑出版人的社会认可度较低，也没有较为尊崇的社会地位。

（七）领军人才及其对社会发展的影响力有限

与灿若星辰不断涌现的名记者相比，著名出版人不仅稀少，而且社会影响力要大大弱于名记者的社会影响力和知名度。这种现象的出现，固然与记者冲在一线抛头露脸容易出名而出版工作人员一般都是隐在幕后甘为他人作嫁衣有关，也与行业整体的水准和素质有关。

五、出版专业主义的建构

出版工作，作为社会职业体系环节中的重要一环，自有其不可忽视的作用和社会价值。所谓文化传承和传播的社会功能，不管是强加其自身身上的，还是其自我臆想的，都说明出版工作在社会文明传承中担负着一定的作用。虽然随着互联网和新媒体的发展，出版媒介越来越开放，出版资源不再像过去那样局限在有限的若干家出版单位手中，而是更多地为社会公众分散使用。在这样的情况下，如果不能在出版专业主义方面有所突破，就有可能在不远的将来失去自身存在的价值。

由此，出版业作为一个整体，有必要从行业管理机关和组织尤其是出版单位入手，主动思考专业主义建构这个问题，对照新闻专业主义等行业专业主义建构的要素和过程，将专业主义的建构作为增强自身专业水准和社会地位及话语权的重要途径。在市场经济发展的今天，出版单位作为特殊的文化企业或者主体，有着自身独特的价值定位和话语体系。由此，多方入手，构建一整套出版专业方面的话语体系，应该是提升出版专业水准的必要举措。

一是提升准入门槛。应从多方面提高出版行业的准入门槛，比如设立统一的入门考试，设立统一的教育培训机构和指定相关教材等。

二是加强职业教育和研究。应鼓励高校和科研院所加强对出版专业主义这样的根本性问题的研究，研究相关指标体系以及评价标准，作为衡量出版专业主义的基本标准。

三是加强职业共同体建设。进一步加强编辑出版行业协会的组织建设和日常活动，不断加强编辑出版行业共同体建设，提升行业共识和凝聚力，提升行业话语权。

四是加强职业理念的塑造和宣传普及。加强对编辑出版工作职业形象和理念以及社会功能的宣传，转变社会对编辑出版行业的传统认知，强化其文化传承的社会定位。

五是提升行业监管，提升出版业标准。加强出版行业宏观管理的科学性和针对性，引入国际性的标准和理念，提升行业评价标准。

六是加强国际交流，提升行业水准和国家化水平。加强出版行业的国际化标准，尤其要在走出去方面下功夫，更多地扩大中国出版业和出版人的国际影响。

七是建立淘汰机制。要建立严格的优胜劣汰机制，对于不合格的出版物要加强惩戒机制，对于低水准的出版人要加强退出机制，淘汰那些不适合的出版人员，提升行业整体素质。

八是建立全国性的有影响力的评奖机制。在现有评奖机制的基础上，力争建立编辑出版人的更高层次的奖励机制和社会评价标准，可以参照新闻记者或者相关行业的一些做法。

六、结语

在媒体融合时代，不仅新闻业在新媒体的冲击下风雨飘摇，出版业同样面临着严峻的挑战。不仅出版介质和途径已经不再垄断在传统的出版单位手中，而且，在新的出版环境下，传统的出版理念和发行方式都已经受到剧烈的冲击。如果没有一套自成体系、自我完善、自我证明的执业规范体系，在新的出版介质如暴风骤雨般袭来时，传统出版就有可能落后于时代的需求，而最终被淘汰。

专业主义正是提供了这样的对抗情势变更和变化的最好的武器。专业主义最大的价值就在于其在凝练职业核心价值观、统一职业基本理念、团结职业共同体、降低职业风险等方面的黏合作用和沟通作用。更为重要的是，出版专业主义能够将出版群体作为一个整体汇聚在一起，共同的价值观有助于其职业话语权的提升和职业规范的型塑，而这一切，则有助于在新旧媒体融合之际，促进出版业的健康持续发展，真正发挥出版业在文化传播和文明传承中的实至名归的作用和使命。

（作者单位:《人民法治》杂志社）

如何做好选题策划：一个编辑的视角

迟 云

选题策划是整个图书出版流程的前提和基础，决定着出版活动能否取得较好的经济效益和社会效益。图书选题策划是编辑必须具备的基本素养，也是编辑与时俱进、不断提升修炼的基本功，掌握选题策划的基本原则，懂得选题策划的素质要求，是编辑做好本职工作、实现人生价值的基础。

一、选题策划的重要性

当下的出版生态，竞争日益激烈。无论是一般图书，还是教材教辅，竞争主要体现在产品的质量上，体现在产品的品牌影响上。而选题的策划与论证，目的就是寻找选题的价值点，提升选题的科学性，建立选题的权威性，避免选题失之毫厘，谬以千里的风险性。因此，选题策划在当下越来越成为出版工作的重中之重。

一个出版机构的社会影响力，最重要的就是这个出版机构出了多少有品质的好书。但这只是出版机构的外观显现，出版机构之间的实质性差异，一方面体现在出版机构的发展理念、企业文化上，另一方面体现在编辑的心胸眼界上，体现在编辑选题策划的领悟能力与执行能力上。出版属于文化创意产业，出版人是为内容提供者提供服务的，出版什么内容，怎么设计版式，什么时间节点出版，需要编辑慧眼识人寻找作者，需要编辑在对市场精细把握的前提下与作者认真交流沟通。如果说芯片技术是互联网产业和智能制造业的核心，从出版的角度来说，编辑的选题策划素养就是出版行业的芯片技术。

我国的出版业经过改革开放40年的发展，图书出版品种与规模不断增长，出版市场日益饱和，竞争日益激烈，市场已由卖方市场转换为买方市场。2016年出版图书近50万种（49.99万种），其中新版图书26.24万种。出版品种虽多，但低水平重复、选题同质化现象严重，文化知识含量高、贴近读者实际需求的图书仍然欠缺。所以，政府提出的供给侧结构性改革，非常适合当下出版主业谋篇布局、推动其由数量型向质量型转变，这个转变的龙头就是选题策划，就是要从源头上提升选题的质量。"出版社的竞争、图书市场的较量，已越来越趋向选题的竞争。"[①]因此，如何提升编辑的选题策划能力，成了图书出版工作和人才队伍建设的重要方面。

二、如何做好选题策划

在今天，做好选题策划工作是壮大出版主业的现实要求。置身于中国出版市场，会发现，我们的出版工作还存在不少问题，如很多选题缺少策

---

① 来小乔：《浅谈新时期图书编辑的素质》，《中华读书报》2007年5月16日。

划、精品选题缺乏、选题论证形式与论证机制落后、重点资助项目中的优良选题比较少……这就要求出版机构的各个层面将选题策划真正重视起来。编辑应从以下七个方面用心用力，培养技能，研究、开展选题策划工作。

（一）基于时代认知策划选题

要明大局、知大势，了解所处时代的特点，关注时代的变革，紧扣时代的脉搏，善于把握政治、经济、文化、社会、生态等诸多领域发展的主旋律，要有文化担当和出版使命，敢于抓住具有时代意义的大话题，成就里程碑式的大作品。就当下而言，党的十九大报告明确提出："经过长期努力，中国特色社会主义进入了新时代，这是我国发展新的历史方位。"面对新时代，我们应重点把握好新出版的时代内涵，实现新时代的新作为。

每个时代都有每个时代的责任与使命，每个人都是新时代大潮裹挟中的一员。作为出版人，特别是社科类图书的出版人，时代特点与时代需求就是选题策划的大指引、大方向。当然，"趋势性的、大局性的内容不简单等于选题，但是它从更高层面揭示了社会主要矛盾的主要方面以及方针、对策，转化好就会变成出版资源的丰富矿藏、索引"[①]。策划好了，就会在政治、经济、文化、社会、生态等方面筛选出真正有价值的东西。比如，戊戌变法前，中华民族内忧外患，面临着严重的生存危机，此时严复翻译了英国赫胥黎的《天演论》，宣传"物竞天择，适者生存"的社会进化论观点，引起了较大反响和强烈共鸣，对当时社会和思想界产生了巨大影响；又如，出版界唯一一个入选"100位为新中国成立作出突出贡献的英雄模范人物"的出版家邹韬奋，以救亡图存、救国救民的时代自觉开展出版工作，其主编的《生活》周刊，既贴近生活，又勇于呼应时代，很快就赢得了广大读者的信任和热爱。

作为党报的《人民日报》是一座资源索引的富矿，能激发若干选题策划的灵感。《人民日报》有着独特的优势：它的话语权很高，拥有权威性和严肃性。它的作者高端，重点文章几乎都是行业内的权威专家写就；它

---

① 龚牟利：《编辑当修好"三观""见机而作"》，《中国出版传媒商报》2016年5月6日。

的通信网络高端，其自身的记者队伍和新华社的报道体系为它提供稿件质量的支撑；它的视野开阔，专栏众多，关注点涉及社会的方方面面；它的观点客观，特别是对敏感、热点问题的专题报道、深度报道判断准确，思想明确。编辑要善于用发现的眼睛去寻找，就会灵感突现，发现有价值的选题方向，甚至发现有价值的高端作者。有的时候，一篇评论、一篇专栏文章、一篇专题报道，甚至当中的一个题目、一个观点，就足以让我们醍醐灌顶、茅塞顿开，能够成就一个选题，甚至成就一条产品线。当然，从中寻找选题的方向与线索，并不等同于囫囵吞枣、照搬照抄，而是要顺着有启发的选题方向与线索，深入地思考下去、延伸下去，向更巧妙处渗透、向更深刻处挖掘。

（二）基于创新策划选题

在图书选题策划中，核心的要素是创新。创新是选题的灵魂，没有创新的选题是没有生命力的。在瞬息万变的信息时代里，图书编辑要在科学技术日新月异、社会经济生活高速发展变化中发现新的文化需求：从社会生活的变化中发现新题材，从社会生产的过程中发现新领域，从科学研究的进程中发现新成果，从国家政策的调整中发现新趋势，开发适应市场需求的新产品，开拓图书出版工作的新境界①。

选题的创新性从哪里来？第一，就是坚持问题导向。有的编辑时常会觉得自己的领悟能力不足，也会觉得自己的思考范围十分狭窄，很重要的一个原因是思维方式运用得不正确。编辑更多地习惯于正向、平面地去审视去思考，而没有做到全面、立体地去研究去发现，没有换一个两个角度去思考的自觉，更没有从寻找问题解决问题的角度去思考的冲动。平时养成的问题意识、问题导向，在实践中会锤炼成敏锐的感悟能力。所以，作为一个策划编辑，很重要的是要做一个有心人，要带着发现问题的眼睛，更要带着思考问题的脑袋，总结市场规律，培养创新灵感，研发对社会有价值的选题。第二，编辑必须具备本学科一定的研究能力，成为本

---

① 参见王光生：《如何提升编辑的图书选题策划能力》，《山西青年报》2015年9月20日。

学科的专家，最起码对本学科的发展水平、研究资源状况有比较充分的了解，从而有能力提出本选题写作提纲与写作要求，有能力对比分析本学科同类选题，有能力提醒作者写作时的注意事项。

所谓创新，就是通过更新思维与认识，提高能力与素养，解决问题，推进工作，打破原有的均衡，创造新的平衡。创新不是调和求同，而是立异标新，寻找不一样，发现新特点新特色。创新并不神秘，树立问题导向，寻找解决问题的方法，就是创新的开始。要使创新成为一种方向、一种压力、一种实践。一些做得成功的民营出版机构把培养和保持敏锐的出版感觉、不断创新，作为编辑的基本功课，要求编辑每天上班的第一件事就是打开电脑搜索新闻热词，然后思考其在当下社会为什么会成为热词，热词的背后呈现了一种怎样的情绪、思潮与逻辑，思考热词与编辑工作的关系，哪些地方可以给工作提供滋养，为选题策划提供借鉴。这一规定动作坚持下来，编辑就会自觉关注社会的方方面面，会自觉树立起问题意识，自觉寻找问题的解决方案。

（三）基于市场考量策划选题

实现社会效益和经济效益的统一，是进行图书选题策划的唯一标准。"图书作为一种特殊的文化商品同样要受到市场的检验，图书产品的价值和使用价值必须在文化的弘扬传承与市场销售中才能实现。"①其中，读者的需求是选题策划最重要的依据，策划编辑要具有强烈的市场意识，树立读者是图书市场主体的观念，深入细致地做好市场调研，认真研判市场需求信息，准确分析读者的阅读取向、消费心理以及经济能力等，有针对性、有目的地策划选题、设计产品。

（四）基于出版全流程策划选题

图书策划编辑要树立全流程的策划观念，就是要把选题策划延伸为出版策划，当成一个完整的生产链条来进行，包括收集信息、物色作者、组织编写、稿件审读、文字加工、封面制作、版式设计、校对核红、印刷出

---

① 来小乔：《浅谈新时期图书编辑的素质》，《中华读书报》2007年5月16日。

97

版、成本核算、销售情况、读者反馈等。成功的选题策划是将策划思想贯穿于图书出版的各个环节。尤其要将选题策划与图书营销过程相结合，想方设法突出图书的卖点，在图书价格定位、成本核算、出版时机、宣传促销方式等方面策划到位，技高一筹，实现图书双效的最大化。

（五）基于出版社的特色和个人专长策划选题

现在出版社的发展注重强调自身的出版特色和定位，以特色创品牌，以品牌赢市场。选题策划忌散、乱、杂，无论出版社，还是编辑个人，都要有整体规划。策划编辑在策划选题时要考虑：一是选题是否符合本社的出版方向和定位，二是要基于编辑个人的专长，三是要有开放的视野，以符合大众阅读兴趣为选题策划的切入点[①]。如山东画报出版社（以下简称"画报社"）策划出版的《图片百年中国史》以及"老照片"系列，就是基于出版社的出版定位、品牌特色策划出版的。该社获评"中国好书"的《美在天真》，反映的是评剧艺术家新凤霞的人生经历与人生感悟，既有艺术心得，又有人性取舍，富有人文、知性的特点，符合画报社的出版定位。从编辑的角度讲，该书的编辑王一诺喜欢评剧，喜欢新凤霞的演出风格，因而对评剧有所关注有所研究，掌握了选题线索以后，想方设法打通渠道，以诚心和责任心作为沟通的密码。为了编好这本书，编辑还查阅了大量的有关材料，研究了一些知名人士对新凤霞的评介，逐步形成了自己的擅长、特长。

（六）基于信息化、数字化策划选题

在信息化、数字化的时代里，各种出版媒介相互融合、彼此渗透，编辑要认识到图书传播形态和出版环境的变化，借助互联网及时掌握市场的发展动态和读者的需求变化，通过及时调整选题策划方法和思路获得市场竞争优势。一是运用大数据分析工具和算法技术，完成数据的聚类、挖掘和分析，从中获取有价值的信息，提高图书选题策划的精准度；二是结合海量信息整合、创新选题，在对信息进行挖掘、验证和反复比较的过程

---

① 参见莫亚元：《图书选题策划探析》，《职业》第 20 期。

中，对选题策划的社会性、时效性和超前性会有所了解，编辑的创新思维得到激发，能较好地捕捉到市场信息，有助于确定自己的策划思路；三是融合多种媒介创新策划模式，除了考虑纸质图书这种介质形态，还要加强图、文、音、画的整合，加强融合出版编辑手段的运用，实现跨媒体的选题策划。

（七）基于日常的学养积累和思想碰撞策划选题

出版单位的选题集中论证汇报，往往集中在年底进行，通过集中论证汇报，对日常工作进行梳理、汇总、检阅，是对日常工作的督促、评价，以便做到对来年的出版工作心中有底。选题策划不是集中突击就能产生优质选题的，这是违背出版规律的。好的选题灵感，是学识学养的累积、有关政策消息的启发、多种思想观念的碰撞、某些学界高人的指点等机缘巧合综合作用的结果。所以，编辑要做工作中的有心人，以良好的状态，创造可能的条件和环境，为策划灵感的到来做好准备。编辑做久了会有这样的体会：与名家的一次交流，往往会捅破一次窗户纸，打开一片思维的天地；参加一次讲座，往往收获更多的思考，站上更高的瞭望平台。所以，功夫在诗外，要做善于捕捉策划灵感的有心人。

对待学习、交流的态度，表面上看是一个主动不主动的问题，深究起来，其实是一个个人自我定位的问题，是一个个人自我认知的问题，更是一个提升素养是为他人还是为自己的情商问题。出版界资深策划人刘江认为，假设每本书是一个几十万元的投资项目，策划编辑就是投资人。"这个项目好不好，要不要投？其实策划编辑是干这事的。市场对于投资人的要求是什么？必须不断学习，提升认知，因为市场不断变化。"[1] 把自己摆得很高，认为自己很行，别人没什么了不起，不值得自己去主动接触学习，这时候你的心态已经封闭了，你已经开始采取抗拒的心理对抗精彩的世界了。反之，如果把自己摆得低一些，正确看待自己，正确看待社会的发展，就会抓住更多学习机会，正确看待名人高人们的独到之处，见贤思

---

① 刘江：《做伏地听声的人》，《中国出版传媒商报》2018 年 6 月 15 日。

齐，急切地想着涵养自己、丰富自己、成熟自己，为自己积累发展力量和智慧，就会抓住一切学习的机会，想方设法去蹭课、蹭会，不惜付出时间成本和资金成本去听课。

三、选题策划的机制保障

以上提到的怎样做选题策划，有些是编辑个人须努力学习用心历练的，有些是出版社层面须做好平台建设及制度安排的。关于选题策划，出版社应从以下三个方面做好机制保障。

第一，出版社须明确出版定位，强化出版特色，聚集优势资源，为选题策划提供方向与支持。没有明确的方向和目标的引领，一般情况下编辑是策划不出有影响力的选题的；就算偶尔策划出优质选题，也会因为社内没有专业力量配合，特色特点得不到突出强化而成为平常选题。结果是，编辑做不出来，出版社发展也陷入分裂迟滞状态。

第二，建设科学完善有效的选题论证制度，切实为选题策划把脉、把关，提升选题质量。要提升选题品质，必须完善、强化并切实落实选题论证、评估制度。单位制定有效的制度，有效的制度培养一批又一批优秀的编辑，优秀的编辑推动出版社向前发展。国内发展较好又有特色的出版社，在选题论证方面的制度均较为完善，选题论证科学有实效，如机械工业出版社在总编室、生产质量处的基础上增设选题评估部，目的是完善选题管理评估制度，在选题策划评估阶段增设一个新环节，让编辑能得到来自职能部门有经验、负责任的预判分析，有利于编辑更快、更好地成长，进而服务于出版社长期战略发展。此外，出版社请"外脑"为选题论证把关也是非常有效的论证方式，出版社组织召开针对性较强的选题论证会，请国内一流专家把脉，拓宽选题思路、开阔选题视野、完善选题内容。

第三，建立以选题策划为核心的内部管理运行机制。选题策划是一个复杂的系统工程，社领导和各部门的协作支持也尤为重要，但遗憾的是，大多数出版社的内部管理运行机制尚不能给予选题策划以非常有力的支持。这不但使选题实施达不到顺利、高效的状态，同样对整个出版社建立强有力的、保持连贯性的策划体系十分不利。因此，出版社想要从整体上加强选题策划力量、提高策划水平，必须建立以选题策划为核心的内部管理运行机制①。一是建立内部学习交流制度，定期举办优秀策划编辑经验分享会，交流经验，讨论得失；二是出版社层面建立完善的数据库，发挥资源信息整合功能，解决编辑各自为战、画地为牢、缺乏横向联系与沟通、不利于发挥出版社整体综合效能的问题，从而实现信息共享，统筹规划选题，促进团队协作，同时可以避免选题重复、雷同、平庸现象，达到优化选题的目的；三是建立以编辑为主体的选题策划运作模式，给予编辑更大的自主权，使其可以相对自由地组合，成立工作室或编辑室。在管理学上，如何调动生产岗人员的积极性和创造性，有一种观点叫创客理论，意即划细划小生产单元，打造更多的发展平台，想方设法鼓励人人成为小小的 CEO，强化他们潜意识里的主人翁使命，勇于担当，敢于负责。当年推行的以家庭联产承包责任制为主要内容的农业改革，激发了巨大的发展活力，道理正源于此。编辑室、工作室不是一个官僚机构，它是一个生产小组，是一个项目突击队，在排除了皇皇巨制的特大项目外，在良好的绩效考核体系下，它的建立，不增加管理成本，只提升积极性和创造力。

出版是文化创意产业，注重的是个性与特色，从策划编辑的角度，一方面划细划小生产单位，另一方面强化单体社的论证力度，更符合出版规律和管理科学。这样逐步建立起以选题策划为核心的现代出版体制，优化和调整出版结构，才能调动、激发编辑的积极性和创造性，全面提升出版社的核心竞争力。

（作者单位：山东出版集团）

---

① 参见封延阳：《内涵式发展是多数出版社的现实选择》，《编辑之友》2000 年第 6 期。

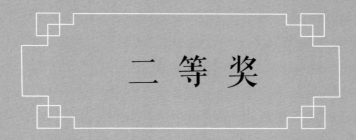

二 等 奖

关于增强出版自信、推动出版创新的几点思考

王　淼

习近平总书记在党的十九大报告中指出，我们要大力提升发展质量和效益，更好满足人民在经济、政治、文化、社会、生态等方面日益增长的需要，更好推动人的全面发展、社会全面进步。到本世纪中叶把我国建成富强、民主、文明、和谐、美丽的社会主义现代化强国。

正如著名作家高尔基所说的那样，"书籍是人类进步的阶梯"。因此，要更好满足人民在文化方面日益增长的精神需要、推动人的全面发展和社会全面进步就离不开出版业的繁荣发展。一个富强、民主、文明、和谐、美丽的社会主义现代化强国必然是一个出版强国。因为，"出版是文化建设的重要力量，承担着传播真理、传承文明、教育人民、服务社会的重要责任。"①

---

① 宣言：《坚定文化自信　建设出版强国》，《人民日报》2017 年 9 月 2 日。

在党的十九大报告中，习近平总书记还指出，文化是一个国家、一个民族的灵魂。文化兴国运兴，文化强民族强。没有高度的文化自信，没有文化的繁荣兴盛，就没有中华民族伟大复兴。而出版自信正是文化自信的重要组成部分，文化自信则是出版自信的源泉。没有高度的文化自信，出版自信则成为无源之水、无本之木。而没有出版自信，文化自信也就无从谈起。

当前，改革和创新仍然是时代的主流。"变革创新是推动人类社会向前发展的根本动力。谁排斥改革，谁拒绝创新，谁就会落后于时代，谁就会被历史淘汰。"① 因此，要实现增强出版自信和文化自信进而建设出版强国的目标就必须不断推动出版创新。根据广大人民不断变化的文化精神需求，持续进行出版物供给侧结构性改革，始终秉承"为人民出好书"的理念与追求，将"双效俱佳"的出版物奉献给广大读者。本文仅就增强出版自信、推动出版创新这一问题谈几点思考。

一、从历史纵深的角度理解和继承中华优秀传统文化以及党领导人民在革命、建设、改革中创造的革命文化和社会主义先进文化，在出版领域做好中华优秀传统文化创造性转化和创新性发展工作

中华民族有着 5000 多年的悠久历史，中国也是出版事业发展最早的国家之一。在漫长的历史岁月中，中华民族形成了自己独特的优秀传统文化体系。"中华优秀传统文化是中华民族的'根'和'魂'，是最深厚的文化软实力，是中国特色社会主义植根的沃土，是我们在世界文化激荡中站稳脚跟的根基。"② 图书是中华优秀传统文化的重要载体之一。从出版史

---

① 中共中央宣传部：《习近平新时代中国特色社会主义思想三十讲》，学习出版社 2018 年版，第 96 页。

② 中共中央宣传部：《习近平新时代中国特色社会主义思想三十讲》，学习出版社 2018 年版，第 206 页。

的角度看，我国历来重视文献和典籍的记录、整理和保存。以明清两代为例，举国家之力编纂的就有大型类书《永乐大典》《佩文韵府》《古今图书集成》，收字最多的辞典《康熙字典》以及百科全书《四库全书》。可以说，正是我国古代历朝历代的典籍整理和编纂工作使得中华优秀传统文化得以存续和被继承。中华人民共和国成立后，党中央高度重视古籍的整理出版工作，早在1958年2月就成立了全国古籍整理出版规划领导小组。"新中国成立以来出版的古籍整理图书近3.6万种，近90%的古籍图书都是改革开放40年来出版的。近些年特别是党的十八大以来，古籍图书出版质量与数量大幅提升，每年出版的古籍整理图书有近1800种，其中学术类古籍图书800种左右、普及类古籍图书1000种左右。"[①] 通过学术类和普及类古籍图书的出版，我国读者的传统文化底蕴和素养得到普遍提高，人民对传统文化的兴趣不断增强，近年来的"国学热"现象就是这一趋势的反映。

应该看到，随着中国特色社会主义进入新时代，随着中华文化与世界文化交流的日趋深入，随着我国读者审美趣味的变化，中华优秀传统文化必然面临"创造性转化、创新性发展"的问题。习近平总书记指出，要推动中华优秀传统文化创造性转化、创新性发展，不断增强中华文化的影响力和吸引力，创造中华文化新的辉煌。近年来，在出版行业当中，对中华优秀传统文化进行创造性转化的成功案例较多。比如，三联书店2018年出版的《图说敦煌二五四窟》用图文并茂的形式、深入浅出的语言介绍了敦煌二五四窟的壁画及其艺术特点、历史背景，书中并附有《舍身饲虎》《降魔成道》两部文教宣传影片的二维码，将博大精深的敦煌文化以全新形式展现给读者，深受广大读者的喜爱。又如湖南文艺出版社2018年出版的《观山海》一书，实质是一部图文并茂的《山海经》解读书，插画师杉泽用三年时间将《山海经》当中提到的几百个上古神奇异兽用带有现代

---

① 章红雨：《柳斌杰：创新古籍整理出版新业态 打造高品位的精品力作》，《中国新闻出版广电报》2018年8月20日。

色彩的插画重新绘制，每个异兽旁边是对应的《山海经》原文及通俗的白话翻译，整本书的设计和装帧带有魔幻色彩，令人耳目一新。

要增强出版自信，除了努力做好中华优秀传统文化的继承以及创造性转化和创新性发展工作之外，我们还要很好地继承党领导人民在革命、建设、改革中创造的革命文化，发展社会主义先进文化。革命文化和社会主义先进文化是社会主义中国独特的底色，是中华优秀传统文化在近现代和当代的延续，是塑造社会主义核心价值观不可缺少的重要组成部分。在这方面，近几年，王树增战争系列《长征》《抗日战争》《解放战争》《朝鲜战争》的畅销和长销，人民文学出版社《红星照耀中国》和中国青年出版社《红岩》的畅销，均说明当代中国依旧需要革命文化，人民群众依旧喜欢高质量的革命文化作品和能够反映社会主义先进文化的优秀作品。作为出版人，只有不断推出反映革命文化、反映社会主义先进文化的精品力作，才能无愧于时代、无愧于人民，才能在建设出版强国的道路上行稳致远。

二、在中国特色社会主义进入新时代的大背景下，探索做好主题出版的新方法，扩大主题出版的影响力

主题出版是出版业内宣传党的各项方针政策、弘扬社会主义核心价值观的重要板块。根据开卷发布的《2018 上半年中国图书零售市场趋势和特点》，2018 年上半年的主题出版较 2017 年仍有不俗表现："政策性读物同比增长 196.76%，政治类读物同比增长 146.28%，法律法规同比增长 94.44%，传记尤其是领导人物的传记同比增长 17.18%。"[①]

主题出版市场近年来持续发力并表现亮眼的原因是，许多出版社采用创新话语表达、内容形式和传播方式等新方法策划主题出版物，或是对主

---

① 虞洋：《文学、少儿板块增幅放缓——开卷 2018 上半年图书零售市场报告》，《出版人》2018 年第 8 期。

题出版物选题采取分众化、多层次策划等新策略，对主题出版物的出版进行全流程改革。从近年来的市场反映看，这种创新和改革是比较成功的。

如 2018 年东方出版社出版的《马克思靠谱》，用"青春"的创新表述方式介绍马克思的一生，深受年轻读者的喜爱。又如人民出版社 2017 年出版的《习近平讲故事》获得良好市场反响后，于 2018 年与中国少年儿童新闻出版总社合作推出专门针对少年儿童读者的《习近平讲故事》图画书系列，这属于主题出版物分众化策划方式的有益尝试。在主题出版物传播方式的革新方面，人民出版社同样做了有益探索，"中国共产党思想理论资源数据库"依托"中国理论网"，将绝大部分马克思主义著作、党和国家重要文献、党和国家主要领导人著作进行了数字化转化，方便了读者查阅、比对原文。"党员小书包"是新媒体时代人民出版社开发的一款手机移动 APP，也是一个党员学习的新平台，APP 当中囊括了绝大部分人民出版社最新出版的主题出版物，并且每日保持更新，使用户获得较好的使用体验，单位用户还可以在 APP 中将党员归纳到其所在的各个党支部，在"党员小书包"的支部交流群中，同一支部的党员可以交流各自的主题出版物学习进度和体会。

综上所述，近年来主题出版的持续向好离不开各出版单位在这一领域内不断进行的改革创新。这种改革创新以读者需求为导向，使主题出版物的供给侧结构更趋于合理，更符合广大读者的期待。今后，我们仍要不断探索做好主题出版的新方法、新路径，让这一独特却又十分重要的出版领域在凝心聚力、弘扬社会主义核心价值观方面发挥其对读者不可替代的影响力。

三、加快促进传统出版与数字出版的融合，发挥新媒体在营销方面的优势，实现出版业的转型升级

近年来，新技术、新媒体发展日新月异，传统出版与数字出版的融合不再仅仅是纸质资源的数字化。随着知识付费的兴起，很多音频分享软件迅速崛起，如喜马拉雅 FM、蜻蜓 FM 等。在这类网站上，传统图书以有

声书的立体形式呈现给广大听众，一本图书被分成若干较短的音频，满足了时间碎片化时代读者的特殊需求，因而备受读者青睐。反之，这类网站上有些受到听众追捧的、尚未转化为纸质书的热门音频资源也被开发成了线下畅销图书，实现了线上线下两种形式的互动与互融。

在媒体融合方面，市场上基于二维码扫描的视频书和音频书也不在少数。读者通过扫码，即可观看或收听与纸质图书有关的视频或音频资源，这也增加了纸质图书的附加值。在这方面，武汉理工数字传播工程有限公司开发的基于"RAYS"系统的"现代纸书"出版运营模式作出了创新的探索并取得了非常好的市场效果。"RAYS"系统是一款以大数据和云计算为基础，连接编辑、作者、读者的数字出版平台。编辑在"RAYS"系统注册后，输入自己编辑的纸质图书信息就可以制作完成这本书的二维码，通过利用"RAYS"系统中的各种资源，编辑可以为这本书的二维码配置音频、视频、图片等内容，读者扫码后进入微信页面，可以观看上述内容，也可以向编辑、作者提问，提问可以设置付费，使图书产生额外价值。目前，在教材教辅板块，基于"RAYS"系统的"现代纸书"已经获得了很高的收益。全国已有 200 多家出版单位使用了"RAYS"系统。

在传统图书的营销方面，新媒体也以其低成本、传播速度快、传播范围广的独特优势异军突起，成为各出版单位普遍重视的营销手段。微信、微博、抖音成为各出版社营销图书的重要媒介，粉丝众多的微信和微博公众号往往可以使纸质图书的销量大幅增加。抖音则是近两年刚刚兴起的短视频平台。相较于微博、微信，适合抖音宣传的图书范围要窄一些。但是，那些容易激发用户共鸣或是有着独特之处的图书仍然在抖音平台获得了非常好的宣传效果，如刘同的《我在未来等你》和《3D 西游记》立体书。

通过上述分析，我们可以看到，随着新技术的加速发展，传统出版和数字出版的融合愈发深入，新技术和新媒体也改变了传统纸质图书的出版流程、形态以及营销方式。在未来，我们还要继续推动传统出版与数字出版的融合，坚决走"融出版"之路。

　　本文谈到的上述三点思考是增强出版自信、推动出版创新过程中涉及问题当中的一部分。作为新时代的一名编辑，在努力建设社会主义现代化强国的道路上，我们也必须以建设出版强国作为自己的自觉追求，不断增强出版自信，不断以"苟日新、日日新、又日新"的自省精神推动出版全流程创新，推动出版业供给侧结构性改革，努力为人民奉献越来越多"思想精深、艺术精湛、制作精良"的出版物。

（作者单位：人民出版社）

满足时代需求，出版生态学精品力作

李冰祥　柳丽丽　关　焱　殷　鸽

　　学术出版位于整个出版链条的顶端，是继承、传播优秀学术成果的重要载体。近 20 年来，高等教育出版社（以下简称"高教社"）的学术出版得到了长足的进步和发展。在《前沿》（*Frontiers*）系列英文学术期刊和多个学科的学术图书出版方面形成了一定的产品品牌。高教社的学术图书出版，注重形成学科专业特色和高端品牌优势，得到各学科领域专家学者的好评，具有良好的市场口碑。如生态学学科已出版学术图书近百种，其中有近 40 种次获得"中国出版政府奖""中华优秀出版物奖"等国家级或省部级奖项，入选"国家重点图书出版规划"，获得"国家科学技术学术著作出版基金""中国图书对外推广计划""经典中国国际出版工程"等项目资助。下面仅就该学科学术图书的出版，谈谈我们为什么选择这一出版领域、怎样做出选择、做了些什么书以及做书的体会。

一、为什么选择生态学学科作为出版领域

从生态学学科的形成与发展以及该学科在中国的发展脉络中可以看出，出版生态学精品力作是我国发展到现阶段的时代急需。

（一）生态学学科形成与发展概观

发端于博物学的生态学（ecology），历史上不同学科背景的学者对其有不同的定义，学界较为公认的是德国生物学家、博物学家和哲学家 Ernst Haeckel 在 1869 年的定义，即"生态学是对自然环境，包括生物与生物之间以及生物与其环境间相互关系的科学的研究"。大约从 1900 年开始，生态学才成为一门公认的、独立的科学领域，但也仅仅在过去的几十年，"生态学"一词才成为一个常用的词汇，得到广泛的传播和认可。尤其是在 20 世纪 60—70 年代环境运动在世界范围内掀起，突然间几乎每个人都开始关注环境问题。20 世纪 80—90 年代，环境问题被赋予了一定政治背景。进入 21 世纪后，由于人类滥用地球资源程度的逐步提高，环境问题再次成为前沿焦点。由于关系到人类生存的污染、自然区域减少、人口增长、食物和能源消耗以及生物多样性等重大环境问题的解决都必须依赖或利用生态学原理，生态学一跃成为世人瞩目的学科。

（二）生态学学科在中国的发展

在我国古代的许多著作，如《诗经》《尔雅》里，很明显地包含了生态学思想和生态学应用的内容，但生态学作为一门独立的学科在我国确立还是比较晚的，一般认为 1979 年中国生态学学会的成立是其成为独立学科的标志。在国务院学位委员会颁布的《授予博士、硕士学位和培养研究生的学科、专业目录》（1990）中，生态学是隶属于生物学一级学科下的二级学科（当时生物学下有 18 个二级学科）。自 1977 年内蒙古大学创办全国第一个生态学本科专业，至 1996 年，全国仅 16 所高校设置生态学本科专业。随着学科的发展壮大，在国内生态学界有识之士的推动下，2011年生态学从二级学科提升为一级学科，这无疑为生态学的进一步发展提供

了更广阔的空间。目前，全国有近 60 所高校设置生态学本科专业，百余所高校培养生态学及相关专业的硕士研究生，其中很多院校同时设有生态学博士点。

（三）出版生态学精品著作是时代急需

中国改革开放以来的经济腾飞让世界瞩目，同时由发展而带来的环境压力也让中国的生态文明建设受到前所未有的关注，特别是国家加快经济发展方式转变和建设生态文明的需要，使得生态学作为年轻的学科，近年来在国内得到飞速发展，学科分支快、研究人员多，从业人员和培养人才数量的增加对生态学类的出版物有较强烈的需求。

尽管如此，国内的学术图书在内容质量上与国外的同类书相比存在较大差距，尤其是国外的生态学专业图书，其内容讲解精深、典型案例多、可读性强，在原创性、前沿性、系统性等方面远超国内图书，在我国出版生态学精品著作成为急需。

二、怎样选择了生态学这一学科作为出版领域

10 多年前我们在进入学术图书出版领域时，本着"有所为有所不为"的指导思想，紧扣学科发展和学术研究热点，以国家优先发展的重点领域和经济建设迫切需要的科学技术为主要方向，选择了将生态学作为高教社学术图书出版的突破学科之一。

（一）广泛调研了国内外生态学图书的出版情况

我们对 1950—2000 年国内出版的 400 余种生态学图书进行了分析，同时针对国外生态学图书出版情况，分析了亚马逊网站上以"ecology"作为检索词进行检索时排名前 100 的出版物。详细分析了出版物的标题，产品类型（学术著作、教材或大众读物，自编书或翻译书），作者及所属单位，以及出版社等要素。尤其关注国外著名学术和大学出版社的生态学出版物中影响力较大的系列书，如 Springer 出版社的 *Ecological Studies*，

Elsevier 出版社的 *Developments in Environmental Modelling*，剑桥大学出版社的 *Cambridge Studies in Ecology*，以及 Blackwell 出版社、普林斯顿大学出版社、Sinauer Associates 等的特色出版物。通过这些调研及分析，我们看到了国内生态学学术出版的差距，基本找到了选题策划的发力点并初步确定了引进图书的方案。

（二）确立"做精品图书、满足时代需求"的出版理念

20 世纪 90 年代末，我国在经历了 20 多年的改革开放后，一时出现了科研的投入产出与经济的腾飞不匹配的现象，与现今相比，那时的科研水平与世界科研强国差距较大。受此影响，学术图书质量不高且数量不足，在我国发展较晚的生态学科尤其如此。按学术界当时的生产能力、工作态度和管理经验，不可能从"科研项目"中直接涌现数量众多的优秀作品，所以我们通过反复讨论，确定了不以出版资助费作为选题遴选的条件，尽量少做或不做"项目书"。我们的选题要求论著必须是基于作者多年科研和教学成果的总结，不能是为某个科研项目结题而汇编研究论文或调研报告成书。在具体选题遴选上，严格进行同行评议，尤其是在初期尽量选择一位海外华人学者作为选题的评审人，以保证选题质量，力争为出版一批占据国内外一流学术地位的重点图书和科技精品图书打好基础。

三、在生态学学术图书出版方面的实践

通过近 20 年的努力，我们已出版了近百种生态学著作，形成了多个品牌系列，出版物在学术界和出版界中有了一定的影响。这些著作主要分为中文原创著作、中文翻译著作和英文原创著作三大类。

（一）出版中文原创高端佳作

为满足国家经济社会发展和人才培养的需要，紧扣当前学科发展和学术研究热点，我们组织出版了由国内外著名学者编撰的中文版论著。

高端论著的出版以海外华人的中文著作《当代科学前沿论丛》作为敲

门砖，选择的作者大都是海外大学或研究机构具有副教授以上职称的华人学者。例如，我们的第一本生态学学术图书——《景观生态学——格局、过程、尺度与等级》（作者为美国亚利桑那州立大学邬建国教授，2000 年第一版，2007 年第二版），一经出版就在学界产生较大影响，受到国内学术界的广泛认可，获得"全国优秀科技图书奖""输出版优秀图书奖"，已被论文引用 1779 次。在这一趋势的带动下，我们陆续约到《流域生态系统过程与管理》《稳定同位素生态学》《生态智慧》等海外华人学者的论著。其中，《稳定同位素生态学》得到"国家科学技术学术著作出版基金"资助，获得"中国大学出版社图书奖优秀学术著作一等奖"，入选"北京市'三个一百'原创图书出版工程"；《生态智慧》获"第四届中国出版政府奖装帧设计奖提名奖"，入选"中国最美的书"；等等。这些图书内容水准高，原创性强，编辑制作精良，图书的出版给国内生态学图书市场带来耳目一新的感觉，吸引了大量的国内外学者成为高教社的作者，奠定了进一步推出更多精品佳作的基础。例如，后续出版的《荒漠生物土壤结皮生态与水文学研究》入选"'十二五'国家重点图书出版规划""第四届'三个一百'原创图书出版工程"，获得"第三届中国出版政府奖装帧设计奖"。

（二）引进填补国内学科空白的精品

为使学术出版更好地满足国内市场需要，根据科研和人才培养需要，挑选精品原著，力争做到名著名译，翻译了英文版、德文版学术图书，形成《生态学名著译丛》。

一方面，《译丛》汇聚了对生态学的发展起到关键性作用的经典著作最新版，例如引进翻译了现代生态学之父 Eugene P. Odum 的《生态学基础》（该书一共出版过 5 版，分别在 1953 年、1959 年、1971 年、1983 年和 2005 年）。原著在出版后的 50 年内，始终是首选的生态学参考书，它影响了全世界几代生态学家，曾被翻译成 12 种语言。该书第 5 版中文翻译版的出版受到读者广泛欢迎，2014 年 10 月 14 日《人民日报》微博发布了《推荐 9 本特别好读的入门级专业书》，《生态学基础》就被选中，该微博被转发 8000 余次。引进的其他图书，如《生态学——科学与社会之间的桥梁》《理论生态学》《如何做生态学》《生态学背景：概念和理论》等，都可以说是相关专业领域科研人员、教学人员和从业人员的案头工具书。

另一方面，《译丛》也引进翻译了在学科热点领域有重要影响的著作，如针对中国城市化的进程，引进了哈佛大学设计学研究生院讲席教授，被称为"现代景观生态学之父"和"道路生态学之父"的 Richard T. Forman 的新著《城市生态学——城市之科学》，力图为我国快速的城市化和规模巨大的城市建设贡献力量。

这些中文翻译版图书多次获得引进版优秀图书奖，译著的出版为中国学者提供优质的学术资源，在生态学界产生了非常好的反响，成为国内教育界、学术界的畅销精品，为高教社相关学术品牌的建立奠定了良好的基础。

（三）向世界推介中华优秀学术研究成果，展现学科前沿的新成就

在生态学图书出版方面，我们坚持走国际化的道路，利用国内外的两种出版资源，服务国内外的两个市场，已与世界著名出版社，如 Springer、Wiley、de Gruyter 等合作出版英文生态学论著 20 余种。

其一，近 20 年来我国学者围绕国家发展战略和重大需求开展了系统的生态学理论与应用研究，许多方面已经走在世界前列，这些研究成果是世界学术研究中不可或缺的重要组成部分。而且向世界讲好中国故事，推动生态文明建设也是时代急需。为此，我们策划了以中国特色研究为主题的系列出版物，组织的英文版图书如《中国的荒漠化及其防治》《当代中国生态学研究》《中国特有湿地甲烷排放》等。

其二，为反映学科国际上的最新研究成果和发展，促进学科新进展和新成果的交流，在海外华人学者的组织下，邀请非华裔学者作为丛书主编或作者，直接为高教社组织英文书稿，参与国际学术出版领域的竞争，如《生态系统科学与应用》系列。

这些英文版图书的出版取得了良好的社会效益，促进了中华优秀学术成果的对外交流和国际优秀学术研究成果的传播，践行了中国出版"走出去"战略。其中，《当代中国生态学研究》（英文版）获"第四届中国出版政府奖"；全部英文版图书或入选"经典中国国际出版工程""中国图书对外推广计划"，或获得"输出版优秀图书奖"等荣誉。

四、做精品图书出版的体会

怎样才能做好书？做精品图书需要方方面面的因素和条件，但我们最重要的体会有以下两点。

（一）内容是根，原创是魂

面对日趋激烈的学术出版国内外市场竞争，只有内容质量高的产品才是出版的核心竞争力。精品图书一定要靠优秀的内容来支撑，内容质量是保证出版精品图书的根本。出版是一种创造性劳动，推出精品尤其如此，学术图书内容更强调前瞻性、科研引导和科研成果集成等，原创性强是精品图书的优秀内容质量最重要的体现，原创是精品图书的灵魂。原创性强的图书，即使专业领域很窄也可以有一个较为满意的销量。

在进入学术出版市场伊始，我们就确定了坚持内容为王，打造学术精品的理念。一直以来，我们通过选题的同行评议和遴选高水平的作者来保证图书的内容质量。同时注意聚焦时代主题，把握新形势新要求，以内容创新引领出版创新，潜心打磨含金量高的优质图书。今后我们也会一如既往贯彻实施精品战略，在书稿内容质量上精雕细琢，不唯数量，沉下心来做好书，打造精品力作。

（二）锻炼队伍，坚守情怀

精品图书出版需要优质内容，同时也离不开优秀的学术出版编辑。我们在这些年的生态学出版实践中，逐步培养了稳定的编辑队伍。全部编辑具有研究生学历，超过一半的编辑具有高级职称且从事学术出版时间十年以上。这样的队伍构成使得我们的生态学著作系列具有较好的延续性，利于作者维护，保持一定的图书品位。

学术出版是出版业的重要组成部分，近年出版社之间的资源竞争日趋激烈。一是随着我国科研投入和产出的增加，吸引越来越多国际知名出版商迅速加大对国内市场的开拓力度；二是在"国有文化企业社会效益指标考核权重为50%以上"这一指标的引导下，国内综合性大型出版社、专业出版社和大学出版社等各类出版社都更加重视学术出版，优质内容资源更加炙手可热。尤其是生态文明建设提出以来，随着市场需求增加，生态学方向的学术出版吸引了更多出版社的加入，而科研成果的产出需要较长时间积累，滞后于出版方的出版愿望。这些都增加了编辑遴选和获取优质选题资源的难度，对学科编辑提出了更高要求。放弃"不差钱"但不符合高教社学术出版理念的投稿，是坚守"社会效益第一位"目标的选择，背后是编辑对学术的敬畏，对学术出版传播优秀作品的使命担当。

新时代开启新征程，新时代呼唤新作为。希望通过我们的努力，出版更多无愧于时代的精品力作，为我国生态学的发展、生态文明建设作出更大的贡献。

（作者单位：高等教育出版社中职出版事业部）

新时代编辑的文化担当与素养建构

胡亮亮

习近平总书记在党的十九大报告中提出，文化兴国运兴，文化强民族强。没有高度的文化自信，没有文化的繁荣兴盛，就没有中华民族伟大复兴。要坚持中国特色社会主义文化发展道路，激发全民族文化创新创造活力，建设社会主义文化强国。

从党的十七大提出推动"文化大发展大繁荣"，到十八大明确"建设文化强国"，再到十九大强调要"坚定文化自信"，可以说，文化在国民经济与社会发展中的重要性日益提升。"文化建设是灵魂"，已然成为社会主义事业总体布局的重要组成部分。对文化建设重视程度的不断提升，代表着对文化工作者更高的要求和希望。作为新时代的编辑，我们要沿着前辈的足迹，继续把文化功能、教育功能放在首位，时刻铭记一名编辑所肩负的文化担当和引领责任，并为之积极努力。

一、新时代编辑的文化担当——尽文化责任，树文化品牌，担文化重任

面对新时代、新目标、新要求，我们新编辑要有新作为。如果说把优秀的出版物比喻成指引人类冲破黑暗、摆脱蒙昧的火把，那么优秀的编辑就是一群擎起火把的志士，他们积极履行自己的文化责任，用心参与社会精神生活的构建，用正确的政治导向和高尚的文化品格引领社会精神生活的走向和品质。

（一）坚定文化自信

记得读过一篇解读新时代出版内涵的文章，其中一句话记忆犹新："新时代的出版要贡献发展智慧，回答时代之问，解决现实难题，为社会提供思想营养、精神食粮和心灵甘泉。"如何能更好地完成新时代赋予编辑的历史使命呢？我想最重要的一条就是要坚定文化自信。

文化是一个国家、一个民族的灵魂，文化在国家的竞争和民族的发展中一直发挥着举足轻重的作用。习近平总书记曾明确提出"坚持文化自信是更基础、更广泛、更深厚的自信，是更基本、更深沉、更持久的力量"。作为新时代的编辑，我们要认真贯彻落实习近平新时代中国特色社会主义思想和党的十九大精神，在实际工作中以马克思主义为指导，在具体的实践中增强文化自觉、进行文化创造。

出版工作者坚定文化自信，不能脱离实际的出版工作，要立足当代中国的现实和出版条件，将中国精神、中国力量、中国价值注入出版物中。应深刻理解文化自信的要旨，推出更多弘扬主旋律、提振精气神、凝聚正能量的优秀出版物，并通过这些弘扬主旋律的出版物把面向现代化、面向世界、面向未来的社会主义文化发扬光大，为实现伟大的中国梦提供坚强的思想保证、强大的精神动力和良好的文化条件。

（二）把握编辑导向

编辑，是在作品上打上文化烙印的过程，更是一个文化选择的过程。

在出版的环节中，编辑要从多角度作出专业的判断，而文化角度就是其中首要而关键的环节，这一过程就是编辑导向的把握。

在文化选择的过程中，编辑既要有敏锐的政治意识、大局意识，还要深刻学习领会国家发展与民族复兴的大格局，进而贯彻落实党的十九大精神。由此可见，从小处说，编辑导向决定了一个出版物的政治格局；往大处说，编辑导向影响着一个国家、一个民族的文化发展方向。因此，编辑要时刻以对国家负责、对人民负责的敬业之心，以对人类文明发展有益的工作态度，把握好传承文明、传播文化的正确导向。

（三）坚持精品战略

编辑是出版社的核心和脊梁，更是出版社创造力与创新精神的源泉。要服务国家和社会发展的大格局，编辑要紧跟当今时代的发展趋势并适时更新出版理念，以"踏石留印、抓铁有痕"的决心坚持精品战略，推出高水平的出版作品。

2018 年 2 月 7 日，出版管理司在北京召开 2018 年中央在京图书、音像和电子出版物出版单位负责人座谈会，出版管理司副司长许正明在会上着重通报了当前出版存在的主要问题。许副司长在讲话中指出，目前出版市场盲目跟风现象严重，"克隆书""跟风书"的重复出版比比皆是，数量品种多和精品力作不足的矛盾尤为突出。

面对目前出版市场存在的诸多问题，编辑应认真反思自己的文化立场、文化追求和价值取向，要强化主题出版意识，以饱满的精神和主动的态度高质量地做好主题出版工作，继续深化中国特色社会主义和中国梦的宣传阐释。编辑要强化选题意识，抓住今后几年重要的时间节点：2019 年新中国成立 70 周年、2020 年全面建成小康社会、2021 年中国共产党成立 100 周年、2022 年召开党的二十大，力争出版一批导向正确、质量精优、内容权威的研究著作和理论读物，以传世之心编辑传世之作，真正担负起以文化人、以文育人的文化使命。

（四）讲好中国故事

"中国故事"是近几年来媒体使用频率最高的词汇之一。2016 年，在党的新闻舆论工作座谈会上，习近平总书记指出：要加强国际传播能力建设，增强国际话语权，集中讲好中国故事。在党的十九大报告中，习近平总书记再次强调，要推进国际传播能力建设，讲好中国故事，展现真实、立体、全面的中国。由此可见，"讲好中国故事"越来越成为我国向世界展现文化自信、加强国际传播能力的重要手段，是提升国家文化软实力的有效途径。

在全球化高速发展的今天，我们展示给世界的中国应该是"真实""立体"和"全面"的。而要达到这个效果，我们讲述的中国故事本身，也需要在这六个字上下功夫。作为新时代的编辑，我们要考虑如何更好地传播中国文化，如何为世界贡献中国智慧，如何推动中华优秀传统文化创新性发展……这是历史和时代赋予出版工作者神圣的使命。因此，我们要大力弘扬发展社会主义先进文化，将中华民族的文化创造力传递给世界，将中华人民坚定的自信心展现给世界，进而将中国故事讲得更加真实、立体、全面。

新时代为编辑带来了新的历史使命和文化重任，因此，加强编辑队伍的建设、积极建构编辑的核心素养也显得愈发重要。这不仅是新时代出版业改革发展的内在需求，也是新时代编辑人才建设的必然选择。目前，编辑的队伍建设仍面临一些难题，比如，编辑的核心素养和能力还需进一步提升；编辑的使命意识和责任心仍需提高；编辑的质量意识和内容把关能力还待加强；等等。由此可见，新时代编辑的素养建构仍有待加强。

二、新时代编辑的素养建构——研编辑之学，尽编辑之职，修编辑之心

随着中国特色社会主义进入新的历史时代，出版业也进入新的历史发展时期。图书编辑要完成自身使命、推动出版业向前发展，必须有针对性地加强自身编辑能力建设，真正做到研编辑之学，尽编辑之职，修编辑之心。

（一）"专"和"杂"

1. 编辑要有一技之长

如果说作者给予一本书生命的话，那么说编辑给了出版物第二次生命一点也不为过，因为，一名好的编辑能够为一本书锦上添花。

专业化是编辑的立身之本，最优秀的编辑一定是学者型的。他首先应该是某方面的专家，能看出来一般读者看不到甚至作者都想不到的问题，这样才能保证出版物的质量，让其以最佳的面貌和读者见面。编辑应该具有从事编辑工作相关学科的宽口径知识储备，掌握编辑工作相关学科的基本知识和基本原理，积极参与相关学科领域的学术交流活动和项目研究工作。以教辅编辑为例，一名优秀的编辑除了编辑知识过硬外，还要掌握扎实的学科专业知识，要了解相关学术问题、教学动态，只有这样，编辑才能对作者交上来的稿子查缺补漏，以弥补作者在编校知识方面的欠缺，把握整体的出版要求，为稿子增色添彩。

2. 编辑要有广博的知识

由于编辑职业具有一定的特殊性，因此编辑在出版过程中有机会接触到各行各业的知识，其中不乏小众的学科。为了保证出版内容的严谨和正确，编辑一定要对即将出版的内容有所了解，因此，现在很多人称编辑为杂家并非言过其实。

还记得出版界的前辈罗竹风老先生曾写过多篇关于编辑的文章，如《杂家——一个编辑同志的想法》《再论"杂家"》《三论"杂家"》《杂家和编辑》等，他认为编辑应具备各方面的学问，一名合格的编辑不仅要专擅于某一学科，还要博学于诸学科，编辑学者化的提法便由此产生。

（二）"宽"和"严"

1. 编辑要把眼光放宽

编辑是以知识创意、利用和增值为主要工作内容的脑力劳动者，属于知识型员工。因此，作为新时代的编辑，在工作的过程中不应该只关注眼下的书稿，而应该有长远的眼光和宽阔的视野，要时刻铭记职业的使命感、责任感和荣誉感，应着眼国际、放眼未来。

一名优秀的编辑在策划选题时应该有独到的眼光和科学的工作方法，做到既能保证出版物的经济效益又能最大限度地发挥其社会功能，创造社会价值；出版过程中要与国家的大政方针紧密结合，做到既能把握住出版契机又能对策划的图书进行合理的宣传推广；在出版形式的考量上要广泛考虑受众群体的阅读习惯，做到既能方便读者使用又能将出版内容和形式完美融合。

2.编辑队伍要严格把关

近年来，我国严格实施出版职业准入和岗位准入制度，编辑专业技术职务系列是其专业化、职业化的标志，这些适编者从业的准入体系成为编辑人才队伍建设的有力保障。

根据《出版专业技术人员职业资格管理规定》，全国出版单位专业技术人员均实行职业资格登记管理，对责任编辑实行注册管理，没有经过职业资格注册的人员不能继续从事责任编辑工作。这一管理规定是党和国家依法管理出版从业人员、规范从业行为，强化法律和职业道德意识，维护公众意识的有力手段，也从源头上保证了出版队伍的专业性，为出版事业发展提供了有力的人才保证。

（三）"精"和"淡"

1.编辑要有精益求精的工匠之心

编辑是出版机构的主体生产力，编辑素养的高低往往影响出版物的内容质量以及整个出版社的发展，因此作为在出版环节中至关重要的把关者——编辑来说，无论是判断和提升选题的价值还是保证出版物的质量，具备工匠精神都显得尤为重要。我们应该用工匠精神——"精益求精"的思维和"锲而不舍"的行动指导编辑的日常工作，并将这种思维内化于心、外化于行。

只有怀着精益求精的工匠之心，才能找出原稿中的政治性、思想性问题，把好政治观和思想观；只有怀着一丝不苟的责任感，才能找出原稿中的科学性、知识性和语法性差错，不至于误导读者；只有怀着追求卓越的进取心，才能对原稿进行再创造，进而以读者乐于接受的方式呈现出来……作为新时代的编辑，我们要从小事做起，把认真、负责的态度落实到每一个环节上，多思考、多推敲，把每一件事做精、做细，以工匠之心和敬畏之心督促自己敬业爱岗。

2. 编辑要有淡泊名利的奉献之心

作为一名编辑，我们要时刻保持清醒的头脑和奉献的意识，若想成就一番事业，实现自己的梦想，锤炼高尚品格是第一位的。所谓"从善如登，从恶如崩"，在这个物质生活富足，各种诱惑随处可见的时代，不因外部的环境而改变自我，真正做到淡泊名利。

出版活动是人类文明得以传承和发展的重要条件，出版产品为社会、经济的发展提供了强大的精神动力。从小的方面讲，它能影响人们的思想信仰、政治立场、价值观念；从大的方面讲，它关系到社会稳定、民族团结甚至国家安全。同时，它对社会公德的建设、国民的文化素质形成更具有重要作用。因此，我们应当充分认识到编辑这份职业在社会发展中的重要作用，要淡泊名利、恪尽职守，用强烈的事业心和责任感来表达对这份职业的尊重。

（四）"传承"和"创新"

1. 编辑要有传承之心

我国是世界四大文明古国之一，在华夏民族上下五千年的浩瀚历史长河中，中华民族的灿烂文化得以传承并不断丰富，与辛勤耕耘在文字之上的编辑是分不开的。中国编辑家的先行者孔子，是我国将官藏档案文献经过校订、选编以书籍形式流传于民间的首创者；将"一字千金"传为美谈的吕不韦汇合先秦各派学说为我们留下了传世之作《吕氏春秋》；汉代伟大的编辑学家司马迁以其"究天人之际，通古今之变，成一家之言"的坚持完成了《史记》的编纂；近代以来，以邹韬奋、叶圣陶、秦兆阳等为代表的出版巨匠已经超越了一般编辑文字加工的工作，成为文化大家，用其一生对编辑职业作了深刻的诠释。正是在一代代优秀出版人的努力下，我们才有了诸如《永乐大典》《四库全书》《辞海》等震古烁今、内涵深厚的传世精品。

由此可见，编辑无论是在专业技术还是职业精神上都是具有传承性的，我们要广泛吸取出版前辈的经验，站在巨人的肩膀上进行整合和传承，进而去发现、推出更多具有真知灼见的图书，聚精荟萃，以文化人。

2. 编辑要融入新时代、新技术

随着数字化、智能化、网络化的蓬勃兴起、信息技术的不断升级、受众阅读方式的根本性变革，图书出版已经迈入了融合出版时代。伴随着创新时代的到来，融合出版已经渗透到图书出版工作的各个环节，并且影响越来越深刻。传媒时代多媒介共存、竞争、融合的特征，对编辑提出了更高的要求。如何利用数字传播优势、如何发挥图书产品的特长、如何对其再加工，是每个编辑都会面对并深入思考的问题。因此，在数字出版的大背景下，编辑应该提升自身素养，培养创新意识，努力成为数字内容的深度加工者。

新时代的编辑要牢固树立创新意识，不仅要在图书的出版观念上创新，还要在内容形式上创新，对其进行多元化和立体化的开发。做到一个内容多种创意、一种创意多次开发、一次开发多种产品、一种产品多个形态，走出一条"融合出版"之路，进而推动文化事业和文化产业的健康发展。

晚清国学大师王国维在其不朽之作《人间词话》中将治学比喻为三种境界："'昨夜西风凋碧树，独上高楼，望尽天涯路。'此第一境也。'衣带渐宽终不悔，为伊消得人憔悴。'此第二境也。'众里寻他千百度，蓦然回首，那人却在，灯火阑珊处。'此第三境也。"由此延伸到新时代的编辑工作中，我想道理和过程也是一样的。作为新时代的编辑，我们也应该有独自登高楼、立志高远的决心，要经历冥思苦虑、孜孜以求的执着追求之境，才能最终享受千追百寻得来的功到事成，毕竟，用心浇灌的出版之花才是最美的。

（作者单位：黑龙江教育出版社）

论满足人民美好阅读需要与
新时代编辑的担当

李国昌　　李爽爽

习近平总书记在全国宣传思想工作会议上强调，宣传思想工作要"满足人民精神需求"。党的十九大报告指出，"我们要在继续推动发展的基础上，着力解决好发展不平衡不充分问题，大力提升发展质量和效益，更好满足人民在经济、政治、文化、社会、生态等方面日益增长的需要，更好推动人的全面发展、社会全面进步。"出版业学习宣传贯彻习近平新时代中国特色社会主义思想和党的十九大精神，要结合实际，把工作重心放在如何满足人民对美好阅读的需要上，在体制机制、出版流程、人才培养等方面解放思想、转变观念、改革创新。新时代编辑也要将注意力和兴奋点放在如何满足人民对美好阅读的需要上，在出版观念和选题策划、编校加工、营销推广等出版全流程主动对接、满足、丰富人民对美好阅读的需要，在实现人民美好阅读需要的基础上达成自我价值的实现。

一、人民美好阅读需要解读

根据《现代汉语词典》的解释,阅读本义为"看(书报等)并领会其内容",是一种动作或行为。但随着社会的发展与进步,阅读已经延伸为一种状态或形态,如分享阅读、全民阅读等,国家、社会组织和个人均赋予它一定的诉求,希望阅读成为一种愉快的、美好的体验,由"阅读"进阶为"悦读"。美好的生活离不开美好的阅读体验,让阅读状态更美好,让美好的阅读状态成为普遍的社会存在,是党和国家的目标追求,也是国民的精神诉求。所谓人民美好阅读需要,是指人民对美好阅读的需要,是一种人们通过对出版物的阅读而获得知识增加、素质提升、心情愉悦等满足的心理状态,通常以对优秀出版物的欲望、意愿、兴趣等形式表现出来,它是社会发展的产物,并随着社会的发展而日益强烈。人民美好阅读需要是人民精神文化需要的重要组成部分,满足人民美好阅读需要是强国战略和民族振兴的重要支撑,更应成为出版业、出版组织、编辑的自觉行动。

(一)满足人民美好阅读需要的出版物的特点

让人民产生美好阅读体验的出版物,具有有益、有质、有味的鲜明特点。首先是"有益",出版物的文字、图片、声像等内容能达到个体增加知识、陶冶情操、启迪心智等目的,能达到组织一定教育、管理、服务等目的,不能内容有害,不能格调低下。其次是"有质",出版物要符合国家法律法规、行业规定和编辑规范,做到内容质量、编辑质量、设计质量和印制质量四个方面的达标,不能导向错误,不能粗制滥造。最后是"有味",出版物要有品质、有品位、有趣味,避免呆板、枯燥、僵化,杜绝低俗、庸俗、媚俗,在内容、设计、印制等方面能够紧贴时代发展和读者需求,能够给读者带来更多美的享受,从而吸引读者的注意力并激发其阅读的欲望。就有益、有质、有味与满足人民美好阅读需要关系而言,有益是前提,有质是底线,有味则是高标准。就我国出版业发展进程而言,出版物总体上正处在从有质到有味的过渡阶段，这应当引起包括编辑在内的全体出版人的高度重视。

（二）满足人民美好阅读需要对出版业提出的总体要求

人民美好阅读需要的满足是全体人民对美好阅读需要的普遍满足，而不是一部分或大部分人的满足；是不同群体的差异性满足，而不是全体人民的一般性满足，因此让人民的阅读成为一种普遍的、美好的生活状态，这就对出版业提出了更高要求。一是提质增效。要生产足够多有益、有质、有味的出版物，前提是了解人民对美好阅读的具体需要，基础是出版物质量必须合格，重点是出版物在内容、形式上要创新，目标是品种上、质量上、品位上要有新突破，供人们自由选择，使人民普遍受益。二是分类出版。出版单位要立足自身特点，针对不同年龄、不同性别、不同职业、不同语种、不同国别等群体读者的差异化阅读需要，进行精准定位、精准策划、精准生产。比如按照少年儿童不同年龄段的智力和心理发育程度为不同孩子提供不同的读物，提供科学性和有针对性的阅读出版物。三是精准营销。根据出版物内容受众的特点，依托现代信息技术手段（如互联网技术、数字技术和大数据分析法、众筹法等）建立个性化的顾客沟通服务体系，以满足读者线下、线上阅读和单向阅读、分享阅读的需要，必要情况下还要满足读者参与出版物策划、编写、设计、营销等的需要，以丰富更多读者的阅读体验，扩大出版物的传播范围和受益面，增加出版物的社会效益和经济效益。

二、满足人民美好阅读需要与新时代编辑的担当的关系

人民阅读需要的满足与编辑的生存发展是相互依存、相互促进的共生关系。一方面因人民的阅读需要存在而产生了编辑这个职业，编辑的存在也在一定程度上满足了人民的阅读需要；另一方面因人民阅读需要的满足和不断变化激励着编辑奋发有力、求是创新，同时因编辑的奋发有力、求

是创新而刺激了人民阅读需要的不断变化。从编辑的角度来讲，编辑因人民的阅读需要而存在，因不断满足人民对阅读的需要而发展。当前，中国特色社会主义进入新时代，物质匮乏、文化贫乏的时代已经过去，人民对"有益""有质"阅读的需要已经基本满足，对"有味"阅读的需要日益强烈，出版工作的重要性愈发突出，编辑的地位和作用愈发凸显。根据中国出版研究所的调查统计，2008—2012 年阅读满意率始终在 20% 左右，阅读不满意率在 20% 以上。另据第十五次全国国民阅读调查报告数据显示，2017 年成年国民阅读满意率为 23.7%，不满意率为 13.1%。这从一定程度上说明，出版业的发展与人民对美好阅读的需要还不契合、不匹配。满足人们美好阅读需要，出版行业任重而道远，还须新时代的中国编辑敢于担当、奋发有力。

（一）坚持人民性、时代性和创造性相结合的原则

社会主义出版工作，从本质上讲，就是人民的出版工作，人民群众的需要是一切出版工作存在的根本价值所在。出版工作为人民群众服务，首要一条就是让人民爱看。因此，作为出版活动主体的编辑，必须坚持以人民为中心的出版导向，把人民对美好阅读的需要作为奋斗目标，把人民群众的获得感、幸福感作为编辑工作的检验标准，自觉讲品位、讲格调、讲责任。同时，出版物应是人类社会发展的优秀成果、最新成果的结晶，必然要求编辑把握时代脉搏、紧跟时代发展，研究、满足人民阅读需要，使出版物"沾泥土""顶露珠""冒热气"。重要的是，编辑要主动发掘人民对美好阅读的具体需要，将优秀文化、先进理论、先进科技等人类社会发展的优秀成果和最新成果，按照人民喜爱、人民认可、人民接受的标准进行创新性转化和精心打磨，使出版物质量上乘、格调高雅、形式多样和阅读便捷，并主动通过人们喜闻乐见的渠道和方式进行推广，有效激发人民群众的阅读欲望、强化人民群众的购买行为，让"读书好"深入人心，让"读好书"成为社会时尚，让"好读书"蔚然成风，为推动全民阅读、提升国民素质作出新贡献。

（二）正确处理社会效益与经济效益、合格与优质、生存与发展的关系

一是正确处理社会效益与经济效益之间的关系。中华人民共和国成立至今，在不同历史时期，出版工作始终强调社会效益的基础性和先导性，并越来越重视发展的可持续性，强调经济效益。因此，出版更多叫好又叫座的出版物，是编辑满足人民美好阅读需要的具体体现。二是正确处理合格与优质之间的关系。出版物质量合格是编辑工作的底线，不断提高出版物品质，更好地满足人民对美好阅读的需求，是编辑永恒的价值追求。当前，我国经济发展进入质量时代，党中央出台了开展质量提升行动、建设质量强国的具体举措，中共中央宣传部也加强对出版活动的管理，编辑应坚持以质量第一为价值导向，坚持以满足人民美好阅读需要为使命，增强质量意识、践行工匠精神，努力提高出版物的品质。三是正确处理生存与发展之间的关系。作为一个精神食粮的供给者，编辑要坚定出版自信，牢固树立坚守、敬业、专注、奉献等正确的职业观和协调、融合、开放、卓越、共享的发展观，努力策划、编辑出更多精品力作，在把优质的精神食粮奉献给人民的同时，实现编辑自身价值的最大化。

三、满足人民美好阅读需要下编辑发展的路径选择

中国出版物的市场极为庞大，再细小的分类出版物，在中国都有很大的市场潜力。同时，随着中国的日益强大和国际地位的日益提升，全世界人民对中国了解的欲望也日益强烈，50 多亿人口中更是蕴含着无比巨大的阅读潜力。另外，世界上也没有哪个国家能像中国这样注重对出版业的扶持和对编辑队伍的系统化培养。将庞大的国内外读者市场优势、强大的政策支持优势及时落实为人民的美好阅读体验，需要编辑具有较强的读者黏性，做到主动策划、按需生产、贴心服务。

（一）主动策划对接需求

有益、有质、有味的好选题源于市场，因此编辑要高度重视选题策划工作，做好调查研究。专业类、科技类编辑要盯紧行业发展变化，掌握前沿知识、发展趋势和专家学者信息，不断加强有关行业政策、形势研判与专业知识学习，通过学（协）会等行业性组织、版权代理公司（经纪人）、研讨会契机、新书出版信息和相关网络社群等渠道和平台，收集选题信息，启发选题灵感，培育作者资源。大众类编辑则更多地利用各种市场调查技术（尤其是大数据技术），通过权威媒体、调查研究机构、行业监测系统以及线上、线下各类出版物销售平台，密切关注各种国内外畅销书排行榜，获取更多读者对于美好阅读的具体需求，做好数据分析。编辑应结合自身优势（如专业、兴趣等）、出版单位优势（行业依托、既有资源等），将通过各种渠道收集到的作者信息与选题信息进行对接分析，筛选、匹配出有价值、具特色、可操作的选题。

（二）按需生产打造精品

在选题确定后，编辑要加强读者心理研究，根据不同群体读者的差异性阅读需求，编制科学、详细的选题策划方案，进一步明确选题背景、目标受众、作者信息、出版物形态及内容、进度控制、市场推广建议及配套（增值）服务等；需与作者或其版权代理人签订出版合同，明确各方权责，切实保护版权。在出版物内容定稿后，要按照"三审三校一通读"的要求做好编辑加工工作，必要的情况下可适当增加审校次数，确保出版物的内容质量关、编校质量关、设计质量关和印制质量关，努力提高出版物的质量。在出版物的编写和编辑加工过程中，编辑应及时向作者反馈读者的意见，建议按照读者的阅读偏好对出版物内容、封面、版面、包装工艺等方面进行加工设计，如可以运用 AR、VR、绿色印刷等新技术，增加出版物的视觉传达效果，丰富读者的想象力，增强读者的阅读体验。

（三）贴心服务满足需求

出版物有效抵达目标受众，是其最大化价值实现的必然要求。编辑是出版物生产的主体，是出版物大量相关信息和资源的知晓者，是作者、营销活动、目标受众之间的桥梁和纽带。因此，应积极参与到整个营销活动当中，以自身的专业知识、分析见闻引导作者和策划者策划的推广活动符合目标受众的期望。新形势下，编辑首先要直接参与到出版物宣传材料、展销活动和信息反馈中，撰写、设计出语言生动、图文并茂、形式新颖的宣传文案，如书评、编辑手记等；对出版物内容进行多角度解读，充分利用各种媒介和平台进行线上、线下相结合的立体式推广，并利用各种渠道和平台收集销售数据、目标受众意见等，将信息及时反馈给作者。同时，树立全过程营销、全方位营销的理念，善于利用选题策划、编辑加工和市场营销等环节，通过 QQ 群、微信群等各种网络社区发布预告、公开进展、征求意见、组织座谈等形式，与作者、经销商、目标受众展开互动，进行有效推广。

不断满足人民群众对美好阅读的需要，对编辑的敬业精神、专业水平、职业素养和创新能力都提出了新的更高要求，广大编辑应将巨大的需求动能及时转化为强劲的工作动能，增强紧迫感、责任感和使命感，增加积极性、主动性和创造性，以更多的精品力作为自己立德、立言、立行。

（作者单位：李国昌，中国地质大学出版社；

李爽爽，武汉商贸职业学院）

新时代智能算法推荐环境下
编辑职能的转变

毛文思

近年来，随着以"今日头条"等为代表的聚合类新闻资讯平台的出现，标榜"精准推送"和"个性化服务"的信息产品大行其道，机器算法推荐取代了传统的编辑，为信息传播带来高效便利的同时，也带来了一些负面影响，就此引发了人们对互联网时代编辑职能的思考。过度依赖机器算法是对是错？技术的更迭升级真的能够取代人力？编辑的职能真的面临被削弱与消解？这些问题值得当下编辑从业者的深思。

一、智能算法推荐对信息传播的正面影响

技术发展给信息生产与传播带来重要影响，新技术、新媒介改变了人

们的信息获取习惯。据统计，截至 2018 年 6 月，我国网民数量已超过 8 亿，手机网民数量也已达到 7.88 亿，其中，手机网络新闻应用的用户规模约达到 6.2 亿，手机已成为人们获取新闻资讯的主要渠道。

移动互联网时代，更加强调信息与个体的相关性，大数据、人工智能技术为信息的个性化推送提供了可能。特别是人工智能技术被视为影响世界、改变人类命运的颠覆性技术，给信息传播领域也带来了深远的影响，重塑了信息传播的流程与方式。其中，作为人工智能的重要领域，智能算法推荐技术已被广泛应用于信息传播领域，基于用户需求的个性化信息推送成为当前数字内容平台的基本功能之一，通过对用户自主定制或对用户浏览、搜索等使用行为的智能化分析，实现信息与服务的个性化提供。

互联网信息平台依托于信息抓取和智能推送技术，基于用户对新闻的浏览、搜索等产品使用行为、习惯及社交关系等数据挖掘、分析，构建用户兴趣模型，通过特定算法计算出用户感兴趣的信息内容。用户在经过一定时间的使用后，产品较为了解了用户获取信息的偏好与习惯，平台对信息进行过滤、审核、个性化分发，从而可实现信息的个性化推送，某种程度上可以帮助用户节约从海量信息中筛选信息的时间成本。

二、算法推荐给信息传播领域带来的负面影响

算法推荐让信息传递得更加快速与高效，但任何事物都有可能是把"双刃剑"，过度依赖算法推荐同样会给信息传播带来一定的负面影响。具体而言，主要包括以下几个方面。

（一）缺乏把关机制，导向问题频出

对于单纯依靠算法的互联网信息传播平台，信息的过滤与分发都依赖机器完成。因此，在某种程度上，把关人的角色是缺位的，虽然可以通过设置关键词进行机器审核。但事实上，很多时候一些违规内容的发布是可以通过一些手段进行规避仍然顺利发出的。这就造成一些平台会散播违规

信息的现象，如一些低俗的信息内容，意识形态导向上存在严重问题。移动互联网提倡"注意力经济"，各信息平台竭尽所能吸引用户注意以获取流量。人是感官性动物，很多人就被标题吸引，感官被刺激，于是有意无意间就会浏览到那些低俗的信息内容。一次的点击，就会换来日后数次的所谓"个性化"推送。此外，把关人角色的缺失，信息内容的真实性就无法得到认证，由此让互联网信息平台成为不真实性信息甚至谣言的温床。

（二）信息内容质量良莠不齐

当前很多互联网信息平台都引入了大量的自媒体，所有信息内容编写、发布都由自媒体自行完成。自媒体的文字功底高低各异，而平台自身缺乏把关机制，造成用户接收到的内容质量良莠不齐，病句、词不达意、错别字等文字上的错漏屡见不鲜，非常影响用户的阅读体验。同时，很多自媒体为了吸引用户的注意力，造成"标题党"的现象时有出现，采用夸张、吸人眼球的标题，而正文内容却与标题无关甚至大相径庭、不知所云。

（三）重复性、陈旧信息反复推送

依靠机器推荐算法进行信息推送的互联网信息平台，基于用户对新闻的浏览、搜索等产品使用行为、习惯以及社交关系等进行数据分析，构建用户画像，通过特定算法推算出用户获取信息方面的兴趣点，进而进行信息推送。不可否认，算法推送具有一定的科学依据，然而用户在使用这类信息平台时，时常发现平台会推送从前已经看过的大量重复性信息，或者与曾经关注的信息存在部分相关性的其他信息，但却是陈旧的、缺乏时效性的，或者是用户并不需要了解的。这类依靠算法的互联网信息平台，大多都打着"给用户想看的"这一口号，但相信这些重复的、陈旧的信息，往往并不是用户需要的，会造成用户的重复阅读和无用阅读，消耗用户的时间与精力。也就是说，算法推荐时常会出现"失算"的情况。

（四）造成"信息茧房"

基于算法推荐的信息内容或是基于用户的浏览、搜索等使用产品的个人行为，或是基于用户社交关系，但无论是前者还是后者，事实上都不能反映个人的全部需求，都存在一定的片面性。换言之，在海量信息中，人们的确更加倾向于浏览自己感兴趣的信息内容，但并不意味着人们只需要阅读自己感兴趣的信息。也就是说，兴趣并不能代表全部的需求。单纯地依靠算法推荐的互联网信息平台以所谓的个性化、精准化，会让用户接收信息的范围局限于自己最"感兴趣"的一方天地里。久而久之，用户的视野将变窄，会惯性地认为"我所看到的就是全部世界"，接收的信息领域被自己的兴趣所主导，这就是陷入了所谓的"信息茧房"。

三、算法推荐环境下编辑职能转变

2017 年，为营造健康向上的舆论环境，相关管理部门加强了对互联网信息内容的监管力度，先后出台了《互联网新闻信息服务管理规定》《互联网新闻信息服务单位内容管理从业人员管理办法》等法规制度，并对重点网站进行多次约谈，随后网站对自身平台账户进行了多次清理。这样虽然在一定程度上加强了对平台的清理，却并不能从源头上杜绝不良信息的生成与传播。人们逐渐意识到，过于依赖算法推荐所带来的各种弊端。特别是在信息时代，互联网和移动互联网已成为意识形态的主要载体，在价值观传递方面发挥日益重要的作用。因此，互联网信息传播过程中，把关人的角色不能缺失。编辑在传播领域中的价值正在趋于回归，编辑职能在算法推荐的影响下正在发生转变。笔者以为，这种转变更多的是一种强化，是对新时代编辑提出的更高要求。编辑在坚定文化自信方面，仍发挥着至关重要的作用。

（一）把关职能

传播者因其与生俱来的社会属性与文化属性，受众的价值引导是其应尽的责任与义务。因此，在机器算法大行其道的今天，编辑的把关职能不应被削弱，且应该进一步被强化，包括对稿件真实性与准确性、政治方向与舆论导向等方面的把关。特别是在稿件的导向把关方面，应该给予高度的重视，编辑在传递社会主义核心价值观中须承担起应尽的责任与义务，树立起高度的文化自觉，不断提升自身的思想觉悟与思想认识，确保传播的信息内容在政治导向与价值观导向上不存在偏差。相信现阶段乃至未来相当长一段时间内，在稿件意识形态的把关与审核方面，机器审核仍不能取代人工编辑审核。此外，面对海量信息，编辑需要不断提高自身对信息的辨识能力，确保内容的准确性和严谨性。

（二）筛选与引导职能

编辑的筛选与引导职能和把关职能一脉相承。后者是保证内容在导向等方面不存在偏差与错漏，前者则是需要编辑从海量信息中选择出健康向上、有思想、有深度、有格调、有营养、有价值的内容，引导受众阅读优质的信息内容，并且在弘扬社会主义核心价值观方面发挥积极正向的作用，引导受众建立正确的价值观，树立正确的认知。这就需要编辑不断提升自身的社会责任感，同时不断提升自身的思想觉悟。

（三）信息加工职能

信息加工是编辑的重要职能，编辑具备优秀的文字处理及加工能力，能够大大提升稿件的内涵价值。当前，自媒体大行其道，人人皆可成为写作者，信息的生产与传播门槛大大降低，与此同时信息内容的呈现方式日趋多元，因此编辑信息加工的职能有了新的要求。一方面，编辑仍需要对稿件文字进行美化，使之更加通顺、流畅，这是编辑对稿件最基本的加工；另一方面，编辑还需要具备内容整合能力，满足互联网和移动互联网的传播特性，适应不同传播渠道的用户浏览信息内容的习惯，灵活综合运用文字、图片、音视频等元素，丰富内容的呈现。

（四）策划职能

编辑的策划职能主要体现在两个方面。一方面，编辑将经过把关与筛选的稿件，做进一步的挑选，选出内容上更为优质的稿件，按照内容设立相关专题，引导受众进行重点浏览；另一方面，编辑可以根据当下热门话题、热点领域进行专题的设计，然后再选择相应的稿件，同样能起到引导受众浏览的作用。信息时代，是注意力经济，编辑对专题的策划与设计，可以更充分发挥对用户的引导作用。

（五）应急处理职能

信息时代，信息是海量的，编辑每天面对大量信息内容，特别是新闻资讯平台，对所有内容进行逐字逐句的审阅，是不现实的。所谓百密一疏，纰漏难以避免。这就要求网站编辑承担起应急处理职能，对平台上已经发布却存在问题的内容及时反映、及时处理，特别是对一些真实性有误或者在舆论导向上存在偏差的信息内容，要及时地作出删除处理，避免负面影响进一步扩大。也就是说，编辑不仅要做到发布前的把关，信息发布后，同样要对平台上所发布的信息内容负责、对受众负责。

四、结语

"算法+大数据"固然已成为移动互联网环境下信息传播的重要支撑，媒体的转型升级需要充分应用人工智能和大数据等先进技术，信息的精准化、智能化推送是未来媒体发展的方向，但这并不意味着机器算法完全可以取代人工编辑。对于这些先进的技术手段，需要善加利用，而不能过度依赖。互联网信息平台要建立内容的人工审核机制，特别是针对自媒体要加强人工审核与把关，提升自媒体的引入门槛，加大优质内容供给，在价值观传递方面发挥积极正向的引导作用。新时代下，互联网和移动互联网在宣传思想工作中发挥着更加重要的作用，编辑也需要肩负起更加重要的使命与责任，充分发挥把关与引导职能，以高度的文化自觉，为增强我国文化自信力与自豪感作出更大贡献。

（作者单位：中国新闻出版研究院）

发挥汉语国际教育出版物"先行者"作用，推动中华文化"走出去"

郑 炜

随着中国经济的飞速发展与综合国力的稳步提升，中华文化"走出去"的步伐逐渐加快。特别是"一带一路"倡议提出以来，国家进一步加强了对推动中华文化"走出去"的顶层设计，鼓励国内出版企业扩展"走出去"的方式与内容，面向海外特别是"一带一路"沿线国家的外向型出版物品种迅猛增长，对外实物出口规模不断扩大，版权贸易逆差也日趋缩小，许多出版机构通过开办分支机构、搭建专业平台、加大资本输出等多种方式实现"走出去"的长效化、体系化运作。

尽管取得了巨大成就，但从现实情况来看"走出去"依然面临着不少的困惑：我们翻译出版了大量的图书作品，但文化传播的效果却没有像数量激增那样明显；我们积极向外宣扬中华民族优秀的文化，介绍中国人引以为傲的中国元素与中华文化价值体系，但并没有得到外国读者更深的理解与认同；我们投入大量的人力、物力和财力，打造大制作、大品牌的文化产品，但很多却走不出国门，有的即使走出了国门也没有收到预想的传播效果。这些困惑的存在，说明我们还没有找到适合外国读者理解与接受的内容和方式。

一、汉语国际教育的重要作用

要化解上述困惑，首先要打破"文化隔阂"；而要打破"文化隔阂"，则首先要突破"语言鸿沟"，大力开展汉语国际教育，让更多的外国人学习汉语、感知中华文化、认识和了解当代中国社会，从而在国际范围内培养更多的"知华""友华"人士。这既是推动中华文化"走出去"的重要举措，也是实施"一带一路"建设的必然要求。

（一）"语言相通"有助于促进"民心相通"

语言在中外经贸合作交流中具有基础先导作用。特别是对于"一带一路"建设，如果语言不通、沟通不畅，中国企业即使走出国门，仍然会被阻隔在"一带一路"建设大门之外。"一带一路"沿线地域广袤、语言种类繁多、文化差异巨大，这无疑会对文化交流、经贸往来造成巨大的阻碍。

"一带一路"建设涉及面虽广，但重心是"五通"中的"民心相通"，如果民心不通，任何合作都将寸步难行。而要实现"民心相通"急切需要语言铺路，原因在于语言不仅是最重要的交流工具，也是文化融通的基础。只有语言相通，才能有效沟通，进而才能相互理解、相互信任。通过语言文化交流，增进彼此之间的了解、信任和友谊，探寻不同国家在文化、利益方面的契合点，促进文化互鉴和彼此认同，夯实民意基础，深植社会根基，才可以为经济合作和政治对话创造有利的条件。因此，"语言相通"是"一带一路"建设的基础工程、先导工程和民心工程。[1]

---

[1] 赵世举：《"一带一路"建设的语言需求及服务对策》，《云南师范大学学报（哲学社会科学版)》2015 年第 4 期。

中国是"一带一路"倡议的发起国，将汉语发展为区域通用语既是中国人的共同心愿，也是最符合客观条件的必然选择。大力开展汉语国际教育，不仅有助于推进汉语国际化进程，更加有助于中国经济、文化、教育等各方面事业的发展和中华文化国际影响力的提升。

（二）汉语国际教育有助于消除文化隔阂，推动中华文化"走出去"

语言既是文化的一部分，也是学习、理解文化的基础和载体，文化推广离不开语言。正如习近平总书记指出的："一个国家文化的魅力、一个民族的凝聚力主要通过语言表达和传递。掌握一种语言就是掌握了通往一国文化的钥匙。"世界各国都很重视语言的传播、推广，很多国家都将语言传播纳入国家文化战略与外交战略的框架内。美国、英国、德国、日本等国家在完成工业化进程后，无一不是借助于语言的推广带动文化的出口和价值观的输出，并从中获取了巨大的战略成功与经济利益。

此外，语言对于人们思维方式的形成与发展有着重要的影响，对价值观判断具有重要的导向作用。因此，要了解一个民族的思想和文化，有必要首先了解、学习它所运用的语言，进而透过语言的缦纱，去捕获隐含其中的思维方式及文化思想。汉语中蕴含了中华民族的精神和文化精髓，将其作为第二语言输出到海外，通过汉语推广进行文化传播的方式最容易为外国人所接受；而且，这种隐性的文化传播对海外民众的文化心理和价值取向的影响是潜移默化的，效果也是最显著的。

汉语国际教育将培养一大批中外文化交流的使者，外国民众通过学习汉语，可以在潜移默化中接受中国人的思维方式和行为习惯，在不知不觉中感知、学习、欣赏中华文化，并自觉地传播中华文化。语言是文化的载体，要传播中华文化，汉语是根本、是基石，通过汉语国际教育和汉语国际教育出版物传播中华文化，是提升中华文化国际影响力的最有效途径。

（三）汉语国际教育有助于推动中国图书"走出去"

当前，海内外学习汉语的需求越来越强烈，"一带一路"建设更是带动了沿线国家民众学习汉语的热情。通过推动沿线国家和地区开展汉语国际教育，有利于各方深入理解中华文化，全面体认合作共赢的发展理念，从而为"一带一路"建设实现预定目标奠定思想基础。当语言障碍消除、文化隔阂打破之时，中国图书"走出去"也将克服最大的险阻，在海外真正实现落地，并最终进入海外国民阅读体系。

因此，汉语国际教育出版物可以为消除语言障碍、打破文化隔阂发挥铺路先锋作用。一方面，汉语国际教育，既要依托汉语教师的课堂教学，更要依托承载汉语的教育出版物；另一方面，有别于其他类别的出版物，汉语国际教育出版物意识形态色彩不明显、阅读的文化障碍较小，因此更容易为海外读者所接受。

二、汉语国际教育出版物的内容设计与产品推广

要发挥汉语国际教育出版物的"先行者"作用，既要扎实开展内容设计，在教学体系构建、文化内容呈现与出版形态选取等方面做深入探究；同时也需要进行多种形式的产品推广，并使其进入海外国民教育体系，如此方能使其真正走出国门，在海外落地生根，为海外读者接受与认同。

（一）融入中华文化内容，实现文化互通与交融

语言教育是打破交流障碍的手段，促进文化理解与认同，进而实现文化互通与交融，才是"民心相通"的关键。因此，要以汉语国际教育出版物为载体，根据学习者的年龄特点，巧妙融入中华文化的内容，从而达到"润物无声"地传播中华文化的目的与效果。

针对儿童，可以以有限的知识文化和交际文化为主，聚焦片段式、散点式、可具象的文化点。首先，选取与儿童年龄层次、文化和课堂环境相符的文化信息内容，如中国国旗的颜色等；其次，选择与儿童距离近、与他们的生活息息相关的内容作为切入点，如介绍中国的传统节日从特色食物入手，用最吸引孩子的点进行导入；第三，引导儿童在日常的环境中认同中国人的思维、中国人的行为方式，如通过体验中国小朋友常玩儿的游

戏——老鹰捉小鸡等感受中国人注重团结、合作的意识；等等。

针对青少年，可逐渐由形象的物态文化过渡到抽象的行为文化、交际文化，逐渐由单一的中华文化过渡到中国与世界其他文明的多元文化。对各种文化点进行有序的暗线编排，交际文化、知识文化并重，注重中国社会文化场景的设置；同时强调跨文化比较，培养学习者多元文化意识，有意识地展现中华文化与其他文化间的异同，引发学习者对跨文化比较的思考与讨论。

针对成人，因其具备较强的理解能力，可广泛地安排中华文化内容。首先，可以通过设置与语言功能、交际线索并列的文化线索，实现文化传播。如初级阶段的汉语学习，从日常交际用语中折射中国人的道德规范、行为准则、人际关系，中、高级阶段的汉语学习通过包含科技、经济、家庭、生活、工作、情感、教育、健康等类别的主题课文全面反映当代中国社会风貌及中国人的真实生活。其次，在选择文化时应特别注意反映中西方文化差异的内容，如中西方家庭观念的异同、中西方消费观念的异同、中西方人对自我认识的异同，等等。

（二）多元开展产品推广，努力进入海外国民教育体系

1.密切与海外院校的合作，打造本土化汉语教育产品

"汉语热"的浪潮带动越来越多的海外院校开设汉语专业课程或将汉语教学列为重要的第二语言教学，在一些国家和地区汉语还走进了中小学甚至幼儿园课堂。通过与这些海外院校及中小学密切合作，可以将汉语国际教育出版物打入一线教学课堂，直接呈现给汉语学习者。更为重要的是，终端用户特别是当地的汉语教师，有着无可比拟的本土化优势，他们更为了解当地的汉语教学情况与特点；更为熟知当地的文化习俗及当地文化与中华文化之间的差异。与之加强合作，共同研发本土化、差异化的汉语教育出版物，可以有效避免国内出版物的"水土不服"，更加契合当地实际的教学需要，从而带来更大的产品优势与影响力。

2.加强与海外出版机构、图书经销商的联系，拓展多元化合作模式

众多海外出版机构与图书经销商也看到了汉语国际教育出版物所带来

的商机。这些机构在内容开发建设方面或许存在劣势与短板，但对于当地出版政策法规、出版环境则更为熟悉，在产品推广方面也具备无可替代的资源优势和渠道优势。因地制宜、因产品制宜地与之开展版权贸易、合作出版、授权代理销售等多种合作，可以最大限度地实现优势互补，拓展对外贸易的规模与效益。

例如，"一带一路"沿线国家中，很多国家有自己独特的风俗习惯，这些风俗有着悠久的历史，影响着当地人们生活的方方面面，包括阅读习惯。例如，在中东地区，阿拉伯语与以色列的官方语言希伯来语，其书写顺序与汉语完全不同，国内印刷出版的图书在当地很难被接受；同时，当地的习俗又存在多种禁忌，因此出版的图书必须经过严格审查。在东南亚、东欧等国家和地区，还存在着出版业保护、清关困难、盗版严重等诸多问题。针对这些问题，选择当地有影响力的出版机构，与之进行版权贸易或合作出版，图书内容、插图等由双方共同把关，确保尊重当地人文习惯与人们的生活习惯，利用当地出版商的渠道优势，保障图书顺利出版，并真正进入当地主流销售渠道。

3. 积极尝试资本"走出去"，延伸对外推广触角

出版业资本"走出去"是中国图书"走出去"的一种重要形式。通过资本"走出去"，建立起海外分支机构，整合当地图书市场资源，进行合理市场布局，创建本土化产品线和营销队伍，将对外推广的触角延伸至最前沿，进入国外的主流图书营销系统，从而实现从产品"走出去"到实体"走出去"的整体性跨越。

三、对于提升中华文化国际影响力的思考与建议

在新的时代背景与历史机遇下，努力提升中国图书"走出去"的规模与水平，提升中华文化的国际影响力，还需要付出更多的努力。

（一）以传播效果为主要着眼点，开展产品建设

一是选择海外读者易于接受、乐于阅读的题材与内容。例如，针对"一带一路"沿线国家，可梳理我国与之相关的历史故事，以双边或多边友好感情为切入点，深度挖掘国家间的友好题材。但也不必一味迎合外国人的口味，要坚持文化自信，发出中国声音，既要弘扬中华优秀传统文化，也要展现真实、立体、全面的现代中国，并自觉融入社会主义核心价值观。在叙述技巧和表达方式上，应避免自说自话，而要将可读性和感染力放在首位，讲好中国故事。

二是充分了解目标国家读者的文化背景与阅读习惯，努力开发本土化的图书产品。一方面语言要本土化，努力提高翻译的质量与水平，用地道的当地语言准确传递中国图书的思想内容与文化内涵；另一方面是形式的本土化，在装帧设计上应贴合当地民众的审美取向与阅读习惯。

三是顺应数字出版趋势，努力开发数字化的阅读产品。相对于纸质图书而言，数字出版物具有信息容量大、传播速度快、携带和阅读均极为便利等优势。开发数字化阅读产品，也将有效缩短传播距离、扩大交流空间、降低物流成本，从而有助于打破渠道瓶颈，加速提升中国图书"走出去"的规模与水平。

（二）努力拓展本土化渠道，培育海外本土化出版企业

既要充分借助当地合作出版机构和经销商的力量，同时也要努力提升所设立的分支机构的生存能力和适应能力。不能简单地将分支机构当作一个派出单位或下属部门，而应将其打造成一个具有独立生存能力和广阔发展空间的海外本土化出版企业。要实现这一目的，一方面需要总社加大对分支机构的扶持力度，帮助其快速落地生根；另一方面也要加强对分社的业务主导，避免其自由发展。要推动分支机构尝试多元化发展，以出版为基础，同时拓展语言推广、文化交流、教育培训等相关业务，形成一条从语言到教育、到出版、到文化的完整产业链。如此方可实现延伸传播触角、打造中国图书"走出去"前沿阵地的初衷。

（三）探索更为有效的扶持政策，为出版企业助力

一是设立"一带一路"文化交流基金，打造一个促进"一带一路"沿线国家之间文化交流的平台。对中外文化艺术交流活动、出版物推广活动、学者访问活动等给予资金扶持，鼓励中外出版企业、文化单位积极开展图书博览会、文化体验夏令营、人才培养等多种交流活动。

二是充分发挥孔子学院和孔子课堂的文化交流平台作用与传播中华文化的职能。截至 2017 年 12 月，中国已在全世界 146 个国家和地区设立了525 所孔子学院和 1113 个孔子课堂，在增进世界各国人民对中国语言文化的了解、加强中国与各国教育文化交流合作、发展中国与外国的友好关系、促进世界多元文化发展、构建和谐世界等方面，发挥了积极、重要的作用。这是一支可以助力提升中华文化国际影响力的重要力量，可在扩展选题来源、寻觅适合作者、调研读者需求、拓宽营销渠道等方面为中国出版企业提供帮助和便利。

三是加大人才培养力度。无论是中华文化"走出去"的话语权建设、传播力构建，还是提高中国出版业国际竞争力和影响力，都需要有一支能够参与国际竞争的高素质出版人才队伍。因此应加强关于人才培养的顶层设计，学习借鉴国外大型出版传媒集团的选题策划、市场运作、经营管理等多方面经验，有计划地培养一批具有国际视野、通晓"一带一路"沿线国家语言与文化并熟知其读者思维方式、阅读习惯和语言特点的复合型人才。

党的十九大的胜利召开为中华文化"走出去"灌注了强大的文化自信与前进力量，"一带一路"倡议的提出与实践更是为其提供了一个难得的发展新机遇。无论是中华文化"走出去"还是"一带一路"建设，"语言铺路"都是一个无法绕开的必然选择。充分认识汉语国际教育出版物的"先行者"作用，积极开展产品建设与推广渠道建设，通过语言教育与推广，打破语言鸿沟与文化隔阂，才能最终实现"一带一路"沿线国家的"民心相通"，也才能使提升中华文化国际影响力取得理想的效果。

（作者单位：北京语言大学出版社）

论知识服务视域下的编辑创新

刘　坚

　　信息技术的发展推动互联网迈向基于算法和移动互联的 Web 3.0 阶段。对于出版业而言，这一阶段的特点为：第一，交互传播环境和个性化环境渐成主流；第二，内容生产由基于经验的单一主体向基于算法的多元主体转变；第三，内容传播的深度和广度取决于各类平台和社群，且维度多元。在此基础上，以"知识付费"为代表的知识服务 2.0 时代的到来要求出版机构积极探索知识运营的新模式，以摆脱 1.0 时代的同质化、低效率。因此，在新的传播生态下，作为出版活动主体的编辑不仅要专注于内容资源的开发，更应该主动适应知识服务的新要求，创新从内容生产到传播的全流程，以实现知识的高效转移。

一、知识服务的新趋势

自 2016 年知识服务成为传统出版融合发展的着力点以来，诸多出版机构开始了面向知识服务的融合转型的探索和实践并且成果丰硕。随着新媒体技术的普及及运用，知识服务呈现出了诸多新的特征。

（一）基于"数据探索"的技术进步不断改进知识服务体验

随着技术的进步及第三方提供的支持，目前，知识服务主体已经初步具备了以下技术基础：知识抽取（语义标引）技术，以解决文献重要内容和对象的标引；知识关系揭示技术，以揭示文献的内部知识网络结构和主题关系；知识组织和存储技术以及知识（语义）索引与检索技术，以解决知识产品的分类、重组和按需分发；知识规律可视化技术，以实现资源集的多角度、多维度揭示；知识计算技术，以自动跟踪汇集重要的热点信息或情报。目前，信息技术已经发展到了揭示信息、组织信息、交流和分析信息的阶段，知识服务的技术手段日臻成熟。

（二）知识转移的有效性成为检验知识服务效果的重要指标

随着知识服务手段的多样化，知识转移的有效性已经成为检验知识服务效果的重要指标。数媒技术的进步虽然使得信息的产出大增，但是碎片化等浅性阅读并没有实现"知识内化"，信息的超载传播并没有带来等量的"知识获取"。"社交化""娱乐化"短暂狂欢后，人们更迫切需要深度阅读和冥思式的知识获取，尤其是借助于大数据等技术实现专业化的深度探究，"让知识从知识创造者那里顺畅地流动到知识应用者那里，尽可能减少传递过程中知识能量的衰减。"[①]

（三）"场景"成为内容价值实现的重要路径

移动互联时代，"场景是影响信息接收行为的关键因素"[②]，"移动设备、

---

① 冯宏声：《加快推进馆社合作，共建知识服务新生态》，《出版科学》2018 年第 4 期。
② 郝雨、郭峥：《内容、行为、需求组合视角下的编辑理念及实务创新》，《中国编辑》2018 年第 4 期。

社交媒体、大数据、传感器和定位系统"等移动互联时代的"场景五力"能够"改变用户的内容接触与使用体验",这就要求内容提供者、内容运营商设法及时捕捉用户需求,通过得当的编辑行为完成消费行为与场景的匹配,实现更为精准的用户推荐。

（四）细分市场成为知识变现的突破口

2017 年以来,诸多知识付费平台涌现。无论是"得到",还是"分答""米熊",尽管它们的关注重点不同,但是共性特征是愈来愈注重于面向特定领域、场景和用户群,通过有品牌效应或影响力较大的人在垂直用户中提升关注度,在细分内容付费产品领域积累了相当规模的活跃用户,知识变现模式清晰可见。

二、知识服务的新趋势要求重构传统出版的编辑体系

"用户是编辑的劳动价值和社会作用的实现者,是编辑出版的目的和归宿。"[①] 新媒体时代,基于传播内容和技术迭代,用户的需求呈现出多元、多层次、多变的特征,编辑只有善于发现这些新的需求导向,才能保证内容符合目标市场的预期和价值的实现。

（一）内容生产由割裂的信息体系向深度关联的知识链转变

从传统出版到大数据时代的数字出版,巨大的信息产出并没有使得人们的知识获取有效性等量提升,知识断链、知识被隐藏、知识关系被割裂的情况普遍存在。移动互联网时代的用户更加青睐"传播内容精、传播体验实、传播渠道捷、传播对象具体"[②] 的"微传播",更希望发现隐藏在这些信息和数据背后的知识。因此知识服务背景下的编辑体系应该能够从发

---

① 郝雨、郭峥:《内容、行为、需求组合视角下的编辑理念及实务创新》,《中国编辑》2018 年第 4 期。

② 郝雨、郭峥:《内容、行为、需求组合视角下的编辑理念及实务创新》,《中国编辑》2018 年第 4 期。

现信息、获取信息、保存信息、积累信息、检索查询浏览信息向揭示信息、组织信息、发布信息、分析信息方向转变，力求揭示隐性的语义内容（知识对象），并将其组织到上下相关的语义环境之中，知识生产从"量"的堆积向"质"的提升转变。

（二）内容消费从文本阅读向定制化和体验化阅读转变

纸本时代，阅读是仅限于从单一介质上被动地获取信息、解读文本符号的过程。基于数字技术的多媒体阅读拓展了人们的阅读体验，多种感官都能成为信息的接收体。随着信息技术乃至人工智能的发展，阅读渐渐演变为一种用户参与创造的个性化过程，"体验型""代入感"正逐渐变革内容消费的内涵。

（三）内容传播向基于多端平台的多媒化转变

"喜马拉雅 FM""得到""米熊"等知识付费平台的纷纷崛起充分表明，新媒体时代，基于跳跃性多媒体文本的碎片化阅读与深度阅读需求共存，移动互联时代的知识产品的消费能够在场景适配下的不同的用户端上实现，这就要求在设计内容产品时充分考虑用户需求，改变单一的呈现方式，以多种媒体形式为用户提供服务。

（四）内容营销向基于数据分析的精准化转变

用户的需求是营销活动的起点，基于经验和渠道的"供应驱动"的营销方式难以准确获知用户的需求，更难以精准指导编辑的内容生产。目前，数据技术的进步能够捕捉用户的阅读、评论等数据并加以分析他们的阅读习惯和真实需求，推断出他们可能关心的内容产品，为内容生产提供可资参考的信息。

（五）知识运营向基于品牌的社群化转变

基于社群的知识运营主要有三种形式：出版企业自建的基于"两微一端"的平台；以"罗辑思维""凯叔讲故事""十点读书"等为代表的第三方垂直营销自媒体平台以及以"米熊"为代表的集知识分享、技能传授和增值服务等于一体的综合平台。无论哪种形式，当前，品牌影响力大的或是一些"大 V"运营的平台呈现出用户的复购率高、知识付费时长长、用户的黏性强的特点，社群优势越发明显。

三、知识服务背景下编辑创新的主要内容

（一）树立以"数据应用"为核心的互联网思维

数媒时代的出版业，"上下游贯通需要从数据入手。借助相应平台，实施国际标准关联标识符（ISLI）、中国图书在线信息交换标准（CNONIX）等标准，实现内容元数据、产品元数据汇聚传递，借助元数据的标识、牵引、引流作用，打破原有内容产业上下游之间的黑盒"①，因此，"数据运用"应该是知识服务背景下互联网思维的核心。首先，编辑应在日常工作中强化这一意识。相较于传统出版，知识服务依托的数字媒介产品以 0 和 1 二进制代码形式的数据存在，并具有可编辑、可拓展等特性，强化"数据应用"的意识能够使编辑跳脱传统出版形态和思维的局限，从出版的本质属性——选择和传播信息出发来重新认识出版。其次，编辑应该以"数据应用"为抓手，践行互联网思维。"大数据技术渗透到出版生产的核心环节，进一步提升用户或读者反馈的价值，拓展用户或读者分析的广度与深度，数据呈现、分析和解读能力提高，出版生产跨界合作增强。"②知识服务对出版企业服务的精准性要求大大提高，而出版企业自身的规模化生产特质与用户的个性化需求之间存在矛盾，这就要求编辑人员善于在出版产业的核心环节广泛采集与选题、销售、目标读者等有关的数据，提高数据的收集、分析和处理能力，将数据结果运用于选题开发、产品设计、营销推广等活动中，使得科学、准确、客观的"数据决策"代替传统上主要依赖于经验和感性的编辑主体性判断。

（二）构建以用户为中心的编辑流程

知识服务体现了互联网时代出版业发展的趋势和主导逻辑：以用户为中心的体验化及服务主导逻辑。分众传播时代，读者—用户的价值判断成

---

① 冯宏声：《加快推进馆社合作，共建知识服务新生态》，《出版科学》2018 年第 4 期。

② 曹继东：《传统出版和新兴出版融合发展的本质与趋势》，《现代出版》2016 年第 5 期。

为出版企业内容生产的重要依据。"服务主导逻辑提出价值不是在交换中实现，而是在用户的使用中实现。"① 因此，"传统出版企业在数字化转型过程中，需要放弃以往单纯以内容增值为目标的二次售卖模式，强调在真正理解内容的基础上修订、补充、追加知识，深入挖掘各种用户及读者研究和学习的需求，并把出版看成是对读者提供知识服务的过程。"② 首先，从编辑活动上来看，选题策划、构思等活动要从依赖个人经验和惯例转变为利用数据技术等深入挖掘目标用户的真正需求，以确认哪些才是用户喜好的内容；在此基础之上，还要通过科学的数据分析了解用户需求的内容呈现方式，使得内容以最匹配的形式最大程度上满足用户需求，"只有制作精良、有感染力的内容才能打动用户，使其愿意分享，从而促成消费者的社会传播。"③ 出版企业还需要通过数据分析用户的内容取向，细分目标用户，以利于内容策划的差异化和精准有效。其次，构建以用户为中心的编辑流程要求出版企业改造传统的以产品为中心的组织，形成基于在线编辑系统的内容共享平台。知识服务条件下，编辑成为知识和用户之间的组织者、纽带，知识生产、传播、营销等活动的协调者和执行者，各种信息的整合者，知识服务的效果完全取决于编辑活动和技术的结合。因而，打破传统按学科划分的单向度线性组织模式，逐渐形成以编辑活动为中心，以内容共享平台为基础，技术、生产和营销等部门与编辑部门既横向交叉又能纵向分立的组织结构，从而适应互联网条件下内容生产上每一环节的横向丰度有无限延伸可能的需要，适应知识服务条件下内容生产集成、高效、多元的需求。

（三）设计以知识元数据为基础的多元产品结构

"知识服务的实现是基于海量、权威、系统化的内容资源，利用知

---

① 吴琼、朱松林：《服务创造价值：出版业的服务主导逻辑》，《出版发行研究》2015 年第 6 期。

② 吴琼、朱松林：《服务创造价值：出版业的服务主导逻辑》，《出版发行研究》2015 年第 6 期。

③ 李欣：《内容营销：消费者到底想要看什么?》，《成功营销》2013 年第 12 期。

识工程和数据技术，实现知识的深度挖掘，知识元之间的重新组合。"①基于互联网技术的知识服务模式有文献产品、知识产品、知识资源、知识工具、深度服务以及智能服务等，而"知识服务是从用户实际的信息需求和所处的信息环境出发，是针对用户的定制化服务，也是遵循用户的信息获取途径来组织服务的流程"②，因此，出版企业需要借助新技术实现知识元数据的编辑、整合、加工，使之成为各种知识产品的"原材料"。首先，出版企业要根据学科分类构建知识元库。"知识元既是科技文献读者获取知识的基本单元，又是组成某学科或某主题知识库的基本单元。"③ 不同的出版企业，其传统积淀、优势和资源储备都不尽相同，服务的目标对象也有差别，只有依据上述特征构建知识元库，才能充分发挥优势，形成内容产品的差异化优势。其次，知识元自身也可分为定义型、数值型、事实型等知识元，出版企业只有对其进行细分，才能依据用户需求遴选"原材料"，制作成丰富多样的产品。第三，要通过某种技术形成知识元之间的关联。特定的知识元的内容呈现出单一、独立性的特征，相互之间关联性不强，"各知识元之间通过知识元链接自动形成知识关联网络。不同的链接方式构成了不同的知识表达，使得知识元库既可用于基础知识学习，又可以用来支持本学科和跨学科的学习与研究"④，形成内容丰富、结构系统、类型多样的知识产品。

（四）搭建以平台为支撑的内容生产和服务架构

出版企业实施知识服务的基础是拥有优质的大量的内容资源储备，且

---

① 赵忠良：《融合发展背景下专业出版社转型的实践与思考——以中航出版传媒有限责任公司为例》，《科技与出版》2016 年第 12 期。

② 袁阳、肖洪：《基于知识元库自动编辑的知识服务优化》，《科技与出版》2017 年第 6 期。

③ 袁阳、肖洪：《基于知识元库自动编辑的知识服务优化》，《科技与出版》2017 年第 6 期。

④ 袁阳、肖洪：《基于知识元库自动编辑的知识服务优化》，《科技与出版》2017 年第 6 期。

能依据用户需求提供多元多样的产品。平台是实现内容、服务和用户连接的基础，也能提升纸质出版物的附加值。因此，出版企业应该向 BAT 等互联网企业学习，借助平台撬动用户和市场，集聚、沉淀和转化用户。首先，构建以协同编辑为中心的内容生产和共享平台。科学出版社建立的中国科技类学术期刊国际传播平台 SciEngine，包含投审稿、生产管理、排版等系统，其中协同编辑投审稿系统依托符合国际标准的 XML 结构化数据与生产管理系统和书刊发布系统，实现了与内部投审稿及外部知名学术平台的对接，可实时进行内容资源与应用数据的双向流动。实际上，出版企业能借助于平台实现作者投稿、编辑审稿、排版发印、多格式呈现和检索等全流程在线运行，实现基于结构化数据的编辑、营销、服务等平台的共享，内容的价值和用户体验都能得到极大提升。此外，通过平台收集到的用户生成内容，为出版企业提升产品和服务质量提供参考。其次，构建系统的自媒体营销和服务平台。移动互联网时代，阅读在时间、用户、方式等方面的碎片化要求出版企业借助于新媒体技术构建融阅读平台、讨论群组、变现端口为一体的营销和服务平台。如机械工业出版社构建的以微信平台为核心，以微论坛、微博、百度贴吧为节点的衍生支脉，以线下地面店和线上网店为变现端口的全场景专业生态圈，实现了浅层阅读与深度学习、线上流量与线下变现、内容导引与营销推广等的良好融合，在销售产品的同时也不断地改进服务，提升用户体验，实现了价值共创。第三，形成系统开放的融合式平台。"互联网平台一边维系着内容、服务供应商，一边聚拢用户消费者……利用各种关系实现内容服务增值的多种可能性。"①移动互联条件下，"孤岛式"单一平台已经难以跟上不断变化的用户需求，出版企业只有"串联"内容生产、营销服务、社内社外等平台，设定在不同节点的若干开放式接口，才能形成良性互动的生态圈，实现从内容到服务的良性循环。

出版机构的融合发展转型，"一定要以编辑为出发点来规划、设计业

---

① 谭天、王俊：《新媒体运营：从"关系"到"连接"》，《编辑之友》2017 年第 12 期。

务的流程和工作方法，找准落地场景。"[①]新媒体技术塑造和放大了用户的需求及接收行为，凸显了接收场景，这些因素决定了在数媒时代编辑工作如何"起于用户，终于用户"，决定了内容质量和用户的消费体验，因此，新媒介环境下，编辑工作必须从思维、流程、产品到服务全面创新，才能实现通达用户的根本目的。

（作者单位：东南大学出版社）

---

① 闫翔、彭天赦：《融合出版的五个落地场景》，《科技与出版》2018 年第 6 期。

新时代主题出版核心编辑力
生成路径分析

何军民

习近平总书记在党的十九大报告中说："经过长期努力，中国特色社会主义进入了新时代，这是我国发展新的历史方位。"[①]这是关于当前社会发展阶段的权威定性，为正在蓬勃发展的主题出版工作指明了方向。主题出版作为新时代中国特色社会主义出版的一种特殊类型，对出版人的编辑力构成提出了特定要求。出版人通过何种途径生成新时代主题出版所需要的核心编辑力，成为一个由当下出版实践催生并需要经过严密思考才能解答的重要问题。

---

① 习近平：《决胜全面建成小康社会 夺取新时代中国特色社会主义伟大胜利——在中国共产党第十九次全国代表大会上的报告》，人民出版社 2017 年版，第 10 页。

一、"编辑力"概念的历史考察和界定

从现有资料看，首先提出"编辑力"这一术语的是浙江人民出版社编辑冯国祥。1985年，他在《编辑之友》上发表了《图书编辑力浅论》，指出图书编辑力是"适应以图书形式传播知识的精神产品的要求，对凝结着人们对于自然、社会和人本身的知识的书稿施加影响的一种力量，属于知识产品的生产力和传播力范围"[①]。此后经过10多年的沉寂，日本讲谈社"现代新书"总编辑鹫尾贤也在其编辑学著作《编辑力——从创意、策划到人际关系》中重新研究这一概念，再次激发人们的关注，许多关于编辑力的研究才开始屡见于报刊之中[②]。综合研究关于"编辑力"的多种观点我们可以发现，相关人士在其研究中一般存在术语含义模糊、概念成分重复和要素选择不精的弱点。如有些论者将"创造力"和"策划力"这两个内涵存在重复的概念都作为编辑力的构成要素，又有论者认为"影响力"是编辑力的构成要素而忽视了编辑力其实是一种广义的影响力，如此等等。

有鉴于此，笔者认为我们可以尝试着对"编辑力"作出这样的界定：它是作为出版活动主体的编辑拥有的能力系统，其指向是书稿等静态出版要素和图书营销、物色作者等动态出版活动，其目的是获取出版效益的最大化。

二、新时代主题出版核心编辑力的生成路径

做好新时代主题出版工作，需要对新时代主题出版所需核心编辑力的生成路径进行科学分析。就主题出版诸多特定维度的界定来说，新时代主

---

① 冯国祥：《图书编辑力浅论》，《编辑之友》1985年第4期。

② 参见唐银辉、朱宝林：《现代编辑出版家的编辑力初探》，《编辑之友》2015年第4期。

题出版所需核心编辑力，主要源于编辑在以下七个路径中所进行的创造性劳动。

（一）研究政策和把握导向

主题出版要求编辑具有的核心编辑力之一，是研究政策和把握导向的能力。党和政府召开的重要会议和国家有关部门发布的重要政策，党和国家领导人的重要公开论述，都是主题出版选题的重要来源。从目前情况来看，中宣部、原国家新闻出版广电总局、原新闻出版总署等有关部门每年都会下发《关于做好主题出版工作的通知》等指导性文件，这是编辑人员了解当年政策、把握导向的重要窗口。其中，2013—2018 年国家层面的重大主题出版活动见下表。

2013—2018 年主题出版活动概览

年份	主题出版活动
2013	宣传贯彻党的十八大精神、中国梦宣传教育、社会主义核心价值体系建设"双百"出版工程第二期、纪念毛泽东同志诞辰 120 周年
2014	学习贯彻习近平同志系列重要讲话精神、培育和践行社会主义核心价值观、庆祝新中国成立 65 周年、纪念邓小平同志诞辰 110 周年
2015	深入宣传阐释"四个全面"战略布局、深化中国特色社会主义和中国梦学习宣传教育、纪念中国人民抗日战争暨世界反法西斯战争胜利 70 周年、新疆维吾尔自治区成立 60 周年、西藏自治区成立 50 周年
2016	党中央治国理政新理念新思想新战略、中国特色社会主义和中国梦、经济发展新常态和结构性改革、社会主义核心价值观、纪念中国共产党成立 95 周年、红军长征胜利 80 周年
2017	迎接党的十九大、深化党中央治国理政新理念新思想新战略重大主题宣传、深化理想信念教育、深化社会主义核心价值观宣传阐释、建军 90 周年①
2018	深入宣传阐释习近平新时代中国特色社会主义思想、深入宣传阐释党的十九大精神、做好中国特色社会主义和中国梦选题出版、深化社会主义核心价值观宣传阐释、庆祝改革开放 40 周年②

---

① 宋思佳、陈前进、吴月淋：《新时代主题出版的发展趋势及策略研究》，《科技与出版》2018 年第 4 期。

② 国家新闻出版广电总局：《关于做好 2018 年主题出版工作的通知》，见 http://www.gapp.gov.cn/sapprft/contents/6582/358448.shtml。

将这个表格中的主题出版活动和原国家新闻出版广电总局 2015—2018 年主题出版重点选题入选项目进行对照就可以发现，精准把握重大政策和根本导向催生了大量优秀主题出版创意，如 2016 年的《供给侧结构性改革论纲》《图说长征》，2017 年的《"一带一路"协同发展研究丛书》《全面从严治党这五年》，2018 年的《习近平新时代中国特色社会主义思想三十讲》《重温入党誓词》，等等。

（二）提升效率和强化执行

伴随着主题出版鲜明主题性而来的是其鲜明的时效性："由于主题出版是以某项活动、事件、问题等为题材，这些活动、事件、问题等有很强的时效性，一旦活动结束、时间过去、问题热点转移，社会以及大众的注意点转移，这类题材的出版物的出版和销售周期也将随之结束。"[①] 因此，主题出版项目格外强调效率，注重执行。编辑要高度重视在提升效率和强化执行过程中生成过硬的编辑力。

2008 年，汶川大地震，笔者主持策划了一个选题：《少年英雄——20 名汶川大地震抗震救灾英雄少年的故事》。这个选题以中央文明办和共青团中央当年评选出来的 20 名"抗震救灾英雄少年"为主人公，对他们做整体性、纪实性的展现。这一创意在 2008 年 5 月基本成形，"抗震救灾英雄少年"颁奖晚会于当年 6 月 27 日举行，当年 10 月初要以成书形式参加第二届中华优秀出版物奖评选，留给作者的时间最多只有两个半月，留给编辑环节的时间只有 10 天左右，而这 10 天里要完成包括三审三校、编辑加工、封面设计、报奖材料编制、开展初步宣传等多项任务，紧张程度显而易见。为了搞好这个项目，笔者在作者实地采访过程中就提前介入，帮助作者做好材料取舍、主次分别的工作，在作者交稿以后迅速利用黑马软件扫清硬性差错，然后加班加点完成书稿初审、编辑加工等重要编辑环节，最终顺利赶上了当年中华优秀出版物奖的评选。该书最终获得第二届"中华优秀出版物奖抗震救灾特别奖"，同时由于正能量非常突出而顺利

---

① 周蔚华：《紧紧围绕大局　做好主题出版》，《中国出版》2011 年第 5 期。

入选多个主题读书活动，发行量非常可观。注重效率和强调执行为这本主题出版图书获得"双效"提供了重要保证。

（三）引导作者和编创互动

主题出版"实质就是唱响时代主旋律，用出版物传播党的理论、主张，弘扬社会主义核心价值观，为现代化建设和改革开放营造良好的氛围"①，编辑在主题出版项目中的主导作用相对于大多数常规出版活动更为显著，所以要及时掌握并深入研究党和国家大政方针精神，深入研究近现代史上重大事件的深刻意义和重要影响，利用自己在以上方面的专业能力，在引导作者、编创互动过程中生成核心编辑力。

为迎接党的十八大召开，笔者曾于 2012 年策划过一个名为《中国志愿者》的选题。选题立项以后，笔者特地与作者进行了一次面谈，着重把中宣部、中央文明办负责同志关于"弘扬雷锋精神、开展志愿服务"的重大意义和总体思路的有关讲话精神向作者作了传达。经过双方多次沟通，我们对这个选题的价值达成了高度共识：一方面，它是对志愿者这一来自基层的具有高尚道德水准的社会群体的展现；另一方面，这个主题又受到全体社会成员特别是党和政府有关部门的肯定和支持，是一个民间性和主流性兼具的项目。作者表示一定要全情投入，把《中国志愿者》打造成一部全景式表现中国志愿者和中国志愿活动的史诗性纪实文学。后来，《中国志愿者》相继入选"新闻出版总署社会主义核心价值体系建设'双百'出版工程项目"、国家出版基金资助项目，并获得原新闻出版总署"2013年向全国青少年推荐百种优秀图书"称号，取得了良好的社会效益。

（四）提升艺术和思想品质

从事"主题出版"的编辑人员一般都会将贯彻某种思想主线放在头等重要位置。这种处理自然是正常之举，但如果过度强调思想主线的重要性就很可能越过创作和编辑之间的边界，最终很可能为了思想主线而牺牲艺

---

① 胡艳红：《回应时代课题，创新主题出版——关于我国主题的发展与思考》，《出版广角》2016 年第 7 期。

术品质。优秀的主题出版编辑必须既能保持思想品质，又能保证艺术水准，在二者有机结合方面生成核心编辑力。

第十四届精神文明建设"五个一工程"图书奖获奖作品《谷文昌》是一个能够充分体现编辑妥善处理艺术水准和思想品质提升之间关系能力的典型案例。该书主人公谷文昌是先进共产党员典型。作为一个主题出版选题，如果编辑和作家在思想性和艺术性的关系方面处理不当，就很可能给读者呈现出一个"高、大、全"的人物形象。为了避免出现这种局面，该书责任编辑从拿到书稿开始就与作家充分交流，在深入把握书稿结构和写作风格的基础上提出了"每章提炼一句话作为章名，提炼一段故事情节作为引言""保留方言词"等多个既能彰显作品艺术质地又能突出作品思想主线的编辑方案，从而使这部纪实文学作品既有很强的可读性，又有深刻的思想性。① 后来该书获得竞争激烈的"五个一工程"图书奖，实际上是权威人士对该书编辑水平的高度认可。

（五）发挥优势和突出特色

部分出版业内人士认为，就主题出版来说，所有编辑拥有的内容和信息资源是一样的，因此主题出版没有什么专业性。这显然是一种认识误区。从事这种特殊类型出版工作的编辑，应该充分重视在发挥优势和突出特色过程中生成编辑力，体现专业的主题出版能力。

出版《伟大也要有人懂》系列的中国少年儿童新闻出版总社（以下简称"中少总社"）是共青团中央所属专业少儿社，其专长是儿童期刊、儿童文学图书、儿童百科知识图书等童书出版。就常理而言，在理论读物居多的主题出版领域，这样的专业少儿社似乎很难有大的作为。然而，中少总社看准了少年儿童对优秀主题出版图书有强烈需求的现实，充分发挥其把握儿童阅读心理和趣味能力强、地处北京而联系专家广泛的优势，将政治理论主题和少儿专业方向结合起来，走出了一条特色鲜明的童书主题出版之路。其《伟大也要有人懂》系列的《少年读马克思》《一起来读毛泽

---

① 黄珊：《图书编辑如何讲好中国故事》，《出版发行研究》2018 年第 1 期。

东》《小目标大目标　中国共产党一路走来》等图书，以及《少年中国说：我读〈习近平谈治国理政〉》、《习近平讲故事》（少年版）、《寻找中国未来地图上的你》等主题出版图书一道，牢固树立了少儿图书市场上的"主题出版找中少"的出版形象。其中《一起来读毛泽东》获得了第十四届"五个一工程"图书奖，仅当当网评论就接近 1 万条，《少年读马克思》和《小目标大目标　中国共产党一路走来》也都获得大量好评，丛书整体社会效益和经济效益十分突出。中少总社的例子说明，出版社只要善于发挥优势和突出特色，就能切实生成主题所需的核心编辑力，在主题出版领域取得优秀业绩是完全可能的。

（六）立足本土和放眼世界

在党的十八大以后国际交流与合作广度、深度都大为拓展的情况下，主题出版的叙事策略、语言风格、素材选择等重要方面势必发生重大转变。从事主题出版工作的编辑，应该顺应国家战略和工作环境的重大变化，善于用国际化的表达手段传达中国文化特别是当代中国的声音，注重在本土资源和国际风范的结合中生成核心编辑力。

作为一本主题出版图书，上海交通大学出版社出版的《平易近人——习近平的语言力量》在国际风范和本土资源的结合中做出了自己的特色。该书辑录了党的十八大以来至 2014 年 5 月习近平总书记在各种场合发表的重要讲话中富有特色的引文引言共 70 条，就其语源、语义、理论价值以及社会反响等作出简明扼要的阐释。在 2015 年 1 月 7 日举行的该书出版座谈会上，时任原国家新闻出版广电总局副局长吴尚之指出，该书的成功之处在于，紧紧围绕深入学习贯彻习近平总书记系列重要讲话这一重大主题，从源头入手，抓住习近平总书记讲话中精彩的形象比喻、俗文俚语以及诗词引用，由表及里、由浅入深，以简练、精到的语言呈现了当代中国马克思主义最新成果的五彩斑斓[①]。对于国外读者来说，其独特的切入

---

① 杨晓芳：《〈平易近人——习近平的语言力量〉出版座谈会在京召开》，《中国出版》2015 年第 2 期。

角度和接地气的传达手段营造了平等、尊重受众的交流氛围，对于有效传达中国党和政府的执政理念起着十分重要的作用。这种注重将国际视野和中国故事结合起来的编辑理念对于该书的版权输出有很大促进作用，其英文版、韩文版、日文版和阿尔巴尼亚语版版权都相继输出，产生了积极的国际反响。

（七）深耕内容和媒体融合

《中华人民共和国国民经济和社会发展第十三个五年规划纲要》明确了融合发展的战略方针："以先进技术为支撑、内容建设为根本，推动传统媒体和新兴媒体在内容、渠道、平台、经营、管理等方面深度融合，建设'内容＋平台＋终端'的新型传播体系，打造一批新型主流媒体和传播载体。"[1] 作为意识形态主阵地和国家意志展示主窗口，推进传统出版与新兴出版融合发展已成为出版业未来发展的重要任务。从事主题出版工作的编辑，必须既能够深耕优质内容，充分发掘优质内容素材的潜力，同时又善于调动包括新兴媒体在内的一切手段提升内容覆盖面和影响力，在此过程中不断生成和提升核心编辑力。

广东科技出版社主题出版图书《解码深圳·华强北》着眼于深圳市福田区华强北商圈 30 多年在市场经济大潮中四次转型升级的传奇发展历程，通过这些身居我国改革开放最前沿的深圳经济特区的鲜活样本，展现了当代中国市场经济发展大潮奔涌的宏大场面。该书在内容制作阶段就利用数字压缩技术兼容了文字、图片、声音、影像等媒体传播手段，为网络传输系统环境下渠道多元化打下了很好的基础。在编辑、推广营销阶段，编辑团队都从线上和线下两个方向展开，做了多种努力，最终该项目取得网络点击量突破 700 多万次的骄人业绩。[2] 此书在深耕内容的基础上调用了多种媒体手段，是新时代主题出版核心编辑力生成的一次综合演练。

---

① 共产党员网：《中华人民共和国国民经济和社会发展第十三个五年规划纲要》，见 http://www.12371.cn/special/sswgh/wen/#16。

② 曾永琳：《实践媒体融合理念，创新主题出版的尝试》，《传播力研究》2018 年第 4 期。

三、结语

　　主题出版是中国特色社会主义出版业的一个重要而特殊的类型，时刻考验着编辑人员的觉悟、能力和情操。从事新时代主题出版工作的编辑，要深入研究新时代的现状、特点和重要趋向，深刻领会新时代中国特色社会主义的丰富内涵，养成紧紧围绕党和国家生活中的重大事件、重大活动、重大题材、重大理论问题思考主题出版创意的职业习惯，高度重视主题出版核心编辑力生成路径的探索并切实拥有主题出版所需的核心编辑力，从而在主题出版这种富有当代中国特色、体现当代中国出版原生能力的出版活动中获得两个效益的全面提升。

（作者单位：时代出版传媒股份有限公司）

创新专业知识服务能力，
探索出版融合发展之路

都　兰

出版，肩负着传承文化、传播知识的重任。在科技发展日新月异的今天，互联网与信息技术融入各个产业的发展，推动传统产业的转型升级。同样，信息载体的多样化，传播方式的变革，读者阅读习惯的悄然改变，使得出版企业不得不面对变革带来的挑战，探索在内容生产、产品形态、传播途径、文化影响力等方面全方位的创新举措。

据统计，截至 2016 年 12 月，我国网民规模达 7.31 亿人，全年共计新增网民 4299 万人，互联网普及率为 53.2%，较 2015 年底提升 2.9 个百分点①。互联网的普及直接影响了读者获取信息的方式和方法。铺天盖地

---

① 中国互联网信息中心（CNNIN）：《第 40 次〈中国互联网络发展统计报告〉2017》，见 http://www.cac.gov.cn/2017-01/22/c_1120352022.htm。

的信息充斥着电脑端、移动端，获取信息似乎变得随时随处、轻而易举。信息可以理解为有意义的数据，而信息经过加工处理才能转变成知识。因此，知识是有意义的信息。然而，信息的发达也有其不利的一面。对读者来说，从浩如烟海的信息中获取有用的知识，既加大了时间成本，又增添了不确定性。而传承优秀文化、传播正确知识对出版业而言责无旁贷。早在 2014 年 4 月，原国家新闻出版广电总局、中央财政部就联合发出《关于推动新闻出版业数字化转型升级的指导意见》；2015 年 4 月，在原国家新闻出版广电总局与中央财政部联合下发《关于推动传统出版和新兴出版融合发展的指导意见》；2017 年 3 月，在原国家新闻出版广电总局与中央财政部再次下发《关于深化新闻出版业数字化转型升级工作的通知》。在原国家新闻出版广电总局科技"十三五"规划中，明确提出支撑新闻出版业数字化转型升级的科技创新与成果应用的方向是：资源编码化、生产数字化、运营数据化、服务知识化。

下面，试从三个层面探索在传统出版企业的融合发展之路上，如何实现知识服务转型。

一、面对知识服务，出版企业的现状分析

传统出版业是基于纸质媒介，遵循着编辑、印刷、发行三大主要环节的出版形态。我们常说的出版业三大板块中，专业出版、教育出版都是直接生产知识、传播知识的，也是最急于探索、实践"知识服务"这一时代要求的。处于上游的出版企业，如何以互联网和信息技术为载体和手段，实现知识服务这一目标是值得我们出版人认真思索的。

首先，我们了解一下知识服务这一概念的内涵。知识服务是建立在数字与网络技术基础上的新兴服务形态。依托海量的、权威的、系统的知识数据库，通过对内容资源进行碎片化、属性标引、语义关联、深度挖掘和统计分析，为用户提供个性化、立体化、定制化的服务。与传统图书在内

容产品形态、服务模式上完全不同，数字技术促进了内容的融合，通过文本、图片、音频、视频等多种格式展现内容。知识服务的目标是理解并满足用户需求，对碎片化知识进行检索与重组、数据挖掘与定制化服务，为用户提供知识解决方案，而不是传统出版产品单向的知识传输。

其次，我们审视一下传统出版企业的优势和不足。优势可以概括为以下几个方面：从存量上讲，出版社积累了大量的知识资源，而且每年又有相当数量的增量知识资源；在出版活动中，特别是专业出版社聚集了大批由相关行业的专家、学者组成的作者队伍；专业出版社培养了一批具备专业知识、熟悉编辑业务的编辑人才；信誉良好的专业出版社在读者中有良好的口碑。同时，传统出版企业的不足也显而易见：传统出版是一种单向的知识输出，受纸媒所限，在知识呈现上形式单调、格式单一、缺乏与读者的互动；传统出版与读者远隔"千山万水"，提供的是固定的无差异化的服务，很难满足读者对知识个性化的需求。

二、出版企业开展专业知识服务的路径

在政策层面上，2016年，中共中央、国务院印发了《国家创新驱动发展战略纲要》，提出2020年我国知识密集型服务业增加值占国内生产总值的20%的目标。国家从战略高度对出版业知识服务给予强有力的政策支持。在原国家新闻出版广电总局自2007年论证国家知识资源数据库工程，列入国家"十一五""十二五"文化发展规划。2014年，基于可行性论证期间的工作成果，提出全面构建"国家知识服务体系"，推动有条件的行业主体从内容产品生产商转型为知识服务商，推动业态从内容产品生产升级到知识服务供应，探索知识服务模式创新[①]。2015年，原国家新

---

① 冯宏声：《知识服务：出版业在互联网时代转型升级的方向之一》，《出版参考》2017年第11期。

闻出版广电总局下发《关于确定专业数字内容资源知识服务模式试点单位的通知》和《关于征集专业数字内容资源知识服务模式试点工作技术支持单位的通知》，遴选 28 家出版社作为知识服务试点单位，正式启动出版业的知识服务工作。2016 年，在原国家新闻出版广电总局正式批复中国新闻出版研究院筹建知识资源服务中心。国家知识资源服务中心建设已经开始。在"2017 全球知识服务峰会"上，中国出版协会常务副理事长，原国家新闻出版广电总局前副局长邬书林发表《创新知识服务，推动出版业转型发展》的主题发言，他说，出版的核心是知识服务。

在实践层面上，专业出版如何铺设路径，实现知识服务的转型？可以说，从内容提供商向内容服务商转型将是出版业的发展趋势。对专业出版而言，知识服务商可分为：初级的知识服务商，要去完成简单的知识产品的生产和供应。中级的知识服务商，可能更多的是搭建创造者和需求者之间的平台。高级的知识服务商，应当去建立一个相对比较稳定的，不断动态完善的知识体系。借助平台和线上线下的互动，形成多元立体的产品线和知识服务的布局[①]。

知识服务是一个产业链条，出版社不仅仅是上游的内容输出方，而是要在全产业链中发挥关键作用。首先需要从战略高度布局，深耕擅长的专业细分领域，深入分析用户需求，打造优质数字化资源内容，以互联网为内容传播平台，应用信息技术作为服务手段，为用户提供个性化、立体化、定制化的知识解决方案，从而实现盈利。从国外经验看，Elsevier 就是聚焦医学领域，定位是向全球科技和学术群体提供权威医学信息服务的出版集团。

（一）转变思维模式，深入分析用户需求，注重用户体验感

了解用户需求是知识服务的基础，其烦琐程度远超传统编辑的选题策划。因为从事图书编辑工作多年，转型数字出版岗位后对此深有体会。曾

---

① 冯宏声：《知识服务：出版业在互联网时代转型升级的方向之一》，《出版参考》2017 年第 11 期。

经，我们都远离读者，将注意力集中到作者和编校环节，图书付印之后究竟能为读者提供怎样的服务似乎不在关注范围之内。然而，在互联网模式下，用户需求是知识服务的基础，而需求又具备多样性和复杂性，有显性的需求，也有隐性的需求，好的产品更是能通过技术辅助引导形成用户新需求。在做需求调研分析时，编辑必须发挥专业特长，将用户需求作为产品研发导向，同时模拟各项需求的使用场景，换位思考用户对产品的体验感。我们正在推进的基于人工智能和大数据分析的数字教育产品"青豆数学"项目，就是基于对用户群体的调研结果进行分类整理，细致分析各项需求的可能使用场景，将自己转换为用户角色，模拟使用场景，推演用户需求多种可能性，最终形成分层级的用户需求分析。

（二）数字化知识内容，构建权威的专业知识数据库和专业知识图谱

知识的权威性是专业出版吸引用户的关键因素。因为用户主要是专业领域的从业人员，所以他们需要精准化的内容，以及系统性、权威性、科学性和深入性的知识。传统出版企业对知识的精细化加工不足，多以大篇幅文字、图片的形式存在于纸媒中。在当前互联网环境下，知识服务需要数字化的专业知识及专业知识数据库的支持。对于传统出版企业，这是一项艰巨的挑战。专业知识数据库的建设涉及从资源策划、分类、整理、碎片化标准确立、元数据采集、数据的关键词标引、基础数据加工、资源管理到知识发布一体化的规范流程，这一过程需要投入大量资金，耗费大量工时和人力。既需要专家在内容知识方面的指导，又需要技术人员完成数据库的结构设计。数字化专业资源建设是一项烦琐且单调的工作，但其重要性也非同寻常，是将资源整合开发为不同产品、为用户提供差异化服务的基础。在资源建设的同时，出版企业必须解决存量知识和增量知识的版权问题，唯有如此才能为提供持续知识服务奠定基础。

专业数据库可以满足用户对知识进行常规的检索，而知识图谱可以让用户在可视化的环境中完成检索。知识图谱不仅仅是图形化的知识体系呈现，其组成单位之间有着清晰明确的逻辑关系，可为用户提供满足其需求的高质量信息检索结果。高效、高质量的信息检索需要出版企业在做知识抓手时，用好元数据，按照元数据标准对内容资源进行规范化描述，使搜索引擎能够识别的数据，以更丰富的内容激发用户的点击欲望①。

（三）深度参与产品功能设计及平台开发，培养复合型专业人才

在互联网环境下，知识服务的载体是电脑端或移动端的数字产品。与图书的封面异曲同工，互联网产品也需要高"颜值"吸引更多的用户。高颜值不是单纯指数字产品的界面美观，还包括图片、音频、视频、交互式课件等直观、形象、生动的富媒体资源。同样，这些资源也需要同文本数据一样的关键字标引，这样方便平台获取用户行为数据并进行分析，逐步积累形成大数据，最终完成大数据分析。与传统出版物不同，互联网环境下，为用户提供的知识服务是通过数字产品的功能实现的，而产品的功能设计是基于用户需求分析报告做出的。因此，编辑必须深度参与产品功能设计及平台开发。不论出版企业选择成立软件研发中心自主开发与内容资源配套的平台，还是购买专业技术公司的产品，编辑都要在数字产品设计之初与软件及平台开发人员充分沟通，要会画产品功能简易流程图，了解功能之间的逻辑关系，仔细审阅每一页功能描述静态图，反复模拟每一项功能的操作过程，进而发现并修订产品设计环节中可能不够人性化的操作，从而提升产品的适用性和体验感。

通常来讲，传统的图书编辑很难完成这项工作，这就需要对编辑进行必要的培训，在项目实践中得到锻炼，逐步成长为具备专业知识、了解互联网和信息技术的数字出版领域急需的复合型人才。

（四）引入人工智能技术，逐步实现"用户画像"，提供个性化、定制化知识服务

出版企业在转型升级、融合发展的路径中，最薄弱的环节在于技术。而平台建设、数字产品开发中的难点突破依赖技术进步。当前，人工智能的迅速崛起必将为知识服务发挥重要作用，人工智能具有跨学科、跨语言、信息处理能力强、处理速度快、定制化能力强等优势。人民卫生出版社在其知识

---

① 丁梅：《元数据对网络信息获取的影响研究》，《情报研究》2017 年第 1 期。

服务产品开发中提到：用户需求分析包括四个方面：静态属性分析、动态属性分析、用户消费属性分析和用户心理属性分析。而最近的"用户画像"这一提法也是强调通过行为数据分析用户需求及偏好，为不同的人量身定制各种体验、场景、符号、语境、行为模式……每个人都能从个性化、定制化知识服务中找寻到自己的价值，并且在不同的价值中切换自如。

（五）沉着应对用户需求变化，产品迭代开发在所难免

与图书的再版修订相比较，数字产品的迭代开发要复杂得多。对于访问同一款云端数字产品的用户来说，可谓"天涯若比邻"，对产品功能或是资源的意见和建议可以瞬间反馈回来。用户的需求变化和对体验感要求的不断提升是必须面对的问题。从来没有哪一款数字产品初次开发就能满足所有用户的需求，因此编辑要沉着应对用户的需求变化，心平气和地接受并完成产品的迭代开发。在一次次修改完善中，提升产品品质，提升用户体验感，从而聚拢用户，增强用户黏性，为产品盈利做好准备工作。

三、知识服务的商业模式探索

知识服务的核心是提供价值服务。因此，知识服务一定是通过付费来获取的服务。当然，目前用户的付费习惯尚需时间培养。出版企业通过提供专业权威的知识检索服务，个性化、定制化推送服务等探索商业盈利模式。目前，中国知网数据库采用的是会员付费模式，另外还有点播付费模式、打赏付费模式和互动咨询付费模式。其实，知识付费风气正在形成，也许依托知识网红实现的商业模式还需要出版业分析借鉴。例如：2016年12月3日，喜马拉雅FM举办首届"123知识狂欢节"，仅1天的销售量就突破5088万元[①]。在今年年中，集中出现了一批付费类的知识服务产品，

---

① 《24小时知识变现5000万，喜马拉雅用一个节日做到了》，见 http://business.sohu.com/20161204/n475088721.shtml，2016年12月4日。

比如《李翔商业内参》《好好说话》《每天听见吴晓波》等。2017 年 5 月 18 日，得到 APP 联合深圳卫视与优酷视频推出面向学习者与知识生产者的"001 号知识发布会"以及 12 款新的知识产品[①]。

出版企业肩扛"传承文化、传播知识"的社会责任，而知识服务对一个国家的知识创新与扩散起着极其重要和关键的作用。在转型升级、融合发展之路上，在互联网、大数据环境下，我们这些出版从业人员要勇于接受挑战、转变思维模式，将信息技术应用于知识服务活动中，在时代变革中砥砺前行。

（作者单位：青岛出版社有限公司）

---

① 《001 号知识发布会召开　得到 App 发布 12 款新产品》，中国新闻网，见 http://www.chinanews.com/business/2017/05-19/8228448.shtml，2017 年 5 月 19 日。

新时代的编辑如何利用大数据

刘 洁

2015 年 8 月底，国务院发布《促进大数据发展行动纲要》，明确提出要发展大数据在工业、新兴产业、农业农村、教育文化等领域的应用，推动大数据发展与科研创新有机结合（如知识服务大数据），形成大数据产品体系，完善大数据产业链。出版作为教育文化领域重要的分支，也在践行这一战略。

如今，几乎每一项业务都可以称为数据业务，出版也不例外。近些年来，出版内容、媒介和流程都发生了很大的变化，出版业内积累了大量的数据，因此，作为新时代的编辑必须认识到：出版业内、业外是有大数据的，在升级知识服务的战略思维指导下沿着路线图学习，才能合理利用大数据，更好地让出版和编辑工作受益。

在大数据的浪潮下，编辑如何认识大数据，利用大数据的战略目标是什么，需要什么数据，有哪些数据可用，该如何利用大数据助力出版工作，以及大数据已经对出版发挥的作用等问题，是我们接下来要探讨的。

一、出版业有大数据

百度百科将大数据定义为：无法在一定时间范围内用常规软件工具进行捕捉、管理和处理的数据集合，是需要新处理模式才能具有更强的决策力、洞察发现力和流程优化能力的海量、高增长率和多样化的信息资产。

目前，业界普遍认为大数据有 5V 特征，分别是海量的数据规模（Volume，数量）、快速的数据流转和动态的数据体系（Velocity，速度）、多样的数据类型（Variety，种类）、低成本创造高价值（Value，价值）、数据的质量（Veracity，真实性）。

其实，大数据涉及社会生活的各方面，资源聚集是大数据形成的一大原因，任何一个领域拥有密集的信息需求，都可能形成大数据。出版就像交通、旅游、互联网一样，有一些独特的资源聚集，因此，也能形成大数据，这些独特资源就是作者和编辑共同产出的内容资源数据，包括文字、图片、音频、视频。

除了内容资源数据外，出版业还有发行数据、读者数据、印刷数据、版权管理和版权贸易数据、出版物元数据（如 ISBN）、出版社网站浏览数据，可以看出数据类型有很多，数据规模也很大，数据质量有保证，但数据生成成本并不低，并且出版业还无法做到快速的数据流转。

互联网上的内容多是靠 UGC（用户生产内容），然后通过敏感词过滤软件，或者网络编辑审读，或者机器审读后加标签来做筛选，有的甚至由 MGC（机器生产内容）。出版的 PGC（专业生产内容）式生产方式，以及严格的内容评价和审查机制使内容数据具有与互联网大数据所不同的特点：知识属性集中，或者称知识价值高。

知识价值高这个特点可以说是出版大数据的显著特点，但因为还无法获取读者阅读时长、阅读场景等阅读行为数据，另外加上出版大数据中的发行和读者数据目前无法跟互联网的交易数据和用户行为数据相媲美，从而导致编辑无法从出版大数据中得知内容与读者需求的匹配度，以及读者做购买决策的过程，因此，编辑要充分认识到出版大数据的特点和局限性，以便清楚我们还需要改进的地方，将出版与互联网的大数据相结合，共同武装自己。

二、为什么利用这些大数据

从大数据的定义和特征可以看出，"大"数据只用"大"这个词形容是远不够表达其内涵的，除了规模，更重要的是对这些数据的加工（涉及技术），使其有价值（提供洞察并指导行为、优化运营流程）。

《促进大数据发展行动纲要》里指出发展万众创新大数据，该工程中包括知识服务大数据应用，指利用大数据、云计算等技术，对各领域知识进行大规模整合，搭建层次清晰、覆盖全面、内容准确的知识资源库群，建立国家知识服务平台与知识资源服务中心，形成以国家平台为枢纽、行业平台为支撑，覆盖国民经济主要领域，分布合理、互联互通的国家知识服务体系，为生产生活提供精准、高水平的知识服务，提高我国知识资源的生产与供给能力。

出版无疑是最适合作为支撑这一工程的行业平台，编辑充分利用大数据可以建立知识体系，升级知识资源的生产和供给能力，进一步使知识服务升级。我们也要以此为应用大数据的战略目标。

三、设计利用大数据的路线图

要想成功用上大数据，态度是最关键的，每个编辑要有以数据为决策依据的意识和决心，避免"经验主义"和"直觉"，更要避免"等、靠、要"的被动策划和营销局面，而是变为主动策划和营销型，能洞察、能开发、能打造、能担当。此外，还要持续关注新的技术，无论是在大数据领域，还是在其他领域，都要时刻保持与时俱进的心态。

为成功、顺利应用大数据，我们可参考下文给出的路线图，该路线图分为几方面：确定数据需求、熟悉数据的采集、了解基础设施、了解数据的处理和分析及简单的工具、力求让自己有数据竞争力。我个人觉得数据需求的确定是最重要的，任何数据或者工具都是为编辑业务和出版需求服务。

（一）确定数据需求——明确关键的业务问题

在应用大数据前，需要问自己：我们需要什么数据？这要回归到出版业务来分析和明确关键的问题。

任何一门业务都能用数学模型来描述，如果以图书角度考虑，出版的销量模型可以表示为：

实洋增加 = 出书收入增加 – 出书成本减少 =（选题方向提升 × 作者提升 × 内容提升 × 呈现效果提升 × 营销效果提升）–（确定选题的成本减少 × 找作者的成本减少 × 内容生产成本减少 × 营销成本减少）

图书能成为商品，是因为其有价值，实洋的增加反映的是图书价值被越来越多的读者认可。所以如果从读者角度考虑，可列出如下的价值模型，这一模型跟图书销量模型是一体两面的：

价值增加 = 阅读图书带来的价值增加 – 为阅读图书花费的成本减少 =（解决当前工作或人生问题 × 补充知识 × 体验到不同的人生 × 能跟作者读者互动 × 喜欢书的设计和质感）–（买书渠道困难性降低 × 等待阅读的时间减少 × 书的价格降低 × 内容难度降低）

我们从这两个模型构成因素的交集可以得到这些关键词：选题方向、内容、呈现效果、营销、作者和读者建设、图书印装排，归纳为：①关于读者、市场和竞品的问题；②关于成本的问题；③关于人的问题：作者、读者；④关于内部生产运营的问题：编辑审稿力量和流程顺畅。

我们需要的数据就是能帮我们解决上述问题的数据，是能提高选题策划质量和加快出书流程的数据。

（二）熟悉数据的采集

1. 数据来源

无论是出版业还是互联网业，数据来源非常多，针对上述数据需求，我们可以从以下渠道获取数据：

关于读者需求和市场热点的数据：百度指数、微信指数、新榜排行、微博热搜、豆瓣、电商网站上用户评价、知乎。

关于市场和竞品的数据：开卷数据、电商网站后台销售数据、咨询调研公司的报告、发行部门的发货和销售数据。

关于成本的数据：政府数据、行业数据、企业内部的资源统计。

关于作者的数据：互联网知识平台和社交网络上的专栏、课程和视频，如得到、知乎、喜马拉雅、混沌大学、简书、知识星球、领英等。

关于内部生产运营的数据：企业 ERP 里的生产记录、财务记录、管理记录等。

这么多的数据来源，在使用时我们既要考虑其便利性和权威性，又要考虑隐私和安全问题，设置合理的权限，防止数据泄露，还要尽量让数据最少，即遵循奥卡姆剃刀定律——"如无必要，勿增实体"。

2. 不同数据类型的采集

结构化数据：通常指位于数据库或电子表格固定字段中的数据，以行和列预先确定的方式进行组织，常见的如客户关系数据、销售数据、财务数据、开卷销量数据，网站访问次数以及设备的温度日志等，通常采用结构化查询语言（SQL）采集和管理，成本低、易于存储和分析，当下能够提供大部分商业信息。

非结构化数据：指不能完美匹配于传统电子表格或数据库的数据，如电子邮件的对话、网页上的文本、社交媒体的帖子、视频内容以及照片和录音等，这类数据众多，无法直接知道其内容，过去不便检索和分析，随着技术进步，现在我们逐渐得以使用这些数据，如使用爬虫结合正则表达式提取网站上的文本。

半结构化数据：拥有部分适用于分析的结构（如标签或其他类型标记），但缺少数据库或电子表格所要求的严格结构。如一段语音，可以按作者、发表时间、长度、表达的情绪加标签分类，但是语音内容本身是不便提取的。

非结构化和半结构化数据都可以提供更丰富的全景信息，但存储、处理和分析技术要求高，编辑掌握起来有困难。

内部数据：指编辑可从出版社内部获得的全部数据，它可能是结构化的（如发货、库存、纸张、客户关系记录、财务数据、网站访问量），也可能是非结构化的（如读者来电、电话会议、培训讲座），还可能是半结构化的（如简历、人力资源数据、生产流程数据）。这部分数据是免费的而且不需要特殊的访问权限，并且是出版社为自己量身定做的，我们应优先考虑使用。

外部数据：指除内部数据外的数据，如互联网知识平台、社交媒体、百度指数、政府发布的人口普查和经济数据、开卷数据、电商网站后台销售数据、图书排名数据等。这部分数据便于我们了解自己所处大环境、全行业、细分领域的位置，以及竞品情况，有些需要购买，有些是公开的，但我们需要去除噪声，确保其数据质量。

除此以外，对话数据（如电邮、社交媒体帖子）、活动数据（如阅读书的过程、与分享过的图书等）、照片和视频数据（如书店里读者挑选书的过程、咖啡馆里阅读书的过程）等也都逐渐可以存储、分析和使用。

（三）了解基础设施

数据的基础设施通常考虑四方面：收集、存储、分析和处理、访问和沟通，这往往是出版社的信息部门考虑的事情，所以不详细介绍。

我们需要留意收集数据时可用的传感器，它可以被安装到任何想收集数据的地方，畅想一下，如果未来传感器成本降低，每本书都可以配个传感器，就像猪肉也可以用 RFID 跟踪一样。

而关于存储我们需要了解 Hadoop 和 Spark 是做什么的，关于分析和处理需要知道 AWS（亚马逊的云服务工具），在 2018 年 BIBF 上 AWS 的广告非常醒目。IBM 的沃森、微软的 HDInsight 也可以适当了解。关于沟通，可以考虑性能优异的可视化工具 Tableau。

（四）了解数据的处理和分析及简单的工具

数据的容量和类型的持续增长推动了分析技术的飞跃。过去只能利用 SQL 查询结构化数据，如今，云计算为我们提供了强大的存储和计算能力，分布式计算将分析大容量数据的任务拆解到众多不同的计算机上，大大提高了分析的效率。

分析技术有很多种，如文本分析、情感分析、图像分析、视频分析、数据挖掘、回归分析、线性规划、同期群分析、因子分析、神经网络分析、机器学习、认知计算等，编辑不是专业技术人员，认真研究每种分析技术是不现实的，但可以对这些分析技术保持适当了解，以便知道解决自己数据处理需求的技术是什么，最重要的是留意市面上已有的简化分析过程的工具。很多初创公司为了获客，提供工具的免费试用期，也有商用软件提供免费版本。

比如，上文中提到的爬虫，我们大多数编辑都不会写代码，可以考虑学习使用八爪鱼采集器，其官网有培训教程，下载工具后也有新手入门视频。除此，还可以用火车头采集器、Power Query 结合 Power Pivot。甚至用 EXCEL 的获取外部数据功能都可以抓取 XML 文件，视频上的弹幕往往会存为这个格式。

（五）力求让自己有数据竞争力

无论技术如何革新，编辑都需要具备数据技能以及保持与时俱进的学习态度才能让自己在大数据时代有竞争力。受专业和学习经历的限制，不可能每个编辑都具备数据技能，但可以通过参加培训，以及不断在工作中使用，还有向大数据专家甚至是做互联网运营的人请教，获得当下最好用的技术和工具的使用方法。另外，网上也有很多公开课，如爬虫免费课程。最简便高效的方法还是看数据分析师的著作。

四、大数据已经在哪些方面让编辑受益及未来展望

目前大数据已经为编辑带来以下改变。

1. 改进销售和营销

大数据带来了内容分发方式的改变，由于微信公众号数量的急剧膨胀，公众号文章打开率逐渐下降，用在公众号上发文章植入图书产品的方式做宣传，效果越来越差。我们开始在依靠算法做分发的 APP 上推送图书信息，往往能获得不错的推荐量和打开量，相应的图书销量也有提升。"今日头条"是这其中的一个典型 APP，它会先根据用户特征和环境特征及情景推送经过机器加标签的内容，然后根据标题打开情况不断增加推荐量。有时一篇在公众号上只有 1000 多阅读量的文章，在"今日头条"上可以有 3 万多阅读量。

2. 改善图书供给（更优的服务和更好的产品）

这方面，大数据使编辑出版发生的改变如下：

建立以读者为核心的出版理念，内容为王，读者是上帝，读者社群营销。

建立以纸质为载体的立体知识资源库，将知识服务化：多种知识形式并存，共同打造知识产品，获得纸质书以外的收入。

提供个性、定制的图书，驱动图书迭代：越发由读者提出知识需求，并对图书内容提建议。

阅读行为社交化，让图书成为"社交信物"：共同的读书爱好和品位，使读者间产生精神的共鸣。参加读书会以及交流阅读笔记也成为一种社交行为。

展望未来，我们还应将数据作为资产，真正将大数据用活，使之助力知识资源的生产和供给、知识服务的升级。

（作者单位：机械工业出版社）

策划之道　数里乾坤

——新时代的编辑如何利用大数据

张宗芳

　　大数据时代的到来新生了很多以数据处理为主要内容的岗位，比如运营分析师、数据决策分析师、数据库工程师等，尤以互联网企业为甚。出版业作为传统行业，也开始重视大数据并招聘数据挖掘师之类的岗位。除了数据分析师这种专职岗位之外，笔者更想从普通编辑尤其是策划编辑的角度分析一下新时代的编辑如何利用大数据提高选题策划的含金量。

　　出版业内的大数据广义上讲有很多，所谓数据不仅仅是图书销量的定量数据，更多是贴近图书市场的定性数据和信息，定量数据和定性信息都是编辑应该收集的、可以促进自身选题竞争力的大数据范围。北京开卷公司数据、网店前台 / 后台数据（当当、亚马逊、京东)、网店读者评论、新华书店省店前台 / 后台数据、出版社 ERP 系统销售数据、读者资料库、教材院校资料库、各类排行榜数据（网上书店、独立书店）、媒体荐书榜等，都是可以充分利用的大数据。除了了解外部数据外，其实与策划编辑更息息相关的大数据是内部数据，也就是与自己策划的图书相关数据的情况，总之充分分析利用社内、社外大数据，熟悉市场、了解读者，最终策划编辑才能做到"知己知彼，百战百胜"。

一、选题的思路来源之大数据

一个好的选题有灵光乍现的可能，更多的是策划编辑长期浸淫在书业的大环境中，时刻收集、加工各方数据信息，厚积薄发，才可能打造出图书爆款。那作为策划编辑，从选题来源方面，要注意收集哪些方面的数据呢？

（一）关注国际、国内图书市场，了解市场是策划编辑策划选题的第一步骤

1. 深入研究国内外畅销排行榜

深入研究图书畅销书排行榜是策划编辑成长最快的捷径。所谓研究畅销榜，并不是拿眼睛一扫而过，而是要踏踏实实地认真从以下几个方面琢磨：

（1）看畅销书排行榜作为日常工作内容，不间断持续看，将每个月的榜单连接在一起看，可以发现单期榜单不能发现的市场规律。

（2）重点看与自己所感兴趣的选题方向相关的选题，其他畅销选题也可以研究畅销原因，认真考虑是否有借鉴作用。

（3）看排行榜不仅看总榜单，还要研究与自己选题方向相关的细分市场榜单；不仅看前 10 名，还要看 100 名甚至更多。

（4）要看新书榜单，还要看总榜单图书的出版日期，有畅销周期短的书，也有长期畅销的图书，规律都要自己研究。

2. 日常关注图书相关信息

除了深入研究图书排行榜外，日常也要时刻关注跟出版相关的各种信息

来源，所谓"留心处处皆学问"，日积月累，对选题的把握自然会不断加强。

（1）关注国内外知名出版公司、出版机构的网站和书目信息，还有新媒体一些跟阅读有关的平台。尤其关注自己策划领域的重要竞争对手的网站，时刻关注竞争对手的出版动态和营销动态；仔细研究豆瓣和网络书店的推荐图书和读者书评。

（2）关注实体书店，注意关注外国实体书店的新闻，经常逛逛国内的实体书店，实地感受图书在书店的上架摆放情况，感受读者逛实体书店、在实体书店购买图书的心理，对于书名、封面、书脊的设计感受都会和在电脑上看到的感觉不一样。

（3）重视个人阅读，认真分析自己购买图书的动机、书的优劣势，如果自己来做此书可能会在哪些方面有所提升，有哪些方面需要跟作者和出版方进行学习；还要认真研究自己出版的图书，总结经验和教训，然后对现有选题进行选题延伸和提升。

（4）重视节日、纪念日：要提前重视，逐年梳理在未来3—5年内的重要时间节点，包括公众节日、纪念日、作者的纪念日（诞辰日、逝世日）、作品的纪念日（发表日）等。像改革开放40周年、建党100周年等这类重点时间节点，选题都要提前1—2年策划，在时间节点到来的第一时间推出才可能获得好的市场表现。

（二）认真经营作者

经营作品和经营作者的初衷不同，一个作品经营好相对容易，但经营作者是策划编辑基于对作者终身价值的判断，希望和作者一起孕育更多的作品，出了书包装好他们。一个好的出版社、一个好的策划编辑周围一定凝聚着一大批优秀作者，从某种意义上说，策划的水平就是好作者的水平，因为能不能吸引优秀作者完全取决于策划编辑的能力和出版社的实力能不能获得作者的信任。因为竞争最终是人才的竞争，作者的竞争。

一要持续研究排行榜作者，建立畅销书作者、成长中作者的档案；除了关注已经成名的作者外，重点要发现有潜质的作者，在他的书未畅销前建立起良好的联系，这才是策划编辑真正的功力。

二要与知名作者充分沟通，表示合作的意愿，提前挂号，好的作者和好的译者都难求，长期关注，熟悉作者思路，能提出差异化的方案才可能与知名作者达成合作。

三要对有潜质的作者，可以在研究其前期作品的基础上，与作者共同策划读者喜欢的选题，与作者共同成长。

四要与作者建立良好关系之后，对于之前已经出版的有潜力的图书，还可以重新开发、组合包装（全集、精选集、插图本、修订本、纪念版）。

二、选题的市场提升之大数据

通过选题来源大数据，策划编辑有了很多选题的具体想法，也联系了作者完成了稿件，真的要将一个选题推向市场希望有好的表现的时候，选题就需要从最初的创意到接受市场考验的艰难一跳。在这个阶段，同样可以用大数据的思维进行选题提升。

（一）市场化的书名择取

市场表现好的畅销书书名各有不同，但是策划编辑要从大数据的角度看怎样的书名更受读者欢迎。

首先从词长的角度来看，赵晶曾就开卷的 105 部畅销书的书名长度专门做过相关统计，结论是 4—7 个字的书名较为适宜，因为我们常规呼吸最适合读完 4—7 个字的书名，其中四字书名最多，可能跟中国人喜欢用四字成语、惯用语、固定语有关，高度凝练、提纲挈领的四字体特别适合作为书名。

除了书名长度，赵晶对书名词汇特点也进行了分析，结论是一般词语比较多，新词语也比较抓人眼球，是书名择取的重要方向。书名的择取是一门学问，同一本书用不同的书名，可能销量差别成千上万。因此书名择取需要编辑认真学习、钻研、尝试和集思广益，好多出版社新选题都要召开讲书会，编辑让发行部、市场部的人多提提意见和建议是很好的举措，讲书会对书名和封面设计的市场竞争力提升至关重要。

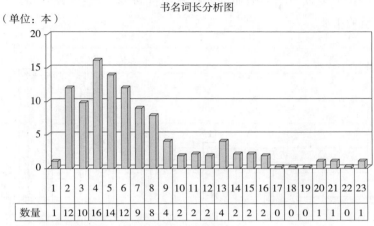

书名词长分析图

（单位：本）

	1	2	3	4	5	6	7	8	9	10	11	12	13	14	15	16	17	18	19	20	21	22	23
数量	1	12	10	16	14	12	9	8	4	2	2	2	4	2	2	2	0	0	0	1	1	0	1

来源：赵晶：《畅销书书名解析》，《经纬教研》第 29 期。

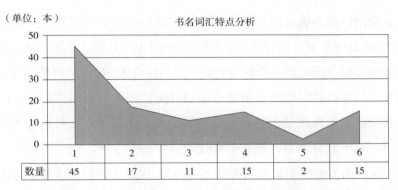

书名词汇特点分析

（单位：本）

	1	2	3	4	5	6
数量	45	17	11	15	2	15

1.一般词语 2.新词语 3.音译词语 4.传统词语 5.字母词语 6.数字词语

来源：赵晶：《畅销书书名解析》，《经纬教研》第 29 期。

（二）合理的出版日期

图书从付印到实现销售，有好多个时间节点，付印日期、样书日期、入库日期、首发日期、上架日期、动销日期；对于读者而言，关注的时间可能只有一个书上版权页上标注的出版日期。策划编辑要意识到从付印到实现动销到读者手中需要的时间可不短。不同的书发行到不同地区可能时间略有差异，但整体而言，时间差在 20—30 天左右，如果图书本身就在下旬出版，到卖场上架、读者翻阅直接变成上个月，甚至是上上个月的次新书了，几乎所有的图书卖场都会设置当月新书推荐，所以出版日期的合理设置至关重要。

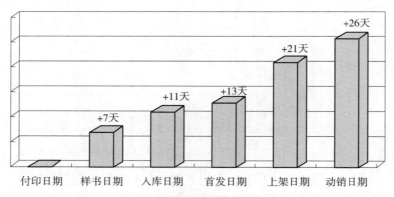

图书相关日期分布区间节点示意图

那我们该如何确定版权页上的出版日期？笔记调查了近两年出版的本社的 2000 余种新书，比较了这些图书实际的入库日期和出版日期，有 8% 的图书的出版日期晚于入库日期，65% 的品种晚 1—10 天；如果从月份的角度来看，62% 的品种动销月份晚于出版月份。因此常规而言，付印的时候将图书版权页上标注的出版日期设为下个月，比较贴近新书到达书店的上架时间。对于教材而言，教材的常规征订年份是 3 年，这个不跟人的年龄一样，还分虚岁和周岁，所以即使是 12 月份出版的教材和次年 1 月出版的教材也被认为差一年。在笔者调研的图书品种中有 206 种教材在 12 月出版，更有 35 个品种的出版日期是 12 月 31 日。有心的策划编辑可以去当当网查看上架图书品种的出版日期，出版日期大于当前日期的品种动辄有千余种，尤其是第四季度的新书好多都给出版日期留出较大的富余量，有的甚至延后到次年 2、3 月。以上这些经验和教训都值得策划编辑思考。

（三）较高的新书首发品种覆盖率

策划编辑平时特别关注发行的新书首发量，但往往不太重视新书首发覆盖地区、品种覆盖率，因为有些图书有地域特色，比如哪个省的"十二五"规划教材等，每年的出版新书品种那么多，销售经理可能不清楚或因疏漏等各种原因没有首发，书店采购员更不清楚了，现在书店订书都是销售经理推荐、书店报订。策划编辑如果更多关注这个新书首发品种覆盖率，甚至可以关注更细，关注每个品种的渠道覆盖率，如果某个地区应该发而没有发，或类似品种在某个渠道销得特好，而新品出来书店没有征订，可以提醒销售经理推荐给书店，及时添订，对于提升图书的销量立竿见影。

（四）货真价实的图书上架率

图书上架率是开卷数据中非常有意义的一个指标，可以看到动销品种的整体上架和动销情况，还可以就每本书查询其分地区、分时段的上架情况，这个指标对以书店零售为主的一般图书和学术著作更有意义。当然开卷数据也是抽样数据，有些抽样书店可能并不是自己所在出版社的目标渠道，因此图书上架率仅做参考就好，不可因此指责发行人员工作不到位。这个图书上架率指标可以和前面的新书首发覆盖率相对应看，因为没有首发覆盖根本谈不到上架问题；也可以和下面的回添率指标对应看，因为上架之后可能卖完了，还应该及时回添。

（五）回添率

回添率对于图书动销、图书重印、图书策划都很有意义。现在书店进货，首发是有选择的征订，因为有销售经理盯着，所以还比较可靠，但是回添就需要书店采购人员的责任心了，可能首发就 3 本，卖完了，可添可不添，量不足以引起他们的注意，如果不添，这本书将永远不会再动销，其他库存都在库里了。这个指标应该引起销售经理和分社营销编辑的注意，策划编辑要关注自己的图书的回添率。下表以一本图书为例，感受一下回添率这个指标。

回添率的计算表

品种一次回添率	＝品种一次回添／发货总笔数
品种二次回添率	＝品种二次回添／发货总笔数
客户一次回添率	＝客户一次回添／客户总数
客户二次回添率	＝客户二次回添／客户总数

客户名称	笔数	品种	品种一次回添	品种二次回添	客户一次回添	客户二次回添
			笔数 −1	笔数 −2	笔数 >1，1	笔数 >2，1
江苏圆周电子商务有限公司	16	1	15	14		
江苏凤凰出版传媒股份有限公司	10	1	9	8	1	1
亚马逊卓越有限公司	6	1	5	4	1	1
北京百万庄图书大厦有限公司	22	1	21	20	1	1
北京人天书店有限公司	18	1	17	16	1	1
武汉三新书业有限公司	25	1	24	23	1	1
所有客户合计	218	102	122	76	46	31
回添率	56%	35%	45%	36%		

三、小结

大数据时代的特点就是数据泛滥，策划编辑需要有敏锐的判断力，能够迅速判断哪些数据是黄金数据，哪些数据是鸡肋数据。而且要求编辑的数据提炼能力很强，比如看到一个排行榜，立马甄别出哪些书是可以重点关注的，这样才可能跳出榜单寻找规律。外在的数据虽然多，但是良莠不齐，对策划编辑的作用不能立竿见影。但是内部数据却是自己策划的图书真实市场的反映，应该需要策划编辑重点进行深度挖掘，比如关注自己策划图书的发书品种覆盖率，没发书的渠道和地区能够迅速补货，提升销量的效果立马可见。总之，认真收集、研究社内社外数据，能够让策划编辑更了解图书市场、熟悉读者需求、判断作者潜力、匹配渠道喜好，总之笔者希望策划编辑都能够打造出更多图书爆品，祝愿图书市场越来越繁荣昌盛。

（作者单位：中国人民大学出版社）

数字出版时代编辑的核心能力建设

——从内容把关人到文化创意师

祝元志

　　信息时代，编辑通常应具备语言能力、专业能力和信息能力。但由于从业环境差异，编辑的能力结构也有所不同。专业数据库网站和新闻视频平台更强调编辑的信息能力，传统的学术和教育书刊出版单位更强调编辑的专业能力（学术能力），传统的新闻报刊社更强调编辑的语言文字能力。对于一个编辑或一家出版单位应该学会十八般武艺包打天下，还是扬长避短合作共赢？见仁见智。个人认为，编辑是需要个性化发展的，但为了适应数字化的发展要求，必须优化能力结构，形成核心竞争力，特别是传统的专业和教育书刊编辑应从内容把关人向文化创意师转变。要特别提出的是在信息时代编辑的专业能力和语言能力不但不能弱化，还要加强和提升。编辑应学习信息技术，不仅要掌握基本的网络和数据技术，更关键的是要具备互联网思维和融合创新能力。在出版活动中编辑可以各尽所长，而努力提升学习能力、创意能力和信息能力是非常必要的，这是编辑和出版社的核心竞争力所在。

一、学习力：通专业，精编校，会技术

不融合无长劲，学练考评不可少。现在出版社选用人才主要靠高校招聘、社会招聘和内部考察三种途径。中国编辑学会副会长、中国大百科全书出版社前社长龚莉认为，出版社招聘时应重点考察编辑的选择判断能力。显然不是人人生来就有极高的悟性，说到底编辑能力的基础是学习力。这种学习，不需要钻牛角尖地死学，也不能浮光掠影地假学，而要融合性地学习、创造性地学习、实战性地学习。以人民教育出版社的书报刊和网络编辑业务为例，对于学科内容编辑，需要懂学科教学的专业知识并具有较好的语言文字能力，如果编辑本身具有较好的教育学背景，那么他需要在实践中提升编辑出版能力，在规定的年限内参加考试取得出版资格或职称；如果编辑具备较好的出版业务素质但对教育不甚了解，则需要进校学习，特别是教材编辑需要挂职任教半年以上才有资格申报高级职称。对于网络编辑和技术编辑（包括美术编辑），需要精通数字出版技术，了解教育领域纸媒出版和数字出版内容生产和传播的基本知识，也需要参加考试取得相应的资格。《中小学数字化教学》期刊的稿件复审主要由人教社各学科教材编辑室编审和社外专家承担，责任编辑负责确认或复议，在这个多向交流的过程中，编辑、编委、作者相互学习，相互促进。纸媒、网站、微信的编辑传播是交叉协同作业的。每年一届的全国中小学数字化教学研讨会更是专业编辑、技术编辑、营销编辑的深度合作、团队作战。编辑在融合中学习，在学习中融合。学习的不仅是知识，更是思维；融合的不仅是能力、资源、人脉，更是先进生产力。

进入数字出版时代和自媒体时代以后，一人一个微博、一人一个微

信、一人一个直播账号，出版的门槛是更高了还是更低了？编辑是更不需要技术含量还是更需要专业含量？对于民众而言出版的门槛是降低了，对于编辑来讲出版的门槛是提高了，人人有内容，内容数量过剩但精品缺乏，选择和加工及传播的难度更大，所以编辑的能力要求也变高了，作者会的专业知识和媒体技术编辑要会，作者不会的编辑还必须在某些方面特别会，否则编辑有何存在价值，用户（作者和读者）为何买账？编辑不必害怕作者钻研得有多深，也不必害怕读者的要求变得多么高，只要学得更快、站得更高、看得更远、瞄得更准，就可以一直做新文化新知识的领航者。

二、创意力：感知美，智造新，做到实

无创意不出品，迭代升级成常态。内容出版就是知识服务，以往传统出版社都将大部分精力放在提供知识上了，服务相对做得不够。社会上出现的少数人只买书不看书、只看书不用书的现象，也跟服务有一定的关系。一些书做得太土，读起来太累，只见纸版的死书不见写书的活人，编书很费劲，价格很低，结果市场还不买账。这些都值得我们思考。无论是产品还是服务，要想赢得市场，编书匠就需要当好文化创意师。笔者曾经做过一套建造师考试辅导用书，也是当时最早采用二维码复合出版的视频书之一。运作此项目之前，编辑与作者做了深度沟通。面向什么读者群体，零基础的还是有基础的？内容结构是常规体例还是问答体或笔记体？视频部分是录播还是直播，收费还是免费？有没有必要做线下培训，自己做还是合作，如何分工、如何分利？收益如何，风险如何控制？这些问题讨论清楚了，工作推进就会比较顺利。很多编辑都是完美主义者，做内容恨不得审校几万遍不容错一个标点，做方案力求滴水不漏。在互联网时代，编辑的基本原则当然不能丢，不能出现政治问题，不能出现质量问题，但在互联网公司或其他竞争对手都在先上马后改进的市场环境下，朴

素的完美主义必须向快速迭代的进化规则适当让步。特别是对于出版企业和经济量化考核的编辑，最终要实现盈利，如果不能占领市场取得经济效益，那么社会效益又如何实现？

编辑的创意能力也不是与生俱来的，一些大学已经在开设创意课程，这当然是好事，但是真正的创意能力来自不断的实践。创意需要灵性，更需要碰撞，需要优化。好的创意往往不是来自一个大脑，也不是来自一次实践。编辑和出版社都应该允许革新和试错，至于如何保证最后的收益远大于试错的成本，这就需要编辑和出版社具备终身学习能力和自我进化能力。谁也不能保证尝试一定成功，但我们应知道哪些是必须要主动探索的。

三、信息力：挖数据，聊需求，增流量

无数据不决策，玩转用户是关键。因为数据就像石油一样正在成为社会发展的能源。尽管机器人越来越聪明，甚至已经可以部分取代编辑记者甚至作者的工作，但机器很难具备情感和智慧及价值观。有了智能炒股软件，拐点折线不用自己找，甚至买多买少都不用自己想，但这些只能作为参考而不能取代人的决策。无论书刊出版还是视频网络传播，编辑需要取得行为数据为用户画像，需要从海量的冗杂的大数据中挖掘、刷选出全面、准确、有效的小数据。

编辑的信息能力包括检索能力、工具应用能力、数据分析能力等，最重要的是数据分析能力。编辑能将内容资源数据化、碎片化、结构化、标引化，并对内容数据进行分析、利用甚至多重开发，当然是巨大的进步；而内容数据实际来自用户（作者和读者），编辑运维用户数据更为关键。相当长一段时间，传统出版很重视存量内容资源的数据化，却没有重视存量用户和增量用户的数据化及其开发利用，以致新媒体公司有机会直接打劫截流用户。

编辑如何运维用户数据？首先应该调查市场需求，找准用户痛点，然后设计解决方案，最后分析需求做好知识服务。某出版社的数字出版部针对数字编辑考试辅导市场，抢先推出了线上线下的辅导服务。生源（用户）从哪里来？在京各家新闻出版单位、数字编辑报考处、考试教材销售网站等是精准的渠道来源，可以线上做广告引流也可以线下吸粉。授课教师哪里找？招生市场如何做？实行一定的优惠政策（线下）找好第一批种子会员（铁杆粉丝），让用户（线上）推荐用户，裂变发展。人民教育出版社《中小学数字化教学》期刊的运维也是线上线下结合。线下的引流主要靠纸刊发行（用户扫码加微信）、教师俱乐部（包括名师养成所）、全国中小学数字化教学研讨会；线上引流主要靠微博、微信、手机客户端及网站。这里需要指出的是，数据化是体系运作，不是先做内容后数字化，而是出生就是数字化、全媒体化、多样化。《中小学数字化教学》期刊栏目的设计是有节奏、有梯度的，受众是明确的但做了必要的分类分层，这种设计本身就体现了数据思维。当期刊内容发布到网络平台后还可以验证出版设计是否科学，编辑会根据文章在中国知网、《中国人民大学报刊复印资料》、微信平台等阅读（或转载、下载）数据及评价反馈情况，保持和调整下期的选题计划。

一个编辑再能干也只有一个脑袋、两只手，但是如果他能调动高能量的作者和海量的读者，并且是以互联网思维和数字化的方式运作，那么他就成了三头六臂的超人。一个编辑如果学习、实践并很快具备这种思维和能力，就永远不用担心被机器人取代。从动笔头到敲键盘，从纸上改好一篇文章到网上玩转一个社群，从编辑到产品经理，从产品经理到文化创意师，编辑需要革命的不一定是技术而是思维。随着时代的发展，编辑向上游发展介入创作或向下游伸展从事跨界的商业或公益活动都是有可能的，用户也可能部分介入编辑活动。社会在变，需求在变，与时俱进才能当好编辑。

（作者单位：人民教育出版社）

数字资源的运用与图书编辑审读加工能力的优化

朱金波

现代信息技术的广泛应用和互联网的全面普及，对人类社会生活产生了重大、深远的影响。数字资源作为重要的生产要素，在悄然到来的大数据时代下，已经开始渗透于传统出版业的各个环节。在大多数出版企业被政策形势、宣传媒体、技术厂商等外部力量推搡着、裹挟着前进，谋求数字化转型之时，传统出版编辑的工作模式，尤其是图书内容生产最重要的审读加工环节，却未能有太大的变化。在数字技术被广泛应用的今天，图书编辑们运用数字资源进行审读加工，对于在传统出版业在数字化转型时期，提高编辑工作效率，保证图书质量，具有一定的实际意义。

一、出版业转型下的图书编辑工作现状

在数字技术和计算机网络技术不断发展的今天，以信息技术为代表的现代科学技术的广泛普及和应用，对传统出版业产生了重大影响，也为出版业带来了广阔的发展空间，转型与发展已经成为众多出版社的一项重要任务。数字化转型终究是历史趋势，是传统出版业在新形势下实现可持续发展的必然选择，对此大多数出版社都有了一定的认识。然而，在数字时代所带来的竞争压力前，与言必称数字化形成鲜明对比的是，多数企业只是简单地把纸质内容转化为数字内容，或建立一个网站或电商平台，用于图书的输出和销售。由于前期投入及盈利模式的不明朗，以及了解和掌握相关技术必要人才的缺乏，在观念上已经接受了数字化转型的传统出版业，对数字技术的认识和投入显然还不够。

当传统出版业在数字化转型之路上探索前行之时，处于内容生产核心的图书编辑工作又是如何的呢？一方面，除去那些专事选题策划工作的编辑外，图书编辑的大部分工作仍旧是繁、多、杂、乱的案头工作，他们的工作内容与十年前相比并无二致。相反，为了完成任务量，编辑的案头工作量有增无减，这使得他们只能将大部分的精力用于具体的编校工作中，而不能从宏观上思考自己的工作，即使有很多好的想法，有时候也只能是汲深绠短，力有未殆。另一方面，数字时代对编辑提出了新的要求。屏幕阅读的兴起，让编辑出版工作发生着一系列变化，促使着编辑们去学习更多现代信息技术知识，以适应出版业的数字化转型。图书编辑们需要通过对数据的分析进行选题策划，寻找合适的作者，以及制定营销方案，对市场变化迅速反应并做出调整。

传统出版企业在面对新技术、新平台、新趋势下所推动的出版转型，使得"埋头做书"变得似乎有些不合时宜。编辑们为了努力让自己能适应快速变化的市场，以及迫于现实的压力，不得不做出某些调整。于是，编辑对图书的审读加工工作不仅没有实质性的变化，在一定程度上还有所弱

化，图书质量的下降也就在所难免，这也是以内容作为核心竞争力的出版业不得不正视的问题。

二、新时代的编辑要善于运用数字资源

数字时代要求图书编辑们成为复合型人才，但图书产品的文化属性决定了编辑这一工作仍旧需要以人为主。又因为数字技术和出版成本的制约，数字图书的编辑尚且要依托传统出版物进行，一般图书的编辑工作，尤其是审读加工环节，也就不可能在短时间内通过现代信息技术手段得到很好的解决。但是，作为新时代的编辑，在数字技术已经影响人们工作生活各个方面的今天，对数字资源的运用也就成为当然之事，编辑们要考虑的是在当前的出版环境下如何去运用数字资源的问题。

作为新时代的编辑，善于利用数字资源是有效提高编辑能力的有效途径。数字资源是文献信息资源的表现形式之一，是将计算机技术、通信技术及多媒体技术相互融合而形成的以数字形式发布、存取、利用的信息资源的总和，商业化的数据库、机构或个人建立的数据库、各种网络免费资源等都属于数字资源。与印刷型传统文献相比，数字资源内容更为丰富，数据量大，且能方便获取。以笔者从事编辑工作所在的文史古籍领域来看，除了利用《四库全书》《四部丛刊》电子版、"中国基本古籍库"等进行检索，个人电脑或移动硬盘中装有或多或少的数字资源，都已成为习以为常之事。此外，大型文献馆藏单位、商业机构等建设的具有相当规模的数字资源库，如国家图书馆建设的"联机公共目录查询系统""数字方志资源库"等，上海图书馆建设的"晚清期刊全文数据库""古籍书目查询系统"等，北京书同文数字化技术公司与中国第一历史档案馆联合建设的"大清历朝实录数据库"等，北京国学时代文化传播股份有限公司开发的"国学宝典"等，都是编辑们在工作中可以利用的。

三、图书的审读加工如何运用数字资源

不论出版技术如何变化，出版业的核心价值始终取决于以内容为基础的知识和信息的价值，对于出版社来说，即图书质量的高低。而保证图书质量的核心环节为图书的审读加工，编辑在选题策划等环节引入大数据的同时，更应在图书审读加工时加强对数字资源的运用。

（一）图书编辑过程中的审读加工

审读加工作为图书编辑工作总过程的核心和主体，稍微失慎就能直接导致图书质量问题。审读书稿是编辑加工的前提和基础，其基本工作内容是：核对资料和引文，对内容、结构、文字作全面分析，然后在这二者基础上对书稿做出全面判断。编辑加工是审读的延续和体现，工作的重要依据就是审读阶段对书稿内容、结构和文字的全面分析，由两个部分组成：文字的润饰和体例格式的整理。

（二）审读加工运用数字资源的途径

1.运用数字资源进行审读前的准备工作

一般而言，书稿审读前的准备工作除了要检查书稿是否齐全，调阅书稿的全部档案，以及了解书稿的写作过程外，还需要集中有关参考文献、资料和工具书，并对书稿有粗略的了解。相比传统文献，数字资源正因其获得上的便利性及丰富程度，编辑能很快集中大量的资料来进行审读前的准备工作。即使是受过具体学科专业训练的编辑，书稿的内容超出编辑的知识和经验基础的情况还是大量存在的。在目前的出版环境下，编辑需要在最短的时间内快速地获取与书稿有关的学科知识，数字资源的运用即可以做到这一点。编辑通过运用数字资源，可以快速掌握有关学科最新研究动态，能有助于编辑衡量书稿的科学性，从而对书稿价值做出判断，并为之后的编辑加工奠定良好基础。

2.运用数字资源进行资料、引文核对

核对资料是审读工作的基础，编辑通常可以依靠作者提供的情况或者

自己的经验积累来进行。核对的资料工作主要解决两个问题：一是鉴别材料的拥有情况，二是判断材料的运用情况。编辑对数字资源的运用，可以判断书稿材料的准确程度、有效程度以及丰富程度，一定程度上可以增加核对资料工作的广度和深度。如在准确程度上，以笔者所属的文史古籍类出版领域来看，大量的古籍影印数字资源就可以很好地用来和作者的整理书稿进行对照，能很快地通过作者书稿中提示的版本检索到其他的版本，并做出判断。又如核对引文时，如作者所据的版本不够好，也能通过有关数字资源检索到更为合适的文字。

3.运用数字资源判断书稿出版价值

对内容和文字作全面分析，是审读工作最重要的内容，其目的在于发现书稿的可取之处和有关问题，以衡量书稿出版价值的实际基础。但书稿的出版价值有时还需要考虑其他因素，如政治因素、经济因素、技术因素、社会因素等。数字资源的运用，有助于编辑能更全面地对与所审读书稿相关的这些因素进行掌握，如其他出版社所出版的同类书、相近书的出版情况，社会对此类书籍需求的接受程度、迫切程度等，都可以通过数字资源的运用而有所了解。

4.运用数字资源进行书稿编辑加工工作

书稿的编辑加工包括文字的润饰和体例格式的整理两方面内容，如书稿的文字形式如错别字、标点符号和语法修辞的基本情况，以及书稿的体例和格式，如人地名是否统一和规范，目录、标注、插图、索引是否符合要求。相比审读阶段数字资源的运用，编辑加工更多的是能集中多种有关工具书、参考资料，能较快地搜索出有关信息，以便编辑进行准确的判断。如书稿用词的词性，以及某些方言的含义等，都可以借助数字资源得到解决。

（三）编辑审读加工能力的优化

一般而言，审读阶段所发现的资料问题、引文问题，内容的政治性、系统性、科学性等问题，以及重大的文字形式、体例格式等问题，正常情况下都应当由作者自己解决，然后才能具备编辑加工的条件和基础。但是，在实际工作中，我们对作者的要求再高，编辑的工作量总会是很大的，这是不可避免的。于是，如何改进编辑工作，尤其是在出版企业数字化转型的当下，具有一定的实际意义。而数字资源的运用，可以使图书的审读加工工作得到优化，让编辑在快速变化的市场环境下，在确保图书质量的同时，能相应地缩短出版周期，提高生产效率。在传统出版业谋求数字化转型的背景下，对数字资源的运用又能让编辑在实际工作中形成一定的数字化意识，促使他们学会在现代信息技术条件下去优化个人工作能力的同时，一定程度上也可以消解由出版业转型带给他们的茫然。

四、运用数字资源需要注意的问题

首先，数字资源因其信息量大、获取方便，但在某些学科领域也存在着"杂而不精"的现象，我们在运用数字资源进行编辑工作时，也应该学会鉴别、比较材料的可靠程度。以笔者所在学科而言，大量古籍已经用现代技术转换成了可检索文字版本，一些还被整理出版，我们在使用时也的确方便了许多，但不免还是会错误丛生，因此编辑要有所鉴别，必要时要对照原来版本使用。总体而言，第一手资料比第二手的可靠。

其次，目前情况下，数字化编辑仅只有少数出版企业进行了尝试，且并未得到完成，在图书的审读加工环节仍需按照传统程序进行时，要确保图书质量，编辑在审读加工时仍得依靠扎实的基本功，以及编辑程序上的规范。数字资源的运用可以优化编辑工作能力，但编辑首先还是得具备相当的知识积累，并努力增强自身的专业优势。

最后，与当前较多年轻编辑因为需要在一定时间内完成相当数量工作量，而被动地退化成简单的文字校对者不同，编辑运用数字资源最重要的是培养自己的学术评价能力，从而在面对鱼龙混杂的书稿时能做出正确的选择，在审读加工环节能真正发挥出评价、鉴别和筛选作用。

五、结语

陈寅恪先生在《陈垣〈敦煌劫余录〉序》中指出："一时代之学术，必有其新材料与新问题。取用此材料，以研求问题，则为此时代学术之新潮流。治学之士，得预此材料者，谓之预流。其未得预者，谓之不入流。此古今学术之通义，非彼闭门造车之徒，所能同喻者也。"数字资源的建设与利用，或可谓"此时代学术之新潮流"，作为新时代的编辑，更应该学会去运用数字资源，这不仅是行业改革的必然要求，也是图书编辑们职业发展的内在需要。

（作者单位：武汉大学出版社）

新时代基础教育期刊高质量
发展的创新融合路径

许　雯

随着改革开放的转型与深化，中国编辑出版业获得了长足的发展进步，在专业化、市场化、国际化、数字化的洗礼和锤炼中，已经开始在激烈的国际竞争中崭露头角。新时期，强国梦的战略部署对文化建设和文化自信提出了新要求。如何实现行业内的历史超越，如何为中国梦的实践提供智力支持，如何为人类命运共同体建构输送精神养料，是摆在编辑出版业面前的历史机遇和挑战。

新时期的编辑出版业要有新作为，就必须实现创新融合发展的理念构建和模式搭建，这种以复合出版为导向的历史性变革既是改革开放 40 年来行业发展的历史演进，也是顺应时代潮流的必然选择。作为承载先进知识、服务教育前沿的基础教育期刊，更以其独特的使命与功能，成为文化自信和知识创新的大本营与主阵地。与此同时，办刊理念的实践化的核心是创新，整体转型的核心也是创新。基于实践化价值取向与价值追求，基于整体转型的动态开放性、复杂多样性，必须牢牢抓住"创新"这一核心关键不动摇，从环境、过程、结果通盘考虑以谋求全局性、全程性、目标性转型，规划和明确转型的路线图与时间表，以阶段性任务驱动转型。

对于基础教育期刊出版而言，要想在新时期有新作为，必须把握高质量发展的路径。本文以为，总的路径可以概括为"创新融合"，具体可表述为"改革开放、集成创新、融通融合、研究引领"。也就是说，基础教育期刊出版要体现时代特征、弘扬时代精神、把握时代变化、尊崇时代法则、增强时代自信。

一、体现时代特征

新时期最鲜明的时代特征是改革开放。只有坚持改革开放，才能建立期刊高质量发展的现代企业制度，激发全员办刊创造活力，积聚期刊持续发展所需优质稀缺资源，生成引领期刊发展的先进文化、精神品格与价值理念，实现期刊定位与发展目标。而基于科学理论的现代期刊制度与治理能力体系、活力无限的自主创新能力、包容开放进取的期刊文化精神，正是现代期刊崛起的根本要素。

基于基础教育期刊高质量发展的改革开放，第一要义是变革，变革长时期制约期刊发展的陈旧内容形式、思想观念、工作方式，变革僵化封闭的体制机制，变革与期刊转型创新不相适应的所有方面和环节，建立和完善能够切实引领期刊高质量发展的特色制度体系，推进期刊治理体系和治理能力现代化；核心是让一切有利于期刊高质量发展的创造活力充分涌流，形成编读作休戚相关的命运共同体，同感共享作为文化人应有的尊严与价值。基于期刊高质量发展的改革开放，主要内容是构建科学规范、权责一致、活力有序、管用高效的组织运作制度体系、创意激励保护制度体系、思想文化价值体系、产品服务标准体系、大格局开放办刊制度体系；

基本要求是顶层设计、创新为本、循序渐进。时下，力促基础教育期刊强根固基的改革已进入深水区、攻坚期、转折点，期刊人要对此保持清醒的认识、抱有必胜的信念，兼具壮士断腕之勇气、踏石有印之态度、敢为人先之胆识。

二、弘扬时代精神

新时期时代精神的核心是变革创新。在办刊实践化进程中，既推进问题治理又顺利实现整体转型绝非易事，改变数十年形成的陈旧落后的思想观念、行为方式与体制机制性障碍绝非易事，由封闭型编刊转变为全方位开放型办刊绝非易事，既推动传统纸媒转型升级又适时布局新媒体并实现有机融合绝非易事，于平衡办刊各种重大关系中把控量价比、性价比、研制比、分合比错综复杂的关系绝非易事。因此，创新绝非单一的、线性的、暂时的、随意的，而是多样的、立体的、持续的、理性的。简言之，创新是集成式的。

集成创新不仅是必然的，更是实然的，其实然性可从不同维度界定。就空间关系而言，集成创新表现在以编者创造性、探索性、社会性、联动性实践活动，在实现既定发展目标任务中积聚、组织、改造内容资源，使之适合特定对象的精神文化消费需求，并不断放大、扩展期刊社会效应。就时间意义上的承继关系而言，通过严格的标准规制过程，实现策划、审编、评估"三位一体"并保持常态化；通过组建主体、统整力量、技术改造、提升质效之有序过程，实现传统纸媒升级转型、新受众新业态新阅读、多业态互补互动。就主体层级而言，以主体间性的广阔视野，实现集成创新科学决策、统管引领、专业运作、过程介入、多元评价的有机统一、良性互动。就专业运作主体而言，集成创新体现为常规编辑活动程序化运作与创意编辑活动标准化运作有机统一，集体决策设计与分工负责实施有机统一，策划主导审编与审编促动策划有机统一，策划布局与重点倾斜有机统一，特定对象策划与不特定对象策划有机统一，主题主导性策划与非主题主导性策划有机统一，选题策划、编辑评说、阅读引导、布局谋篇、创意评判有机统一。就编辑个体而言，集成创新主要体现在能够有创意地开展所有编辑活动，能够熟练运作从选题构思到见刊的所有策划环节，能够统筹兼顾学习、创作、策划、调研、采编等。就创新集成度而言，实现内容组织广延性与丰富层级架构有机统一，集体主题策划与个体特质策划主次互补，策划、审编、设计、组稿刚性标准要求渐次提高，二次创新、组构创新、原始创新协同推进，各种创新策划方略相得益彰。

三、把握时代变化

新时期最确定的时代变化是一体多样。多样走向一体，一体生发多样，事物高度分化与高度综合并存同在、并行不悖、互为依托。这一时代变化趋向同样反映在现代基础教育出版传媒上，要求我们具备融通融合的大智慧、大手笔、大作为。

融通以打开办刊视野，融合以新颖期刊形质。打通学科与生活的联系，对生活现象作出学科解释，对生活问题作出学科解答，对生活事件保持学科关注，对生活变化保持学科敏感，对生活资源强化学科开发，对生活启示强化学科迁移；打通学科与学科的联系，立足本学科，他山攻错，以旁科知识为本学科教学资源，以旁科思维助推本学科思维创新，以旁科教学技法策略实现本学科迁移运用，以旁科科学与人文精神滋养、厚实本学科教师专业底蕴；打通学科与中外优秀传统文化的联系，以中外优秀思想文化历程为经、学科内容层级为纬，经纬交织、科学设计，借中外大家思想智慧、普适价值、艰辛探索，丰盈教师精神生活、启发教师教学智慧、涵养教师魅力人格、磨砺教师科研意志、增长教师人生智慧；打通学科与教育学、心理学的联系，与古今中外教育大家、心理大师深度对话，开启教师学科教学教育化、心理化进程，不断提升教师教学的科学含量、实验成分与自觉程度；打通学科与学科前沿研究的联系，强化学科最新研究成果教学运用，不断用学科新思想、新观点、新方法充实教师、丰富教学，拓展教育教学的深度、广度、厚度和高度；打通学科内部时空联系，捕捉贯通课程、课标、教材、教学的学科因子，联结创意设计、课堂生成与深度反思，开展学科理论研究性学习，教学规则性、实体性规定与教学实施建议一体贯通，学科重大理实问题多维剖析，立足"三位一体"逻辑的教学内容体系充足，必修模块、选择性必修模块与选修模块一体化教学，初高中课标、同学段不同版本教材对比研究；打通学科不同媒介的联系，首要的是具备功能齐全的数字化平台，其次是实现纸媒电子产品化以提供多样化选择，再次是开发具有互补性的新媒体产品与服务，最后是多媒融合式发展。

四、尊崇时代法则

新时期最通行的时代法则是保护创意。知识产权保护是法治化、现代化、市场化的"任督二脉"，是建立现代出版文化和知识服务的基本保障，更是对接国际标准的根本出路。期刊的创意保护，要特别在著作权创意保护和企业自身发展模式创意激励两个方面展开。研究出创意，而创意意味着拥有自主知识产权、拥有主动权与话语权，因此，研究引领必然成为期刊高质量发展的重要战略组成。研究要出创意思想、出方案规划，真正引领期刊强根固基、引领期刊趋势走向、引领期刊彰显价值、引领期刊聚合辐射。

"研究引领期刊发展，期刊引领教师发展"是我们在任何时候、任何情况下都必须牢固确立和坚持的重大办刊思想。研究引领必须有明确的施力方向、刚性约束与奖惩制度，必须形成专业团队与编辑团队的合力，必须顶层设计、整体规划、分步分解、评估引导。未来几年，期盼在期刊所处历史方位，实践化价值取向，团队自主创新能力生成，文化立刊、升级转型，期刊内容组织管理制度化、民主化、科学化、系统化、标准化，内容集成创新与融通融合，学科资源聚化，制度治理与创新体系建设，复合型编辑团队建设，企业思想文化建设等方面取得突破性研究成果。

五、增强时代自信

习近平总书记在党的十九大报告中指出："文化是一个国家、一个民族的灵魂。文化兴国运兴，文化强民族强。没有高度的文化自信，没有文化的繁荣兴盛，就没有中华民族伟大复兴。"因此，我们应该积极推进社会主义文化视点视域下的基础教育期刊文化功能再造，强化精神补钙力度，全面提升基础教育期刊文化品格、品位与软实力，增强办刊的文化认同、文化自觉、文化自信，着力营造编读作共有精神家园。基础教育类期刊的文化化，在基础教育改革与发展实践中具有先导作用，因而要明晰文化立刊强刊的原则要求，以社会主义核心价值观为导向，着力提高编辑与管理团队的思想道德素质，不断丰富读者精神文化生活，切实增强期刊整体竞争力。

实现"弘文载道，文以强刊"，要明确以下六项具体要求：第一，提升基础教育期刊作为文化产品应有的文化品位和文化软实力，发挥引领教育教学风尚、化育广大读者受众、服务学科课程教学、推动教育改革发展的先导作用。第二，走特色文化强刊之路，倡导学术民主与思想争鸣，坚持贴近实际、贴近生活、贴近读者原则，建设面向现代教育、有鲜明学科特色、充满科学思想方法、受读者公众欢迎的现代出版传媒业。第三，以社会主义核心价值观树刊人、立刊魂、定刊向，引领学科思潮、凝聚学科共识，指导办刊实践、推动科学发展，坚定理想信念、凝聚办刊力量，弘扬主体精神、丰富精神世界，坚守核心价值、刊魂人格为本，增强引导能力、壮大主流声音。第四，切实提高团队道德素质，倡导职业追求、提升个人品格，弘扬传统美德、传播时代新风，明辨是非曲直、自觉履职担责，知荣辱树正气、做奉献讲诚信，自尊自信自强、理性平和向上。第五，丰富读者精神文化生活，创编导向读为中心、期刊质量精美为本，文化泽被读者大众、文化帮扶困难群体，传承优秀传统文化、厚重期刊人文底蕴，规范使用国通语文、经典阅读陶冶情操，强化网络内容建设、刊网联动融合发展，普及拓展科学知识、大力弘扬科学精神。第六，增强期刊整体竞争实力，社会效益置于首位、社会经济双效统一，展示学科前沿动态、传播新思想新方法，完善期刊服务体系、着力提高服务效能，期刊科技深度融合、发展新业态新模式，明确刊部主体地位、规模集约专业综合，借鉴国外优秀文化、造就学科名家大师。

六、结语

马克思主义强调社会发展与变革的时代性，这是历史唯物主义的自觉。在大数据的信息时代，新理念的消费需求、全球化的互联互通，使得编辑出版业面对着复杂而又精进的时代面貌。适应和引领时代特征、时代精神、时代变化、时代法则、时代自信，是发展任务更是政治任务；新挑战倒逼新作为，实现追赶超越的跨越式发展，既要把握行业发展规律，也要充分挖掘自身主观能动性。因此，基础教育类期刊实现高质量发展，归根到底就是要实现创新融合。

（作者单位：陕西师范大学出版总社有限公司）

试论互联网时代背景下责任编辑的四重角色转变

——以湖北长江出版传媒集团为例

杨宁巍　冯　婷

2015 年，新广发〔2015〕32 号文件《关于推动传统出版和新兴出版融合发展的指导意见》发布，该意见强调："坚持正确处理传统出版和新兴出版关系、运用先进技术传播先进文化，坚持把社会效益放在首位、努力实现社会效益和经济效益有机统一。"2017 年，国发〔2017〕40 号文件《国务院关于进一步扩大和升级信息消费持续释放内需潜力的指导意见》发布，该意见提出："我国信息消费有效供给仍然创新不足，内需潜力仍未充分释放，消费环境亟待优化。"该文件并提出："实施数字内容创新发展工程，加快文化资源的数字化转换及开发利用。构建新型、优质的数字文化服务体系，推动传统媒体与新兴媒体深度融合、创新发展。支持原创网络作品创作，加强知识产权保护，推动优秀作品网络传播。"这些新政策既是时代发展的需要，也对出版企业提出了新的要求。出版企业得以生存及发展，需要图书编辑们从思维到工作方式上进行改革。图书编辑需要对自身发展提出新的要求。

"互联网+""数字化""社交媒体""泛媒""互动数据"等已成为各行各业革新的关键词。在出版业，责任编辑为了抓住阅读口味变化和需求多样的读者群体，不得不全力打造"精品"来维持图书销量。新形势下，环境倒逼编辑角色转变，这种转变将关系着出版业的革新与效率。为适应时代发展和行业前进的需要，出版企业的责任编辑应该变身为"数据分析师""工匠师""艺术师""营销师"，这四种角色实则是一名责任编辑复合型技能要求的体现，每一种角色都有其内涵及意义。

基于此种变化，笔者以湖北长江出版传媒集团为例，从集团一些优秀责任编辑的工作业绩中探寻其角色转变，进一步明确网络时代背景下，出版企业责任编辑需要进行四种角色转变。

一、"数据分析师"：精准挖掘数据

信息爆炸时代的到来，使得数据化分析变得日益重要，出版业作为信息传播的重要行业，其数据分析能力显得十分关键，数据搜集和数据分析的重要性已经成为出版业的共识。当下，出版企业完成数据分析工作，主要依靠两种方式，即：采取外包方式和编辑团队进行数据分析。外包方式的数据缺乏个性化的分析，尤其难以具体到选题，而编辑团队的数据与分析更个性化，更贴近出版社特色和板块定位，这两种方式的结合，有利于编辑精准挖掘读者、作者信息。

之所以如此，首先，互联网时代的"用户"比起传统媒体时代的"读者"更具有主观能动性。一个"用户"，可能同时兼有多重身份：普通大众、扁平化读者、分众化读者、聚集式社群成员、个性化读者、聚焦式个体出版者。① 数据分析可以更快捷、准确地将读者分群，有助于编辑选题策划及加工。其二，信息爆炸时代，数据被视为重要的生产要素，用数据来指导编辑工作，才会更好地抓住市场先机，提升选题的成功率。其三，编辑掌握了数据分析的能力，直面数据，分析数据，其过程会提升编辑对市场动向进行决策的把握能力。其四，编辑运用数据定位所在领域图书的排名、占有率、上榜情况及新书出版情况后，就能找准自我定位的参照，更有效地打磨出精品。以上几点数据分析的过程便是绝佳的把握市场变化的过程。

有人说，数据分析很简单，只要有完备的数据，任何人都可以看出问题。其实不然，互联网时代的编辑，不能仅限于一般的数据分析，他们要成为精准的数据分析师，又有成为在数据分析基础上的选题策划人，要通过大量数据分析，提出适合读者需要，适合出版社特点，适合相应营销渠道的创新选题。以客户行为方式的分析为例，过去的重点在于分析用户"读什么"和"何时读"。这种分析只基于互联网终端，单一且薄弱。在多终端的移动互联网时代，这种分析方法显然不够用了，需要的是更精确、更多维的分析逻辑。

首先，数据不是万能的，读者的选择远比我们目前能想到和监测到的数据复杂得多，读者的选择并非一成不变，他们的复杂程度比我们想象中要大许多。这就需要编辑投入多方位的知识、情感去揣度这个变幻多端的市场。例如，湖北科学技术出版社在做中医养生食谱类全媒体出版物前，通过线上平台百万级用户行为数据分析当前关注热点和未来走势，在此基础上做出选题判断，进而进行平台全媒体资源整合出版。编辑需要通过数据分析，挖掘出读者的阅读兴趣、阅读习惯、阅读方式等，分纵向、横向的分析方向，将这些有用的数据分析形成报告。再通过报告策划选题、挖掘选题、适时革新选题。

---

① 任媛媛：《"以用户为中心"：互联网时代出版社的应时之变》，《中国出版》2016 年第 3 期。

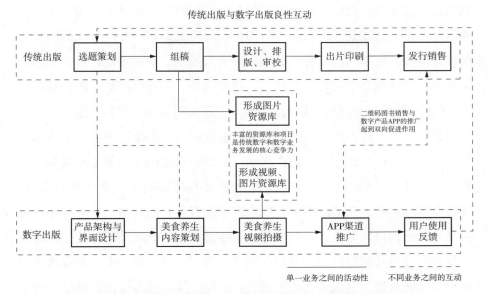

湖北科学技术出版社中医养生食谱类图书全媒体资源整合出版互动图

其次，编辑的数据分析能力不仅需要应用于对读者和市场的解读中，还需要应用于对作者、译者的选择和接洽中。过去，我们都要求编辑自备一个记录作者情况的小本子，记录作者的基本概况，作者的写作方向、写作风格，甚至于作者的作息习惯及兴趣爱好等。这或许就是最原始的作者数据库，通过这些"记忆"，可以帮助编辑提升和作者的沟通能力，最快时间内找寻到最适合的作者。如今在互联网时代，计算机可以代替人的手工记录功能，可以快捷地抓取到作者的特征，以最适合的方式去联系作者。

二、"工匠师"：策划打磨精品

2014 年，图书市场中销量排名前 1％的图书，为整个市场贡献了43.73％的码洋；2017 年，畅销书的贡献增加到了 51.70％，超过了一半的市场码洋是由 1％的畅销书所取得的，畅销书成为各大出版企业增量市场的关键。互联网时代的人们浸淫在信息海洋中，早已不是通过图书了解世界的时代了。这让如今的出版业自知需及时应变，否则在碎片化的信息中很难笼络到"挑剔"的读者。然而，不少出版社急于追求发行量，追求短期利益，不经翔实论证就快速出品一些出版物。如此生产的出版物有的属"短平快"产品，有的属"跟风出版物"，真正的精品出版物太少。

究其原因，其一，主要由于企业转企改制力度不足，新的体系尚未很好地确立，工作模式还较僵化，例如，大部分选题论证会都是编辑部门及有关专家学者"唱主角"，往往是由他们的喜好决定了一个选题的命运，说服力明显不足。其二，不少出版社为了赢得市场占有率，举着出畅销书的旗号，碰到自认为会火爆的选题，不经过翔实论证便开工。其三，有些出版物内容只是网络内容的复制，稍加校对，便投入市场；甚至有的出版物不做任何编校，直接进入印刷流程；还有些作品内容极佳，但是因为不符合现代读者的阅读习惯和需求，以至于好的内容被"石沉大海"；又有些文稿，内容极好但文字欠佳，使得读者读起来"味如嚼蜡"。此类出版物占据市场诸多，经不起市场的检验。

编辑要出版一本好书，必须从策划思路和工作模式上进行改变，从选题信息收集、潜在读者定位、装帧设计、营销以及成本预算每一个环节有明确方案。新时代下的"工匠精神"更多地在于汲取匠人精益求精的精神，增品种、提品质、创品牌，琢中国制造时代之影。[①] 以上这些精神，对于编辑工作而言，是再好不过的要求了。

首先，编辑要秉承工匠精神，将工作做到极致，按照图书差错率低于万分之一的标准，打造出真正优秀的作品。例如，湖北少年儿童出版社10 年前曾大胆试新，拂去中国儿童文学百年尘土，历时两年打磨润色出"百年百部"系列，让百年经典文学在当下儿童阅读中重现光辉。10 年来，"百年百部"加印从十几次到几十次，持续保持了市场活力。近年来，湖

---

① 罗婉滢：《"工匠精神"琢出高品质"中国制造"时代》，见 http://opinion.people.com.cn/n1/2016/0308/c1003-28182542.html。

北少年儿童出版社期望"百年百部"能为新世纪中国优秀儿童文学作品的建设和推广做出新的贡献,对"百年百部"进行了改版,由沛德、金波、曹文轩等七位当今中国儿童文学界领军人物组成"百年百部"高端选编委员会,通过多轮认真筛选,精心选择了121部优秀儿童文学原创作品。出版社还专门成立了一个7人的编辑团队,紧锣密鼓地开展改版工作。"百年百部"不仅是一个出版社的成功策划,也是当代中国儿童文学人集体智慧、热情和心血的结晶。它承担了百年中国儿童文学的光辉,也寄托着儿童文学人的梦想!这样的图书是以工匠追求卓越的标准来做的,真正履行了出版人的职责,也是文化出版工作者应该长期持续要做的。

其次,互联网时代,要避免成为"格式编辑",要成为文字操盘手,针对读者和市场的需求,对文稿进行有技巧的加工。编辑在挖掘到好的选题后,需要对选题的价值进行判断,对出版物进行定位,揣度用户的需求。因为用户在线购书往往理智动机居下,感性动机和惠顾动机占上,更倾向于将动机需求直接转化为购物冲动。按照时间顺序,可将购书流程描述为:潜在动机—确认需要—信息搜集—选择比较—购买决策—信息回馈。基于此,编辑需要在内容加工上做足工作,并科学精准的方式呈现。尤其在互联网碎片化且庞杂信息冲击下的今天,编辑的功能不应减退,反而应加强,让优质内容以受众喜闻乐见的方式呈现出来。这样,才能让好的内容得到传播及传承。例如,湖北人民出版社的《朝读经典·培育和践行社会主义核心价值观》丛书,在读本编制过程中,始终秉持"工匠精神",追求内容质量和编校质量精益求精,做到了"十审十校",出版后得到了社会各界的认可。读本依照著名历史文化学家冯天瑜的理念,从浩如烟海的传统文化典籍中,遴选能够涵盖社会主义核心价值观的、千古传诵的经典原文,以做学问、做研究的态度进行选篇及加工,先后查阅了近300余种文献典籍和几十种工具书,力求选篇精当、注释准确、译文雅畅。编校突破出版常规的三审三校流程,通过责编审读、交换审读、小组审读、全组通读,以交叉校对、比对校对、专项校对等方式,对书稿内容进行全覆盖、地毯式的审校,让错误无处藏身。

三、"艺术师"：打造个性化视觉产品

我们的社会正在大众文化和消费社会中前行，而这二者的出现与发展，滋生出"读图时代"。它们的基本特点是世俗化，注重感官刺激，趣味时尚化，追求感性化的精神愉悦（如在追逐流行中得到自我满足感、重视商品可供炫耀的因素甚于实用因素，等等）。[1] 丰富的图片是对人们感官的刺激和对感性愉悦的需求。这种变化使得我们的出版业不单单靠内容来吸引读者，而需要图文并茂。因此，对编辑的素质能力要求较过去更高。

传统出版单位对于封面设计、编排以及装帧设计，不太愿花财力物力人力去做，经常采取模仿的工作方式，找一本市面上畅销书的封面，加以模仿。这种缺乏原创度的编排方式，无法打造富有创意和个性化的封面，经常会出现内容好、封面视觉传达和编排不佳的情况。即使重视了封面设计，整体装帧，但对于书籍艺术化的要求仍不能满足市场需求。究其原因，其一，大部分美术编辑对图书内容的解读不到位，书籍设计与图书内容本身尚有脱节，而文字编辑又疏于和美术编辑进行内容的沟通和交流，如此，出版物的艺术风格很容易与文字内容脱节；其二，不少编辑自身缺乏一定的美术鉴别能力，对于书籍设计没有任何个人的见解，全凭美术编辑定夺，文字编辑无法参与到编排设计中，这样很容易造成书籍的设计风格千篇一律，没有个性。

书籍设计的创意以及呈现在封面上的元素，在某种程度上要具有个性和创意性。因为，在市场需求、出版内容和模式暂时固定的前提下，唯一能产生变化的，就是书籍设计。出版物也应该成为视觉产品，让读者拿到出版物时，有着赏心悦目的心灵感受。同时，书籍设计不应仅仅是美术编

---

① 金君俐：《从"图文并重"到"图文融合"——论读图时代的办报理念创新》，《新闻大学》2014 年第 4 期。

辑的分内事，文字编辑也需加入这项工作。在书籍整体的设计上，文字编辑不应袖手旁观，应如同一名艺术师，既要有一定的想象力，又要有一定的设计感。文字编辑需具备一定的艺术设计策划能力和鉴赏能力，书籍设计方案主导应该在文字编辑手中。文字编辑和美术编辑需要精诚合作，打造出既吸引人眼球，又能很好契合内容以及售卖点的图书。湖北美术出版社编辑熬路，是一名"80后"，设计专业出身，工作时认真做书，业余时间爱画画、玩12寸人偶，他说："图书编辑这个职业注定他们只能出现在某个角落里，几乎没有人感兴趣一本书的编辑是谁，这一个不被关注的群体，如这些街边的角落。当大部分人匆匆路过这些角落时，我却选择停下，这些看似无序而陌生的角落里流露出让我觉得似曾相识的景象，让人安静和愉悦。"也因此创作出版了他自己的水彩画作品集"角落系列"，并给予了这本书整体和细节上非常特别的设计。作为编辑，在作者创作陷入困境时，他对作者说："这样的感受是每个作者必然要经历的，是常态，不想画的时候就去玩儿，想画再回来画，不急，我们等你……"他策划出版的《油画棒创想绘》《绘安静的地方》《隐世之国——鹿菏水彩私享绘》《Nala猫的彩铅国》都受到了艺术类图书市场的追捧。

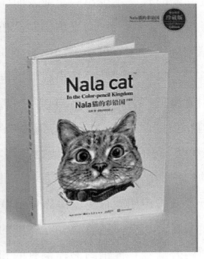

湖北美术出版社优秀图书封面

四、"营销师"：全媒体整合营销

传统时代，出版业的营销基本上属于渠道营销，有专门的发行部门联系销售渠道。而在互联网时代，社会化营销已逐渐成为出版业的主攻方式了。责任编辑不仅在编辑工作的前端和中端需要加大力度，在后端的营销中也要发挥应有的作用，需要借助一些社交媒体、社群平台来进行产品推广。

究其原因，其一，编辑作为内容加工大师，对内容的精髓最有把握，内容和营销需要整合，才能让营销以最让读者接受的方式呈现。其二，内容生产和营销是相互作用的关系，营销可以推动编辑更高效、精准地进行下一次的内容生产；而内容生产又和营销密不可分。其三，社交媒体、社群平台的作用不容忽视，编辑个人的媒介影响力有时可以起到很大的作用。其四，编辑实时跟进营销，会使得出版物的营销方案变得系统化、科学化、层次性强，能够尽可能地使营销悄无声息地植入到读者群的生活中，效果会更好。

互联网时代，不少出版企业及时转身，大力开拓互联网营销业务，但效果差强人意。只有大力发展编辑队伍的营销策划跟进力，尤其是互联网营销策划能力，才有可能推动出版企业的营销效力。

首先，编辑要学会关注出版物的电商渠道，实时更新营销策略，打造出吸引受众的广告语。如"当当""京东""亚马逊"等都是读者的主要购买渠道，也是出版企业重要的销售渠道，尽管电商折扣低，让出版企业"痛苦不已"，但是，这块阵地也要牢牢守住。有些大型出版集团开设了自有的门户网站，或进驻天猫商城。虽然搭建之初投入了一定的资金，但是对于平台管控比较自由。编辑应该联动网站专业人员，时刻关注后台图书售卖情况。其次，随着移动互联网的发展，也有不少企业在努力开设自有"微信公众号"推销图书，也有的和一些知名"微信公众号"联手推销图书，有的已取得很好的效果。对于微信推书的方式都应该由编辑把关，甚至有的需要编辑亲自操刀编撰微信内容。

在一些行业领先的出版社，编辑营销师的角色也发挥得淋漓尽致。例如，长江文艺出版社的刘碧芳编辑，在策划出版《所有开挂的姑娘，都曾努力到跟跄》的过程中，通过旅游认识作者并采写出书稿，在书稿上市前，充分整合作者资源，争取了100家创业品牌的支持，将图书变成100家品牌的购物优惠券，增加附加值，同时用这100家品牌的微信公众号宣传新书。出书前用限量版试水人气，并利用社群直销探路，两天销售6000多册。在销售策略上，用网店带动地面店，与京东合作众筹，7天突破10万元，换取京东各种宣传资源；与当当合作独家电子书并送豪礼刺激销售，两周卖掉近万册，冲上当当女性励志类新书热卖榜第一名！并通过开展"寻找不甘平庸的你"全国百场巡讲活动，用"100万创业资金、100个就业职位"作话题，持续宣传，吸引读者，并在做好传统媒体常规宣传的同时，积极拓展新媒体宣传取得了成功。编辑通过这本书探索并开创多种盈利模式，如众筹、网络直播、微课、社群直销、有声书电子书开发等多种盈利模式，并让这本畅销书的内容构成了"作者想表达的＋读者想看到的＋市场所稀缺的"。这样的编辑能够真正将文字编辑工作和营销工作紧密结合起来，业界需要更多这样的责任编辑。

互联网背景下，编辑是出版业兴衰与否的关键，编辑的"多面手"特征，表明编辑的多元化知识素养要求，同时，每一面都应该够专业和精湛。因此，责任编辑肩负的使命和责任重大，需要个人努力学习新知，不断提升个人能力，尽快去适应这个多变的时代。也只有人发展了，行业才能够健康稳定发展。

（作者单位：杨宁巍，长江出版传媒股份有限公司；
冯婷，武汉大学信息管理学院）

融合发展背景下学术编辑定位、作用及评价

——以社会科学文献出版社为例

朱 月

自 2015 年原国家新闻出版广电总局和财政部联合发布《关于推动传统出版和新兴出版融合发展的指导意见》后，"融合发展"便成为出版业热词。近年来，国家出台"融合发展"各种利好政策，鼓励出版业转型升级，加之出版业本身面临的生存困境，如书号减量、纸价上涨等，不得不思索如何把握"融合发展"大势，找到出版业新的增长点。人才是实现转型升级的关键因素，融合发展背景下学术编辑的定位、作用及评价，成为学术出版社当下面临的重要课题。社会科学文献出版社进行了 6 年的融合发展探索，对于学术编辑定位、作用及评价有了独到的心得和体会。

一、融合发展背景下学界和出版界的变化

融合发展背景下，学术编辑身处的学界和出版界都发生了深刻变革。在学界，"80后""90后"青年学者崛起，数字化科研需求强烈，倾向于通过数据库查找文件，渴望随时随地阅读资源；基于大数据技术的新科研工具的应用，使学术生产能力加倍提升，学术产品呈几何级增长；科研逐步由个人行为变成团体行为，在学术社群和团体中交流切磋；研究机构品牌要求升级等。在出版界，不少出版社融合发展探索已初见成效；学术产品数量暴增，却因书号管控、纸价上涨等因素，出版社亟须提高单本书盈利，寻求高质量发展路径；出版资源竞争加剧，寻找并整合独家、优势资源成为融合发展的重要一环；知识传播碎片化、多样化与智能化等。面对学界和出版界的深刻变革，学术出版社和学术编辑亟须转型，来应对融合发展所带来的机遇与挑战。

二、融合发展背景下学术编辑定位

社会科学文献出版社自2013年起便着手推进融合发展，从单个数据库产品向数据库产品集群，再到知识服务平台建设，截至目前已经形成以智库报告、国际问题研究、中国文化传承、专题学科领域为主要内容的定制类数据库产品线，以及满足学术机构对科研数据进行资源集成共享的学术科研成果管理和协同办公类功能类数据产品线。出版社融合发展探索的初步成功，与编辑的成功转型密不可分，出版社编辑逐步明确了在融合发展背景下的自身定位，即成为专业内容资源整合者、专业内容规范者、专业内容评价者、学术成果推广者、专业研究和知识服务者。

（一）专业内容资源整合者

在融合发展背景下，各大出版社纷纷打响了资源争夺战。融合发展项

目需要大量数字资源，出版资源版权期限、单体出版社出版规模的限制，亟须开拓、维护作者资源，争夺独家、优势资源，专业内容资源整合已经成为融合发展的核心。

学术编辑应该是站在知识顶端的价值发现者、出色的专业内容资源整合者。学术编辑要用专业眼光发掘原创性内容、有价值的产品。另外，纸版图书的背后具有庞大的基础数据，纸版图书作者的背后，具有其依托的学术机构和学术圈。将庞大的基础数据纳入数据库及平台，向作者及其学术圈宣传学术平台、数据库等，就是在践行内容资源整合。

（二）专业内容规范者

在融合发展背景下，学术出版面临诸多挑战，掌握并践行学术规范是学术出版应对各种挑战的核心实力，是学术出版行业的核心资本，甚至关系到学术出版行业的生存；学术出版规范的具体实施者是广大学术编辑，熟练掌握学术规范将成为未来学术编辑的核心竞争力。

（三）专业内容评价者

在融合发展背景下，基于大数据技术的新科研工具的应用，使学术生产能力加倍提升，学术产品呈几何级增长，如何评估学术产品价值，保证融合发展项目质量就成了头等大事。学术编辑一般应具有某一学科专长，通过参加学术会议、关注学界动态、参与重大科研项目等，提升自身学术能力，当好专业内容把关人。

（四）学术成果推广者

在互联网时代，可供利用的工具软件大量出现，内容产品海量产生，而消费者和使用者因此盲目无助，如何利用各种信息手段和工具为自己产品迅速找到核心用户，就成为一件重要、专业的职业活动。编辑必须成为学术成果推广者，充分分析和利用既有用户数据，用数据分析结果指导现实行为，确保精准呈现并推送产品。

（五）专业研究和知识服务者

学术编辑要以编辑身份为业，以科研能力和出版能力活跃于学术圈，与学者有效沟通。学术编辑要转变角色，由之前单纯的学术图书编辑转变为专业知识服务提供者，成为掌握高超专业编辑技能又能从事专业研究的复合型人才，通过专业研究者和编辑的身份旋转门机制，向用户传达融合发展理念，传达"提供全方位知识服务"的观念。

三、融合发展背景下学术编辑的作用

出版社融合发展需要学术编辑具备专业内容资源整合、专业内容规范、专业内容评价、学术成果推广、专业研究和知识服务提供五大能力。然而，具备五大能力的复合型人才必然是稀缺的，但将学术编辑改造成全能型人才并非编辑转型的必由之路。融合发展时代，学术编辑应该重在团队合作。

2017 年，社会科学文献出版社启动编辑分类，将学术编辑按照从事的工作内容和性质不同划分为四类：组稿编辑、文稿编辑、营销编辑、技术编辑，且依照融合发展背景，明确了各岗位的岗位职责、在出版融合发展中的地位和作用等。

（一）融合发展背景下，组稿编辑的作用

在社会科学文献出版社，组稿编辑不仅要完成图书组稿、审稿、编辑出版和营销工作，而且要积极参与融合发展项目和数据库营销项目，进行学术资源整合。对于组稿编辑而言，必须具备专业内容资源整合、专业内容评价、专业研究和知识服务提供的能力。也必须努力提高专业内容规范、学术成果推广能力。

组稿编辑作为知识生产的核心和主力，参与甚至主导着融合发展方向和进程。推进融合发展 6 年间，社会科学文献出版社组稿编辑逐步转型，明晰"全方位知识服务提供商"自身定位，对于融合发展项目的谈判、搭建与营销、内容资源整合等功不可没。

组稿编辑作为融合发展战略的传播者、融合发展项目的谈判者、融合发展内容资源的整合者，在出版融合发展中占据核心和主导地位。

（二）融合发展背景下，文稿编辑的作用

在社会科学文献出版社，文稿编辑分为学科文稿编辑、数字文稿编辑，学科文稿编辑从事图书编辑工作，数字文稿编辑进行内容资源（包括图书）的拆分、标引和知识加工。必须具备专业内容评价、专业内容规范能力。

社会科学文献出版社将文稿编辑分为学科文稿编辑和数字文稿编辑，是当前融合发展初期的过渡办法。学科文稿编辑最为理解内容资源，在纸质图书编辑加工阶段，对内容资源进行深度加工，基于学科脉络进行编辑标引、知识架构，甚至通过各种方式实现资源的价值增值，可大幅提高融合出版项目的质量和价值。数字文稿编辑对学科文稿编辑在已经加工过的内容资源上进行二次加工，数字文稿编辑对此则需要付出巨大心血。

在融合发展背景下，内容依然为王。文稿编辑作为内容质量的把关人责任重大，承担着夯实内容基础，打牢根基的作用，在出版融合发展中占据基础地位。

（三）融合发展背景下，营销编辑的作用

社会科学文献出版社的营销编辑主要包括学科营销编辑、数据库营销编辑以及新媒体运营编辑。不仅要具备学术成果推广能力，还要利用资源优势进行专业内容资源整合。

营销编辑需要充分分析和利用既有用户数据，用数据分析结果指导现实行为，确保精准呈现并推送产品。需要考虑读者在阅读方式、阅读场景、阅读习惯等方面的变化，制订营销方案，协同组稿编辑执行营销方案，甚至为组稿编辑和文稿编辑提供市场调研报告，为其组稿、编校提供借鉴。

另外，社会科学文献出版社要求营销编辑对接学科资源整合。营销编辑一般具有某一学科专长，在宣传推广时，会经常参加学术活动，营销编辑既充分了解市场，又可接触到专家学者、读者客户，在组织具有较高学术价值的稿源、进行内容资源整合，甚至是融合发展项目策划方面，都具有先天优势。

营销编辑作为融合发展战略的践行者，承担着传播、市场反馈、学术资源整合等作用，在出版融合发展中占据关键地位。

（四）融合发展背景下，技术编辑的作用

在社会科学文献出版社，技术编辑是指对内容产品／出版物的呈现方式进行设计，监督制作过程，保证内容产品／出版物生产质量的编辑。包括技术编辑（出版）、设计师、UI 设计师等。

在融合发展背景下，社会科学文献出版社定位是"做中国最具影响力的哲学社科学术内容资源整合平台、推送平台和专业知识服务平台"。平台搭建不仅需要组稿编辑整合资源、文稿编辑规范内容、营销编辑推送成果，而且需要技术编辑进行平台设计、视觉设计、监督制作、保证质量。

技术编辑作为融合发展战略的护航者，承担着监控、设计等作用，在出版融合发展中占据保障地位。

四、融合发展背景下，学术编辑评价创新

学术编辑的劳动是一种创造性很强的劳动。学术编辑劳动价值评价主要依托于职称评审，职称评审对于提高编辑地位，增强编辑人员荣誉感和责任心，加强编辑队伍建设都有非常重要的意义。然而，职称不等于称职，职称也不能完全评估学术编辑的劳动价值。

社会科学文献出版社通过编辑分级、实施名编辑工程和首席编辑工程，一方面细化了编辑评价，设置了破格标准，另一方面为表现突出的人才授予了"名编辑""首席编辑"荣誉，对于增强编辑职业荣誉感，努力实现编辑专业化知识服务转型目标具有重要意义。

（一）社会科学文献出版社编辑分级

编辑分级是社会科学文献出版社编辑专业化评估及晋升的具体路径，共分为十二个专业等级。其中高级专业技术职务正高级包括一至四级，副高级包括五至七级；中级包括八至十级；初级包括十一至十二级。除组稿

编辑外，文稿编辑、营销编辑、技术编辑不设专业一级。

编辑分级以编辑专业技术职务评审（编辑职称）为基础，依照编辑工作年限、学历、论文 / 论著发表情况、所负责图书 / 数字产品获奖情况、科研课题参与情况、个人奖项荣誉等进行专业分级。编辑分级条件要求包括申报必要条件和直接申报条件两种。申报必要条件，即符合一定条件时，逐级晋升。直接申报条件，即破格条件，允许跨级晋升。编辑分级结果与薪酬福利相挂钩。

（二）社会科学文献出版社名编辑工程、首席编辑工程

名编辑工程着眼于编辑职业生涯的再设计，包括名编辑评选和首席编辑岗位设置。名编辑是对编辑出版工作中成就突出的高层次人才进行激励和资助，为他们创新创优提供良好条件，打造一支思想活跃、学术功底扎实、观念创新、时刻把握学术出版前沿，具有较强组稿能力、资源整合能力、文稿编辑能力、营销能力、学术研究能力和出版管理能力的专业型编辑队伍。名编辑工程遴选分期分批进行，每二至四年增补一次。

社会科学文献出版社名编辑工程自 2014 年启动，选拔出 4 名在出版领域及学术界贡献突出的名编辑，这些名编辑对于社会科学文献出版社人才激励、人才培养以及创新发展等作出了突出贡献。鉴于此，2018 年启动名编辑增补工作，2018 年名编辑增补结合编辑分类进行选拔，经过社内外专家投票表决，评选出 5 名名编辑，其中包括 4 名组稿编辑，1 名技术编辑。

而从名编辑中评选产生的首席编辑是出版社编辑系列最高专业任职岗位和编辑最高荣誉，代表编辑业务的最高水平，工作成绩卓著，能主导、参与重大出版业务事项，在行业内享有较高威望。

综上所述，融合发展背景下学术出版机构应充分认识编辑的重要意义，从社会科学文献出版社的实践看，编辑不仅仅是图书生产者，编辑已经向知识生产者和传播者转型，编辑是出版社人才结构中的核心。出版机构应通过体制机制改革、考核激励方式创新、编辑职业生涯规划再设计等举措，助推编辑逐步明晰新时代的自身定位，努力使他们成长为专业内容

资源整合者、专业内容规范者、专业内容评价者、学术成果推广者、专业研究和知识服务者。融合发展时代，学术编辑应注重团队合作——在融合发展中，组稿编辑是核心、文稿编辑是基础、营销编辑是关键、技术编辑是保障，形成整体合力。另外，学术出版机构也要跳出已有的职称评审评价模式，探索满足新时代编辑所需要的职业生涯发展路径，重塑编辑的社会价值和岗位定义，倡导编辑的职业荣誉，推广名编辑。通过对编辑职业生涯的整体设计，加强编辑培养和人才培育，为学术出版机构的高质量发展提供高质量人才保证。

（作者单位：社会科学文献出版社）

知识服务中编辑作用和价值的思考

——结合中国地图出版社开展知识服务的实践

侯笑宇

一、引言

随着大数据、云计算、移动互联等新一代网络信息技术的快速发展和广泛应用，传统的出版方式迅速且剧烈地向数字出版方式迈进。与此同时，面对海量、无序的信息和知识，用户对精准知识的需求，引发了个性化、专业化、定制化的知识服务市场供给。因此，知识服务成为数字出版转型升级的必由之路。

在此背景下，编辑作为出版的核心人员，其工作发生了革命性变化，面对新的环境和工作要求，编辑工作面临更多的挑战。由于地图出版的特殊性和专业性，地图编辑不仅应具备一般地图和图书的编辑能力，还应具备内容建设、信息挖掘、知识构建等能力，积极推动出版社的知识服务实践①。

二、知识服务的概念和内涵

（一）知识服务内涵

知识服务，根据《GC/ZX 21—2015 知识资源建设与服务基础术语》中的定义是"基于知识资源或知识产品，满足目标用户知识需求的服务活动"。知识服务实际上就是根据用户的个性化知识需求，依托庞大的拥有版权（或版权经营权）的知识数据库，创新运用数据挖掘、语义分析、人工智能等多种技术，为用户提供多样化、定制化、精准化的集成知识或解决方案。

（二）知识服务特征

知识服务特征②主要体现在四个方面，我们紧紧围绕这四个特征开展了地图与地理信息知识服务方面的探索。

1. 知识服务是知识高度专业化且增值的服务

知识服务是依托知识内容提供的服务，因此高度专业丰富的内容资源成为知识服务的关键。这些内容资源一般是用户所不具备的，或者很难获得的内容资源。

2. 知识服务是个性化、定制化的服务

知识服务是对不同用户的具体需求提供个性化、定制化服务。随着网络信息技术的发展，可以根据用户类型和特点给用户提供不同层次的产品和服务，如搭建服务平台为客户提供更为便捷的定制服务，帮助用户更快

---

① 张晖芳：《浅谈互联网时代下地图编辑的创新》，《科技创新导报》2016 年第 11 期。
② 范周、熊海峰：《新思维、新战略：出版企业推进知识服务的对策探析》，《出版广角》2017 年第 13 期。

捷地找到自己需要的深层次服务，提高服务效率。

3.知识服务是以技术为核心的服务

出版企业为用户提供有效的知识服务，必须依托大数据、云计算、人工智能等先进的信息技术，用智能化的手段挖掘隐藏在大量显性信息中的隐性知识，从而得到相关的知识内容。

4.知识服务是以用户为中心的服务

知识服务是满足用户知识需求的、主动性的服务。知识服务以用户体验为导向，服务过程中需要用户参与，发挥用户的积极性，最大限度的满足用户需求，并激发用户的潜在需求。

（三）地理信息知识服务

地理信息知识服务是信息与知识在地理信息领域的延伸[①]，是依托专业的地图数据资源，对地理信息大数据进行分析、归纳、挖掘，发现其中隐藏的信息，为用户提供快速制图、地图产品、地理信息服务和地理空间分析服务等专业性的知识服务。中国地图出版社身处地理信息和出版两个行业，不仅要立足出版主业，积极推进传统出版和新兴出版融合发展，更要充分利用新技术，突破传统地图模式，向用户提供更多更好的地理信息知识服务。

三、地理信息知识服务中编辑的价值

（一）有效整合、充分挖掘数据资源，实现数据价值增值

开展知识服务的核心和根本是具备大规模、有价值的内容资源[②]。地图产品不同于一般图书，具有很强的专业性。中国地图出版社经过多年的发展，积累了海量的地图数字出版资源、作者资源、读者资源，在特色定

---

① 孙礌：《基于空间认知的地理空间信息知识服务体系初探》，《测绘与空间地理信息》2016 年第 8 期。

② 张新新：《出版机构知识服务转型的思考与构想》，《中国出版》2015 年第 24 期。

位、掌握核心资源方面形成了独特的优势。面向知识服务，我们整合了自然与人文、二维与三维、静态与动态等多源数据，建成了综合性强、应用面广、标准化程度高的全球一张图综合性地理信息数据库，主要包括教学地图出版资源数据库、全球地图数据库、中国地图数据库、城市地图数据库、历史地图数据库、旅游资源数据库等核心数据资源。其中全球地图数据库涵盖全球所有的国家和地区，拥有道路、水系、地形、港口、世界遗产、旅游资源等多类地图要素；中国地图数据库包含权威、准确的行政区划信息以及 100 多万条的居民地信息；城市地图数据库包含 300 多个地级以上城市，2800 多个县级城市，拥有详细的地名地址、城市街道信息。

资源库的建设过程中，需要保证地图数据的正确性。地图无小事，地图上的每个要素均反映着政治立场，无论哪个要素出问题都可能造成政治性错误。地图编辑通过专业的知识体系对海量的数据资源进行核查和整合，分类整理，并对数据资源进行深度挖掘、重组，为用户提供专业、准确的知识体系支撑，从而实现数据增值。

（二）利用互联网，结合新技术不断创新产品体系

知识服务是内容和技术相结合的产业，身处日新月异的互联网环境，编辑不能仅仅局限于出版领域，要以开放的心态，不断学习快速发展的移动互联网、大数据、云计算、人工智能等新兴技术，提升自己的技术应用能力，参与产品的设计开发，创新开发新的地图产品[①]。新的信息技术，在产品设计、解决方案实现等方面为编辑提供了更广大的施展空间。

中图 e 学堂就是一款我们自主设计研发，基于增强现实（AR）技术，面向地理教学的知识服务移动端产品。中图 e 学堂依托专业的地图数据库资源，对内容进行碎片化、结构化、多维度标引及深度挖掘，构建知识体系，实现地理知识的检索、浏览和学习服务。该产品结合等新技术，创新了产品体系，构建了课件、动画、图片、视频等多种类型的多媒体资源，

---

① 李弘、李鹏：《专业出版知识服务创新之路——以电子工业出版社知识服务内容建设为例》，《出版参考》2017 年第 11 期。

增加了教与学的互动性。

中图 e 学堂　　　　　　　　　增强现实（AR）

（三）满足用户需求，提供定制化知识服务

互联网时代，人们获取信息的需求和方式呈现多样化、网络化和智能化，人们更加关注能够快速获取所需的知识。知识服务产品的关键在于能够高效地解决用户的需求。呈现多样化、多层次、多功能化的产品，建立基于需求导向的知识服务，对编辑业务提出了更高的要求。

为了满足用户对地图越来越多样化的需求，我们设计开发了在线动态专题地图平台。该平台提供地图定制服务、地图基础底图浏览下载、专题数据可视化表达、地图成果输出等服务。依托有版权的、能够公开使用的基础地图数据，人口、医疗、经济等各项专题数据库以及制图规则库、制图模板库等知识库，即使没有专业知识和经验的用户，也可通过平台方便快捷地一键式制作专题数据地图，在地图空间上展示数据，供空间分析、辅助决策使用，打造专属地图应用。

（四）建立专业科学的知识服务运营体系

编辑在重视内容建设、知识构建和产品设计的同时，也要主张建立专业科学的运营体系。一方面建立"知识消费者"即是"知识生产者"的运营理念，强化用户理念和体验至上的服务意识，做到在互动中服务，在服务中引导，不断增强用户的参与度、关注度和满意度。另一方面合理利用和分析用户数据，通过用户数据为平台知识服务的补充和产品的设计提供支撑。

四、总结

综上所述，我们已经在地理信息知识服务领域研发了相应的知识产品，作为知识服务提供者的编辑必须尽快完成思维转变，以开放的心态拥抱互联网，全面认识知识服务的内涵，紧紧围绕"服务"，变产品思维为用户思维，变销售思维为服务思维，提升知识服务能力和水平，在新的知识产业链中谋求价值提升。

（作者单位：中国地图出版社）

如何打造国家级重大出版项目

——以《中国长江流域经济发展研究》为例

李慧平

国家级重大出版项目，区别于一般出版项目，它有自己特定的含义和特殊的要求，不同的出版流程，不同的出版重点，因此，在编辑出版工作中，具有特殊性。因为它的重要性，做好国家级重大出版项目值得多加探讨。下面，我将以自己策划出版的国家出版基金项目《中国长江流域经济发展研究》为例，探索如何打造国家级重大出版项目。

一、何谓国家级重大出版项目

国家级重大出版项目，是站在国家的高度，关乎国家文化发展的出版项目，是和中国特色社会主义伟大事业紧密联系的。

国家级重大出版项目具体包括以下几类：一是国家重大规划项目，如"十三五"重大出版规划项目，新闻出版产业发展项目库项目，国家重大专项出版工程等。二是重大奖项备选项目，如国家三大奖，各类重要专项奖等。三是各类基金支持项目，如国家出版基金项目，其他项目等。四是重大时间节点献礼项目，如迎接十八大、十九大献礼项目，其他重要时间节点重要项目，如改革开放 40 年、新中国成立 70 周年等。

二、国家级重大出版项目的出版流程

国家级重大出版项目，从选题、组稿、编辑、印刷、宣传营销方面都与一般图书有所区别。

（一）选题

在选题中，要关注新闻时事，对国家重大政治、经济战略要熟悉了解。当我看到《促进中部地区崛起"十三五"规划》中"三大战略"："一带一路"建设、京津冀协同发展、长江经济带发展时，便想到"一带一路"建设刚刚起步，而长江经济带发展得很有成效，这时如果能总结长江经济带发展的方法和措施、经验和教训，可以为"一带一路"建设提供借鉴。出版一部《中国长江流域经济发展研究》应当说是适逢其时，这样的选题属于重大出版项目，可以考虑申请国家出版基金资助。

（二）组稿

选题确定后，就要找作者。关于长江流域经济研究的作者，先查类似的选题，查找到了国内外第一部长达 142 万字的《中国长江下游经济发展史》，曾风行一时，版权输出到英美等国。作者张学恕长期致力于长江经济研究，有"长江立传第一人"之称。这应该是最合适的作者，有高度有深度，得到业界认可。只是，时过境迁，他应已高龄，不知道能不能胜任这部书的写作。查资料得知，他是江苏省委党校的教授。于是，经过我认识的江苏省委党校的作者介绍。就这样，找到张学恕先生。一番深聊，相见恨晚。张先生一生研究长江经济，积累了很多的资料，退休后仍然活跃在研究一线，并且不断有长江经济研究的文章发表。确定了张先生是此书的最佳人选。同张先生商定了此书分上中下三卷，对古代、近代、当代长江流域经济作一个全方位系统的研究。三部书稿尽量篇幅一致，但要对长江流域发展的突出时期浓墨重彩。

作者专心写稿，厚厚的手稿寄给我，先录入，再校对，然后开始申报各种项目，请教授写推荐意见。工作紧锣密鼓地进行着，最终一切顺风顺水，如愿以偿，申报得到国家出版基金资助。工作的每一个环节、每一点进展都要及时地与作者沟通，有问题共同商量，有成绩共同庆祝。

（三）编辑

国家出版基金项目要求比较细，需要成立项目组，分工合作，完成项目要求的工作。项目组成员包括责任编辑、美术编辑、校对人员、财务、印制、发行营销人员等。

1. 制定相关制度

诸如《关于国家出版基金资助项目〈中国长江流域经济发展研究〉廉洁保障制度》《关于国家出版基金资助项目〈中国长江流域经济发展研究〉资金使用管理办法》《关于国家出版基金资助项目〈中国长江流域经济发展研究〉的项目进度质量保障措施》等。

2. 指定责任编辑

一卷一责任编辑。三位责任编辑还要有良好的沟通协调。需要交叉看稿子，以对整套书有一个良好的整体把握。

3. 安排装帧设计

将关于书稿的基本内容，封面上用的广告语一并提交美术编辑。

4 安排校对人员，以保证校对质量

作为策划者和组织者，我要全面整体协调每一个环节每一件事，但同时，我也要审稿，为了把握书稿的内容质量，为了发现处理一些共性的问题，为了更好地指导责任编辑完成编辑任务。

我在审稿的过程中，发现存在一些问题，需要着力加以解决。

一是涉及大量历史纪年，后面括注公元纪年时，经常有错。

二是引用资料很多，有的会有大段重复，需要删除；有的个别前后引文不一致，要修改一致。

三是有造字，需要核实。确保造字不丢不错。

这些问题及时传达给每一位编辑，请大家多加注意。

鉴于书稿内容重要、篇幅较大，编辑环节三位责任编辑各守一书，同时交叉看稿，校对环节增加校次，以此保证编校质量。

对于书稿中的疑问，集中问题后我去找作者一同修改了好几天，吃住在他家，我负责做饭。每当工作结束时，张先生都要用白色的工程线将书稿捆绑一下，我奇怪地说，饭后我们马上就要接着看，为什么要捆绑呢？张先生说，有一次好不容易写的稿子，一顿饭的工夫，不见了，急坏了，后来就形成了这样的习惯，每次看完就捆起来，看它还能往哪儿跑。这样的习惯让我忍俊不禁，但同时也可以看到一位学者的严谨。

美术编辑的设计初稿，每一位责任编辑参与意见，几经修改，方得定稿。

（四）印刷

印制人员要安排选料，确定印刷厂。选料要与责任编辑和美术编辑有良好的沟通，互相参与意见。与印刷厂就工序、工期有详细的确定。在印刷过程中，要及时检查印制情况，以免产生问题。印刷封面时，在特种纸上印刷颜色有偏差，后经美术编辑调整，才印出漂亮的效果。

（五）宣传营销

确定营销方案。在传统媒体和新媒体上同时展开宣传营销，并要有专门的发行人员负责。每位责任编辑对自己的书稿要撰写书评、简介、推荐语。由发行营销人员安排发表。在微信平台上发布消息，撰写编辑花絮，撰写作者故事等，展开全方位的宣传。

三、国家级重大出版项目的重点工作

国家出版基金项目涉及工作很多，其中有的要多加注意。

项目有自己的制度，项目进行过程中，要严格按照制度执行。尤其是关于资金的使用，要在项目过程中合理安排资金的使用，做到钱尽其用。在《中国长江流域经济发展研究》出版过程中，关于作者的稿费问题，关于用料问题，关于编辑加工问题，每一个环节都要核算费用，和财务有良好的沟通，确保费用的合理使用，与预算的吻合度。

鉴于项目较大，沟通协调和交叉审稿便成了大问题。

以下是几点体会。

做一个编辑，一个打造重大出版项目的编辑，首先要不断地学习，在各方面都有丰厚的积累。打铁还需自身硬，如果自己没有过硬的本领，工作起来会处处掣肘。关键是，也很难做出好的项目来。

一是在策划选题和组稿过程中，要有洞察力。对国家重大问题有敏锐的感觉和很好的把握。如果不是长期的关注和向专家的学习，这一点是很难做到的。

二是在与作者交往中，要有亲和力。尤其在与重大项目的大咖级作者交往时，你要用实力说话。只有能自如地交往，表达自己的意见，才会得到认可。因为《中国长江流域经济发展研究》作者年逾八旬，与作者的沟通要靠写信，每次我都亲笔书写信件给作者。一次，张先生说，从你的信可以看出你文化底蕴很深厚，我很高兴将书稿交由你来出版。有了这个基础，后面的交往可以说是非常顺畅。处理问题时，张先生说，你比我还认真，有什么问题，你处理吧，我放心。

三是对作品要有鉴别力，确保作品的质量。《中国长江流域经济发展研究》当代部分内容薄弱，我建议张先生将最近几年发表的研究的成果作为附录放在书后面，一是展示最新研究成果，二是丰富当代部分的内容。得到了张先生的认同，于是三部书稿都拥有了很重的分量和很高的质量。

　　总而言之，对于国家级重大出版项目的出版，离不开优秀的作者和优秀的编辑。

　　纵观《中国长江流域经济发展研究》的出版，作者一生皓首穷经，研究不辍；孜孜矻矻，情注长江。不求著作等身，借宣传出风头；只是坐得冷板凳，悉心追求。积二十五年功力，一字一句，一笔一画，用工工整整的钢笔字书写了三尺高的手稿。这是久违的学人风范，这是难得的赤子情怀。编者认认真真，一丝不苟，多方筹划，努力不辍，终于铸成三卷精品。这是长江流域经济发展之幸，更是中国经济发展之幸。

（作者单位：山西经济出版社）

浅谈图书出版如何打造精品力作

——从《决战崛起——中国超算强国之路》打造精品图书说起

王创国

2017年4月，由国防科技大学出版社出版的《决战崛起——中国超算强国之路》一书，获第六届中华优秀出版物图书奖，该奖项也是军队唯一一家获此奖的出版社；6月，该作品又获湖南省第十三届精神文明建设"五个一工程"奖。本文围绕该作品获奖，从"四点四抓"谈图书出版如何打造精品力作。

一、切入亮点，抓好选题策划

纵观当前精品图书出版存在的问题，除了出版单位对出版精品图书重视不够，根子还在选题策划上，即不知道从哪里选题，从何处策划，怎样策划，一句话，就是不知道门从哪里进，切入点怎么找。策划是图书出版的首要环节，也是重要环节，要出版一本好图书，必须从选题策划抓起。要抓好选题策划，必须抓好选题策划的切入亮点。一本好图书选题策划的切入亮点是什么呢？那就是选题领域具有绝对优势性，选题方向能传播正能量，选题影响会产生巨大的社会效益，三者缺一不可。同时抓住了这三个方面，就抓好了选题的亮点。国防科技大学被誉为"军中清华"，优势学科不少，高水平的科技成果更是层出不穷，在这么多的优势学科和科技成果领域，如何选出亮点领域，这就需要出版社精心策划。我社经过编辑室广泛搜集选题方向，社重大选题委员会初选，召集作者、有关专家学者、编辑三方座谈会等形式，在听取各方意见的基础上，从领域优势、时代需要、社会价值三个方面，对选题进行可行性分析，最终确定以传播银河精神为目的的计算机领域为切入点选题。选题方向明确了，图书的名称怎么定也十分重要。一本好的图书，书名可以起到画龙点睛的作用。书名既不能大空让人望而生畏，也不能过小过俗让人产生厌倦，要具有创新性，能吸引住读者。我们和作者一起拟定了五个书名，把这五个书名拿去征求有关专家读者意见，最后确定了《决战崛起——中国超算强国之路》这个书名。决战崛起——彰显了科研工作者们的拼搏毅力，中国超算——体现了研究领域的绝对优势，强国之路——顺应了强国梦的时代召唤。这个选题很有特色，既能体现国防科技大学的优势学科，又能体现国防科技大学的高水平科技成果。

二、突出重点，抓好作品质量

抓好作品质量，是打造精品图书的重点环节。作品质量好坏取决于作者撰稿和编辑加工两方面，要让作者写出高质量的稿件，深入调研很重要。军队是一个特殊的集体，人员流动大，这部作品时间跨度长，涉及人员多，收集资料相当困难，昔日的相关人员，有的可能已经不在世，有的可能已经退休，有的可能升迁，有的可能转业，全国各地各行各业可能都有，让作者去调研掌握第一手资料，没有一定的时间和经费保障很难完成。为此，我社和作者单位协商，让作者腾出专门时间，社拿出专项资金，让作者深入一线调研，掌握了大量第一手资料。资料收集后，我们反复组织作者、相关人员和编辑等商定编写纲目，并实时全程跟踪书稿进度，把好书稿质量作者撰稿关。有了好的稿源，没有好的编辑加工同样不能保证书稿质量。我们首先强化编辑的精品意识，培养编辑的工匠精神，举全社之力，抽调精兵强将组成编审组，对精品图书实行优于高于一般图书的编审，采取双人编审，即双人责编、双人复审、双人终审、双人责校，并细化各自责任，把责权利相统一，从编辑加工方面确保作品质量。

三、严把末点，抓好出版发行

出版发行是图书出版流程的末端环节，包括封面设计、印刷装订、销售发行三个方面。图书封面是图书的门面，好的封面对提升图书质量影响很大，一般图书封面我们是美编设计几个方案和作者沟通，最后从中选择一个。精品图书，我们面向社会公开征集封面设计，并邀请美学、心理学、相关专业人员和读者组成评选小组，采取公正、公平、公开的原则严格优选方案。印刷装订，精品图书印刷装订我们实行公开招标，择优竞选，全时监管，从纸张质量、印刷工艺到装订，出版社专人监督。销售发行，精品图书我们采取赠送与销售相结合，以赠送带销售的发行思路，《决战崛起——中国超算强国之路》一书，我们第一版印刷2万册，全部免费赠送读者，读者阅读后评价很高，产生了强烈的社会反响，许多新读者纷纷要求购买此书，许多机关单位成批订购，我们三次再版，共销售50万册，产生了可观的社会和经济效益。

四、借助网点，抓好宣传造势

精品图书，应该把社会效益放在第一位，在"互联网+"时代，打造精品图书必须借助网络平台，抓好宣传造势，产生社会影响。打造《决战崛起——中国超算强国之路》精品图书，我们借助驻地湖南省农家书屋网点和军队政工网、互联网平台积极造势，扩大图书社会影响。我们先后向全省500家农家书屋投放实体书籍5万册，在军队政工网、互联网、手机APP平台大力宣传推广，产生了强烈的社会反响。同时，我们让书中人物原型代表进军营作报告，深入工厂企业做演讲，作者与广大读者签名见面会等多种形式宣传推广作品，达到了精品图书社会效益第一的目的。

打造一本精品图书，是一项系统工程，需要出版社、作者、编辑和读者多方融合努力，需要图书出版各个环节严抓细抠。现在我们国家图书出版论数量绝对优势，论经济效益也十分可观，但图书缺少的是精品力作，编辑缺少的是工匠精神。许多出版社出版图书首先考虑的是经济效益，社会衡量出版社强弱也是看产生了多少经济效益，这种不科学的评价观、导向观是制约精品图书出版的桎梏。我们必须树立系统思维理念，超前谋划，长远打算；必须树立正确的评价观导向观，以社会效益第一引领图书出版回归本位；必须树立精确管理思想，发扬工匠精神，精雕细刻出好作品。只要社会积极营造浓厚的精品出版氛围，正确引导精品出版，大力支持精品出版，广大读者追求精品、热爱精品，希望多出精品；出版社坚持正确的精品出版导向，科学谋划精品出版，精细组织精品出版；广大编辑树立强烈的精品出版意识，以无私奉献精神敬业，以工匠精神从业，我们就一定能出高质量的精品图书，为文化强国实现中国梦作出出版人应有的贡献。

（作者单位：国防科技大学出版社）

新时代一名医学编辑的思考与实践

周 宁

《宝莲灯》动画编剧向华老师曾说过这样一段话："对于原创绘本行业，优秀作者已然很稀缺，但比优秀作者更稀缺的是优秀的绘本编辑；比绘本编辑更稀缺的是优秀的出版人……"这句话放在各个出版领域看起来都适用，医学出版领域也是如此，优秀的作者已然很稀缺，但比优秀作者更稀缺的是优秀的医学编辑。编辑的视野和高度、编辑的工作质量决定着整个社会的阅读品质。

笔者常常思考，新时代的优秀医学编辑应该是什么样的。策划过畅销科普书？斩获无数的奖项？我想，这些都并不是一位优秀的医学编辑的标配。这些仅仅是表象，是编辑职业生涯中锦上添花的荣誉，可遇而不可求，是其标而非其本，而优秀编辑的标配，是他的内在，他对医学的理解和悟性。

谈到医学编辑，离不开编辑对医学的认知。编辑需要在工作实践中逐渐加深对医学的理解，一方面是多学科医学知识的积累增加感性认识，另一方面编辑需要主动获取理论知识增加理性认知。那么什么是医学？看似简单的问题，实则是一个复杂的叩问。根据《科学技术辞典》的记载，医学是旨在保护和加强人类健康、预防和治疗疾病的科学知识体系和实践活动。《希氏内科学》（第19版）篇首进行了更广义的定义："医学是一门需要博学的人道职业。"它的道德性质类似于宗教的传道——旨在暗示医生们应该为信仰而行医。[①]

《白色巨塔》一书中，有许多有关医学的终极拷问和精辟论点，其中一面讲到医学、医生的工作重心从战士、战术思维（冲锋陷阵、决一死战，压倒一切敌人而不是被敌人所压倒）转向将军、战略思维（运筹帷幄，把握战争大局，既签署总攻命令，也签署投降书，放下屠刀，立地成佛），整个局面由决生死、惜生死转向达生死[②]。这段话深刻阐述了一位长久浸淫医学人文领域的师长的人文智慧，我认为一位编辑欲做好医学编辑，不是仅仅是在编辑技能、畅销书技能方面精进，还必须在医学人文方面不断研习和精进，跳出畅销书思维审视选题，运用批判性思辨审视选题，调用多方视角，方可有所取舍、有所坚持，必要时舍弃畅销书思路，以读者为中心，而不是以市场为中心，不是以成就自身为中心，向作者学习、向作品学习、向过往与现代的智者借取智慧，这样才能为成就作品争取更多一点机会，一直坚持这样做，才能有机会成为一名优秀的医学编辑，实现由战士、战术向将军、战略的转变。

医学编辑是一个人在字里行间的行走，是在别人看不见的地方见到自己的良心和作为，在文字的王国里行走，又跳出文字的方框，有通观全局、达观天下的格局。见微知著，洞见未来。编辑畅销书并不是编辑的终

---

① 王一方：《医学是什么》，北京大学出版社2010年版。
② 王一方：《白色巨塔——电影中的生死、疾苦与救疗》，北京大学出版社2012年版。

极目标，编辑出优秀的作品才是编辑的终极目标，在此基础上尽可能帮助一本书稿的生命力更持久、生命周期更延长。

本文将从医学编辑的政治素养、专业素养、人文素养、项目管理、选题思考、编辑品牌六个方面进行论述。

一、医学编辑的政治素养

医学编辑是优质阅读资源的把关人，决定着提供给社会什么样的精神读物①。编辑的价值观只有与社会主流价值观相符合，才能策划出政治方向正确的作品。

（一）医学专著中的政治问题

在编辑实践中，笔者发现虽然医学专著中的政治性问题总体并不突出，但依然存在，比如在引进图书中，译者往往对台湾问题不够重视，尤其是某些指南的使用范围，以图注或脚注标示的台湾地区与国家并列，这是需要仔细甄别的。

医学图书中还有较多图表，涉及疾病流行病学分布图时，需要审核中国地图是否正确。

笔者在审读一份康复专业书稿时，发现了前言中有残疾人人权的文字描述，与本书内容并无太大相关性，经与作者商议，对该句进行了修订。

（二）医学人文作品与医学科普作品中的政治问题

医学作品中的政治问题突出体现在医学人文作品与医学科普作品中。医学史作品中涉及国家领导人的照片，需要仔细审核是否新闻刊发图片，如果未经新闻报道过的图片，涉及国家领导人的养生保健内容等，均需要申报重大选题。

---

① 朱晓莉：《21 世纪医学图书编辑应具备的素质》，《浙江医学》2014 年第 24 期。

医学历史的描述中，涉及"文革"的内容，由于医生作者往往对出版的政治性要求不清楚，所以对内容的把控力也是不强的，需要编辑的耐心辅导，取其主要的论述要点，而对不影响大局的枝节进行调整。

医学科普作品中，由于作者多为专职医生，对科普创作过程中追求新奇有趣，往往信马由缰，对文字描述欠缺严谨，也会导致出现政治性问题。我曾经发现 24 小时样书中出现了"南中国"的字样，及时汇报上级领导，对该书中止装订，对书中文字重新进行三级审读，避免了不严谨的文字内容流传到社会的情况。

在部分市场已出版发行的科普图书中，笔者也发现了部分医学科普图书存在将低俗当卖点的现象，比如一本非常优秀的畅销医学科普图书中，用"失去处女膜的完整"来类比生活中的事件，笔者认为在医学科普选题中，此类的类比确实可能赢得读者哈哈一笑，当时觉得过瘾，但这并不是不可替代的比喻，这是非常明显的迎合市场的写法，对作品的市场性会加分，但对图书整体品质会有折损，对作者、编辑都会减分。有此类调侃如果是编辑刻意而为，是科普及文化出版中不值得提倡的。

在笔者审读过的科普书稿中，有作者把人体的器官之间的关系曾类比为"党群关系"，笔者认为此类比多有不妥，经与作者协商，将类似的写法进行了改写。

二、医学编辑的专业素养

医学是一门实践性非常强的学科，因此在医学出版物中，对科学性及准确性的要求甚至是苛刻的，如果一个药品剂量写错，就可能导致临床用药剂量的巨大偏差。多年前笔者在医院工作遇到了这样一个案例，医院的《药品名录》手册中泼尼松的规格错写成了 50mg，结果临床医生口头医嘱一次 1 片，一天 3 次，新来的护士不熟悉药品规格，按照手册中的"50mg，tid"，开具了医嘱，这下病人用药量放大成 30 倍，幸亏在药品发放环节四查十对及时发现了问题，没有给病人用上。由此可见，医学知识的传递，必须是非常严肃、严谨的。

在审读专业作品时，笔者发现很多作者，包括知名医院的知名专家的书稿，也存在较多用词不规范和科学性问题，比如"血尿"一词，有作者笔误为尿血，这是一部现代肿瘤学专著，"尿血"一词为中医用词，故此经与作者确证，改为了规范的"血尿"，这是不规范的问题，还有专业错误，需要认真审查。例如在一部校本生物化学教材中，作者误将葡醛内酯（肝泰乐）的作用机制写为"可与葡萄糖结合"，笔者在审读书稿时发现了该科学性问题，经与作者确认，修改为"在体内转化为葡萄糖醛酸，与体内多种代谢产物或毒物结合成无毒的葡萄糖醛酸结合物排出体外"。

上述种种情况，原因可能与写书是医生工作之余的事务，临床等工作已经牵扯了医生较大的精力，在写作上的精力投入相对不足，同时医生对编务工作不熟悉有关。对于出版的要求，即便是出过书的作者，也不一定有精力搞得很清楚，这就需要编辑对编务工作非常熟练，弥补作者这方面的欠缺，在选题确立之初便通过组织编写委员会，对编写工作进行辅导。

作为医学选题的质量负责人，责任心是第一位的，紧跟其后是能力的不断飞跃。笔者曾负责过指南类专著作品的编辑工作，这是一份完成了两个审次，准备推送三审的书稿，通过认真阅读前言，发现了很多语病问题在前两个审次并没有解决，因此笔者把这份稿件暂停下来，亲自进行了补充审读，发现了几个重要的问题：第一，初审中发现全书的层次不够统一，虽然两个审次进行了修订，但依然没有统一到位；第二，稿件中涉及的药品名称并不多，但 3/4 的药品名称均出现差错，而之前并没有被发现，这说明加工编辑的专业功底不扎实，发现不了药名的差错；对于不熟悉的药名既没有认真审核也没有查证，这也说明责任心不够；第三，稿件中引用的图表是过时的图表，而与新指南的文字说明并不相符，这是交稿时主编没有很好统一稿件所致，我们的指南性作品是行业内的专家共识，非常注重更新换代，对读者的临床工作参考意义巨大，如果用了过时的图表，而不是重新绘制最新的图表，就失去了修订新版的意义；第四，在个论的内容中，每个并行疾病的描述格式不统一，甚至每个疾病内容下的二级标题的名称不一致及顺序不统一，这是作者之前没有留意的，在此一并向作者进行了沟通，商议修订事宜。

专业书稿中能够迅速发现重大问题，需要编辑具备较高的专业素质和纠错敏感度，这样才能一针见血地发现问题、解决问题。

三、医学编辑的人文素养

人文素养是医学编辑应该重点培养的能力之一。只有医学编辑具备了较深的人文素养，有较好的医学史和医学伦理学背景，才能准确抓取作品的思想内涵，评判作品的得失和作者的水平，发现有潜质的作者和作品。医学编辑的人文素养应立足于医学而不局限于医学。

（一）能够客观评判医学进展

对于医学的新进展，应采取积极查证、谨慎吸纳的态度，不被片面的证据和线索所蒙蔽，而从多角度进行综合评估。图书编辑更需要求稳，求科学、准确。

（二）能够依法依规以全局性视野评判作者的观点

作者是我们的老师，编辑应非常注意向作者学习，这是编辑工作中源源不断的成长智慧源泉所在。但是编辑又不能走入另外一个极端，那就是被人牵着鼻子走。一些编辑在面对知名作者时往往屈从于作者的各方面要求。需要注意的是，编辑不是服务生，编辑是独立于作者，不受作者观点牵制的文字工作者，是依国家出版法规赋予责任与义务的出版责任人，肩负内容把关职责。

编辑要尊重作者，但不是迎合作者的一切要求。

在处理学术专著时，尤其是专家共识和指南性稿件，编辑应时刻警惕稿件中不能夹带软性广告，不能夹带经不起推敲的内容，这是编辑的一项非常重要的工作，编辑要为作品的严肃性、公正性把关。

（三）能够从成熟的视角评价医疗内容

由于临床实践复杂多变，疾患的情况又有千差万别，医者、患者都很难对应到标准化的决策体系中来，在这种情况下，如果书稿中涉及决策系统，优劣与否，是否合理，原创性的内容责任在于作者，审核责任在于编辑，考虑到这种临床复杂多样性所带来的质量把关困难，编辑应在策划源头就锚定国内、国际一流的临床团队作为作者，而尽量不要找学术地位不够过硬的作者团队来承担编写工作。

在面对技术成熟度非常高的团队时，又要更多从人文角度进行内容把关。第一层意思是对图书读者进行人文关怀，提高书的实用性、可读性和易用性；第二层意思是对图书最终所服务的对象——患者——怀有人文关怀，重视患者的需求，不陷入唯技术论的暗盒里。

（四）关注工作中的每一个细节，只为有机会做到更好

《医生的精进》一书中有一段话让我感动："巴格达的战地医生们深夜里坐在电脑前的场景，他们知道分析的结果十分重要，所以废寝忘食地收集着那些数据。他们深刻地了解，唯有像这样关注工作中的每一个细节，才有机会做到更好。"[①]编辑的工作何尝不是如此，为了做好一本书，编辑付出的是8小时之外的精力，用于与作者沟通、与平台沟通宣传事宜、安排读者见面会活动，在各种可以接触的机会中寻找可能的推广机会。一个优秀的编辑并没有上班和下班的严格时间划分，目的就是争取一线希望，陪伴一部优秀作品走得更远更久。

---

① ［美］阿图·葛文德著、王一方主编：《医生的精进——从仁心仁术到追求卓越》，李璐译，浙江人民出版社2015年版。

（五）跨界是新时代编辑的重要能力

将文学、绘画、影视及其他领域与医学作创新性结合，策划创新的阅读体验、视觉体验、观影体验，具备人文气质的编辑，能够吸纳更多艺术元素进入选题的策划，使得图书具备与众不同的气质，编辑也从一部部作品中逐渐形成自己的编辑风格。在医学科普图书策划工作中，为了更好地了解插画，品鉴绘图质量，寻找合适的插画作者，笔者从水彩、工笔、油画、一路摸索到手绘版电子绘图，都亲自研学与实践，与国内医学插画领域、医学科普漫画领域的知名作者皆成了好朋友。这是编辑在努力实践和摸索。

四、医学编辑的项目管理

编辑不是经理人，也不是经纪人，不过编辑确实做了一些经理人和经纪人所做的事情，概括起来说，就是事无巨细，有关一本书从立项到直达读者终端，在这整个过程中，都融入了编辑的心血。笔者截取编辑的项目管理工作的三个片段，与读者一起分享编辑如何嵌入项目流程中来。

（一）封面设计

封面设计是策划工作中的攻坚战、速决战。笔者对封面设计稿的要求是争取一次通过，极个别的封面（大概5%的概率）返修达到3次。笔者把提高设计通过率作为工作效率指标之一。减少次数就自然提高效率，质量也会提高，这体现了精益管理的思想。合适的设计方向，不是通过反复修改得到的，无休止的返工损耗了编辑精力，影响作战士气，战绩不会太好。要达到这样的作战目标，设计之前要制定切实可行的设计方向和目标，准备素材，为设计师解决困难，逢山开路、遇水搭桥。

（二）版式设计与成本

成本控制是项目管理的一个重要环节，设计则考验编辑的审美等综合把控能力。设计兼顾成本与阅读舒适度，医学编辑应对开本、印张、定价非常熟悉，能够与美术编辑一起设想未来实体书的模样。经过对字体、字号及行距的反复测试，合算印张，从目标定价倒推控制成本。

（三）医学编辑的宣传工作管理

与医学主流传统媒体如《健康时报》《健康报》，新媒体如《丁香园》《医学界》，电视媒体《养生堂》等保持密切联系。制订整体宣传营销方案，合理调配资源，在作品审读过程中即开始指导作者，并帮助作者共同联系荐书人，收集书评。准备宣传文案，制订发布时间、平台。

五、医学编辑的选题思路

选题是编辑的工作的核心，选择怎样的选题，也就有怎样的编辑生涯。编辑对选题的理解，对市场的判断，是在实践中不断加深的。新时代编辑面临了新媒体下阅读环境的巨大转变。

医学专业书籍和疾病科普图书属于刚需，虽然需求量不大，但持久稳定。新时代医学编辑要面临的挑战是如何把工作能够融入"健康中国2030"国家战略中来。如何在全年龄段人群中取得健康普及工作的开展。我想，如果定位于做畅销书，可能不是非常容易实现的路径。当然走其他路径也并非轻而易举，笔者认为可行的路径是扎扎实实做内容，不靠爆料和吸睛来做热点营销。应该找途径打通用书渠道，然后编辑可以腾出手来集中精力针对读者年龄特点打磨优质内容，而不是一心想着市场。中国不缺优秀的原创作者，缺的是优秀渠道和优质资源的整合人，编辑承担着后者，应有出版人来负责打通前者。

真正把严谨、有趣的健康科普内容打入"健康中国"的基石，这是新时代优秀出版人和优秀医学编辑应该思考的课题。

六、树立编辑品牌

从勤奋看编辑的诚信，从谦和看编辑的心胸，不断学习中看编辑的初心，外圆内方是编辑的坚守。

珍惜优秀作者资源，以真诚、仁义、厚道待人，而不是以利相交。

有人说，编辑与作者合作，就是为了多条人脉，将来看病好找自己作者加号。对于这种说法，笔者很不认同，笔者从事医学编辑工作以来，没有动用作者资源用于工作以外的私事。笔者认为，编辑与作者的交往，必须放下一切利益的交接。笔者自己编辑的作品《医述：重症监护室里的故事》里罗震中说过一句话，给笔者印象非常深刻——"医生的心很简单，只有简单的心才容易清空"——这句话笔者用于自勉，编辑的心很简单，容易清空的心才能保持初心的纯朴，不受各种欲望与诱惑的干扰，才能直达目标。简单做人，干净做事，为编辑树立品牌。

编辑工作的品牌，很多时候是在口碑中树立起来的，编辑不需要时时处处围在左右，但是在需要出手时，他一定会是热心和仗义的朋友。同时，编辑对待作者和作品的温度，反映了编辑的处世态度和担当。

在与协和的青年学术平台"协和八"公众号合作的过程中，当费尽周折联系到平台负责人，顺利约见并洽谈合作意向成功后，笔者心情的兴奋难以自抑。这虽然是一个年轻协和学子们组建的平台，其实质是依托整个协和医院的副高级以上职称专家审稿团队，这次合作意味着一次优质学术资源的整合。那是一个早春 3 月，春寒料峭，下午 4 点，笔者从协和医院结束洽谈离开，一路信步从西门走到了天坛北门，再从北门穿越天坛，走到天坛西门后才打车回家，这种对选题珍惜，对作者资源的看重之情，贯彻到了之后合作的每一个细节中：书名从《一不小心学了医》调整为《从医开始：协和八的奇妙临床笔记》；版式设计为双色；作者提供的原图不够清晰和美观，笔者协助作者寻找合适的画师，定制手绘黑白线条插图；为完成设计师创意，笔者克服困难定制章节头图，这部作品经过长达 7 个月的打磨，在平台一亮相，就获得了医圈内年轻医生的一片赞叹，三周内首印的一万册即发完，重印一万册，第二年进行了第三次印刷。该书获得"第四届中国出版政府奖"设计装帧提名奖。

编辑的用心体现在优秀的作品中，作品是编辑的名片，正是一张张精美的名片拼合起来，就形成了编辑的品牌。

综上所述，在这个物质与技术、信息极大丰富的时代，医学编辑如何划出编辑工作的边界，如何锚定工作的愿景，不逾矩，有担当，这是新形势下我们每位医学编辑的担当与责任。笔者从事医院药学工作八年后转入出版领域从事策划编辑工作，结合自身的工作经历，加入一点粗浅的思考形成本文，希望整理出来请各位前辈批评指正。

（作者单位：人民卫生出版社有限公司）

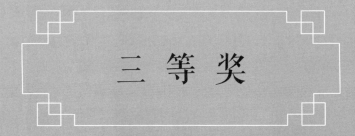

三 等 奖

新时代编辑对出版工作的思考

高　静

随着出版业的日益发展，不断适应当下的出版新形势，编辑的责任任重道远，新时代编辑的工作应当是个多面手，一个优秀的编辑在组稿前就应当为此统筹出版工作，打好提前量，什么样的图书选题更有生命力、如何顺利出版、图书出版后怎样持续叫座叫好，怎样更有效地出版融合？我为此陷入深入思考。

一、坚持原创出版，做一个有温度的出版人

坚持本土化原创选题是新时代编辑的工作之重，比如优秀的儿童文学作品会浸润儿童心灵，陪伴儿童快乐成长，儿童文学能潜移默化地提升

少年儿童的综合素质。出版优秀的儿童作品，也是我们出版工作者应尽的责任。初识作者时我一直思忖他们笔下创作的作品，妙笔生花。璀璨之作能让人爱不释手，莫名其妙的喜欢。我时常为此感叹作者原创的文化力量，编辑开拓原创选题更是重任在肩。

（一）用心对待作者，积累作者资源

编辑不断积累作者资源，建立作者资料库，时常关注出版动向，了解作者的活跃度，抓取合适的出版题材，我想这是编辑工作具备基本的职业素养。

首先要与作者融洽沟通，与作者先做朋友，之后再谈选题的创作，谦虚面人，低调行事。其次，编辑为作品内容的修改要恰到好处，甘心为作者做嫁衣，甘于默默地无私奉献的精神，永葆文化情怀，做一个有温度的出版人。作者资源需要不断积累，才会源源不断出版。工作还要愿意去做，否则难有效率，工作还要能做，否则无法上任，难有责任心。

（二）坚持原创作品，传递爱的力量，怀揣梦想坚定信心

编辑或许在一个特定时期下，曾困惑迷茫，工作难免会遇到各种问题。坚持信心，我相信困难都会迎刃而解。出版原创儿童文学一直是我喜欢的图书选题，源于我对此热爱从而追逐着梦想。万一实现了呢？为了坚持原创儿童文学选题，我转乘几次交通工具，一路波折，终于与作者会面。

初见作者时她面带灿烂的笑容，像个童心未泯的孩子，轻柔的声音，明亮的眼神，她永远是一个快乐的人。无论与她在定水桥头吃着豆汤面，还是漫步于田埂间，我聆听她的每一个故事。她就像她写的书一样，真实，感人，淳朴，情怀恋恋……与她在一起时，让我明白爱可以包容一切，由于一部儿童文学作品与作者邂逅，彼此默契十足，心底间共同触发着体味人间五味杂陈，同时又为此共鸣。感同身受着越努力越幸运的这句话的真谛。都说爱笑的人运气不会太差，事实也是如此。

作者笔下传递的就是爱的声音，这是让你流着热泪笑着看完的原创作品。从云南的丽江写到广东的番禺，从川南的边城写到攀枝花的米易，一路采写。用手中的笔写着真实的故事，并讲述着别人的故事。他们展示了彝族人不屈不挠的优良品德。笔者笔下传递的是中国力量，可以让他们去战胜崎岖的人生路上一个又一个的困难。

作品面世之后，我欣喜、激动、迸发着对出版工作的执着，爱上了这些原创作品，真情是世界上至真、至善之情，在我的脑海中萦绕着鸡鸣三省的灵山秀水之美，心里迸发着那无私大爱的浓郁温情，眼眸中闪烁着彝乡火把节欢歌笑语的风土人情，同时仿佛亲见彝人的坚强，勇敢面对命运的百态人生，不屈服，不自弃。笃定这个世界的美好，爱的力量会让人更加坚强，爱的力量会让浸满泪水的双眼瞬间充满幸福，更加明亮，爱的力量让脚下的路更加平坦、宽广。内心中寻味着古巷琴声的那位卖豆浆的老人的淳朴之爱，乡邻友情。

世上的爱有千万种，父母之爱，手足之爱，师生之爱，恋人之爱，友情之爱……博爱之大，无处不在。每一种爱都刻骨铭心，伴随着种种之爱，不断前行，脚下迈的步伐才能铿锵有力。每个人成长的环境不同，所以经历不尽相同，困苦也好，富贵也罢，没有哪个孩子愿意孤独相随，亲情所至，大爱无疆。为此感叹，苦乐人生！那些挫折、失败、璀璨、成就随着人生阅历，终究只是一种经历而已。

我曾去拜访一名著名的儿童文学作家，因组稿中与作家成为朋友，聊天中发现他永葆一颗童心，笔者笔下的作品内涵丰富，现实故事细腻意义深远，写给孩子们让阅读充满阳光，好的作品能指引孩子们对人生美好向往，积极向上乐观的态度对孩子们身心健康成长有益，同时是回味无穷的精神食粮。我更热爱这些原创作品，深刻体悟到本土原创创作根植于内心，领略这些作品的纯粹，坚定信心努力做好儿童文学原创的选题。因为热爱，所以执着。这些原创作者的作品不仅深受中国小朋友们的喜爱，近些年来还不断输出版权到国外，同时深受全世界小朋友们的追捧，经常在读者群里看到小读者们阅读后的反馈，有的甚至废寝忘食，走到哪里都拿着他们喜爱的图书，有的用英语写出读后感，我的内心感动不已，并与读者互动起来。这就是文字的力量，向品质致敬。出版人的责任，不忘初心，继续前行！坚定信心，不断挖掘本土文化，让更多的优秀作品面世，是出版人不断前行的方向，更是出版人所向披靡的艰辛旅程。文化自信，坚持原创培育自主品牌，深信出版人的正确思想，开阔视野放眼未来。

2017 年出版数据表明：图书销量总量上升，出版总量下降，不难看出图书品牌是出版行业的生命线，精心打造文化精品，需要不懈的努力。阅读是一种信仰，我们要做一个有温度的出版人，编辑要理性思考，不再是大批引进国外版权的图书，而是我们要把原创自主品牌的图书出版，最后输出到国外，呈现给全世界人民再现我们的中国出版，中国的文化。

（三）定向出版发挥专业特长，渠道优势明显

图书编辑需潜心钻研同类选题，反复思考，不要挖坑就是菜，更不要什么选题都来做，坚持不懈，终会开枝散叶。专业编辑按专业所长出版，社科、文艺、少儿、教辅、科技类等，图书编辑应当沿一个方向按专长组织选题。同一选题，采取不同的装帧形式从而会带来不同的定制产品，比如：农家书屋、图书馆馆配、独立实体书店等进行分渠道定制图书形式。

改革开放 40 周年主题出版涌现出一批优秀图书，尤其"红色文化"的传承，让世人重温经典、寄情文化，共享特色出版的饕餮盛宴。中国博大精深的文化源远流长，悦读书，爱生活，让读者兴致而来，爱不释手而归。坚持原创出版，我们一直在路上。

二、新时代编辑是参与营销的推送者

出版后的图书由发行渠道面向市场，一本图书的诞生后编辑应当关注运营模式，比如：微信营销的推广，手机媒体的广而告之则是最有效的宣传方式。文案的制作、图书简介、作者介绍、推荐语由编辑提供，简明扼要的写好宣传语则是画龙点睛之处。编辑为所出版的图书策划营销宣传语，一语中的，激发他人对此图书广告能读下去的兴趣，也是新时代编辑必备的技能。微信公众号平台的迭代，全国 1/5 在华企业都已开通微信公

众号。助力我们为图书宣传多角度推送，网络迅速发展的时代，新时代的编辑不再仅是一个案头的工作者，要更多理性思考去实现出版后的所有可能。随着当当、京东、天猫、亚马逊等各大网商平台的出现，各出版单位加大与各网销平台的合作，从而能给图书更多的展现与销售机会。一本图书不再是原有的单一传统销售模式，更多是网络平台的销售，从而延长其生命力。编辑是否会关注这些平台的销售呢？有些编辑出版后便完事大吉，比如：图书的详情页做得是否详细，是否缺失内容，是否卖点恰到好处，编辑是否亲力亲为与美工一起完善图书内容……编辑的思想决定美工是否能完成一个精美的详情页面，不难断定编辑是一个执行者，决策者。也许会有人认为那是美术编辑的事情，但我想没有人比责任编辑更了解图书的细节内容，详情页内容越详细，越能吸引买家眼球，从而促使达到购买。所以图书上架之后的销售与责任编辑准备前的策划工作密切相关。不要总用抱怨的心态来面对，不要总以老大自居，书出版后为什么不好卖？为什么全是库存？请静下心来扪心自问，是否做到你要比他人更关心图书出版之后的营销模式与成长周期，自然会有答案。

出版后的纸质图书，是否还可以多种形式运营，知名作者除了一些大型的签售活动，还可以在各大平台上提供一些与读者的互动，以增加粉丝的黏性。一本图书营销的成与败，直接与编辑思维关系密切，新时代编辑不仅仅是辛勤的耕耘者，而且是与时俱进迎难而上的开拓者，与时代同行的先行者。

三、新媒体下的融合出版

（一）加快优质图书内容数字化

电子书适合多种渠道经营，还可以提供一些知识性服务。纸质图书与内容数字化的转换，对传统出版企业来说，纸质图书面世后，读者见面会的阅读推广活动接踵而来，多数在于各大书展会议期间、实体店的场所举办，作者面对面与读者针对图书主题互动，此举为读者见面会活动，是对纸质图书的直接宣传之一，将现有纸质图书通过数字加工制作成电子书是较为普遍、简单的形式之一。这样可以促使将原始的内容资源达到再次售卖。一些规模较大的出版企业，将现有图书内容进行数字加工均为最基础的数字化策略。

纸质图书数字化转换技术门槛较低、操作便捷，对于一般出版企业来说都是相对较为容易操作的过程。将现有图书资源进行数字化转换，尤其是优质图书资源的数字化转换是传统出版单位迈向数字化转型的第一步，也是最易实现的一步。

AR 图书给读者多角度增强现实感。图书中的文字、图片、动画、音频等融合起来，犹如身临其境中感受其中的乐趣。图书内容形式动态化，更直观，更具体，情节更生动。增强读者的记忆，AR 技术在图书中充分展现，图书内容体现丰富，使读者领悟深刻。从平面到立体，从静止到动态，从动画中来，到现实中去。比如：《AR 魔法恐龙乐园》，下载 APP 后呈现读者眼前的动态阅读，AR 技术所展现的内容能清楚看到动物行走情景、皮肤、声音，等等。仿佛带我们回归到远古时代，展示恐龙风貌，了解恐龙习性，只身在恐龙世界，精彩阅读尽在其中。《AR 魔法恐龙乐园》既让小读者产生浓厚的阅读兴趣，又在快乐中掌握科普知识。

人工智能正在应用于数字出版，语音交互功能应用成为数字内容搜索的新途径。语音交互，图像自动识别、文字智能自动输出等功能，为新型数字出版内容提供转型基础。深度学习通过开放性平台成为数字出版提供内容的可能，通过人工智能，实现科学、准确、简便的信息传送与反馈，省时、省力、省心的便捷通道。比如某个教育平台下，一键生成作业，批量批改作业，把老师与家长从重复的劳动中解放出来，老师根据大数据进行针对性教学，准确分析学生的薄弱项题型、易错题型进行专项训练，精确掌握学生的吸收程度，从找到需求到精准需求实现所有可能。

（二）打造数字出版产业链

IP 授权在新时代下的机遇和挑战，IP 产业新生态的深度思考，IP 产业以版权为核心，由卡通动漫、影视娱乐、游戏潮玩，文化旅游四大部分构成。新时代 IP 产业能够衍生更多的文化价值承载，同时 IP 授权会给出版业带来源源不断新的增长。优质的图书内容拍成影视剧，从而丰富人们的娱乐生活，从读者拓展为观众，进入人们的家庭生活，与生活圈息息相关，充实人们的日常关注。

我责编的《左耳的声音》原创作品问世之后，同名改编青少年励志新媒体电影，荣获美国第四届旧金山国际新概念电影节 2017 中国西部民族题材电影"杰出故事片奖"。爱奇艺独家播放，一本图书在新媒体融合的模式下，搏击长空，意义深远。

一个深入人心的 IP 故事具有新时代的精神，用一流国际化的水准来打造 IP，从而让 IP 更有价值。文化创新会给 IP 带来更多的机会，我们伟大的中国，历史悠久，文化绵长。在 IP 文化创新的模式下，会有更多的合作模式诞生。互联网时代下，打造 IP 产业链更是当下编辑义不容辞的责任。

（三）移动互联网时代的新格局

移动端用户占 80%，远超过 PC 端用户，自媒体如雨后春笋般不断涌现出来，移动端自媒体平台逐渐壮大。据 2013 年统计中国网络文学注册写手达 200 万人，截至 2017 年阅文集团平台作者达 690 万人，原创作品达 970 万多部，一批年轻作者涌起，新人辈出。网络文学作者通过各项创作大赛选拔，活跃在中国文学市场，培育出中国的创作力量，创作优质内容至关重要，从而可以积累人气，塑造个人品牌化、个性化源源不断会在网络文学中常青不衰，现已成为高收入人群。利用多种媒体平台传播，实现内容价值。

平台以用户为中心，用户以内容为中心。比如：得到 APP 平台在 2017 年粉丝已超过千万，付费音频主要体现在图书与期刊，消费几块钱听书，真是既方便又划算。付费的电子书从而实现用户对喜爱的图书达到购买。得到 APP 平台名家上线，带来更多用户的追捧和关注，讲解的观点定会促使图书达到更多用户购买，名家效应实现新的增长。平台上可以与作者互动，再不用受到地域性的限制，移动端可以与用户直接交流，从而加大用户的兴趣购买，直播活动直接获取用户的关注度。自媒体的兴起，移动端用户大幅度提升，促使内容得到充分实现，加速交易达成。

四、新时代编辑的社会责任永远在路上

传播中国文化是出版人的责任与使命，无论是传统出版还是多媒体融合出版，新时代编辑在出版的道路上辛勤耕耘、不畏劳苦，甘于奉献，让我们不忘初心、牢记使命，砥砺前行！

（作者单位：长春出版社）

"出版 +"理念下的编辑人才
培养创新探索

马伊颀

习近平总书记在党的十九大报告中强调：人才是实现民族振兴、赢得
国际竞争主动的战略资源。要聚天下英才而用之，加快建设人才强国。实
行更加积极、更加开放、更加有效的人才政策，形成人人渴望成才、人人
努力成才、人人皆可成才、人人尽展其才的良好局面。人才，始终是出版
行业的第一要义。2018 年，迎来改革开放 40 周年纪念，同时是党的十九
大胜利召开后的开局之年，新时代对出版提出新要求，出版强国战略目标
的实现，离不开编辑队伍的建设。在云计算、大数据、人工智能的裹挟
下，编辑出版人开始深入思考：我们的价值，我们的作用，我们在文化传
承与创新缔造中的角色。面对新时期新形势新技术，编辑人才培养紧迫而
必要，培养方式也亟须转型与创新。

一、新技术让编辑人才机遇与挑战并存

第一，新技术是传统出版的鲜活注脚。《关于推动传统媒体和新兴媒体融合发展的指导意见》的出台，从国家层面为编辑人才规划了新的方向，同时为编辑工作带来利好。首先是编辑借力新技术强化互联网思维，增强出版产品活力。一改编辑从以往经验中策划选题、运用传统渠道销售图书的闭门造车境况，大数据可以让编辑轻松捕捉热点话题、了解读者痛点，微博热搜、微信推广还可以为新书的出版预热、造势，新技术的出现，让编辑跳脱出一些机械性、重复性高的工作，运用互联网思维解放思想，为形态多样、手段先进、具有竞争力的出版产品涌入市场创造条件。其次是新形态产品层出不穷，补足传统出版市场，促使编辑个体积极转型。"互联网+"国家战略实施以来，人工智能、VR/AR、UGC/PGC 逐渐渗透到内容生产领域，网络文学、有声书、热门公众号方兴未艾，直播、抖音、知识服务应运而生，为传统图书的多元开发、跨平台合作提供了更多可能。新技术作为补足出版产品多元形态的重要抓手，给整个出版市场带来新鲜体验的同时，也促使广大编辑了解新技术、懂得新技术、善用新技术，为产品的立体式研发提供注脚，也为编辑个体的转型发展打下基础。

第二，新技术引发的伦理问题亟待解决。新技术为出版行业插上羽翼的同时，也带来了一系列的问题，值得出版行业与编辑人才深刻反思。一是算法推荐大行其道，由于其对用户兴趣爱好的捕捉与推送，一度造成受众的审美疲劳以及对阅读内容的失控，从而导致"信息茧房"问题频出。一味倾向于取悦、迎合用户，而不是教育或引导用户，不仅忽视了编辑推荐的主观能动性，而且与出版行业的传承教化功能相悖。二是新媒体作品版权保护机制尚未形成，引发著作权人权益无法得到相应保障。在"知识共享"的新经济形势下，虽然知识付费让不少平台赚足了口碑与利润，但目前因缺乏对新媒体作品侵权行为的法律制约，加之诸多用户本身版权意

识就不强等问题，导致著作权人的权益受损而无法申辩，作品抄袭行为似乎在网络中已司空见惯。三是众多新媒体由于传统的编辑把关缺位，造成了后真相偏向以及低俗、劣质作品充斥的后果。大量粗制滥造的作品占领互联网，不仅会降低创作者的热情，而且使"劣币驱逐良币"现象成为网络空间治理的难点。

新技术让编辑人才面临机遇与挑战并存的现状，让我们逐渐意识到：我们是否把新技术摆在了一个太高的位置上，从而本末倒置，忽视了出版行业与生俱来的内容优势？新时代出版的本质内涵是创新，内容创新是最终目标，编辑培养是题中之义。在新技术背景下，"出版＋"理念对编辑人才培养提出了更高要求。

二、"出版＋"理念对编辑人才培养提出更高要求

习近平总书记强调："坚持先进技术为支撑、内容建设为根本。"以此为遵循，聂震宁先生提出，"互联网＋"是对人类社会一个时代的指认，不过在出版领域，编辑出版人还应坚持"出版＋"的理念。"出版＋"的本义，即坚持出版的本质——内容为王。"出版＋"，加什么？有许多可以拓展的领域，如"出版＋教育""出版＋管理""出版＋金融"等。数字化的浪潮所带来的浮躁心态难以避免，对编辑的职业精神产生了消极影响，不利于出版产业和文化事业的整体发展与提升。"出版＋"理念本身代表着一种新的发展思路，也是将经济社会各领域的先进思想和创新成果与出版深度融合，提升出版传播力的一种手段。虽然伴随着技术的快速迭代，对复合型编辑人才的需求日益凸显，但"出版＋"理念更加强调的是，让编辑人才回归出版的本源，即内容本质。因此，也就对广大编辑人才提出了更高的要求。

（一）"出版＋"要求注重编辑人才的创新能力培养

锻造时代精品是编辑工作的核心体现，更是广大编辑的毕生追求。在

编辑人才培养中，树立精品意识是第一要义，培养原创能力是时代要求。在改革开放40年的风雨历程中，"解放思想，实事求是"的磅礴力量引领中国迈上一个又一个新台阶，以傲人的成就谱写着一曲曲时代的华章。编辑是较其他人更加有思想的一个群体，他们需要慧眼识才，策划优质选题，寻找优秀作者，将最好的创意与最佳创作者紧密结合，这样才有可能向读者呈现出精品。

原创作品是编辑工作的动力，其凸显的内容价值必须是独一无二的，这就需要培养编辑的创新思维。但是创新不是哗众取宠，更不是恶意夺人眼球：几年前，一些违背医学常识的养生图书占领市场，那只能算"伪创新"；《令人战栗的格林童话》出版，是对创新的丑化与亵渎。由此，在编辑的培养中，正向创新思维训练亦十分重要。在《文化苦旅》《历史的天空》《尘埃落定》等时代精品面前，王国伟、高贤均、脚印便是寻求创新的典范，这些作品思想深刻、学术领先、内蕴丰富、不可重复，既为内容创新，也为时代精品。面对目前出版市场上有"高原"缺"高峰"、有数量没质量、有跟风无创意的困境，创新是解决之道，也是对编辑人才培养提出的时代要求。

（二）"出版+"要求培育编辑人才的工匠精神

中华民族历来是弘扬工匠精神的。无论是老子有云："天下大事，必作于细。"还是《考工记》中对战国编钟的细密程度记载，或是土工工匠始祖鲁班的工具创造传说，都是古圣贤对工匠精神的完美演绎，精雕细琢、精益求精，这样才能得以精品再现。

编辑工作是必须要弘扬工匠精神的，也早有编辑大家为我们塑造了学习的典范：周振甫先生对《管锥编》的万言修改意见，深深打动锺书先生，成就了出版史上的佳话，这是工匠精神的体现；巢峰先生组织了四个版本《辞海》的修订与编辑出版工作，成为当代出版史上绝无仅有的案例，树立起"一丝不苟、字斟句酌、作风严谨"的辞海精神，这是工匠精神的体现。

理解工匠精神的丰富内涵和时代价值，意义深远，但工匠精神不能仅停留在纸面上、口号中，关键是落到实处，以切实可行的办法和措施培育和践行工匠精神。将外在的有形制度，内化为个人行为习惯与行为自觉，最终实现自我管理与提升。

培养编辑人才，提升编辑素养，离不开工匠精神。"精"意覃思研发选题、"精"挑细选优秀作者、"精"细打磨一部书稿（文章）、"精"雕细琢装帧设计、"精"益求精打造产品，当今社会，编辑要摒弃心浮气躁，滋养心灵，呼唤工匠精神的复归。工匠精神，是编辑工作的内蕴，是编辑价值的彰显，是对编辑人才培养提出的不懈追求。

（三）"出版+"要求编辑人才坚定文化自信

习近平总书记强调："坚定文化自信，推动社会主义文化繁荣兴盛。"出版的使命在于传播知识，传承文明，而编辑则是担负着文化传播者的职责，作为中国精神的培育者和弘扬者、国际传播能力的建设者和宣传者、实现出版强国目标的亲历者和实践者，编辑要秉承不忘本来、吸收外来、面向未来，拥有文化自觉，树立文化自信，在继承中华优秀传统文化的同时，善于对其进行创造性转化、创新性发展，为中华文化的向上向好发展添上浓墨重彩的一笔。

坚定文化自信，是编辑人才培养中需要不断强化的信念，文化自信是编辑职业的追求与理想，也是讲好中国故事、传播好中国声音、掌握国际话语权的关键所在。近年来，以出版"走出去"为抓手，众多介绍中国政治、经济、社会、文化和历史的优秀作品成功输出海外，凸显了中国气派、中国价值、中国特色，全面展示了一个朝气蓬勃、生机盎然的现代中国形象，为中国在世界上的持续发声、在国际舆论环境中占据话语权奠定了夯实基础。反过来，编辑从中积累下来的版权经验、对"走出去"选题的更好把握，会逐步内化于自身的学术自信、理论自信、文化自信，由此为更生动、更深刻地讲好中国故事做好人才储备。

三、"出版 +"理念下的编辑人才培养创新路径

随着我国社会主要矛盾已经转化为人民日益增长的美好生活需要和不平衡不充分的发展之间的矛盾，当下编辑工作的主要矛盾也已转变为编辑人才日益增长的求知学习需求和不完善不创新的编辑培养方式之间的矛盾。笔者希冀以"出版 +"为指导思想贯穿编辑人才培养工作始终，并从中做些有益探索。

（一）国家层面：以供给侧结构性改革促进编辑继续教育制度有效实行

继续教育在多年的发展中，已经形成了一套比较规律的制度，课程体系也基本上算是成熟，但是随着新技术对出版行业的渗透，一些传统课程已经无法适应新形势下的编辑工作，授课教师的单一化使得讲授内容没有新意、重复率高，巨大的经营压力也迫使编辑无法集中全部精力持续"充电"，继续教育的效果往往不佳，形式大于内容，积累学分的动机大于学习本身。要想破解这些难题，根本方法在于从国家层面进行编辑继续教育制度的供给侧结构性改革。

首先，要处理好供给侧结构性改革与需求侧管理之间的关系，避免出现信息交叉不对称的问题。建立编辑能力标准体系作为参照，让编辑查找自身不足，进行自我诊断，发现培训需求。通过专门部门及时向上反馈，供给方依此改进课程内容和讲授方向、选择最有代表性的专家学者、融合多样培训形式，提供更具针对性、更有体验感的培训模式，让编辑学有所得、学以致用，激发学习积极性，切实提高编辑继续教育培训的整体质量和效果。

其次，在供给侧结构性改革中，以激励与反馈机制作为必要补充。继续教育的根本目的在于让编辑充电，获得行业新知，从而更好地指导实践。因此，从继续教育供给侧一方设定相应的激励与反馈机制就显得尤为必要。如在培训课程进行中，按照不同单位、相同组员人数等指标设立小

组，组员定期讨论培训内容或是交流工作体会，推选善于发言、有真知灼见、怀揣学习热情的组员为优秀学员；在培训结束时获得与其他学员不同的考核结果，即将培训考核结果的合格与不合格两个等级，重新划分为优秀、合格、不合格三个等级，对优秀学员颁发荣誉证书，并反馈到出版单位总编室；给予优秀学员在下一年度的继续教育培训中作为代表在大会上发言交流的机会，以资鼓励本人的同时，激励更多学员成为优秀学员。

再次，对编辑继续教育培训供给方实施监督管理制度。这是需求侧对供给侧，即自下而上实行的一种考核评价方式。只有需求侧最了解培训的情况与存在的问题，这种需求侧包括培训机构、出版单位和编辑个体，他们的评价是督促继续教育长远发展的有力保障。双侧协商制定评价细则，双向实现互评监督、互通管理，探索更加有益的培训形式出现。

最后，实现供给侧与需求侧有关意识形态工作的有效衔接。随着我国改革开放 40 年以来的包容并蓄、海纳百川，多种多样的外来文化逐渐渗透，人们的思想日益多元化。多元的思想在丰盈大众精神世界的同时，也带来了一定的意识形态安全隐患问题。2018 年 3 月，新闻出版归属中宣部统一管理，更加明确了出版工作在宣传思想方面的极端重要地位。除了编辑要自觉担负起意识形态工作责任，充分发挥"把关人"的作用，将意识形态工作作为首要政治任务，旗帜鲜明反对和抵制各种错误观点以外，管理部门还应请专业人士分层次对出版单位各级领导以及基层编辑展开意识形态的培训工作，并将该培训纳入编辑的继续教育考核体系；同时，应搭建管理部门专员与出版单位相关人员的热线平台，专员负责传达中央与上级单位的指示，收集、答疑出版单位问题，实现向上汇报与向下反馈的有效衔接，以期让编辑深刻把握意识形态工作内涵。

（二）出版单位层面：以编辑分层培养机制让人才更具针对性

社会学家提出的"社会分层理论"，是指社会成员、社会群体因社会资源占有不同而产生的层化或差异现象，尤其指建立在法律法规基础上的制度化的社会差异体系。根据这一理论，笔者建议在出版单位推行编辑分层培养机制，使编辑培养工作更具针对性，同时也为编辑的差异化发展寻求新的突破口。主要分为横向分层和纵向分层。

横向分层是以出版物介质为根本的差异化培养。将图书编辑、期刊编辑、音视频编辑、数字编辑进行分类是第一步，再根据他们的学科、专业进行细分，建立一套完整的编辑职业终身培养体系。也就是从入职培训、参加出版职业资格考试（中级）辅导、取得责任编辑后的继续教育培训，到工作中随时开展的专门岗位培训、参与学术研讨活动等，运用线上线下相结合的培训形式，社内社外互补的"双导师"力量，打造一支稳定、成熟、规范性强的编辑人才队伍。

在横向分层的差异化培养中，还可以让编辑中的优秀代表起到带头作用。例如：人民教育出版社连续多年举办的年度"中青年编校大赛"与"编校沙龙"，使一批优秀的编校人员脱颖而出，代表人教社参加全国编校比赛并取得优异成绩。每年的年终员工大会，人教社都会评选出一系列的"岗位之星"，全年编校质量最为突出的一至两位编辑会获得"编校之星"奖。此外，人教社还鼓励编辑从事学术研究活动。自 1990 年起开始举办的一项传统赛事"中青年优秀论文评选"（后改称"中青年论文大赛"），至 2015 年年底已经成功举办 17 届，成为中青年编辑学术交流的重要平台，每年还会产生两名学术成果最为突出的同志成为"科研之星"。这些培养方式在编辑人才的成长道路中是积极有益的。

纵向分层是以人才职级为标准的精英化培养。当代社会，尽管由于互联网和新技术的涉足，以及高等教育的普及，正在消解精英文化，但是意见领袖的异军突起、编辑名家的示范效应仍对编辑培养具有重要意义。因此，纵向分层强调的是一种围绕顶尖人才为核心的培养理念，也就意味着地位、作用和价值要高于其他编辑，是一种更具高度和广度的担当与情怀的彰显，因此也被称为编辑名家的培养路径。以高等教育出版社为例。从硕士、博士研究生入职伊始，往往岗位定为助理编辑，之后随着工作年限的递增，五年一次晋升，依次为编辑（中级）、高级编辑，由于高级编辑已有一定的工作实践积累，所以诸如"高级策划研修班"等培训，对他们来说便十分对口。之后的岗位晋升则是走公开竞聘程序：首席编辑——分社社长——事业部副主任（中层副职）——事业部主任（中层正职），这是对编辑人才的一种高层次选拔，因此有晋升也就有淘汰，竞争中的"佼佼者"，往往成为出版社的中坚力量，对他们参加精英培训、实现下一阶段的自我提升打下基础。比如，参加每年由高校举办的"新闻·出版类期刊主编圆桌论坛""出版单位中层干部 MBA 培训班"等，不仅对编辑领域知识进行有效补充，而且培养管理思维、强化出版经营观教育，从而更好地指导领导干部的管理实践。

当然，纵向分层还有一个"自上而下、双向互补"的原则需要把握，即在顶尖人才参加精英培训后，应将学习到的一些关键问题，如国家政策、行业关注、出版新规、新兴技术等传递给基层编辑，助其更好地实践于业务工作。

除了国家和出版单位层面的编辑人才培养方式，编辑主体也要不断进行自我修炼，掌握过硬本领，让培养方式落到实处，实现编辑主体的职业认同。无论新技术怎么变革、人工智能如何迅猛发展，人的思想和主观能动性不可取代，编辑人才要摆正自身定位，在"出版+"理念的指引下，抓住"内容"这一出版的本质，以传承文明、传播文明为己任，担负起继承传统、弘扬时代精神的使命，为出版强国目标的早日实现贡献自己的一份力量。

（作者单位：《中国编辑》杂志社、高等教育出版社）

新时代背景下青年编辑人才培养与激励机制优化的探讨

刘思思

　　青年编辑是出版企业的主体和核心力量，素有"企业生力军"之称。在互联网时代和激烈的市场竞争环境下，传统出版企业招聘难、培养难、离职率高等问题日益显现。现实地说，出版企业的人力资源管理正面临着前所未有的危机和挑战。经济和社会的全面发展，使新一代青年员工的认知和思维观念都发生了巨大的变化。不难看出"80后""90后"自带独特的时代符号，最集中的反映就是他们有知识、有见识，不保守、不循旧，对新生事物接受能力强，敢于表达个人意见和挑战权威，重个人主义、轻集体观念等。这些蕴含在他们身上特有的力量既是一种动力、潜能、正能量，也可能是一种破坏力、消极力量，甚至成为企业发展的一种不稳定因素。这些问题使得管理者不知所措，并且似乎无法运用传统的管理制度和方法加以解决①。

如何在新时期做好复合型青年编辑的培养工作？如何实现新老编辑的顺利交替？如何提高青年编辑工作的积极性和创造性？笔者认为，通过优化人才激励机制是较为高效、快速的有效路径之一。因此，本文试从研究青年编辑个性特征入手，并结合出版企业独特的业态特点和岗位需求，据此制定出适合激励青年员工（以青年编辑为主）的政策，建立有效的激励机制，发挥其在企业发展中的最大效用。

一、青年编辑激励机制控制因素的分析

（一）青年编辑激励机制控制的个人因素

青年编辑的激励机制归根结底上是基于其个性特征和编辑工作特殊性而制定的。国内外对青年个性特征这一问题进行了广泛的探讨，其中比较有代表性的是管理大师彼得·德鲁克，著名学者弗朗西斯·赫瑞比以及国内彭剑锋、张望军的研究成果。

概括上述学者的观点，并结合编辑岗位特殊性，总结出如下特点：一是青年编辑在出版企业中多属于知识型员工，大多接受过高等教育，自我管理意识强；二是青年编辑文字功底强，同时往往掌握一定的专业知识和技术，渴望表现独立性和自主性；三是编辑工作内容烦琐庞杂，需要同时对多本图书全过程跟踪，需要全面统筹协调与青年编辑个性易急躁冲动形成矛盾；四是青年编辑受到东西方思想的双重影响，思想观念前卫，对新生事物接受能力强，又渴望一定的自由度，具有较强的岗位流动意愿；五是青年编辑渴望发挥个人的创造性，策划的图书或产品愿意尝试创新，拥有较强的成就动机，但通常没有话语权，因此难以被认可；六是有独到的

---

① 杨骏：《80 后知识型员工个性特征与激励因素偏好特点研究》，浙江大学硕士学位论文，2008 年。

批判力和逻辑性，不崇尚权威，爱发表个人意见，易在沟通中与上级、同事和作者发生矛盾；七是青年编辑多为独生子女，抗压能力差、容易将个人情绪带到工作之中；八是对自身能力的客观评价和实际薪酬往往不匹配，容易对薪酬要求较高。

（二）青年编辑激励机制控制的企业因素

1. 出版企业现有激励机制不完善

首先，虽然多数出版企业在 2015 年前后由事业单位改制成为企业，但受到历史沿革和传统制度等原因影响，许多出版企业并没有完全市场化和采用现代企业管理的管理模式，更不用说深入研究激励机制问题和充分发挥激励机制作用。其次，管理层对激励机制本身研究不深、重视程度不足，使得企业激励机制往往是静态的、单一的、短期的，并没有从不同分层人群的需求出发，如新入职的编辑对物质激励更加渴望，工作 3—5 年的青年编辑对职称晋升、个人发展和工作成就更关注；也没有将激励员工的长效机制与企业内部的发展相结合，如青年编辑的个人成长与出版社经济效益、企业前景挂钩，使得现有激励效果事倍功半。

2. 出版企业员工的绩效考核不科学

绩效考核的结果能够直接影响激励机制的作用发挥，绩效考核的结果应当真实反映员工的劳动成果。例如考核结果实行部门员工考核"一刀切"的做法，使青年编辑产生"干不干都一样""多干多错，不干不错"的错误认识；考核内容不按照不同类型编辑的工作特点、工作量、图书和产品产生的经济效益和社会效益与其他工作等综合因素考量，不奖勤罚懒，就会让那些工作勤奋，成绩优异的编辑受挫；此外，绩效考核过多的掺杂了主观因素和领导意志，或以工龄长短、年龄长幼作为参评标准，因此不严格执行绩效考核制度，标准缺乏合理性，就会导致不公平现象的发生。

3. 缺乏管理和实施激励机制的专员

多数出版企业单位的激励机制管理不设专员管理，也就很少有企业对员工意见进行充分调研，员工对机制本身也不甚了解；特别是青年员工，由于每年新招聘的员工大多为青年，没有获取激励机制制度的途径，反馈沟通渠道又不畅通，也就谈不上"激励"了。

二、青年编辑激励机制实施的前提和保障

完善激励机制的根本目的是更好地实现组织的整体目标。因此，为了青年编辑激励机制优化及实施的顺利进行，需要建立相应的保障措施。

（一）获得高层领导者的支持，发挥人力资源部门的作用

任何一项企业制度的推进和落实都离不开企业高层领导者的支持，青年编辑作为出版企业的核心竞争力应当被给予重视。在激励机制的实施过程中，高层领导者能够及时发现青年编辑工作满意度、离职率等反映激励机制落实情况指标的变化，并监督和督促人力资源部和相关负责人加以改进。

（二）保持激励体系的动态性，保证激励机制的有效性

根据马斯洛需求层次理论，人在不同时期的需求是不同的。为了保证激励效果，实现激励目标，激励体系必须要有动态性。如定期、分年龄层对编辑进行问卷调查和访谈，了解不同员工的不同需求，完善激励体系架构和具体指标。

（三）充分了解不同层级青年编辑个性特征

企业在人才招聘编辑之初，应当根据不同岗位的设置对应聘者（特别是没有编辑工作经验的人）进行性格特质测试和能力测评，并请其阐述对岗位认识、个人主观意愿和需求。如策划编辑岗和管理编辑岗的工作内容和工作性质完全不同，适合不同性格和需求的应聘者，应聘者和出版企业应进行双向选择，管理者根据测评结果合理安排岗位。此外，对青年员工心理状态和个性特征的测评形成制度化，如定期进行心理测评和工作满意度调查，尽早发现问题所在。

三、青年编辑激励机制的优化对策

构建和优化多维度、科学合理的激励机制势在必行。结合编辑业务特点，提出如下优化建议。

（一）建立科学合理的薪酬制度，加强对青年编辑的培训

薪酬制度是有效实施激励机制的核心内容，一类薪酬称为外在激励性因素，如工资、奖金、固定津贴、强制性福利、股份；另一类是内在激励性因素，如个人成长、晋升机会、工作成就和日常培训等[1]。一方面应依据岗位设置建立编辑系列和策划编辑系列岗位不同的薪酬体系，根据工作量、工作难度、工作性质等进行级别细分，每一级别工资和福利系数均有差别，并且保证每年进行考核，按照工作绩效提升或降低档次，而不是按照参加工作年限提高；另一方面是通过将青年编辑的日常业务与企业年度目标结合起来，并将目标层层分解到各个员工手中，设置相应的"达标线"，实现精细化考核。

作为知识型员工，青年编辑渴望在工作中受到更多培训，得到更多学习机会。特别是互联网时代的大背景下，传统企业编辑和互联网企业编辑工作内容、工作思路都有着天壤之别。首先，对全体员工进行分层培训，对不同岗位、不同需求的员工进行针对性培训，而不是"一锅端"。其次，定期对全体编辑进行业务培训，从编校质量、新媒体传播、市场营销、人际沟通、组织管理等方面进行，收集每次培训的反馈信息，跳出反复"编校业务相关培训"的怪圈，并及时按需作出调整方案。最后，对优秀青年员工提供到省外、国外交流培训的机会，作为激励机制的一部分。

（二）完善绩效考核体系建设，加强管理体系支持

编辑绩效考核机制是青年编辑激励机制建立和执行薪酬制度的基础，也是青年编辑实现个人价值和评判其成就的直接指标。第一，对编辑岗位

---

[1]　刘军娥：《企业人力资源激励机制的分析与构建》，《东方企业文化》2013 年第 10 期。

来说，有效选题策划率、单品种贡献率、审稿量与差错率、生产码洋和销售实洋、图书社会效益、退货率是主要绩效目标；第二，在于制定不同编辑部门的指标权重，如科普部门应加强社会效益的考核；第三，应充分与不同层级的编辑沟通，进行数据收集，确定最终指标和权重；第四，鼓励创新和探索，建立容错机制，让传统图书编辑尝试、参与新媒体运营和营销，不片面的以完成"码洋"作为考核部门和个人的指标，引入关键绩效指标（KPI）绩效考核，引导编辑"转型"；第五，在考评阶段应参照客观数据，且基于真实而具体的工作行为，由于管理层有一定的主观决定权，因此要做到按章办事，实现从"松散人治"到"制度治理"。

（三）建立畅通的沟通渠道，增强青年编辑参与感

有效的沟通能调动青年编辑的工作热情和参与管理的积极性，能增强主人翁责任感，提高青年编辑与编辑部主任、高层领导之间信任度。青年编辑渴望发挥个人创造性，乐意表达个人意见和意愿，但抗压能力差且流动意愿强，因此建立畅通的沟通渠道，及时发现青年编辑反映的问题是十分必要的。首先，应建立制度化的定期沟通。如召开青年编辑座谈会、利用互联网平台建立"意见箱"。其次，让青年编辑参与到选题会、业务讨论会甚至列席管理层会议，增强青年编辑的参与感和归属感。最后，管理层需要经常深入编辑部，解决员工的实际问题，如组织新员工或青年干部座谈、和离职人员进行面谈，建立浓厚的沟通氛围，充分发挥青年员工积极性、创造性与智慧。

（四）注重企业文化建设，丰富企业文化形式

首先，企业的价值理念与企业精神是企业文化的核心，出版企业隶属于文化企业，青年编辑大多受过高等教育且容易接受新鲜事物，因此营造良好的文化氛围，让青年编辑接受企业文化和价值观，将个人职业生涯与企业发展相融合，那么其对工作满意度、对企业的忠诚度也会增高。其次，不断丰富文化建设形式，如通过党建、团建和青年自组织等方式，利用自媒体、MOOC、直播平台等互联网手段，潜移默化地分享和宣传企业文化精神，增强青年编辑对企业的认同感。最后，要从企业发展实际，搭

建适宜的文化活动平台，如组织编辑技能大赛、选题策划方案大赛、编校质量大赛等业务活动，选派个人和团体参赛，以此提高青年编辑凝聚力；并对其中佼佼者进行奖励，树立先进典型，发挥榜样作用。

四、小结

国以才立，业以才兴。总而言之，激励机制的建立和优化一方面应关注青年编辑的实际需求和特点，结合其具体情况来制定具有针对性的激励措施，最大限度地激发青年编辑立足本职、爱岗敬业的热情；另一方面应结合编辑业务特点，科学优化激励机制和落实有效手段，避免人才流失和保证编辑团队的高效运转，从而提升青年编辑绩效，促进企业自身的发展壮大。

（作者单位：人民卫生出版社有限公司）

新时代中职学校工科专业教材编辑创新能力的提升及教材创新点研究

王佳玮

技术的发展给出版业带来巨大改变,当我们仍然手握红笔在案头工作的时候,我们获取信息的方式、传播信息的方式、用户的购买方式和评价标准都发生了巨大的变化。新的环境对传统图书编辑是一个巨大的挑战。具体到工科专业教材编辑,这样的挑战就变得更大。工科教材具有悠久的历史,经历了漫长演变之后,形成了相对完整的教学方法和体系。中职学校工科专业包括机械、机电、数控、汽车、模具等,均是具有成熟的专业体系的传统学科,对实际操作和动手能力有很高的要求。在互联网技术逐步渗透到编辑工作方方面面的同时,中职学校工科专业的教学方式、教学情境,学生的学习方式和思维习惯都发生了极大的变化。为此,工科专业教材编辑如何主动地、有目的地提升创新能力是一个迫切需要解决的问题。

新时代中职学校的教学方式和教学理念都发生了不同程度的变化，这为我们提供了创新的土壤。在此基础上，工科专业教材的创新可包含很多方面，包括编写理念的创新、知识结构的创新、呈现形式的创新等。

一、工科专业教材编辑创新的环境

（一）教学方法及教学理念的改变

教学方法直接影响教材的编写模式。传统的教学方法对应的是章节式传统教材，对中职教育而言，这已经不适应教学变革的要求。我国中等职业教育引进国外先进的教学理念已经有 20 余年的历程，这些理念在各个专业的教学过程中都得到了充分的本土化改良和应用。工科各个专业，如机械、数控、机电、汽车、建筑等是最早一批接受并应用国外先进教学理念的领域。在多年的应用过程中，原本来自其他国家和地区的教学理念转化成了本土化的项目式、情境式、引导文式、工作页式等一系列新的教学方式，针对各种具体教学方式的教材也不断推陈出新。经过多年的发展，在某些专业课领域，依据新的教学理念编写的教材已经成为市场的主流。例如，中职数控技术应用专业的实训类教材，包括编程实训和加工实训，市场上主流的教材产品有很大比例采用项目式的编写方式。但对于项目式理念的理解，却呈现出很多细微的差别，相应的教材鱼龙混杂，甚至一些以项目和任务命名的教材，其实质同传统教材并无区别。

近年来，项目式的教学方法呈现出更具个性化的趋势。仍以数控专业为例，以往书中常常采用的通用性强的零件在教学实际中应用渐少，很多针对具体产业、具体产品的零件越来越多地出现在实训课堂上。例如，某些地区的产业集中在汽车领域，中职学校数控技术应用专业培养的学生会有大部分走进汽车制造企业，故中职学校在设置实训时更倾向于把汽车零件作为实训加工的零件；另一些地区的产业集中在模具领域，故中职学校更倾向于加强训练学生针对模具零件的加工能力。

这些教学方法的变化对教材提出了新的要求，更改教材中的实训项目固然会满足部分学校的使用要求，但这和教材的经济效益又是一个明显的矛盾，这对编辑的创新能力是一个挑战。

（二）数字化资源广泛融入教学

数字化资源包括动画、视频、音频、图片等形式呈现出的知识点或实训内容。数字化资源使原本教师用语言描述或教材用图片表示的内容变得形象直观，对学生的理解大有裨益。

数字化资源的普遍使用使中职教育的课堂教学过程发生了巨大的变化，以往较难讲解、较难理解的知识点用动画、视频的方式表达大大简化了课堂教学。

对于工科专业课程，数字化资源的作用尤为明显。工科专业课程多数涉及物体的运动，此类问题用语言讲解困难，而用动画、视频等直观方式呈现教学效果更佳。以汽车专业为例，以往教师在课堂上讲解发动机原理需要花费很多时间来描述活塞运动的过程，结合发动机原理的动画之后，教师的语言描述大部分被动画的运动过程替代，且动画随时可以停止，利于教师讲解每个瞬间的细节，而学生直观地看到发动机内部结构的运行过程，更容易理解和记忆。

目前，数字化资源同教材的结合主要以二维码的方式呈现，但现有二维码教材中二维码的扫码率并不高，这涉及很多原因，例如手机流量的限制、教师对学生使用手机的担心、二维码知识点设置不合理等。同时，二维码作为一种编码方式呈现并不美观，对汉字和版式的美感有破坏。这些都是教材同数字化资源结合过程的障碍，要求编辑用创新的方法来解决。

（三）教学情境的改变

技术的进步也使课堂教学的情境发生了改变。以往课堂必备的黑板和粉笔在部分地区已经淡出教室，取而代之的是电子白板。使用电子白板不仅可以书写，同时也可以播放电子课件和相关的动画、视频。同时，很多教学设备公司开发了针对各个专业、各种课程的电子示教仪，使用电子示教仪比动画和视频更加直观，并且可以让学生在课堂上动手操作，这使教学过程更加直观、快捷、有趣。

现有的教材并没有针对教学情境的改变作出调整。电子示教仪虽然可以方便教学，简化教材的讲解，但并不容易加入教材当中，原因在于现有的教学设备公司众多，电子示教仪的形式多样，即便针对某一特定知识点的电子示教仪，不同公司所设计的设备也有很大区别，如果教材只针对某种特定型号的电子示教仪，必然会使大部分读者无法使用。新的教学情境也对编辑的创新能力提出了新的要求。

二、工科专业教材编辑提升创新能力的方向

（一）提升信息检索和信息整合能力

在信息爆炸的时代，获取优质信息变得异常容易，但获取我们想要的信息却变得有难度。编辑的信息检索能力是创新的基础，只有在海量信息中过滤出我们需要的信息，才能让我们的创新过程变得顺利、高效。信息检索绝不是简单的"百度一下"，搜索引擎或出于商业意图，或由于算法的原因，或由于关键词的选择，直接检索的结果往往和编辑的需求相去甚远。为此，学习和积累一些搜索引擎的高级语法对精确获得检索结果很有帮助。例如，对于百度搜索引擎，使用"site"可以把搜索范围限定在某个特定站点中；使用"intitle"可以把搜索范围限定在网页标题中；在关键词中使用双引号和书名号可以获得精确的结果；"qvod"是减法运算，可以在搜索结果中排除包含特定关键词的全部网址；"filetype"可以指定搜索结果中文件的格式。其他搜索引擎都有类似的高级语法，可以根据习惯选择使用。

对于工科专业教材编辑，仅凭公共的搜索引擎显然不能满足策划、加工的需要，为此，掌握专业信息资源网站也非常必要，例如，对于国家标

准的检索可以使用中国标准在线服务网、工标网等，对于专业名词术语的检索可以使用术语在线等。

具备了熟练的信息检索能力之后，还需要与之匹配的信息整理能力。日常工作中，编辑容易被繁杂的案头工作淹没，所检索的信息不可能完全存储在大脑中，在使用中难免需要重新检索。同时，日常的编辑工作常常是综合性极强的，当下逐渐涌现出的综合学科也需要大量综合信息，我们在进行信息检索之后，需要有信息整理、加工和整合的过程。这个过程因个人习惯而异，大致不外乎鉴别、分类、分级、简化等一些过程，配合表格或数据库等手段将起到更好的效果。

（二）提高对教学理念和教学方法的理解能力

教学理念并不是一成不变的，对于中职学校，从学科体系的教学理念到项目式的教学理念，再到现代学徒制的理念，这些变化都对教材提出了不同的要求，编辑顺势而为，作出了很多编写方式创新的教材，如以往的项目式教材等。今天，我们面对的教学理念更加复杂多样，不同学校所提出的教学理念都不尽相同，即便一样使用项目式的名称，具体的执行过程也有区别。教材不同于完全的课堂教学，不能细致地体现每种不同的教学理念，而应当综合并宏观地体现教学理念，这就要求教材编辑熟悉各种教学理念、教学方法。

首先，教材编辑应当对教育教学的相关理论有所了解。例如，教学理念和教学方法要服务于教学目的和教学任务；教学过程是师生共同完成的，要体现学生的主观能动性；教学方法是教学活动中师生双方行为的体系；教学方法应根据教学内容而选择。

其次，编辑应当深刻理解中职教学的实际过程。教育部颁布的"中等职业学校专业教学标准"是中职教学的纲领性文件，教学实际应当以标准为依据。教材是为教学实际服务的，所以教学实际是教材的基础。编辑在进行教材策划之前，要详细了解相应的专业教学标准，在此基础上深入调研中职学校相关课程的教学模式，寻找教学实际过程发生的变化，针对这些变化，寻找现有教材有待改进的点，制订创新的编写方式。

最后，在充分调研的基础上，以教学标准为纲领，结合教学理念的创新，确定目标用户（学校或区域），详细测算成本收益，使精准教学理念的创新同经济效益协调统一。

（三）提升审美能力

大众审美表现出的变化令人对未来充满好奇。但相对电子产品极具科技感、未来感的设计风格，图书装帧设计的变化异常缓慢。

相对其他图书，教材装帧设计的变化微乎其微，而中职工科专业教材的装帧设计既无法对应中职学生的年龄，也无法表现工业技术的厚重。可以说中职工科专业教材在装帧设计方面有很大的创新空间。2014 年，一本名为《忒修斯之船》的小说因为极具创新的装帧设计方式让世人耳目一新，使读者对书的概念有了新的认识。这本书丰富的附件也为教材的创新提供了一种思路。

中职工科专业教材的排版装订方式也表现出一成不变的风格。针对专业内容、讲授方式、读者年龄，中职工科专业教材的排版装订方式应当做出适当创新。例如，针对工科专业教材会经常出入实训场所、接触油污的特点，可以为教材加上封套；针对教材篇章之间独立性强的特点，可以将教材做成活页；针对有一定理论性的教材，可以加大留白面积，增加笔记横线等。

可以说，中职工科专业教材在形式上还可以做出很多创新。

三、工科专业教材编辑需要关注的创新点

技术的进步为教材的内容及教材的载体都将带来变化，例如，虚拟现实技术可以直接用移动设备识别书中图形，由此可以解决二维码破坏教材版面的问题；HTML 5 技术的本地存储和即时更新技术为教材数字化资源的流量控制及交互提供了解决方案。了解技术的创新，并把技术的创新引入到教材当中去，也是对教材的创新。

（一）关注制造业新技术

技术的高速发展给制造业带来巨大的提升空间，从 3D 打印、智能制造、工业机器人，到电动车和无人驾驶技术，每一种新技术都为中职学生提供大量的就业技术，也为其学习提出了新的要求，同时对教材提出了创新的要求。

编辑应对各自学科领域的新材料、新工艺、新设备有所了解，并体现在教材当中。以电类专业为例，目前生产生活中大量使用的 LED 灯已经逐步将白炽灯淘汰，在教材讲解的过程中如仍然使用白炽灯的实例会显得落后于时代。再如液压气动课程，目前以汽车制造为代表的产业中大量设备使用负压原理，而现有的教材中涉猎很少，在教材中强化气压，引入负压的原理，对该类教材而言就是一种创新。

（二）关注人工智能技术

2017 年，AlphaGo 对局世界顶尖围棋手的事件让人工智能引起了广泛的关注，而人工智能的应用远远不止下棋，它已经在无人驾驶、图像识别、语音识别、智能制造等诸多方面展现出发展的潜力，这些领域恰恰是工科专业的前沿技术和发展方向。可想而知，在不久的将来，中职学校工科专业的教材中必然会加入越来越多的人工智能知识。尽早地找到人工智能技术同各自专业领域的结合点并加入教材当中将是一种创新。

同时，人工智能技术也将改变编辑的日常工作流程。早在 2015 年，机器人采编的新闻已经出现在门户网站。目前很多出版社使用的黑马软件可以看作编辑智能化的最初体现，可以预见，人工智能的进入必将会给编辑的工作内容带来巨大的改变。

（三）关注 AR（增强现实）和 VR（虚拟现实）

如果说二维码是一种过渡性质的技术，那 AR 和 VR 技术已经可以看到在教材领域表现出的发展前景，可以想见，AR 和 VR 技术将会大大拓展教材的边界。

目前，市场上已经出现了一些应用 AR 技术的教材，包括机械类、汽车类等，但对 AR 技术的应用还仅仅停留在立体显示的初级阶段，AR 技术的优势，包括真实世界和虚拟世界的信息集成、虚拟世界的实时交互、地理信息及位置信息的引入等，均未能应用在教材当中。以上所列优势可以大大提升 AR 技术的实用性，例如，利用位置信息的约束，将真实世界和虚拟世界相结合，可以应用在机械加工类教材中，将虚拟的加工零件和现实的加工设备相连接。

由于设备的障碍，VR 技术目前还无法在教材中使用，但有教学设备公司已经开发出各种利用 VR 技术虚拟实际操作过程的设备，例如，某公司开发的汽车涂装 VR 设备很大程度上还原了汽车涂装的过程，节省了实际操作的材料费和设备损耗。今后教材同 VR 技术的结合将会是一个重要的创新点。

四、关于创新的反思

中职学校工科专业教材经过了数十年的发展历程，至今发展出了成熟的知识体系和较为先进的教学理念，但由于技术的进步，其提升的空间仍然巨大，可供创新的细节还很多。但作为编辑，我们需要清醒地认识到，原有知识体系的科学性和合理性是经过几代人摸索出来的，而教师的教学过程有一定的惯性，某些创新的编写方式看似合理却可能掉进"叫好不叫座"的陷阱，这些都给我们的创新活动限定了一个范围。

另外，技术的进步会带来一些副产品，例如，数字化资源的使用会影响学生的视力，在课堂上使用手机会影响课堂秩序等。我们要合理地、有预见性地控制这些副产品的产生，降低其消极影响。这对我们的创新活动提出了更高的要求。

但创新的副产品并不影响我们对创新的中职工科专业教材的需求。社会的发展要求编辑用创新的思维对待日常工作，用创新的思维整合各种信息，结合适当的教学方法和教学理念，确定教材的编写理念，加入新的技术，以适当的信息技术呈现，精心设计版式装帧，从而做出实用的创新教材。

总之，中职学校工科专业教材编辑创新能力的提升是一项日积月累的工作，我们已经看到或者可以预见一些可供教材使用的创新点，随着持续的积累和思考，创新的中职学校工科专业教材必将不断涌现，并得到市场的认可。

（作者单位：高等教育出版社）

核心素养时代下研究型
英文编辑的培养路径

——以《英语周报》编辑培养为例

毛燕琴

从 1983 年创刊以来,《英语周报》伴随了一代又一代的英语学习者,在英语教辅的道路上一直秉承专业、专注、专心的理念,走出了自己独特的办报之路。随着国家英语教育改革的进程,以及《普通高中英语课程标准（2017 年版)》(以下简称"新课标")的颁布,《英语周报》在编辑培养、核心团队建设上,及时着手,有效提高编辑人员的核心素养,研究课程改革、研究新课标,编辑出版能落实学科核心素养的高品质教材辅导内容。具体探索路径主要有三个方面。

一、研究课改，研究新课标，对内紧抓编辑业务学习，提升编辑核心素养，进而提升《英语周报》的核心竞争力

《中国学生发展核心素养》提出"研制中国学生发展核心素养，根本出发点是将党的教育方针具体化、细化，落实立德树人根本任务，培养全面发展的人，提升 21 世纪国家人才核心竞争力。"中国学生发展核心素养，以"全面发展的人"为核心，分为文化基础、自主发展、社会参与三个方面，同样要提升报社的核心竞争力，也需要编辑发展核心素养，在岗位中成长，储备文化及专业知识，提升自身发展和社会发展需要的必备品格和关键能力。为提升编辑核心素养，培养研究型编辑，《英语周报》开展了一系列的路径探索。

（一）研究课改、研究新课标，将核心素养理念内化于心，外化于行

新课标指出"基础教育课程承载着党的教育方针和教育思想，规定了教育目标和教育内容，是国家意志在教育领域的直接体现，在立德树人中发挥着关键作用。"《英语周报》是服务英语基础教育的辅导类报纸，要想更好地服务于课程改革则必须紧随新课标理念。

针对新课标的学习，报社采取"梯队建设，各司其职，相互补充"的学习研究策略。主要由三部分构成：编辑自主学习交流、报社教育与教学研究院研究员专职研究与培训和专家解读指导。责任编辑分小组进行有针对性的分项目研究，针对各自辅导领域的不同内容进行重点学习与研究；研究院教研员则进行全面的、前瞻性的、战略性研究。两者相辅相成，互为补充。责任编辑小组先自我学习，然后小组集体交流，实行每周一次学习制，根据不同项目进行相对应的新课标内容学习。教材辅导责任编辑主要学习新课标中的课程内容部分，试题策划编辑则要学习学业水平质量要求及教学评价部分。不同小组之间定期进行相互交流，互换学习心得及内

容。研究院则每月组织两次全体责任编辑参加的新课标系列学习，从政策层面到语法、词汇等细节方面进行全面培训，在研究最前沿学术论文的基础上，结合新课标理念、内容，结合报纸编辑实践进行培训讲解，提供实战性及前瞻性的工作指导。遇到不太好把握的内容，则聘请课标组核心成员来报社进行专家指导与讲解。到目前为止，此系列活动已举办差不多一年，责任编辑小组学习活动每周两次已成为工作常规，研究院组织的学术讲座也如期每月举行两次，此外还聘请课标研制专家组的两位核心成员及各省市教研院 5 名来报社做关于新课标理念及内容的主题讲座。

经过这一系列的新课标学习，大家已经很熟悉新课标的要求，能提出自己的见解，将所学运用于编辑工作，形成学习与研究一体化的工作习惯。编辑们纷纷表示，通过对新课标的系列学习，更加明确在工作中需要怎么做，编辑怎样的辅导内容才能将学生核心素养的培养落到实处。同时，也更加感觉自身责任的重大，担负着培养德治体美全面发展的社会主义建设者和接班人的部分重任。

（二）强抓编辑业务及英语专业知识学习，进行人才梯队建设

在学习课改、新课标的同时，不忽视专业技能的培训与提升。专业技能的培训主要分两部分：一部分是编辑业务学习，另一部分是英语专业知识学习。

编辑业务学习部分主要采取"老代新"、编辑业务技能培训，以及编辑技能大赛等方式。报社新入职编辑会进行为期两个月的入职培训，进行编辑业务基本技能的学习，了解报纸编辑各个环节的工作任务及要求，并有专人指导，然后从最基础的校对工作做起，逐渐成为合格编辑、高级编审。这样的业务培训有利于报社人才梯队的建设。此外，报社还组织编辑人员参加编辑职称考试以及编辑业务技能大赛，把业务能力的提升作为日常工作的一部分，钻研编辑工作的工匠精神。

英语专业知识学习主要采取个人自主学习和单位集体组织的培训与测试相结合的方式进行。在鼓励个人自主学习方面首先也是以责任编辑小组为单位，组长带头在学期之始制订读英文原版书计划，并将读书心得以讲座的形式用英语与大家进行交流。经过几次探索性的试验之后，大家不仅提高了自己的英文阅读能力，而且也提高了口语表达的能力，甚至部分小组还组织了业余时间的听力训练和"口语角"，这些活动大大地带动了整个报社学习的风气，目前读英文原版图书已经成为英文编辑业余时间的主要消遣行为。这样不仅提高了编辑的阅读能力，而且还为编辑工作的选材拓宽了思路，能更好地在工作中践行批判性及创新性思维能力。

为提高责任编辑的英语专业水平报社还定期组织内部英语专业测评、国际认可的 iTEP 及 Aptis 等测试。通过以测促学的方式，不断选拔工作中英语基础扎实过硬，编辑业务素质过硬的人才充实到编辑工作最重要的岗位中，以此促进编辑将研究、工作与学习固定成为生活的常态，不断提升自我，更好地服务社会。

报社还与英国大使馆合作给报社英文编辑提供英语专业测试方面的培训。《英语周报》以其与课本配套的测试题而享誉老师和学生，故测试学的培训与交流一直是培训学习的重点。2005 年，报社曾派 5 名编辑去加拿大学习 TESOL 课程半年，专门研究二语习得及英语教学与测试的方法；2015 年与英国大使馆合作，进行为期半年的面授与网课学习，在学习之后经过综合测评，选拔 20 名优秀编辑去剑桥大学进行为期 1 个月的测试学专业学习。2018 年又开始启动第二次与英国大使馆的培训合作，面授、网课及出国学习再次点燃大家主动学习搞研究的热潮。

通过系列探索活动，报社已储备适合各个岗位的专业研究型编辑，更进一步确保英语学科核心素养在辅导类报纸中的落实工作。所编辑的报纸获得教师与学生的认可与好评，并在每年的中高考中大面积命中、高考原题，是读者值得信赖的教辅报纸。编辑个人也积极将工作经验及学术研究成果在各种学术期刊杂志发表，每年报社都会奖励大批有研究成果的研究型编辑。

二、组建研发团队，在服务基础教育的同时，提供个性化产品，满足不同层次学生的需要

报社内部严以治学，学以致用，编辑的研究与思考持续进行，并能迅速转化为生产力。报社组建了研发团队，在确保满足基础教育的同时，提供"世界多极化、经济全球化、文化多样化的时代的个性化产品"（梅德明、王蕾，2018）。报社多方位进行研发团队建设，在广泛征集市场需求的基础上，鼓励编辑人员创新，将自己的所学所想创造性地运用于编辑工作中，开辟新产品，满足市场多方位的、个性化的需求，打造立体化产品系列。研发团队则将最前沿的研究与产品服务理念相结合，研发符合课标及教学最新理念的、适应信息化时代所需要的学习辅导材料。大量个性化新产品投入市场后，引起读者老师和学生极大的欢迎。

三、"请进来、走出去"式学术交流与互动，提升报社的专业形象，拉近与读者之间的距离

在对外交流学习方面，报社也进行不断探索，采取了"请进来、走出去"的模式。"请进来"是报社研究院的主要工作，在广泛征集编辑需求意见之后，邀请相关专家进行有针对性的学术讲座。这样的讲座既有学术的高度，又有教学的实践。通过这些学术讲座，英文编辑都受益匪浅，既能了解最前沿的思想，又能解决实际编辑工作中的困惑。2018 年，报社就聘请了大学的教授，各省市的教研员进行了 10 余次学术讲座。每次讲座均吸引了周围学校的教师及教研员来参加。除了报社内部举办讲座外，还举办全国性的中高考备考研讨会，将研究的成果与全国各地的教师进行分享与交流。

　　在"请进来"的同时，也"走出去"，"走出去"的第一种模式是参加各种英语教学与测评学术会议。在大型会议上，编辑们把课改的最新理念、最前沿的英语教学方法带回来，也将报社的研究成果分享出去，英文编辑撰写的论文在大会上屡次获奖。参会的编辑不仅自己学，而且会后要与未参会编辑进行分享，这样大家都能了解最新的英语教学动态，更利于报纸的编辑工作。2018年，报社就派编辑及教研员参加多次大型学术会议，分别有外语学会年会，第二届英语测评大会，TESOL大会及亚洲语言测试会议等。

　　"走出去"的第二种模式是走访学校，进行学术交流活动，将报社的研究成果与学校的教研活动相结合，"送报送服务送理念送方法"，将研究成果与一线教师分享，将报社的思想、理念及研究成果传递给教师及学生，并将一线教师及学生的意见反馈给报社，起到了很好的纽带作用。对报纸的编辑与发行，对报纸的辅导工作都有好处。"春江水暖鸭先知"，教辅产品好不好用，只有使用的教师和学生知道，走近用户，方能获得第一手的资源，才能更有针对性的解决问题。

　　"走出去"的第三种模式是以课题为抓手，提高教师测评素养的"工作坊"学术活动。教育与教学研究院教研员每月组织当地教研员与教师开展提高教师测评素养的工作坊学术活动，将测试与教学的理念及方法与当地教师交流，从而促使了研究型教师的成长与发展。这一系列活动受到了当地教师极大的好评，既提升了报社的学术形象，也促进了研究型编辑的培养与成长。

　　通过以上学术活动，与一线教师交流与合作，真正做到了了解市场，服务市场，查缺补漏，提升报社服务品质。通过实践活动证明，将研究与学术交流相结合，才有可能为报社提出前瞻性的、学术性的、战略性的发展规划，才能更好地提高团队的核心竞争力。

四、对其他同类报社培养研究型编辑工作的启示

《英语周报》拥有强大的读者队伍，订阅量位居行业之首，其成功的经验值得借鉴，对其他同类报纸有较大的启示作用，主要表现在：第一，提升编辑核心素养，培养研究型英文编辑；第二，内外学术交流，"请进来、走出去"深入接触用报市场；第三，组建研发团队反哺编辑队伍建设，拓宽新产品研发渠道。

总之，在全球核心素养时代，只有凭借强有力的高素质的编辑队伍，深入一线，紧跟新课标，研发适合于现代信息技术下的新产品，才能在自己的领域独创蹊径，更好地服务于基础教育的发展，更好地承担起其应有的社会责任。

（作者单位：《英语周报》报社）

出版融合发展背景下的
传统编辑转型研究

吴 桐

一、前言

目前，我国已经完全步入了互联网时代，许多行业在此背景下获得了前所未有的发展，新闻行业也不例外。同时，各类新型媒体的产生对传统媒体也造成了巨大冲击，传统编辑面临着迫切的转型需求，而出版融合发展则是新媒体时代传统编辑需要转型的一个重要方向。出版融合发展背景，已经有越来越多的编辑业已开始逐渐探索如何在不违背国家政策的前提下，采取有效措施实现自身的融合发展，要求传统编辑行业需要不断探索新的技术、手段以及改变传统运营方式，与此同时不断强化自身人才的培养以及创造出更多有竞争力的新产品，方能紧跟时代的脚步，实现融合发展的目标。编辑作为出版社的核心力量，如何顺应融合发展趋势并结合出版社的具体实践要求进行转型，是整个出版业当下主要关心的话题。

二、出版融合发展和传统编辑转型现状

（一）互联网技术与思维融合力度不足

互联网技术的应用与互联网思维的培养是出版融合发展中面临的最突出的问题。尽管有的出版社积极引入新兴技术，建立线上平台、打造数字资源库、丰富内容形式，但对技术的应用始终处于初级阶段。平台与技术能否与出版社原有经营业务良好对接，能否扩展新的盈利渠道和增强盈利能力，这一切尚待检验。在这样的一个环境下，传统编辑对新兴技术的掌握程度也较为滞后，内容人才与技术人才之间存在巨大差异[①]。

（二）全媒体人才资源匮乏

互联网公司的兴起对传统出版社造成的冲击不仅仅体现在产品层面及内容方面，也反映在人才层面。出版行业一直以来以传统出版为主，当新技术出现时，通常能够第一时间采用新技术的出版社并不多，有的是缺资金，有的是缺技术，有的是缺人才，但更多的是缺乏与时俱进的新观念，等到新技术很成熟了才付诸行动，那就比别人晚了一步，从而让自己处于竞争不利的境地。另外出版行业竞争激烈，很多传统出版社在利润下滑、薪资过低、编辑转型发展前景不明朗之际，导致众多优质人才外流，新的人才补给不足，一方面留不住人才，另一方面招不到合适的人才，人才梯度出现断层，对出版事业的发展打击很大。

优质人才资源极度匮乏，在一定程度上限制了转型融合发展的进度。此外，全媒体时代，内容生产者已经不能止步于传统的编辑、校对，精通

---

① 胡涛：《融合发展背景下的编辑转型》，《中国编辑》2016 年第 1 期。

数字开发、产品设计、用户体验的人才备受欢迎。但传统出版行业无论从发展潜力、薪资待遇、激励机制等方面都缺乏对这类人才的吸引力，新鲜血液供给不足导致创新能力滞后。当然，在出版融合大发展的前提下，很多出版社都纷纷积极谋求"转场升维"，寻找出路。而作为出版业核心内容生产者的编辑，为适应时代发展，在出版社的鼓励下，在新兴技术的支持下，都在主动探索融合发展，学习新技术、新经验，谋求发展出路。但总体来说，系统学习性不强，互联网思维与传统出版思维易产生脱节，部分创意想法也可能因为体制机制原因，流于过程和形式，不能让出版融合机制真正落地生根并开花结果。因此，出版融合发展的关键点是人的融合，重点是在技术的支持下，实现人的转变，保持长效机制，从而形成新的效益增长点。所以，在出版融合发展的大背景下，如何强化在岗编辑的全方位素质，调动编辑主观能动性，积极向全媒体人才转型；如何通过人才机制改革，为优质人才提供更多脱颖而出、施展才华的机会；如何通过薪酬制度的调整与激励机制，吸纳更多优秀的人才，为优秀人才创造良好的成长环境和发展机遇，也是出版业转型融合发展中亟待解决的首要问题。

三、传统编辑转型的必要性

随着互联网人工智能和大数据的普及，并已广泛运用于出版行业，传统出版行业已经不能满足时代发展要求，有调查显示：近年的传统出版占出版市场整体的比率正在逐年递减，这就导致传统的编辑工作模式不断面临着一些更高、更为严峻的考验，即：缺乏较高的数字化认知，依旧有很多传统编辑人员抱残守缺，无法跟上时代的步伐，拒绝接受技术创新，与此同时，部分传统编辑工作人员对于数字化的出版业务缺乏较强的积极性，甚至未能积极参与到其中，这样一来容易导致自身编辑相关的内容与现代化出版要求、产业要求业等脱节。另外，传统编辑对于数字化方面的一些技术未能充分运用，甚至仅仅只是认知部分表面内容，并没有深入地掌握现代化编辑技术。因此，导致其数字化应用能力不强；另外，传统编辑转型的经济效益不明显。当前数字出版未形成特色的产业服务链，其盈利模式比较模糊，虽然出版社都在积极探索，但仍然还没有找到科学有效的数字出版盈利模式，仍以传统出版营业模式为主。因此，数字出版效益不高。综合各种因素，传统编辑转型工作难以切实落实，导致传统编辑在数字出版产业链中发生脱节。在日趋激烈的出版市场竞争中，要想保持竞争优势，就应当不断提高自身的数字化能力，不断保持学习状态，使得自身能力获得提升，最终通过自身的专业能力使得服务水平也进一步获得提高，进而满足社会及大众的需求。因此，传统编辑在严峻、残酷的市场竞争下务必积极向现代化出版模式转型，不断学习先进的网络技术及相关知识、方法和不断充实自身知识体系，在数字出版基础上提高业务能力和水平，这样才能满足未来出版市场发展的要求。

数字出版时代传统编辑的转型有利于提高出版业务效益，优化出版运营模式。相较于传统出版中的多环节、高人力投入、低准确率的问题，在具体的实施当中主要是通过运用一些先进的数字平台以及网络技术等，实现前期智能化编辑，中期智能化加工和后期智能化信息反馈处理等，全面提高工作效率和降低工作成本。因此，在传统编辑转型的过程中应该充分运用数字化处理业务，简化加工出版及运营管理内容，同时保证质量。不仅如此，对传统编辑加以转型还能促进出版企业整体经济效益进一步提高，因此，传统编辑行业只有不断强化自身对数字技术的应用，方能跟上时代的脚步，全面提高自身的业务能力及水平，为客户提供更为全面、优质的服务[1]。同时，传统编辑转型有利于提升出版社的市场竞争力，吸引更多的用户。

---

① 张永生：《刍议出版融合发展时代下传统编辑的转型》，《科技展望》2016年第16期。

四、传统编辑转型应坚持的几点原则

（一）注重以人为本

在传统编辑转型过程中应坚持以用户为本，在开展工作前先进行用户需求数据的调查，收集数据然后集成大数据，在大数据显示结果的基础上科学运用各种数字化技术对资料进行加工、处理，为用户提供个性化服务，便于客户使用。

（二）注重经济效益

在传统编辑转型过程中需要积极探索新型数字出版盈利模式，提高工作效率和经济效益，运用数字出版的优点就是可以有效地提高工作效率和有效降低出版成本，节省出版时间，实现经济效益的最大化。

（三）注重综合服务

在传统编辑转型过程中注重对数字化的应用，为用户提供综合服务内容，最大程度满足用户使用需求，从而形成高效、全面的数字化服务体系。

五、出版融合发展背景下传统编辑转型路径

（一）构建科学的业务机制

出版融合发展政策明确指出传统出版业务向更深层次的数字出版业务发展，而传统编辑的转型也存在一个过渡阶段。因此，在传统编辑转型的过程中需要充分发挥编辑自身的专业优势，运用数字化技术构建科学的数字出版业务体系，提升数字出版效益。而传统编辑的主要任务是运用数字技术科学筛选、判断和提炼信息，为用户提供个性化的服务[①]。另外，传

---

① 严威：《数字出版和融合发展背景下的编辑转型蜕变之路》，《新闻研究导刊》2016年第9期。

统编辑还需在已收集的图书资源中整合、优化出版资料内容，综合运用各种资源，为用户提供及时、优质、周到的服务，有效提升用户在使用过程中的体验满意度。

（二）注重数字业务质量及宣传

在数字出版业务中，编辑是控制内容质量的关键者，编辑对内容资源有较为透彻的理解，经过其精心挖掘、编辑标引，严格筛选内容资源，去除其中粗俗、无用的内容资源，精简数字出版中的内容资源，实现内容资源的整合和增值，从而提升了数字业务质量，并能保证用户需求。除此之外，开展数字业务的目的一方面是为了吸引和留住用户，另一方面是在用户满意的基础上不断优化并提升编辑的数字业务水平，适应使用者的需要及增加使用者的黏度。为了让数字出版更加深入人心，在传统编辑转型的过程中还需做好出版营销及宣传工作，构建从内部资源到外部宣传相结合的完整数字业务体系，以吸引更多的用户积极参与。首先，在内部资源设置上，着重体现封面、内容的特色，例如，封面中插入极具视觉效果的主题和图片等，以第一视觉向用户呈现，吸引用户注意力，刺激其购买欲；然后，在内容资源的选择上，靠质量取胜，突出数字业务重心，在售后服务方面，建立一整套行之有效的措施来保证用户与出版者之间经常性的有效互动和认同感。从而树立自己良好的社会形象，社会效益得到进一步的提高。

（三）调整增值服务

调整增值服务满足用户所需服务内容，有利于提升数字出版的市场竞争力，同时，提升传统编辑转型成效。在传统编辑转型过程中要求传统编辑运用数字技术设置主题检索、开放搜索、在线讨论等增值服务内容，进一步完善增值服务内容，形成综合服务体系，从而全面提升用户的使用满意度[①]。因为增值服务的调整还有助于提升数字出版的综合经济效益，为出版社拓展新的盈利渠道和提供新型盈利模式。

---

① 李建国：《浅析数字时代下的编辑转型》，《天津科技》2017 年第 2 期。

（四）积极创新管理模式

传统的编辑行业要想在出版融合的背景下，以及在激烈的市场竞争中稳住阵脚，实现轻松转型的目标，最为重要的一点就是不断加强自身管理模式的创新，在具体的管理工作中可以加强数字化在线管理、监督机制的进一步改进，有利于促进盈利模式的转变，实现最大化效益的目标。通过利用数字化、网络化技术开展管理、监督等工作，可以在原有的检测工作中融入数据的自动化处理以及智能化终端，有助于及时辨别出版过程中出现的问题，便于及时找到对应的措施进行处理，从而避免出现风险问题而影响系统运营。除此之外，在盈利模式的选择上，可以在传统的交易产品基础上提供服务的深化，确保数字化、网络化出版设计的资源能够获得有效整合与运用，最终创建出科学、规范以及全面的出版体制，促进传统编辑有效转型。

六、注重转型成效

在传统编辑转型的过程中，首先，传统编辑需要全面了解数字出版的内容及特征，并结合自身的发展需要及数字出版的发展趋势选择适合的转型路径、采取合适的手段及方式，掌控合适的强度及时间跨度，对转型过程中遇到的各种问题和挑战进行及时处理，包括传统知识储备及创新能力等方面，以提升自身转型成效；其次，需要不断加强自身知识储备，提高业务能力，在传统出版业务需求的基础上结合数字出版要求，提高专业能力，向复合型业务人才靠拢。此外，在互联网时代背景下，要学会综合运用各项互联网数字出版资源，如微博、微信和手机客户端（APP）等资源于数字出版业务中，从而实现传统出版向数字出版转变。在数字出版产业链中传统编辑要正确选择转型路径，着重提升数字技术应用水平，运用数字技术开展各项工作[①]。为此，传统编辑需自觉树立终身学习的意识，与

---

① 张宇威：《"现代编辑"在出版融合中的角色与定位》，《新阅读》2018 年第 6 期。

时俱进，并结合数字技术发展趋势及时调整数字出版内容，在熟练运用数字技术的前提下大胆创新，构建科学的数字出版体系，切实提升传统编辑转型成效。

七、结束语

出版融合发展已成为出版业未来的主要发展方向，因此，也要求传统编辑转型，改变传统的工作模式和工作思路，迎接数字出版时代的到来。

（作者单位：中国青年出版社）

如何提升中华文化的国际影响力

——从《新国标英语分级阅读》系列丛书说起

黄新炎　吴　迪

习近平总书记指出，我们要坚定中国特色社会主义道路自信、理论自信、制度自信，说到底是要坚持文化自信。出版是文化建设的基础力量，是对人类文明进程作出重大贡献的行业，也是文化自信的基石。没有出版业传承、记录、创新和发展下来的文化成果，中国的文化自信就是无源之水，无本之木。进入中国特色社会主义新时代，充分发挥出版在文化建设中的优势，建设出版强国，是坚定文化自信，发展社会主义先进文化的重要力量。坚持中国文化立场，探索国际表达方式，出版体现具有当代中国精神、讲好中国故事的图书是当下每一个出版社应有的责任和担当。2018年，上海外语教育出版社推出了我国著名外语教育专家、北京外国语大学前副校长《新概念英语》（新版）中方作者何其莘和海外华人英语教授杨孝明编著的《新国标英语分级阅读》系列丛书共计 171 册。丛书既有《狐狸和葡萄》《皇帝的新衣》《特洛伊木马》这样的国外经典故事，也有《蔡文姬》《白蛇传》《十五贯》《李清照》等经典的中国故事，用英语学习世界文化的同时，也用英语讲好中国故事，注重中西方文化故事的交流与会通。

图书出版以后，引发了国内外英语学习者和出版业同行的广泛注目，何其莘教授携新书在国内举办了数十场读者见面会，几乎场场爆满。不仅如此，2018 年美国书展和法兰克福书展《新国标英语分级阅读》高调亮相，引起了世界出版业同行的极大兴趣，有望版权输出，同时面向海内外两个青少年团体，做好国际化传播推广，帮助中国学生学会地道英语介绍、传播中国文化，也加深海外青少年对中华文化的认知。

一、符合时代精神的当代书写

中国文化博大精深，提高中国文化国际影响力，首先要明确应提高哪些中国文化的国际影响力。《新国标英语分级阅读》作者之一何其莘教授认为：通过这套书的编写，他再次强化了自身的思维，英语阅读教材应自主编写，这有两个方面的原因：一是教材的针对性，二是中国文化要素。每一种好的语言教材或者读物 / 本都有很强的针对性，都有特定的读者群。以美国出版的英语教材为例，美国出版的英语教材大致分两种，一种是给本国学生提高语言水平编写的教材，就像我国的语文课本；还有一种是为生活在美国把英语作为第二语言学习的人编写的教材。这两种教材有三个共同点：一是英语是学习者的日常用语；二是学习者处于美国文化的语境当中，所以有些美国文化的要素认为学习者应该知道，给予省略；三是用教材来宣传美国文化。正是由于这三点，美国出版的这两种教材中国出版方可以参考，但是不适合直接引进中国，起码不适合作为中国学生的主干教材。

　　《新国标英语分级阅读》由何其莘教授和美国新泽西海洋学院终身教授、美国现代语言协会和全美英语教师联合会永久会员杨孝明教授自主编写，专为中文语境下的英语学习者精心打造，很好地解决了从国外直接引进读物的尴尬。丛书涵盖了从学前到高中阶段，根据每个阶段的学习目标和任务设置话题，强调语言学习的连贯性和延续性，和中国不同年龄段学习者的认知水平、思维模式、中文词汇量、兴趣点相匹配，帮助学习者培养终身阅读的习惯。亲子读本以模仿为主，激发孩子对英语的好奇和兴趣，用贴近儿童真实生活的场景和语言，慢慢引导孩子用英语来讲述幼儿园和家庭的日常生活，尝试用英语来与他人沟通和交流。小学的分级读物以培养孩子英语阅读习惯为主要目标，由阅读激发孩子的学习兴趣，由好奇引向求知。语言简洁，朗朗上口。中学的分级读物，以拓展学生阅读范围、开阔视野为主要目标，涵盖了人文社科、社会文化等多个领域。丛书不仅选取了国外著名的民间故事、神话故事、民间传说、历史事件、历史人物、文学名著等，同时把不少中国文化故事也编写其中，用时代精神解读中华神话传说、成语故事、古典名著，帮助学生提高英语语言能力和自主学习能力，开阔视野，提高学生们的综合素质，发展跨文化交流意识。《新国标英语分级阅读》有关中国主题的读本目录见下表：

《新国标英语分级阅读》中国主题读本举隅

年级	主题
一年级	Fox and Tiger 狐假虎威
一年级	Ye Gong and the Dragon 叶公好龙
三年级	The Foolish Old Man Who Moves the Mountains 愚公移山
四年级	Mr. Dongguo and the Wolf 东郭先生和狼
四年级	Adding Legs to the Snake 画蛇添足
六年级	The Legend of Luban 鲁班的传说
六年级	Mulan Joins the Army 木兰从军
初一	Havoc in Heaven 大闹天宫
初二	Princess Wencheng 文成公主
初二	The Cold Food Festival 寒食节

年级	主题
初三	Duanwu Festival 端午节
初三	Zhang Qian and the Silk Road 张骞与丝绸之路
初三	Wang Zhaojun 王昭君
高一	Double Seven Festival 七夕节
高一	Li Qingzhao 李清照
高一	The Fifteen Strings of Coins 十五贯
高一	The Legend of a White Snake 白蛇传
高一	Beijing Opera 京剧
高一	Cai Wenji 蔡文姬

从上表不难看出，中华民族 5000 年历史流传至今，积累了许多富有中国特色的文化瑰宝，这些中华优秀传统文化广接地气的标志性产品浓缩在成语故事、民间传说、京剧艺术等文化载体里，既是典型的中华民族精神标识，也是提高中国文化国际影响力的重要内容。值得一提的是，丛书中的中国故事不仅描画了相对通俗易懂的中国器具、节日和习俗等比较常见的中国符号，还以此为载体，"器以载道"，传达了中国人独特的气节和风骨。《寒食节》中的介子推，辞禄隐居，宁死不愿居功的故事，表达了中国文人历来"两袖清风、淡泊名利"的高尚情操以及"富贵不能淫"的凛然正气。这与西方"美国梦"这种创造财富的价值观并不一致，但在当下略显浮躁的低龄化明星流行、人人可以当抖音"网红"的社会风气中，能令人重视中国传统文化中的高风亮节，尤其是能正面塑造和引领青少年价值观，有利于向海外传递完整的、深刻的、有血肉灵魂的当代中国形象，《新国标英语分级阅读》在保留中华优秀文化，提供时代解读，立足海外传播正能量方面作出了非常有益的探索。

二、中国文化立场的国际表达

近来，中国学界正反思中华文化海外传播如何传通的问题。目前有些中国出版的英文译作难以被海外读者接受，既有翻译水平问题，也有未能准确地把握对方的思维习惯和话语方式的问题，就像用中国瓶装洋酒，看上去不地道，人家就未必愿意喝，甚至可能会心生疑虑。海外读者拿起中国出版的英文译作，如发现首段不顺意，就很少会继续看下去。因此，当务之急仍为更多地学会运用他人习惯之语言，阐释当代中国之故事。编写《新国标英语分级阅读》实现了外教社和何其莘教授的共同理想：用西方能接受的表达方式讲好中国故事。

首先，物色海内外汉学名家提纲编写任务。如何才能讲好中国故事，让世界更加全面、客观地了解中国？关键是善于运用他人的语言，讲自己的故事，注重英语地道表达的话语习惯，这些在《新国标英语分级阅读》一书中得到了很好的体现，也是基于何其莘教授英语教育生涯的积累。2006 年何其莘教授担任中国人民大学外国语学院外聘院长，他主持的《中国戏曲海外传播工程》就是一次中国文化外译的有益实践，为《新国标英语分级阅读》奠定了良好的基础。那时国内已经注重把中国文化推向海外。当时的学者比较以自我为准，往外推介中国文化时，不太考虑接收方的需求。何其莘教授认为：往外推介中国文化的时候，必须找一个彼此都能够接受的或者说喜欢的形式来推介，这样才能有效果。《中国戏曲海外传播工程》编写者都是美国汉学家。这批作者（包括《新国标英语分级阅读》作者之一的杨孝明教授）20 世纪 80 年代去了美国，攻读了语言文学博士学位，现在多是美国高校里的终身教授，他们在英语世界里生活工作学习了几十年，他们的教育对象是美国学生，他们著作和论文都是英文撰写，如其中的杨孝明教授迄今已出版中、英文学术专著 4 部，译著 1 部，其英文专著 *The Rhetoric of Propaganda* 和 *Error of Creativity* 在牛津大学、剑桥大学、哈佛大学、耶鲁大学等大学图书馆均有收藏。有了《中国戏曲海外传播工程》的编写经验，才有了《新国标英语分级阅读》地道表达的成功。

其次，寻找地道的英语表达方式。这套阅读丛书诉求点在于用语言表达中国，让西方读懂真正的中国。何其莘和杨孝明两位教授尽可能用西方人能接受的方式编写读本。如《大闹天宫》里"太白金星"怎么翻译，何其莘教授查阅了国际上通行的几个《西游记》的版本，如芝加哥出版社出版的三卷本，外文出版社和外教社出版的四卷本，还有一本是美国 1948 年出版的简写本 Monkey。到目前为止，关于《西游记》流传最广的是这本 1948 年出版的小书。这本书的作者在吃透了《西游记》的故事情节之后，以讲故事的方式介绍这部中国古典文学名著，所以西方人很容易接受。何其莘教授就采用了该书对太白金星的翻译，包括孙悟空就叫 Monkey King（猴王）。在故事编写上，作者注重情节完整，起承转合，有始有终，便于不同认知和文化背景的读者理解。如《大闹天宫》一书故事从石猴诞生、大闹龙宫、受封弼马温、捣乱蟠桃会到被压五指山一气呵成，保留了刻画齐天大圣桀骜不驯性格的情节主线，情节完整紧凑。全篇主要以对话形式呈现，语言生动，语段精练，如齐天大圣从太上老君炼丹炉中出来的情节，一系列的动作：leap（跃），shove aside（推至一旁），take out（拔出），fight his way out（打出一条路），通过一连串精准的动词使用，使齐天大圣的形象栩栩如生、跃然纸上。这套阅读丛书非常注重读者的阅读体验，除了每篇故事之后的单词表，还在文中将本页重点单词标红，在同一页面上以小框列出中文注解，既不打断阅读进程，也不影响阅读理解。同时，每篇故事后有判断、填空、排序、回答问题等配套练习，巩固了读者对故事情节的理解，也加深了对重点文化元素的认知。

最后，循序渐进提供便于青少年口耳相传的英语表达。自小培养孩子们用英语讲好中国故事的能力，向西方推介中国，这个不可回避的教学任务，实际上每一个学英语的人最终都会担负起向外界介绍中国的任务。当下已经到了讲好中国故事从儿童做起的时候。所以在《新国标英语分级阅读》中，开始了分阶段有重点的探索。亲子读本里讲到端午节、中秋节，就是简单的一两句话，让孩子们知道中秋节是什么，知道嫦娥的故事；到了小学一年级，十五本书里五本是中国成语，作者立意让孩子们从此开始培养用英文来讲述中国故事的能力；到了中学阶段，则是要求读者能够相对完整地用简洁地语言描述一段中华文化故事，如文成公主的故事，如李清照的故事等等。全套书注重由浅入深，由表及里，层层推进，如在《端午节》的故事中，不仅有读者们很熟悉的赛龙舟、饮雄黄酒和吃粽子等习俗，更用超过一半的篇幅介绍屈原所著《离骚》的文体特色和他投江明志的风骨，故事的最后讲到 2009 年，端午节被批准列入世界非物质文化遗产。这样具有典型性的并且是有温度的中国故事，中外读者都可以接受。

综上所述，对世界尤其是美国和西方公众讲好中国故事，关键在于如何运用他们熟悉的语言和流行的叙事方式，讲解中国的观念与内容。即必须以西方文化语境之"瓶"，装当代中国故事之"酒"。唯有如此，才能有助于中华文化走出国门。

三、同时面向海内外的跨域传播

据美国权威民意调查机构皮尤中心在 2017 年 4 月习近平主席访美前夕所做的民意测试表明：美国中青年（19—49 岁）对中国抱有正面印象的人数，近年来首次超越持负面印象者。年轻人代表着希望和未来，他们较少受历史形成的固定印象之累，当代中国的发展对他们影响相对也更大，增进美国青少年对当代中国和中华文化的了解，是对外传播的重要使命，也是出版社的应尽责任。中国对美交流中，那些与时代相关、涉及当代中国发展，尤其是中国社会变化和进步的主题固然重要，中华传统文化与民间艺术同样也是文化交流的重点所在。这些是中华文化之根，从文化的源头来建立对中国文化的认知，才能更好地理解当代中国和全方位立体化中国。文化传播的最高境界是"柔弱无骨"，就是把我们的文化存在于对方像柴米油盐一样的日常生活中，中国思维方式和中国智慧如果像中国制造的器物一样，融入他国民众的生活中，这是我们最高的目标，也是我们应该追求的目标。

作为一家外语专业出版社，外教社自 1979 年成立开始就自觉地担负起文化交流与传播的历史使命。从 21 世纪初开始，上海外语教育出版社就实施文化"走出去"战略。2006年前后，外教社开始实施"中国文化汉外对照丛书"开放性出版工程，邀请了一大批外语专家，重新整理建社以来出版的中华文化经典名著译本，并陆续开发新的产品，如《英译唐宋八大家散文精选》《英译诗经·国风》《英译乐府诗精华》《英译宋词集萃》《英译元曲百首》《英译老子》《英译墨经》《英译三字经·千字文》《英译徐霞客游记》等。2007年开始启动的重大出版项目——"汉英对照四大古典名著"历经10余年到2017年终于完成。外教社此前出版的《红楼梦》《西游记》《水浒传》汉英对照本都是由外国人翻译，由虞苏美教授翻译的《三国演义》是真正第一个由中国人翻译的一百二十回《三国演义》全本。外教社耗费巨资出版四大名著英汉对照本，有力地推动了中华传统文化的对外传播。2017年北京国际图书博览会上，外教社和英国布鲁姆斯伯里出版集团（Bloomsbury Publishing PLC）签约，将《汤显祖戏剧全集》（英文版）授权给了对方，可谓意义重大。

2018年推出的171册《新国标英语分级阅读》丛书，特别关注到了跨文化和国际传播的文化要素，如系列故事中的《文成公主》、《王昭君》和《张骞与丝绸之路》三个故事，朝代背景、人物性格和故事情节各有不同，但故事之魂是民族团结、国家统一、文化跨域跨族交流融合以及贯穿其中的为维护国家安定和统一的个人牺牲精神。民族间的物质和文化交流，如文成公主将纺织、造纸和灌溉播种技术引入西藏，张骞的"丝路"与中国当下的"一带一路"倡议等，带出了蕴含其中的民族和谐融合的故事本质与核心，在传播过程中更易为海外受众接受。同时，丛书非常照顾读者的认知水平和接受心理。比如几乎每页都配有精美的插图，直观展示一些历史背景和节日习俗，尤其是一些地理图片的呈现，如张骞的出使路线图，春秋时期的各国地图等，做到了图文并茂，直接简明，便于理解。《新国标英语分级阅读》系列丛书面世之后，正是通过北京国际图书博览会、香港书展、美国书展和法兰克福书展等重要展会，向周边国家及"一带一路"沿线国家输出版权或实物，面向海内外青少年做好中华文化的推介。

建成面向现代、面向世界、面向未来的中国出版业，以优质的出版产品实现中国文化"走出去"，使中国文化在当代世界上有一定的影响力，为人类命运共同体的构建提供精神价值，是中国出版社的发展目标。当世界各国的经济社会发展越来越需要中国、越来越离不开中国时，他们学习中国文化的兴趣就会越来越浓。文化自信源自于博大精深的中华优秀传统文化，它蕴含着许多超越时空、跨越国度、富有当代价值、具有永恒魅力的文化基因，形成了中华民族独特的精神世界，成为中国人独特的精神追求和精神标识。因为这种文化植根于中国特色社会主义伟大实践的沃土，具有强大的生命力。《新国标英语分级阅读》英文书名 Readathon 是由 Read 和 Marathon 两个单词合并而成，之所以起名为 Readathon，是因为终身阅读就好比马拉松，需要坚持，需要毅力，即 Read(阅读)+Marathon(持久学习)=Readathon。代表着一种持久阅读的理念，这是终身学习的最佳形式，也是学习语言最简单、最有效的方式。成长在 21 世纪的中国学生，用英语讲好中国故事，在国际交流中展现中国情怀和文化自信也是一种持久和终生的事业。

（作者单位：黄新炎，上海外语教育出版社；

吴迪，上海书画出版社）

新时代少儿读物编辑的新作为

——以接力出版社"生活渗透式课程资源"建设为例

王明雷

习近平总书记在党的十九大报告中指出，中国特色社会主义进入了新时代，这是我国发展新的历史方位。作为新时代的编辑，必须不忘初心，牢记使命，坚定文化自信，增强文化自觉，牢牢掌握意识形态工作领导权，培育和践行社会主义核心价值观，努力编辑出版思想精深、艺术精湛、制作精良的文艺作品，成为新编辑，展现新作为。

接力出版社是一家自觉承担社会责任，强调文化接力、道德接力的专业少儿出版社。自成立以来，始终践行"追求卓越、追求合作"的企业文化理念，出版了众多深受孩子喜爱的优秀读物。接力出版社广西出版中心以出版教材教辅、期刊，搭建阅读推广平台为主要业务，笔者作为少儿教育读物板块的一名编辑，参与了多套幼儿课程资源的研发，现以"生活渗透式课程资源"建设为例，浅谈作为新时代少儿读物编辑的新作为，与出版同仁交流分享，以求指教。

一、引领——以先进教育理念为引领，夯实课程资源的顶层设计

笔者认为，教育理念是一套课程资源最为核心的部分，是课程的灵魂，其重要性不言而喻。在策划和编制这套幼儿课程资源之初，笔者一方面对 20 世纪 80 年代以来我国学前教育课程改革的进程进行学习和梳理，基本厘清了各种幼儿教育思潮和课程实践模式；另一方面广泛深入幼儿园，调研了解广西幼儿教育的发展水平及课程资源使用情况，从理论和实践两个层面对幼儿课程资源有了较为全面的了解，为编辑研发这套课程打下了基础。

（一）对生活渗透式课程理论基础的梳理

近 10 多年来，在我国幼儿教育课程改革的理论与实践领域，主要存在着两种课程模式：一种是注重生活经验的探索与建构的整合课程，如主题式课程或活动课程；另一种是注重知识技能传授与掌握的分科课程，领域式课程或学科课程是其代表。近年来，"让幼儿教育回归生活的本真""教育即生活""幼儿课程生活化"等教育理念正被越来越多的幼教理论研究者、教师和家长所认同和倡导。回顾接力出版社的幼儿课程建设之路，同样也是沿着这条路径进行的，于是生活化课程的理念成为接力出版社编辑团队的共识。但编制一套课程仅有一个一闪而过的想法是远远不够的，为此，作为这套课程资源的项目负责人，笔者重新回到学前教育理论学习之中，梳理有关生活化课程的理论。在课程学术顾问的点拨和指导下，笔者比较系统地研究了杜威的"教育即生活"思想、陶行知的"生活教育"思想、陈鹤琴的"活教育"思想，这些教育理论启发笔者认真思考

和理解幼儿学习与发展的真正含义：幼儿的学习特点是以直接感知为主，幼儿的学习方式是以游戏活动为主，幼儿的学习内容广泛地包含了幼儿日常生活的方方面面，幼儿的发展是通过活动把各个领域的发展目标渗透其中，潜移默化的积累经验、养成习惯和形成品质的。基于以上启示，我们确定了以"一日生活皆教育"为核心教育理念，以生活渗透式为课程模式，研发编写了这套生活渗透式课程资源。

（二）对生活渗透式课程教育目标的设定

培养什么人的问题是任何一种教育必须首先明确的问题。培养"完整儿童"是我们这套课程资源秉持和追求的教育目标。所谓"完整儿童"，首先，儿童是身、心、灵的统一体，儿童的发展包括多个关键领域，只有各个领域和谐发展，才能成为完整的儿童。其次，儿童的健康、教育以及幸福是一个连续的统一体，只有通过家庭和社区的共同参与，儿童才能发挥最大的潜能。儿童有着丰富的潜能，幼儿教育就是要把儿童的潜能引导出来并发扬光大。培养完整儿童，必须在儿童真实的生活和成长中进行，为此，我们坚持生活化的教育理念，通过渗透式的教育形式，注重在儿童的真实生活中进行观察和引导，通过游戏和活动进行教育，促进儿童身、心、灵的和谐发展。我们不仅仅关注儿童与物理世界的互动，不仅仅强调儿童的认知发展，不再低估情感的作用，而且关注儿童身体、心理、情感、态度、价值观的和谐发展，为培养完整儿童而努力。

生活教育理念和生活化课程模式对当下幼儿课程建设具有重要的引领作用，它指引了课程资源建设和教育实践的方向，夯实了这套课程资源的顶层设计，对整套课程资源具有统领性的意义。鉴于多数作者是来自幼儿园园长及一线教师骨干，对幼儿教育的实践经验相当丰富，但部分作者在教育理论水平上还有所欠缺。因此，在这套课程核心教育理念和课程模式的研讨和确定过程中，笔者作为编辑看似是很多时候不得已而"越权"做了一些作者的事情。但是越来越多的编辑业务工作表明，这正成为新时代编辑应有的"新作为"，在笔者看来，这其实并不是编辑工作的越界，而是编辑的深度介入，是编辑工作含金量和编辑价值的体现。

二、创新——创新内容与形式，打造高品质幼儿课程资源

（一）创新课程资源的内容设计

在内容设计方面，这套课程资源有两点创新。一是生活化的教育内容。所谓生活化的教育内容，就是向生活要内容，教育的内容来自幼儿的一日生活。吃饭穿衣、洗手如厕、玩沙玩水、看书画画、玩游戏、与同伴交往等都是幼儿学习的内容，这些内容也就是幼儿的日常生活。幼儿的游戏和生活既是学习的内容，也是学习、成长和发展的手段。因为幼儿的学习方式主要不是通过书本、通过记忆和抽象符号来学习，而是通过实际操作，亲身体验去模仿、感知和探究的，是在"做中学""玩中学""生活中学"的。因此，在课程编写中，编辑很多时候都在提示作者，或者与作者协商，或者参加到课程内容的选材和设计中，把生活化的教育内容变成最终出版的幼儿读物资源。

二是对中华优秀传统文化的传承与弘扬。习近平总书记指出，文化自信是更基本、更深沉、更持久的力量。博大精深、灿烂辉煌的中华优秀传统文化积淀着中华民族最深层的精神追求，包含着中华民族最根本的精神基因，这是我们坚定文化自信的深厚基础。坚定文化自信，必须培育和践行社会主义核心价值观，推动中华优秀传统文化创造性转化、创新性发展。那么，对幼儿园的孩子进行中华优秀传统文化的传承与弘扬是否可行呢？在这套课程资源中，我们做了大胆地尝试和设计。在幼儿读物的"文化接力"板块，在内容设计上以社会文化为主，同时渗透语言、科学、艺术、情感教育、爱国主义教育和社会主义核心价值观教育。既体现广西本土文化特色，又注重传承和弘扬中华优秀传统文化，让幼儿用可以感知和理解的方式对身边的文化有所了解和感悟，初步建立自我认同感和对国家、民族的自尊、自信、自豪和认同。起初，作者表示这个部分很难设计，担心难度太大，幼儿不能理解，教师不会上课，但经过编辑分析策划

意图，并举例讲解之后，便豁然开朗。例如，春节、清明、中秋、重阳等传统节日可以让幼儿感受敬老爱幼、家庭和睦、团圆和谐等传统美德；中国武术、文房四宝、戏剧脸谱、对联书画等内容都是幼儿在日常生活中可以见到，能够感知的，也是有兴趣玩耍和操作的；富有广西本土文化特色的铜鼓、壮锦、绣球、民族器乐、桂林山水等内容，又让幼儿了解和感受到自己家乡的美好，在幼小的心灵中滋养了热爱家乡、热爱祖国的情感。

上述内容设计的创新，展示了编辑在贯彻国家教育方针以及落实推动社会主义文化繁荣兴盛、弘扬中华优秀传统文化和践行社会主义核心价值观上的编辑创意和实践创新，是新时代编辑应有的担当与作为！

（二）创新课程资源的教育形式

生活渗透式课程资源，一方面体现了生活化的课程理念，另一方面表明了渗透式的教育形式。这种创新的教育形式包括教育内容、教育环节、教育结果的相互渗透。首先，教育内容的相互渗透是指同一个教育内容渗透了多个领域和多个发展目标，如幼儿读物中"七彩花园"板块《田鼠阿佛》的故事，它不仅是语言的学习，还包括了社会、艺术、美育和情感教育等领域。精美的绘本设计、憨态可掬的田鼠形象、语言蕴藏的想象魅力、阳光给人的温暖感觉、故事含有的哲理启示，这些不仅发展了幼儿的语言能力，也满足了幼儿对美的感知和欣赏、对友情的珍视、对生活的热爱、对情感的抚慰和满足。其次，教育环节的相互渗透表现在我们的课程实施体现在一日生活的各个环节中。如幼儿读物《秋天来了》这个活动，在来园环节教师可以提醒幼儿在来园的路上观察秋天的树叶，进而观察树木的变化、季节的变化，并捡一些落叶带去幼儿园；在晨间游戏时请幼儿互相分享自己在路上观察到的现象和景色；在进餐环节鼓励幼儿尝试不同水果的味道，让幼儿用词语表达不同的滋味，还可以引导幼儿触摸水果，感受不同的外形；在睡眠环节午睡前，教师讲述秋天树叶的故事；在离园环节利用离园时间带领幼儿边唱儿歌边玩手指游戏等。这样，一日生活的各个环节都渗透在《秋天来了》这个活动之中了。最后，教育结果的相互渗透表现为通过生活化的教育，培养出完整的儿童，培养出身心协调发展的人。我们的教育结果不是以幼儿掌握知识的多少为衡量标准，而是渗透在为幼儿的后继学习和终身发展奠定良好素质基础上，渗透在促进幼儿体、智、德、美各方面的协调发展中，渗透在幼儿良好学习品质和行为习惯的养成中，渗透在幼儿真正的"成人"中。

此外，这套课程在教育形式上的另一大创新之处在于游戏活动的设计。这套课程共设计了152个游戏活动，全部到幼儿园现场拍摄，由骨干教师精心设计和指导，包含手指游戏、桌面游戏、益智游戏、体能游戏、各种操作性游戏、综合性体育游戏等幼儿园各类游戏活动。这些游戏活动寓教于乐，让幼儿在游戏中建立人际关系、学习规则和秩序、学习合作、学习做事和学习共同生活。我们编辑全程参与了游戏拍摄、脚本撰写和后期的音视频剪辑处理，编辑综合业务能力得到了很好的拓展和提升。

三、服务——强化和提升增值服务，适应时代与用户的需求

接力出版社多年来坚持实行项目负责制，即项目负责人要对某一项目进行出版全流程的统筹管理和运营。笔者作为这套课程资源的项目负责人，在完成课程资源的编辑出版工作后，将更多的精力放在做课程资源的增值服务上。只做案头编辑的时代早已一去不复返了，出版融合发展时代对编辑提出了更高的要求，新时代编辑必须要有新作为。

（一）加强数字化课程资源建设

数字化时代的到来使学习方式和教育方式都发生了深刻变化。数字化幼儿教育产品因其丰富性、互动性、趣味性等特点深受儿童的喜爱。当前幼儿生活方式和学习方式的变化推动了教育方式的多元化变革，而教育方式的多元化客观上要求借助新技术、新媒体、新传播渠道进行课程资源的开发，满足幼儿课程资源形态的多样化要求，突破传统出版形式的局限，走传统媒体与新媒体的融合发展之路，这也成为这套课程资源的必然选

择。这套课程资源除纸质图书，我们还相应做了数字化资源的研发。为幼儿用书制作有声电子书，用手机扫描封底二维码，可以免费阅读；将纸书的图文做成动画，连同游戏视频制成 DVD 随教师指导用书赠送；选取合适内容，制作互动电子书，设计小游戏，增加视听互动体验；推出以课程资源为主要互动内容的"接力童萌会"微信公众号，经常性发布幼儿教育的图文和音视频资源、培训和教研活动报道等。这些延伸开发使这套课程成为一种开放性的、生成性的、资源性的教育素材，最终形成具备纸质图书、电子音像、数字动画、教育培训和阅读体验等复合出版形态的幼儿教育资源。

（二）加强课程资源的培训与使用指导

做课程资源建设，编辑出版只是其中的一部分工作，对使用情况的调研和课程培训日益占据编辑大量的时间和精力，幼儿课程资源尤其如此。课程资源毕竟经过专家、作者和编辑的精心研究和打磨，具有一定的理论高度和对教育实际的引领作用，对大多数的普通幼儿园老师来说，如何能够很好地理解课程资源的理念和编辑意图，如何很好的实施课程都是很有难度的。为此，幼儿课程资源培训与使用指导非常重要。以这套课程资源来说，自 2016 年秋季全面上市至今两年多时间里，我们已经组织举办了 19 场课程资源培训，超过 6000 人次参加。每一场培训都由编辑全程安排，聘请专家，商议培训内容与形式，协调新华书店或教育局发布培训通知、组织参会人员，很多时候笔者也作为培训讲师对课程资源进行介绍。这些工作很烦琐，不仅要求编辑能编书，还要会演讲，能够做宣传推广工作，还要能统筹协调各种人际关系，处理好大小事情。在培训中切实体会到编辑工作的不易，但同时也是对自我的锻炼和提升。

（三）加强对课程使用园所及教师的专业指导

为切实提高幼儿园教师对课程资源的研究水平，促进教师的专业发展，加强出版社与幼儿园的联系与合作，结成学习共同体，做有质量的幼儿教育，更好地促进幼儿的学习与发展，笔者主持制定了生活渗透式课程资源教研基地行动方案。2018 年 4 月，接力出版社在广西选取有代表性的 10 所幼儿园作为生活渗透式课程资源的教研基地园，通过课程培训、教研指导、教学技能比赛、优秀案例征集、自主课题研究、阅读推广支持计划等形式开展实实在在的教研行动，给予基地园和教师以专业的指导。目前，由课程主编雷湘竹教授主持的《民族地区基于游戏精神的幼儿生活渗透式课程研究与实践》已经荣获 2017 年广西基础教育教学成果一等奖、2018 年基础教育国家级教学成果二等奖。通过一系列教研行动，我们计划推出一批高质量的示范课，征集 100 篇优秀教学案例结集出版，通过专家带领和指导进行课题研究，切实提高基地园的办园水平和教师的专业水平。

以上所述幼儿课程资源的增值服务工作，都需要编辑的参与和辛勤付出，也是当前时代和用户对出版社以及编辑提出的需求，是作为出版工作者必须承担的社会责任，同时也是编辑应有的作为和对社会的贡献。

接力出版社的幼儿课程建设，基本反映了近 20 年来我国基础教育课程改革发展与进步的历程，作为少儿读物编辑，笔者亦将不忘初心，继续前进，用我们的专注和专业，研发更具品质和品位的少儿读物，在新时代展现新作为，实现编辑的人生追求和社会价值。

（作者单位：接力出版社）

编辑的创意权及保障

张礼庆

出版业发展到现在这个融合发展的时代，在中国的图书市场上还不能体现出多少对编辑的重视，好的图书读者记住的是作者，最多还记住是哪个出版社，但对于哪个责任编辑做的，没有多少人能知道的，了解的更多是同行。难道编辑在图书出版中没有起到多大作用?! 全然不是。中国编辑学会每年组织年会，听到优秀同行们不断分享自己的成功案例，图书市场离开编辑完全是不行的，那为何读者很少去关心图书的编辑是谁呢？其实出版行业自身对于编辑的重视就不够，自身也感觉在出版过程中编辑是弱势，遇到好的作者需要"卑躬屈膝"以求获得书稿；在出版过程中，出版社里各个环节也让编辑为了保障自己的图书能顺利并达到理想效果而"卑躬屈膝"。尽管这些都不是编辑希望的，但是却在这样做，最主要的原因就是编辑没有被重视，编辑最主要的策划能力所体现的创意权益没有得到认可和保障。在我们的《中华人民共和国著作权法》中规定了对作者的著作权、对出版者的专有出版权、版式设计权、装帧设计权，就是没有对编辑的创意权的约定和保护。本文在此分析编辑的创意权和保障的必要性。

一、图书策划阶段编辑创意权

在图书策划阶段编辑的作用主要体现在创意上，图书创意可以对比建筑设计，建筑设计最开始要有创意概念设计，然后才深化设计，而很多著名建筑的创意设计获得的设计费用占整个建筑设计费用的一半以上，这才促使很多大师不断创新，创意不断，他们有更多时间去学习和构思，因为他们不担心好东西得不到好收益。那么对于部分图书，相当于编辑先策划好，然后让作者写，最终形成受市场欢迎的图书，这样的创意策划就需要保护。

在实践中，如中国建筑工业出版社策划了一套《建筑施工手册》图书，由编辑共同策划，并由出版社组织实施，邀请作者参与，作者拥有署名权和收益权，但是图书的著作权归出版社，出版社则根据市场和技术发展不断更新版本，该书被誉为"推动我国科技进步的十部著作"之一。就是这样一个大部头重点图书，大家应该能感觉到，出版社最后为了保障创意权还是通过著作权来保护的，而不是直接通过创意权。

2003 年笔者与筑龙网合作一本《施工组织设计范例 50 篇》（附光盘），图书纸质部分有少量文字，光盘中有大量电子文字，图书的整体创意由笔者策划，最后图书出版后获得比较好的社会效益和市场效益。但是在没有创意权的保障下，后期筑龙网又与其他出版社合作同类图书，而且在质量上都不是很高，最后将一个比较好的创意葬送了，没有能够形成持续的市场，但是却带来了筑龙网的繁荣。如果有创意权的保障，或许能让这个创意得到更多市场正面回馈，延续发展。

二、图书编写过程中编辑创意权

图书编写过程中，也就是内容阶段，有些作者写的东西与最终需求有相当差距，图书编辑的过程不仅仅体现在一般的文字上，从架构到行文，好的编辑都给予了新的创作，有的工作是对作者原先的工作进行颠覆性创作，但是很多出版社规定编辑不能作为作者，如果要作为作者就需要让其他编辑当责任编辑。现在更多的只是作为编辑工作处理，显得对编辑不公，没有作为编辑创意权的保障，编辑很多付出得不到更合理的体现，久而久之，编辑深入修改的积极性就会降低。如果有对编辑创意权的保障，编辑与作者修改沟通的具体文件作为证明，经出版社和作者确定赋予本书的编辑创意权，创新修改后的作品就有了编辑创意权，那么以后编辑审稿加工过程就不会仅仅看看文字了事，更多会考虑内容如何更适合市场需求，如何才能受到读者欢迎，图书取得的社会效益和经济效益必然比之前更丰厚，这对于作者、编辑和出版社是三赢的好事，尤其在现在这个纸书和数字融合的时代。

2003 年一个作者自荐到我社要出版一本《建筑工程施工资料管理》的图书，内容上还是当时行业发展需要的，经与作者沟通，申报选题。在正式组稿过程中，笔者结合读者习惯，跟作者多次沟通，并且不断修改调整，从形式到内容架构，通过不断改进，最终于一年后以《建筑工程施工资料管理与编制范例》出版发行，该书获得市场积极回报，不断重印，利润达 100 万元以上。作者在后期觉得编辑做了很多工作，想加上编辑的名字作为作者之一，但是出版社要求编辑如果是图书作者就不能做本书责任编辑，所以这个事情最后没有成行，也充分表现了对于编辑创意工作的体现缺少途径，需要予以保障。出版社设置这样的规定初衷是为了防止编辑向作者要求增加自己作为作者之一，而作者出于人情或其他因素不得已同意，造成行业不良风气。

笔者讲述的例子还不是最典型的，有不少优秀的作品就是经过编辑修改后才成为传世之作的，这种修改是编辑的文字功夫和创意能力的体现，不能说是"化腐朽为神奇"，但至少"增色三分"，往往作者和编辑成为至交，但是编辑还是不享有编辑之外的应该享受的权益。这就好比王献之跟着父亲练字，写一"大"字让王羲之看，王羲之没有说什么，在"大"字下添一点。王献之遂拿给母亲看，母亲看后说：你这字就一"点"像你父亲写的。故事反过来看，这一点是点睛之笔，也如同优秀编辑的作用所在。没有赋予编辑内容修改方面的创意权，最后造成部分好编辑去当作者，如果赋予并保护编辑的内容修改的创意权，那么好编辑就没有必要都去当作者了，做好编辑可能更适合他，也对出版行业发展更有利。

三、版式设计和封面设计中编辑创意权

有些图书在版式设计上比较新颖，对图书销售起到很好作用，这些设计应该是专门设计人员做的，最终也是写上他们名字的，如吕敬人老师就创作了不少经典版式设计的图书。然而，多数图书好的创意是编辑提供的，最后编辑却没有在这个方面署名和获益，甚至在创意过程中还得不到设计人员的好好配合，造成编辑的吃力不讨好。编辑提供创意，设计人员就是负责制作出来，但是最终署名的是设计人员，而没有体现编辑的创意权，最终保护的也是设计人员拥有的设计创意权，道理何在啊?!

封面设计也是如此，封面的色彩、封面上的文字、腰封的设计等等，编辑的参与太多，很多还是以编辑作为主导，但是最终设计出来的封面也不会署编辑名，封面设计得奖也与编辑没有关系。

如果版式设计和封面设计没有编辑的创意也就算了，关键是很多就是编辑创意的，最终却没有任何体现，对编辑多么不公啊，所以强烈呼吁编辑参与创意并起到主导作用的版式设计和封面设计需要赋予编辑创意权。

四、模式设计中编辑创意权

模式设计往往是编辑提出的，在图书整体营销过程中起到决定性的作用，模式设计好后，各方配合，以营销为执行单位，最终也是以营

销收获名利为主，编辑获得的还是编辑那部分，没有在模式设计上得名得利。

在数媒融合时代，模式设计十分重要，而在这个过程中编辑的创意所起到的作用显而易见，实施时也应该以编辑为主导形成团队。如果以数字技术为核心，弱化了编辑的创意，这个只能算是技术的革新，不能成为模式的创新。要想在模式上创新，主要还是依靠编辑的力量，而要想调动编辑的创意积极性，相关的名分确立和收益促进都是必要的，而笔者更看重名分的确立，因为有了名分收益就自然有了。

笔者在 2017 年利用武汉理工数传的 RAYS 系统对《建设工程造价案例分析》这本执业考试用书做了创新，强调扫描二维码进入造价圈，获得增值服务。本意想通过进入造价圈可以享受增值服务，吸引读者，并让读者购买收费视频及其他服务，最终因为视频定价问题和系统操作烦琐的原因，并没有使得视频销售获得多少回报。但是通过输入一书一码进造价圈享受增值服务的活动，使得市面上绝大多数人购买正版图书，这个是模式设计呈现的效果，变相为出版社创造了更多利润。在实施过程中，武汉理工数传提供软件系统，他们希望所有人员都可以扫描二维码进入，不需要进行一书一码的认证，说那样买视频的人会更多。而笔者坚持只有购买正版图书的读者才可以享受增值服务，培养大家购买正版书的习惯，最终还是笔者的模式设计获得成功。然而，最终笔者并没有获得什么名分，图书销售多了，作者获得了更多稿费，RAYS 系统获得更多用户，出版社获得更多利润，笔者只收获了参加"首届出版融合技术编创大赛"获得创新大奖的喜悦和奖金，没有模式设计的名和利，这才是笔者更看重的。

五、总结

通过以上分析，大家应该能清楚地知道编辑在整个出书环节可以参与或主导的创意有很多，而很多部分都是在做嫁衣，没有一点可以保护的名分和该获得的收益，创意上主导了市场，获得最大的是作者和出版社；内容上付出很多，甚至完全是自己的构思，最后得利得名的是作者；版式和封面付出那么多，甚至是直接构思好了，设计人员只是按照编辑的构思用软件实施了，最后还是设计人员得到了名和利；模式上设计好了，可能很创新、很颠覆，但是没有名分，哪个看到编辑的努力和记得编辑的绞尽脑汁，哪个出版社在其他场合用创意的名分宣传自己的编辑。连邹韬奋老前辈也只是收获了"大编辑家"的名分，而真正又有多少编辑最后以"编辑家"的身份获得大众认可。

没有创意的名分，编辑就都是在为他人做嫁衣，对其创意没有任何保障，进而打击编辑创意的积极性，使得编辑行业靠奉献发展，不符合市场发展规律，不能有效带动编辑队伍的发展，最后传导到出版业上，表现为出版业的死沉。一个提供知识服务的、提供创意的产业，自己内部表现缺乏动力，如何能促进其他行业发展。结合原国家新闻出版广电总局数字出版司冯宏声副司长所说，在传统出版和数字出版融合的时代，我们的编辑还是以纸书的面思维来考虑融合，那就不会有太好的结果，应该将数字的屏思维带入纸书的发展中进行融合，这样可能创造出更适合读者的需求。冯宏声副司长的表达更说明编辑的创意对于融合时代出版行业发展的重要性，促进好编辑去创新，不断策划，给这些优秀编辑一个合适的名分（比如就叫"创意师""创意大师"）及相关收益权（比如就和稿酬一样，取一个图书码洋的比例，甚至可以设计成增值收益的比例），自然就可以促动更多编辑从文字加工走向创意策划，使得出版业活跃起来，进而带动出版从"制造业"走向"服务业"，让出版服务的其他行业获得更多创意，促进全社会的创新发展，使得我国经济极具创新力量。

（作者单位：中国城市出版社）

在数字出版时代传统出版业
还可以做什么

戴亦梁

一、传统出版业目前在数字出版中扮演的角色

2004年1月，原国家新闻出版总署批准成立首批50家互联网出版机构，标志着数字出版在我国正式成为一种新的出版业态。数字出版在我国虽然起步较晚，但是发展很快，总产出由2006年的213亿元扩张至2017年的7071亿元，年均增幅超过40%。

在中国，数字版权作品主要包括以电子图书、数字报纸、数字期刊、网络原创文学、网络教育出版物、数据库出版物为主的文字型作品，以及数字音乐、数字影视、网络动漫、网络游戏、移动出版物等。数字出版的主要优势有：占用物理空间小，便于随身携带和消费；复制成本低廉，不

需要仓储和运输；便于消费者搜索、传输和购买；版本更新和传播快速便捷；互动性强等。另外，相较于传统出版，数字出版还有一个更重要的变化是，它的领域变得宽泛、综合、立体，原本严格区分的行业边界变得模糊，各种文化、娱乐和媒体行业之间，内容提供商、技术提供商和渠道运营商之间的相互融合越来越深入。数字出版不仅仅指直接在网上编辑出版内容，或是把传统印刷版的东西数字化，真正的数字出版是依托传统资源，用数字化工具进行立体化传播的方式，包括原创作品的数字化、编辑加工的数字化、印刷复制的数字化、发行销售的数字化和阅读消费的数字化等这样一个完整的数字出版产业链条。

综合各国数字出版现状，传统出版业目前在整个数字出版产业链条中主要涉足的是电子书、有声书和数据库的出版与发行，而这三部分在整个数字出版中只占很小的一块份额，网络广告、网络游戏、在线教育和移动出版才是数字出版产业名副其实的巨头。根据《2017—2018中国数字出版产业年度报告》，2017年我国数字出版产业总收入7071亿元，其中互联网期刊、电子图书、数字报纸等传统出版的收入总数为82.7亿元，在数字出版收入中所占比例仅为1.17%，处于持续下降阶段。而移动出版的收入约1796.3亿元，占整个数字出版总收入的25.4%。这说明传统出版物数字化收入低于网络广告、网络游戏等其他数字出版业的增长速度。而且，即使是在文字型数字出版中，传统出版业的市场份额也日渐被新兴出版机构所吞噬。比如，在美国，传统出版社出版的电子书的销售份额逐年下降，从2015年的2.34亿册下降到2016年的2.04亿册，降幅达12.8%，而自出版（也就是非传统出版社出版的图书，其中有90%不使用书号）、亚马逊出版的电子书的销售份额在上升，它们在亚马逊每日销售册数中分别占42%和11%，加起来比一半还多（据authorearnings.com网站2016年1月10日数据）。可见，不管是在美国还是在中国，非传统出版企业才是真正赢得数字出版红利的赢家。

二、中美传统出版业在数字出版方面的不同表现

（一）数字出版时代美国传统出版业相较于中国同行面临的风险更大

在数字出版时代，美国传统出版社面临的风险和威胁更大，这是因为美国的出版业在 100 多年的产业发展进程中已经形成了成熟的市场机制和完整的上中下游链条，另外有版权保护等相关法律的保驾护航，使得整个行业非常规范。高度的市场化，一方面使得原有的传统出版产业市场格局相当稳定，外来者很难进入；但另一方面一旦原来的格局被打破，建立起新的市场格局和盈利模式，传统出版商就面临釜底抽薪的危险境地。正是因为身处这样的境地，美国的传统出版商一方面仍旧保持着对传统出版形态的依恋与惯性，另一方面又凭借前瞻性的眼光和商业头脑看到了数字出版蕴含的巨大商机，把数字出版提升到生存与发展的战略高度来看待。而中国的传统出版社由于受国家政策的保护，近几年虽然谈媒体融合、加快数字化进程的动静很大，但也不及其对社会效益、内容生产、主题出版的重视程度。

（二）美国传统出版业在数字出版方面的作为

美国传统出版商一方面进行数字化基础设施建设，比如将传统产品数字化，将传播渠道网络化，开展新业务，延伸出版产业链，努力挖掘新的发展空间和盈利模式，提高资源整合能力。目前，美国 80% 以上的传统出版企业开展了电子书业务。据 authorearnings.com 网站 2017 年 2 月的数据，美国传统出版商的电子书销售册数占比为 44%（不包括亚马逊旗下出版社），虽然占比逐年下降，但其与在美国十分发达的自出版的销量比为 1.29：1，可见美国传统出版商在电子书上并没有让位于亚马逊或其他自出版平台。

另一方面，美国传统出版商还与各种数字图书销售平台商、图书数字化服务商等出版产业的外来者进行各种博弈。比如，麦克米伦、企鹅、哈珀—柯林斯、阿歇特、西蒙与舒斯特等五大出版社关于电子书定价就一

直在与亚马逊博弈。直到亚马逊另一个强大的竞争对手苹果宣布进入电子书市场，才迫使亚马逊同意采取"代理制模式"，即出版商制定零售价格，零售商获取30%的代理佣金。至此，传统出版商重新获得对数字图书的定价权。更关键的是，这场战役改变了数字图书亚马逊一统天下的格局，出版商有了一定的选择余地，同时，他们也一步步地建立并且强化备用零售渠道，在扩大规模的同时，创造新的经营业务，以减少对亚马逊的依赖。

（三）中国数字出版市场的独特性

与美国数字出版领域已经形成上中下游完整清晰的产业链和比较成熟的内容提供商与平台服务商、技术服务商和网络运营商共享利益的盈利模式不同，中国数字产业链各环节的盈利模式尚不清晰，这主要源于行业缺乏相应标准、技术与内容错位、数字出版内容知识产权得不到较好保护等。

尤其是，中国数字出版取得的辉煌成绩，与中国的传统出版业关系不是特别大。中国传统出版业长期陷入政策和产业的双重困境，基本交易规则始终未能确立。数字出版的发展，更多参与者的加入，更多商业模式的创新，使得产业生态变得更为复杂。传统出版社在其中不仅没有起到主导作用，反而丧失了原来在传统出版领域绝对的话语权和主动权，在与作者、读者以及中下游的关系中陷入极为尴尬和被动的局面：在开放度大、内容极为丰富、利益诱惑大的数字阅读市场，作者因为从传统出版社获得的电子书版税偏低而不愿意将其作品的信息网络传播权授予传统出版商；传统印刷物的读者也大量流失到具有丰富多彩的海量内容、具有更为吸引人的多媒体传播形式、收费方式更为灵活和价格低廉的数字阅读市场；同时，传统出版社跟中下游运营商、技术服务提供商没有形成正常有序的合作，没有议价权，利润绝大部分被运营商拿走。这与政府层面支持传统出版单位设立完全市场化的数字出版公司，尽快做大做强，成为数字出版龙头企业的政策期望有很大的反差。因而，表面上繁荣，实质上混乱，似乎是中国数字出版产业现状最好的写照。

三、中国传统出版业可以学习的美国同行的经验

第一，认清数字出版的现状，保持居安思危的意识。要认清数字出版并不仅仅是印刷书的数字化也即电子书的出版和销售这一小块领域，而是扩展到了用数字化技术制作、复制、发行、销售和消费可供阅读、娱乐的一切内容产品的一个庞大的领域。但目前在整个数字出版领域里，传统出版的电子书份额很可怜（2017 年，与数字期刊和报纸一起才占 1.17%）。中国的传统出版社在目前体量庞大而且逐年快速增长的数字出版领域中，如果再不充分发挥优质内容生产商的传统优势，充分运用国家推动数字产业融合发展的各项政策利好，主动加快数字化转型升级和媒体融合发展，就会在数字出版强势而快速的推进中失去发展机会，不仅会被游戏、广告、移动阅读、网络原创文学、网络动漫、在线教育等新兴数字化业态侵蚀，也会被同行淘汰，被国家政策抛弃。

第二，传统出版企业结成联盟，与技术提供商、互联网销售平台等进行博弈，维护自身利益，增加话语权。目前中国的电子书定价普遍较低，固然有其直接制作成本低，复制与传播无边际成本的原因，也有海量内容长期存在，内容产品具有可替代性，任何单独一家传统出版社都没有和互联网销售平台讨价还价能力的原因。所以，中国的传统出版社完全可以学习美国同行联合起来（或与其他平台商联手），与亚马逊展开长期博弈，直到达成内容提供商与网络平台商共赢的新的电子书定价模式和营销方式的那种精神。

第三，维护老的出版品牌，打造新的出版品牌，积累更多的内容资源，是出版企业在数字化时代最重要的任务，也是传统出版安身立命之本。无论在美国还是在中国，拥有优质内容资源的出版社，都是能在数字出版时代率先进行数字化转型并赢得先机的企业。比如美国五大出版商之一的哈珀—柯林斯出版集团就是全球最早进行数字化转型的大众图书出版公司，他们一方面和谷歌、微软、亚马逊等网络合作以增加自己网站的访

问量和进行互联网营销，另一方面在同行中率先建立自己的数字化图书仓库，表明了哈珀—柯林斯作为一家传统出版社在决定进入数字出版领域之初，就决定由自己而非搜索引擎公司或零售商来控制和管理内容的自主性和决心。

四、中国传统出版业在数字出版时代还可以做什么

鉴于国际国内数字出版市场的现状以及中国传统出版企业在其中所处的地位，借鉴美国同行的做法，笔者认为中国传统出版社根据其专业优势、品牌价值、企业文化，可以分别或者循序渐进地追求以下三种境界。

第一种境界：优质内容的生产者

我们先试着自问一下：进入数字出版时代以来，我们的阅读习惯乃至其他文化消费习惯发生了什么变化？哪些文化消费习惯衰败乃至消失了，而哪些东西会一直存在下去，而且会越来越珍贵？我们会发现，人类的文化消费方式如阅读、听音乐、看新闻、看电影电视等仍然占据着现代人的休闲时间，但据以消费的那些实体介质有些彻底消失了，有些因为新媒体的出现而萎缩了。也就是说，消费的介质发生了改变，但人类依然在消费这些文化内容。很清楚，不变的是内容，变化的是媒介，媒介变得让内容的呈现方式更多元、传播更及时、获取成本更低、个人体验更佳。但不管媒介如何变化，没有内容，就无所谓媒介；没有好的内容，就无所谓好的媒介。在今天，平庸的内容也许还要靠卖纸才能实现盈利，而好的内容，却是各种媒介创造价值、收获利润的资源，因而也是各种媒介争夺的资源；越是稀缺的内容，价值越高。而不管是在传统出版时代还是数字出版时代，传统出版社都是主要的内容提供者。因此，作为一个传统出版社，在数字出版时代，第一位就是要做一个优质内容的生产者。在中国，商务印书馆、三联书店、中华书局等这些出版界的百年老店，正是凭借其日积月累的优质内容在传统出版社中率先进行了数字化转型。

第二种境界：问题解决方案的提供者

在传统出版时代，出版产业一般都处于卖方市场，也就是说出版社在与作者和读者的关系中都是处于主导地位，出版什么样的书，一般是出版社说了算。传统的出版方式，使得书从印刷机上下来后，就成了凝固的知识产品。作者是在与读者信息不对称的情况下创作作品的，出版者也是在与读者和市场信息不对称的情况下出版图书并将其投放到市场的。即使是有部分的市场调研，也不能改变双方信息不对称的绝大部分现实。在这样的出版市场中，读者如果为了解决特定的问题而需要从书中找到答案，那在没有互联网、没有搜索引擎、没有数据库的时代真无异于大海捞针。

但在数字出版时代，完全可以依靠数字技术做到这一点，关键在于传统出版社是否有这种以读者（的需求）为中心的服务意识从而利用技术抓住先机。世界上最大的专业知识服务提供商爱思唯尔作为一家传统出版社，他们对自己在数字出版时代的定位是：一家在教育和科技方面拥有领先信息分析技术的公司。所以，他们找到了更有意义的方式来帮助读者，比如提供 5 亿条关于化学实验的事实性陈述，同时每天可以获得来自制药企业药品信息的全部更新情况，提供基于 250 万研究者所贡献的 10 亿篇科研论文的日常分析等。他们所做的就是了解这些知识用户的需求，帮助他们找到获取知识的适当途径，让学习和探索的过程变得更有效。总之，在数字出版时代，传统出版社不再只是个单向的优质内容的生产者，它会在整个生产链条上都与读者保持互动，为读者提供问题解决方案。

第三种境界：知识服务者

近年来中国的互联网网上内容付费兴起，其中尤以音频类知识服务为主导，以喜马拉雅为代表的知识服务新公司不断涌现。政府层面，原国家新闻出版广电总局这几年一直关注知识服务的发展和走向，2015 年曾下发《关于开展专业数字内容资源知识服务模式试点工作的通知》，遴选28 家出版社作为知识服务试点单位，正式启动了出版业的知识服务建设工作。

互联网知识服务是原有的教育、出版、传媒三大产业之间的边界渐渐消失和产生重叠后的产物，也是各产业参与数字化转型的一次机会。知识服务区别于传统出版社的优质内容生产的特征是：它不是静态的、凝固的知识，而是可以即时更新的知识；它不是单向输出的，而是可以互动的。知识服务区别于问题解决方案的特征是：它不像百度提问中那样的碎片化的回答，那只是帮助解决问题，是低层次的知识服务；它也不像知乎那样的由专业化人士来自发回答的知识，知识服务必须是经过编辑加工的，有一定专业含量的，比较全面、准确和权威的知识。互联网知识服务的优点在于，它是面对所有人的一个 24 小时开放的知识服务平台，它使得知识服务的人群更加广阔，途径更为便捷，对于社会的进步和文明是极为有益的。

现在市场上的知识服务平台无外乎两种：一种是体制内的，即由传统媒体或政府部门经营的阅读服务平台，一般都是形式老套，栏目单一，传统媒体的痕迹很重，内容要么是同质化严重、没有特色，要么因为是自身原有内容的数字化而显得单薄，也许资源本身质量很高，但不吸引人，多由政府硬性买单，没有真正走向市场，或者根本没有走向市场的动力和打算（只是为了响应政府或上级号召做表面文章）。另一种是体制外的市场化社会化的知识服务平台，这些平台中的先行者由于最初海量的免费内容的支撑吸引了大量消费者，但随着跟进者的大量涌入，这个市场处于鱼龙混杂、群雄纷争的局面，还没有形成品牌，大多形式大于内容，趋利性大于服务性，不可能有持续性的深度开发，而且涌现出许多知识领域的假冒伪劣品，消费者极易良莠不分。某种程度上，许多知识服务平台提供的知识与"知识服务"这一称谓是名不副实的。

因此，目前最关键的是知识服务市场的规范化、专业化，要设置一定的准入门槛，比如对专业人员的专业知识背景和资格的要求等。传统出版企业要抓住数字化时代知识服务的市场机遇，实现向互联网知识服务企业的转型。一方面，继续发挥自己作为优质内容生产者的优势，进一步整合与开发适合知识服务平台的优质内容并获得作者授权；另一方面，与新媒体、技术服务商和平台服务商深度合作，搭建权威、专业的知识服务平台，利用后者的优势做好知识的宣传、营销和服务工作，同时培养一支专业化的既具有数字出版理念，又具有专业知识背景和编辑资质的知识服务专业人才队伍。这样，就能建立起一个完整的互联网知识服务产业链条，同时根据自己的特色和专业，建立自己的知识服务盈利模式，比如采取按需付费、订阅制或会员制等。

（作者单位：江苏人民出版社）

论新时代视域下主题出版编辑
素养的提升

蒋佩轩

党的十九大报告指出："经过长期努力，中国特色社会主义进入了新时代，这是我国发展新的历史方位。"新时代意味着新使命、新要求，新方位召唤着新担当、新作为。作为直接反映党和国家意志的重要出版门类，主题出版承担着宣介党和国家重大方针政策、巩固壮大主流思想舆论，实现出版记录历史、传承文明、资政育人的重要责任，而这一责任的践行离不开出版活动主体——编辑的自觉担当和主动作为。新时代编辑应当立足于主题出版发展的新趋势，深刻把握主题出版的新要求，提高自身素养，推动主题出版不断向高质量发展。

一、新时代主题出版发展的新趋势

（一）主题出版的内涵不断丰富，外延不断扩充，呈现出泛主题出版趋势

主题出版的概念源于 2003 年原国家新闻出版总署实施的主题出版工程，其定义是：围绕国家政治、经济、社会、文化等方面的工作大局，就党和国家发生的一些重大事件、重大活动、重大题材、重大理论问题等主题而进行的选题策划和出版活动。随着党和国家重视程度的提高和主题出版实践的深入发展，主题出版的内涵和外延也在不断扩大，逐渐从单一的国家政策文件解读向多角度服务党和国家大局方向拓展，题材涵盖时政热点、党史党建、报告文学、学术理论、青少年读物等，呈现出泛主题出版的趋势。在长期的主题出版实践中，主题出版的内涵也更为丰满，"中华优秀传统文化、党领导的革命文化、社会主义先进文化"成为其核心内涵。很多优秀的主题出版物既是弘扬中华优秀传统文化、社会主义核心价值观的精品读物，又是首屈一指的学术力作，如三联书店 2015 年推出的《中华文明的核心价值》一书，即是主题出版与学术研究相融合的典范。主题出版的外延也在不断扩充，从更为本质的意义上去理解主题出版成为业界共识。正如商务印书馆总经理于殿利所指出的："主题出版应从国家的发展、时代的变迁以及社会和文明的演进多角度挖掘。"[①]那些能与时代同频共振、体现时代最强音的选题，都是主题出版的范围。

（二）主题出版质量齐增，双效并举，提振出版主业的作用进一步凸显

据统计，"十二五"期间，各出版单位主题出版选题申报数量呈明显的增长态势，同时也朝着提质增效方向推进。从 2011 年的 1462 种到

---

① 于殿利：《主题出版与时代之需》，《中国出版》2016 年第 7 期。

2015 年的 4750 种，主题出版选题申报数量连续五年增长，增幅达 224%。进入"十三五"时期，随着出版供给侧改革的深入推进，主题出版也在向提质增效转变。一方面，"吸金"能力大大增强，在百万册以上的"爆款"图书中，主题出版占据半壁江山。据国家新闻出版署发布的《2017 年新闻出版产业分析报告》显示，2017 年"17 种主题图书年度累计印数均超过 100 万册，占年度累计印数 100 万册及以上一般图书的 29.3%；8 种进入印数前十。"同时，"列入中宣部、国家新闻出版行政管理部门'主题出版重点出版物'的图书，单品种平均印数 6.8 万册，是书籍单品种平均印数（1.4 万册）的 4.9 倍。"可见，优秀主题出版物对图书销量的提升作用十分显著。另一方面，主题出版的社会效益十分突出。在国家出版基金等出版资助项目的申报中，主题出版物具有明显的优势。据统计，从 2014 年至 2018 年这五年，专项主题出版被列为国家出版基金重点资助的八大项之一。在官方图书评奖中，主题出版物也表现不俗。如中国少年儿童新闻出版总社推出的《伟大也要有人懂：一起来读毛泽东》一书，自 2016 年 1 月出版，已经销售 20 余万册，并荣获"五个一工程"奖，可谓是社会效益与经济效益双丰收。主题出版名利双收，双效并举，使主题出版一跃成为当前出版业具有风向标意义的图书板块，各大出版社纷纷结合自身的资源优势，策划出版相当规模主题出版图书，成为提振出版业不可忽视的重要力量。

（三）主题出版的对外传播力和国际影响力不断增强，成为引领中国出版"走出去"的一面旗帜

一直以来，我国对外传播中反映中国古代历史文化的出版物多，而展现当代中国精神、中国气派、中国价值的出版物少，主题出版则弥补了这一空白，它天然蕴含着中国道路自信、理论自信、制度自信和文化自信的基因，在"讲好中国故事，传播好中国声音"方面发挥了重要作用。党的十八大以来，主题出版在"走出去"方面大放异彩。其中，以宣传习近平总书记治国理政新理念新思想新战略的图书为之最。《习近平谈治国理政》第一卷被翻译成 12 种文字，在 100 多个国家和地区发行近百万册，创造

了近年来我国政治类图书短时间内海外发行量最高纪录。①《习近平谈治国理政》第二卷，全球发行量已突破 1300 万册，成为主题出版"走出去"的标杆。此外，在"一带一路"建设的进程中，主题出版业积极发挥"文化先行"的作用，大量有关"一带一路"的主题图书输出到沿线国家，深化了与沿线国家的文化交流与合作。从某种意义上说，"走出去"是主题出版的应有之义，也是主题出版区别于一般出版物的使命所在。不少成功的主题出版物从策划之初就有"走出去"的强烈诉求。如新世界出版社出版的《历史的轨迹：中国共产党为什么能？》，该书之所以能"墙内开花墙外香"——目前已出版了 12 个语种，很大程度上源于"向世界解读中国"的初心。作者在引言中说道："正是在同国外执政党的交流中，引发了我对中国共产党有了更多也更深入的理解。我感到有必要把相关问题及我们的初步思考写作成书，帮助国内外读者进一步了解中国共产党。"

二、新时代主题出版发展的新要求

当前，主题出版进入了前所未有的发展机遇期。党的十九大为主题出版注入了新的内容，提供了新思想，提出了新要求，习近平新时代中国特色社会主义思想是做好新时期主题出版工作的理论指导和实践方法论。

（一）要坚持以习近平新时代中国特色社会主义思想和党的十九大精神为统领指导主题出版工作

习近平新时代中国特色社会主义思想是新时代做好主题出版工作的总纲领和行动指南，必须牢牢坚持，始终贯彻。中宣部副部长聂辰席同志强调："出版系统要坚持不懈用习近平新时代中国特色社会主义思想武装头脑、指导实践、推动工作。要认认真真、原原本本地学习党的十九大报

---

① 《海外热议〈习近平谈治国理政〉：解码当代中国》，人民网，见 http://world.people.com.cn/n/2015/0319/c1002—26719525.html。

告，着力在掌握精神实质上下功夫，在学深学透上下功夫，在融会贯通上下功夫，完整准确地领会党的十九大提出的新思想、新论断、新要求。"党的十九大报告提出，要坚定文化自信，推动社会主义文化繁荣兴盛，建设社会主义文化强国，牢牢掌握意识形态工作领导权，培育和践行社会主义核心价值观……这些既为新时期做好主题出版工作指明了方向，也为主题出版提供了内容源泉，如何宣传、阐释、回答好这些问题是下一步主题出版工作的重点和难点。

（二）要积极回应和满足人们对美好生活的需要

党的十九大报告指出："我国社会主要矛盾已经转化为人民日益增长的美好生活需要和不平衡不充分的发展之间的矛盾。"这是提出中国特色社会主义进入新时代的基本依据，也是中国特色社会主义新时代的重要标志。根据最新数据：2017 年，我国城乡居民人均可支配收入实际增长7.3%，跑赢了人均 GDP，恩格尔系数也首次降到 29.3%，达到联合国划定的富足标准。这一变化与党的十九大对主要矛盾变化的判断是一致的。从温饱到富足，只讲"物质需要"显然已经满足不了人们的真实需求了，政治、经济、文化、生态等多方面的满足才符合"人们对美好生活的向往"。这也为我们做好主题出版工作提供了更为宽广的视野和格局。"问渠那得清如许，为有源头活水来"，只有充分关注和回应了人们对美好生活的需要，主题出版才能常做常新，永葆活力。

（三）要在创新主题出版话语方式和提升传播效果上下功夫

习近平总书记在全国宣传思想工作会议上的讲话中提出，要加强传播手段和话语方式创新，让党的创新理论"飞入寻常百姓家"。长期以来，主题出版囿于题材的严肃性和政治性，加上出版界对主题出版认知不足，造成主题出版物大部分以政府文件解读、领导讲话、教材读本等形式出现，读者定位模糊，内容大而化之，学术含量不高，话语方式不接地气等问题突出，这直接影响到了主题出版的传播效果。新时代主题出版的话语创新，要把个性融入统一的思想，把宏大的理论蕴藏于通俗的表达中，将"意义"与"意思"有机融合，这样的主题出版物才能赢得市场和人心。

在传播手段上，要重视利用新兴技术，通过多终端抵达读者，形成线上线下联动的全媒体传播矩阵，与知识服务等不断更新迭代的互联网传播方式深度融合，实现主题出版传播效果的倍级放大。

三、提升编辑素养是主题出版高质量发展的关键

中国特色社会主义进入新时代，我国经济也由高速增长阶段转向高质量发展阶段。高质量发展是贯彻新发展理念的根本要求，也是当前和今后一段时期出版业发展的总基调。推动主题出版高质量发展，编辑作为知识生产的中枢起着十分核心的作用。编辑个人的价值取向、文化素养、理念追求直接影响到主题出版物的含金量，因此，提升编辑素养是主题出版高质量发展的关键。

（一）提高政治站位，学深悟透涉及党和国家的重要精神、重大理论、政策方针等，确保主题出版导向正确和内容权威

"讲政治"是主题出版编辑的底线和要求。新时代做好主题出版工作，编辑必须提高政治站位，充分认识到主题出版的重要意义，把主题出版放到服务党和国家工作大局中去把握，这是做好主题出版的前提和先导。正所谓"打铁还需自身硬"，对于涉及党和国家的重要精神、重大理论、政策方针等，编辑只有自己先学习好，才能通过出版宣传阐释好。对于从事主题出版的编辑来说，认真学习并贯彻习近平新时代中国特色社会主义思想和党的十九大精神以及历次党代会、中央全会报告、公报、决议、决定等能反映会议主旨和精神的重要文件，是一门"必修课"。唯其如此，才能在编辑的出版实践中切实避免对中央精神和重大政策的误解、误导，确保主题出版的导向正确和内容权威。

（二）发挥出版社的资源禀赋优势，寻找主题出版的最佳切入点，走差异化路子

主题出版因其题材的特殊性，操作难度较一般选题更大，且在面对同

一个重大出版主题时，选题容易出现雷同。因此，主题出版要想出新出彩，编辑就必须充分发挥所在出版社资源禀赋优势，走差异化的路子。发挥资源禀赋的路径很多，比如，可以依托学术专业资源，如中国林业出版社的编辑依托出版社在林业生态领域的学术资源，策划出版了《论生态文明》等一系列反映生态文明建设的主题出版作品；可以依托地方特色资源，如上海人民出版社的编辑立足上海"红色起点"的定位，推出了《朱镕基上海讲话实录》等有"上海烙印"的主题图书；可以依托所属部委的资源，如中国工人出版社的编辑依托所属的全国总工会在工人、工匠、劳模等方面的优势，策划出版了《大国工匠工作法》等特色主题出版物。此外，具体到选题操作中，还要在同类作品中努力实现选题立意的差异化。如大象出版社的编辑在策划通俗理论读物《焦裕禄精神永放光芒》一书时，经过调研发现，市场上已有的关于焦裕禄题材的出版物多是文艺作品，而理论性和纪实性的作品不多，于是便将此书锁定了做通俗理论读物，最终该书在众多的焦裕禄相关图书中脱颖而出①。

（三）树立精品意识，发扬工匠精神，提升主题出版的学术含量和文化价值

主题出版要发挥资政育人的功能，就必须精品化，因为只有文化精品才具备更深沉持久的影响人心的作用。而要成为精品，就必须与学术结合，从学术的源泉中获得更高的文化价值。如《伟大也要有人懂：一起来读毛泽东》的成功很大程度上归功于该书扎实的学术底蕴。在开篇"序言"中北大书记朱善璐盛赞此书，认为"这是一本下了很大功夫的学术著作"。可见，主题出版物要成为精品就必须学术化、学理化。在这个过程中，既有作者学术研究的成果，也要仰仗编辑的主观能动性。编辑必须首先具备专业的学术背景，在选题策划和编辑加工的过程中体现问题意识，通过问题引导，层层深入，抽丝剥茧，把道理掰开了揉碎了讲充分讲

---

① 孟建华：《浅析主题出版的新趋向——以焦裕禄主题出版活动为例》，《出版发行研究》2014 年第 9 期。

深入。同时，还需要在出版过程中践行工匠精神。只有坚守匠心，追求卓越，才能臻至完美，成为精品。例如，中共党史出版社出版的《穿越历史时空看长征》，"责任编辑从三年前就开始找作者约稿，在三年的时间内反复与作者沟通，精心打磨，才得以推出，最终该书被列为主题出版重点出版物，同时获得'2016 年中国好书'奖"①。

（四）适应新传播生态，创新话语表达和表现形式，提升主题出版的传播效果

以开放、共享、自由、互联为特征的新媒体带来传播生态的巨变，过去单向度的传播模式正在被双向或多向的新传播方式所取代。受众不再是被动接受信息，而是主动选择信息。因此，只有被受众选择和接受的传播才是有效传播。编辑在打造主题出版物时，就要充分考虑到当下的传播生态的变化，积极融入新媒体生态圈，以受众喜闻乐见的方式对党的理论和思想进行"转译"，从原来宏大的、居高临下式的、理论性的灌输向个人的、平易近人式的、故事性的叙事转变。例如，2017 年，由东方出版社推出的《马克思靠谱》就是近年来在主题出版物创新话语表达的典型，值得借鉴。这本书打出了"有趣、有料、有识——让年轻人拥抱马克思""马克思第一次以流行文化的方式与新生代相拥"的封面广告语，通过走心、妥帖且青春的话语方式向"80 后""90 后"读者讲述了马克思的一生及思想理论精髓，受到青年读者的热捧。正如此书中说的，"思想与生活在这里交融，严肃与诗意在这里喷薄，不再云山雾罩，不再高冷莫测"②，马克思主义以新的方式"复活"，飞入了寻常百姓家。

（五）运用"互联网＋产品"思维，促进主题出版向知识服务转化升级

大数据、云计算、移动互联网等数字技术正在深刻改变出版业的格

---

① 李亚平：《紧扣主题　精心策划　体现权威　主动创新——中共党史出版社 2016 年主题出版分析》，《党史博采（理论版）》2017 年第 6 期。

② 《〈马克思靠谱〉：这是属于青年的马克思》，搜狐网，见 https://www.sohu.com/a/129679991_657309。

局，由传媒、出版、教育融合形成的知识服务产业正在形成，基于移动互联网的知识产品"源于书、大于书、优于书"①的特点受到广大用户的青睐，以音频等有声阅读为主的多终端抵达已经成为人们消费知识产品的一种习惯。主题出版编辑也应积极适应上述变化和趋势，尝试以"互联网＋产品"的思维来运营主题出版物，在选题策划阶段就要做知识产品的规划设计。当然，并不是所有的主题出版选题都适合做知识产品，编辑需要从大量的选题中选取那些用户基础大、话题性强、内容品质高、讲解方式通俗的选题做知识产品的转化。在产品制作阶段，通过精良的制作把单一的纸书转变为音频、视频、数据库、在线课堂等多种知识服务产品形态。在产品营销阶段，通过微信、APP、知识平台等多终端抵达，满足人们在不同场景下的知识应用。

（作者单位：中国工人出版社）

---

① 《出版 3.0 与互联网数字内容的最新板块 来自〈2017/2018 中国知识服务产业报告〉的产业框架与思维方式》，见 http://www.bookdao.com/article/404843。

试论英语教材研发中编辑的
文化自觉与自信

朱　萌

　　在经济全球化的今天，世界大国之间文化交流、交融、交锋日渐激烈，文化产业逐渐成为一个民族繁荣兴盛的标志。随着党的十九大的召开和"十三五"规划全面实施，新闻出版业改革发展走上新的历史起点——"文化素质"成为新时期、新形势对出版行业工作者提出的新要求。如何通过每日的出版工作实践、坚定文化自信，将党和国家对文化工作者的要求落实于产品的每个细节，是每个编辑工作者需要思考的问题。在"英语霸权"的世界文化格局下，编辑如何在英语教材研发工作中保持文化的"自知之明"，实践文化的自觉与自信，更是一个需要深思的议题。

　　纵观当今世界，英语作为世界性语言已渗透到各个国家中小学校园。从改革开放至今，"英语热"不断升温。近年来，国内英语培训市场，特别是少儿英语培训市场迅猛发展，家长和老师对优秀少儿英语教材的呼声不断。为了响应市场需求，国内出版社则以更加独立、自主的姿态，为中国英语培训市场提供本土化的教材产品与服务，从早先的"原版引进"转向"自主研发"，打造出版社自有版权的教材产品。然而，我们在对消费者的调研中发现，有关何为"优秀英语教材"，中国消费者普遍存在"文化偏见"，认为只有英美国家出版的教材"原汁原味"、符合"国际标准"，是"好教材"的标准。这种认知实质上模糊了"语言学习"与"语言所承载的文化"之间的界限，从侧面反映出中国英语学习者"文化自我"的缺失。面对这样的市场，编辑在教材研发工作中何去何从？我们是否要模仿甚至照搬英美国家的教材，迎合消费者的期待？笔者认为，为了实现新时期、新形势对编辑的要求，编辑必须具备文化主体意识，实践文化自觉与自信，对市场进行正确引导。本文以外研社自主研发的英语教材《悠游国际少儿英语》的编辑工作为例，阐述编辑如何从大纲设计、版式插图、产品设计等具体工作中实践文化自觉与自信，真正运用文化批判力做好"文化把关人"的角色，为中国青少年打造具有"文化底蕴"和"文化温度"的英语教材。

一、大纲设计——用文化批判力审视"国际标准"

教材大纲设计工作称得上是英语教材编辑工作的重中之重，相信每个教材编辑都深谙大纲的重要性——如果将一套教材比作人，教材大纲就是骨架。只有将骨架搭好，后续工作才能得以顺利进行。大纲设计与学习目标紧紧相扣，义务教育英语教材大纲要严格遵循国家颁布的英语课程标准，而课外英语培训教材看似相对灵活，实则要考虑更多因素。其中一个因素，就是要充分考虑消费者对"国际标准"的期待。诚然，一套闭门造车的外语教材不会得到市场认可，但如何参考和借鉴"国际标准"，是编辑不得不面对的难题。

近年来，英美国家知名教育出版社，如剑桥大学出版社、牛津大学出版社、培生教育集团，利用上百年积累的出版资源与语料大数据库，纷纷建立自成体系的英语教学标准与测评体系，对英语学习者在不同阶段掌握的单词、语法、技能等进行规划，出版以此标准作为大纲的教材，并在全球设置认证考试、颁发证书。以少儿英语教育为例，由剑桥大学考试委员会设计的"剑桥少儿英语等级考试"遍布全球，其考试大纲在少儿英语培训市场极具声望，几乎成为全球各个出版社少儿英语教材研发者必备的参考手册。可以说，这是一个从"制造标准"生出的产业链，而对于国内消费者而言，这个考试大纲就是"国际标准"。

在《悠游国际少儿英语》教材大纲设计之初，为了保证教材国际水准，我们仔细研读了《剑桥少儿英语等级考试大纲》，同时参考了国际大型出版社近年来出版的少儿英语教材。我们发现，少儿英语教学内容简单，大纲看似大同小异，例如，大纲均会涉及与孩子日常生活相关的话题（衣服、饮食、动物等），因此在借鉴时，很容易就忽略了中西文化的差异性。通过仔细观察示范课、与一线教师深入沟通我们才意识到，对于中国文化语境中的学习者来说，国际权威的语言大纲隐含了不少"文化漏洞"，需要编辑运用文化批判力才能得以鉴别。以大纲中单词教学安排为例，在"饮食"这个主题下，"柠檬水"（lemonade）是"国际标准"大纲入门级需要掌握的词汇，而在中国文化中更为常见的"粥"（porridge）在全部小学段的大纲中都未曾出现。这意味着如果按照"国际标准"，一个学习了六年英语的孩子仍然不知道"粥"这个词如何用英语表达，而一个刚刚入学的孩子就需要学习用英语说"柠檬水"——这种中国家庭中并不常见的饮料。试想，如果一个中国孩子早餐吃的是粥，课堂上老师让她描述自己的早餐，她将如何表达？如果她必须作答，只能假设自己吃了面包或者喝了柠檬水。可见，正是教学语言的限制，让孩子只能在自身文化中"沉默"，并在他者文化中"发声"，是我们的教学安排无形中动摇了孩子对民族文化的体认。类似的现象在中国英语课堂并不少见，而教材大纲的设计者需要为此承担责任。虽然《剑桥少儿英语等级考试大纲》的设计者强调大纲的"全球性"，但只要是语言就不可能脱离其所承载的文化。

作为中国出版社的教材编辑,我们不能一味迎合消费者对"国际标准"的期待,在选择语言知识点时,不仅要考虑该语言知识在英语语境下的使用频率,还要考量在中国文化背景下的应用。"国际标准"并非"文化中立",借助标准化考试传播英语及其英语国家的文化,其本质即是"英语霸权"的一种实际表现形式。因此,作为教材编辑,在参考、借鉴"国际标准"的同时,必须具有本土化的意识,要有牢固的文化立场,时刻保持批判性思维,极具慧眼,才能进行筛选与分辨。

二、版式插图——用文化自觉性攻破"洋气""土气"的二元对立

对于英语初学者而言,图片信息是辅助理解语言的重要媒介,因此版式插图设计在少儿英语教材编辑工作中的重要性不言而喻。教材插图风格、版面设计、人物形象等会在很大程度上影响消费者对教材的判断与选择。然而,中国消费者在评判时,经常用"洋气""高大上"这样的词汇形容西方国家的教材,而本土教材时常会被贴上"土气"的标签。这里实则暗含了消费者对西方文化的想象。"一看插图就知道是国内出版的教材"——这句话几乎成为自主研发教材编辑的紧箍咒。于是,如何呈现国际教材的版面效果成为编辑们冥思苦想的问题。然而,在《悠游国际少儿英语》教材编辑工作实践中,我们意识到一味追求"原版教材"的视觉效果并不是编辑的最终目标,"模仿"只是治标不治本的方法,如果不考虑版式插图设计的文化内涵,终归是隔靴搔痒。编辑只有真正具备文化自觉,具有文化"自知之明",在尊重西方文化的基础上对中华民族文化不卑不亢,才能占有文化选择的自主地位,走出僵局,攻破"洋气"和"土气"的二元对立。

教材版式插图设计首先要做到"各美其美、美人之美"。学习、借鉴国外同类产品是必要的,但不能鹦鹉学舌——编辑需要静下心,用尊重的

态度和平等的心去研究、欣赏他国文化，保持文化觉知，才能解决实际问题。在《悠游国际少儿英语》的排版工作中，最令人费心的是文化性很强的阅读板块。这个板块要求排版人员设计出西方常见阅读文体的效果，如电子邮件、海报、杂志、便签等。然而几经修改，版面效果总让人感觉"不伦不类"。在修改中，我们也找了一些同类产品供排版人员参考，"照猫画虎"一番还是不对劲。直到我偶然翻到一本介绍西文字体的书才领悟到实质问题之所在——原来，字体的选择很大程度决定了版面的效果。正如中文字体，西文字体的选择在西方出版界有约定俗成的习惯。衬线体（如：Times New Roman，Georgia 等）适用于较为正式的信函，如果放在"便签"上，自然会显得笨拙、生硬。无衬线体（如：Arial，Helvetica 等）适用于广告、指示牌或宣传品。英文网站或数字化阅读产品倾向于使用 Myriad Pro 字体，简洁大方适合屏幕阅读。为了帮助有阅读障碍的孩子更好地区分字母，低龄读物常选用 Tahoma，Sassoon Primary，Comic Sans 等字体，结构清晰又不失童趣。如此这些，都是西方文化历史积累、沉淀的结果。于是，在了解西文字体的文化因素之后，我们按照英美国家的排版习惯整体调整了版面，效果明显提升了很多。可见，更换字体看似是版面的调整，实际是文化的自主选择。只有放下中国人对西文字体的传统认知，尊重"文化差异"和他国文化，才能真正解决版面的问题。

除了尊重"文化差异"之外，教材插图设计工作还需要编辑尽力做到"美美与共、天下大同"—— 兼容并包，时刻对本国文化有信心，在面对文化选择时坚定文化立场，走出"欧洲中心主义"，才能做出真正"国际化"的教材。以《悠游国际少儿英语》教材主人公形象设计为例。在实际插图绘制中我们发现，金发碧眼的欧美小朋友形象并不能等同于"国际形象"。相反，为了让中国孩子有亲近感，体现教材的国际人文关怀，我们特意设计了亚裔小朋友和非裔小朋友作主人公，并在主课文的情节中设置了除欧美国家之外其他民族的文化背景并配以插图，如因纽特、墨西哥、泰国文化等，使得教材真正成为一个国际文化的舞台。为了正确引导学生理解他国文化，我们在画图时非常注重细节，无论是场景的摆设还是人物的相貌、着装，都严格依据真实情况呈现。有时甚至会因为一个纽扣或一把扇子的细节偏差请插画师再改一稿——总之，我们力求做到尽善尽美。同时，有关中国文化的展现，我们则更加谨慎，时刻保持文化自觉。由于我们的插画师来自欧美，对中国元素的表现难免会有偏差。以熊猫形象为例。看过电影《功夫熊猫》的人可能都有印象，欧美插画师笔下的熊猫与中国人心中的熊猫很不一样，"欧美熊猫"体态偏瘦，毛发偏长，缺少我们所熟悉的圆滚滚、憨憨可爱的感觉。有趣的是，我们的两位欧美插画师笔下的熊猫皆有此倾向。有人认为这种"外国形象"的熊猫才显得"洋气""有国际范儿"，而中国人所熟悉的熊猫则显得"土气""平庸"。然而，经过一番讨论，我们决定让插画师参照中国人所熟悉的熊猫形象修改，在"外国人眼中的中国文化"与"中国人眼中的中国文化"二者的博弈中，我们选择了后者，由此坚定了我们的文化立场。

可见，在英语教材编辑工作中，小到一个字体或是一只熊猫，都考验着编辑的文化自觉意识与文化自信心。所谓"洋气"和"土气"的二元对立，正是主体的"文化自我"迷失在文化差异中的表现。作为教材编辑，只有对自身文化具有"自知之明"，才能在创造文化价值的过程中做出正确判断，破除并超越"洋气""土气"的二元对立，做出真正具有文化高度的教材。

三、产品设计——用文化自信心引领市场

在国内英语培训市场，英美国家出版的教材始终占主导地位，这些教材凭借其成熟的产品结构、科学严谨的教学安排及丰富多彩的语篇语料，受到教师和学生的信赖，同时也受到国内英语教材编辑的尊重。然而，当我们开始调研、收集、分析使用者需求和反馈，真正去倾听中国消费者的声音后才发现，即便是国际明星教材，其产品设计在国内市场也会因使用者的文化差异而产生"水土不服"的情况。笔者认为，作为自主研发教材

编辑，亦步亦趋地效仿国际教材是不够的，只有具足文化自信，真正去体认中国消费者的文化习惯，才有可能做出有"文化温度"的产品设计，从而真正实现"本土化"以占领并引领市场。

例如，在考虑市场需求时，不能仅考虑教师与学生两方面因素，而忽视中国"家庭文化"以及家长在教学中的重要性。虽然传统家庭文化中的"家长制"已在现代家庭中逐渐弱化，但中国家庭中父母与子女的紧密关系与西方家庭有着本质的区别。中国家长愿意陪伴孩子学习，渴望随时了解课堂教学，并检测孩子的学习效果。然而，英美国家的教材很少考虑这一需求。以一套零起点幼儿英语教材为例，为了让孩子专注于听与说，不为文字所干扰，教材只呈现插图，不呈现文字。这种"无字教材"并不妨碍教学，却令很多家长感到失控与焦虑。鉴于此，在《悠游国际少儿英语》的产品设计中，我们决定推翻"无字教材"理念，呈现文字并设计《家庭辅导手册》，为家长提供亲子互动教学建议，让家长对孩子每课的学习重点心知肚明。市场反馈证明，这样"贴心"的设计得到很多家长的认可。其间，我们曾被个别老师质疑不够专业，违反了国际同类教材的"无字原则"。即便如此，我们仍凭借文化自信坚定了立场——不管国际教材如何处理，我们相信中国出版人摸得透中国消费者的文化习惯。有趣的是，事后笔者在"国际英语外语教师年会"（IATEFL）上参加了国际明星作者 Herbert Puchta 的讲座，而他正是"无字教材"的倡导者。然而，在他最新出版的幼儿英语教材《Hooray！ Let's Play！》中，不仅呈现出文字，还特地设计了"致家长的信"。席间，当问及为何做出如此改动，他的回答令我会心一笑。他说，幼儿不需要阅读文字，教材呈现文字是为了方便家长。鉴于孩子可将文字视为图片进行整体认知，这个改动不会影响教学。由此可见，在教材设计里没有绝对的"标准"，设计方案是教材编写者与市场的博弈。"无字教材"只因其为国际教材而成为"专业"与"权威"的代名词。与很多设计原则一样，都是值得我们推敲和批判的。可见，编辑需要做的不是机械地效仿，而是找到"文化自我"，确立"文化自信"，这样才能抢占价值体系的制高点，真正获得市场的竞争力。

四、结语

有人说，英语教材编辑好似中西方文化交融的舞者，时刻在语言与文化交织的角斗场上寻求主体文化与他者文化最佳的平衡点——这个比喻甚为恰当。然而只有具足文化自觉和自信，英语教材编辑才有走上"角斗场"的底气。我们要打造优秀的英语教材，就需要将"文化自觉"融入教材研发的每项工作，使其成为编辑的思考习惯。从大纲框架到插图版式，从产品设计到人物设计，无论哪个环节，都需要我们坚定主体文化立场，主动运用文化批判力，放下文化偏见，同时拥有海纳百川的胸怀。只有这样才能达到新时期、新形势对英语教材编辑提出的新要求。

（作者单位：外语教学与研究出版社）

坚定文化自信明确特色定位
拓展年鉴新功能

李丽艳

年鉴事业是地方志事业的重要组成部分，在我国经济社会发展和社会主义文化强国建设中发挥着重要作用。《中国水利年鉴》是水利部主管的大型行业年鉴，是反映和记载我国国情、社情和水情、水事的重要载体，是服务水利行业的基础事业，是传承水文化的重要手段。《中国水利年鉴》创刊于 1990 年，至今已连续出版 28 期。自创刊以来，《中国水利年鉴》紧紧围绕水利中心工作，在刊载党和国家有关水利的法律法规和重要文献、全面记录水利年度发展状况、提供我国水利系统最新统计资料和有关信息等方面发挥着重要作用，成为反映全国水利事业发展和记录水利史实、汇集治水管水经验的重要工具书，是一部集政策性、宣传性、资料性于一体的水利行业权威刊物。

一、把握年鉴工作的正确方向，坚定文化自信

党中央、国务院高度重视年鉴史志编纂工作。党的十八大以来，习近平总书记强调"要高度重视修史修志"，李克强总理提出"修志问道，以启未来"，时任副总理刘延东同志两次接见全国地方志工作者代表并发表重要讲话。为推进全国年鉴事业科学发展，推动年鉴事业为全面建成小康社会作出更大贡献，根据国务院《地方志工作条例》和《全国地方志事业发展规划纲要（2015—2020 年）》（国办发［2015］64 号），结合当前年鉴事业发展实际，中国地方志指导小组制定《全国年鉴事业发展规划（2016—2020 年)》。这些重要指示、重要讲话和重要规划，既深刻说明了年鉴的独特价值，也为年鉴事业发展指明了方向。

年鉴是昨天的史实、今天的镜子、明天的见证，具有存史、资政、教化的重要功能，盛世修史、明时修志是中华民族优秀的文化传统。我们现在讲"四个自信"，尤其是文化自信，和我国作为四大文明延续至今的优秀文化一直延绵不绝，都是一脉相通的。通过考证中华五千年的文明可以知道年鉴工作的重要意义。中华文明上下五千年，实际上信史时代只有后面三千年，殷墟之前记载寥寥。例如，我们讲治水，要从大禹说起。我国的治水历史是很长的。我们能看到的，在《史记》中记载的，大约在春秋战国时期已经有水利工程，但无法找到完整的记载。现在能找到的最早完整的记录是秦朝的几项大型水利工程。我们研究黄河，研究长江的堤防建设，这些起源是由于人们逐水而居，水来土掩，老百姓历朝历代去堆建起来的。但是若要去找完整的历史，也很难找到。《中国水利年鉴》是反映国情、水情的重要载体，是传承当代水文化和治水文明的重要手段，是承上启下、继往开来、服务当代、有益后世的文化基础事业。所以，现在要研究水利的发展，《中国水利年鉴》是一个重要工具。做好年鉴编纂工作，不仅是记录时代、传承历史的需要，更是总结规律、遵循规律、运用规律，推动事业发展的需要。所有年鉴编纂工作者要充分认识到，年鉴工作

是一件非常重要、非常有意义的事情，要强化年鉴编纂工作的使命感和责任感，增强做好年鉴编纂工作的信心。

二、明确年鉴的特色定位，发挥年鉴的服务功能

（一）年鉴是当年的史（志）书

任何一部年鉴，都是本地区或者本行业当年的史（志）书，是具有意识形态属性的文化产品，是一项政治性很强的工作。《中国水利年鉴》也是当年的水利志，治水实践史是民族发展史的重要组成内容。特别是党的十八大以来，以习近平同志为核心的党中央把治水作为实现"两个一百年"奋斗目标和中华民族伟大复兴中国梦的长远大计来抓，习近平总书记多次就水利工作发表重要讲话、作出重要指示，明确提出了"节水优先、空间均衡、系统治理、两手发力"的水利工作方针，为新时代水利改革发展提供了科学指南和根本遵循。水利系统积极践行"十六字"水利工作方针，大力推进水利改革发展，水安全保障水平得到明显提升，为经济社会持续健康发展提供了有力的水利支撑，谱写了我国水利发展史上的壮丽篇章。这些都为水利史志和年鉴编修工作提供了丰富的内容源泉。这些年来，水利工作成效显著，每年有数千亿的水利投资。20 世纪 90 年代末期，国家预算水利投资约为每年 90 亿元。过去中央财政只管大型水利工程建设，现在大、中、小、微型都管。这些建设在水利事业上发生了翻天覆地的变化，所以我们一定要通过年鉴这种形式将其记录下来。要以习近平新时代中国特色社会主义思想为指导，全面贯彻落实党的十九大精神，坚持唯物史观和实事求是的精神，紧紧围绕统筹推进"五位一体"总体布局和协调推进"四个全面"战略布局，牢固树立和落实新发展理念，提高政治站位，把握政治方向，坚持正确舆论导向，坚持文化自信，坚持把社会效益放在首位，做到以编为用、编鉴化人，为水利改革发展服务，为广大读者服务。

在具体工作中，年鉴编纂要处理好两个关系：一是宣传与记述的关系。在客观记述当年的各项水事活动、主要成就的同时，要突出宣传水利系统认真贯彻落实中央治水方针政策和水利部党组各项决策部署，坚持全面从严治党，推动水利改革发展的生动实践和重要经验；突出宣传广大水利工作者昂扬向上的精神风貌。二是记述成绩与反映问题的关系。一方面要准确客观地记述水利改革发展的丰硕成果，不盲目夸大也不随意贬低，既要全面反映也要突出重点；另一方面，不回避问题和矛盾，"报喜也报忧"，但更要力求准确、客观，分析问题和矛盾产生的原因，为解决问题、化解矛盾提供借鉴。

总之，我们要本着对党和人民、对水利事业负责的态度，科学谋划，精心编纂，确保年鉴准确、客观、可信、可用，弘扬主旋律，传播正能量。

（二）水利年鉴应致力于服务水利事业

年鉴作为集权威性、资料性、实用性于一体的大型综合性年刊，应是具有资治存史、发布信息、服务社会等多功能的产品。水利年鉴要突出水利特色定位，围绕中心工作，服务水利大局，传播水利信息，指导水利实践，典藏水利史籍。水利年鉴框架设计应具备"全、新、精、特、鉴、便"等特点，条目设置应充分体现新时期水利工作方针和水利部党组重要部署。年鉴栏目和条目可分为静态和动态两部分，静态部分相对固定，体现连续性和历史感；动态部分则根据年度水利工作实际和重点进行动态调整，体现针对性和时代感。

进入新时代，水利工作的思路、目标、任务、工作重心、方式方法都发生了深刻变化，水利事业在新时代有许多新的内涵。尤其是改革开放 40 年来，我国水利事业取得了举世瞩目的成就，现代水利发生了深刻的变化。我们去记载这些变化，客观总结有规律性的东西，总结历史和我们自身的认识，给后人借鉴，发挥出年鉴巨大的价值。我们要用好用实年鉴的成果，发挥好水利年鉴的基础信息作用，在水安全保障、防灾减灾救灾、江河湖泊保护、水利科学研究、水利设施建设等方面提高水利工作的科学性和预见性；要发挥好水利年鉴的借鉴资政作用，总结经验、把握规律，启迪智慧、开拓思路，更好地领会把握和贯彻落实新发展理念和水利工作方针；要发挥好水利年鉴的文化引领作用，深入挖掘中国水文化的内涵，全面推动水文化繁荣发展，用文化的力量推动水利改革发展。

为适应新时代对年鉴的新功能的拓展要求，丰富年鉴产品业态，《中国水利年鉴》在原有 14 个专栏的基础上，还开辟了"水利风采展示"专栏，以图文并茂＋二维码的方式对水利系统各单位的年度重点工作和年度亮点进行总结和宣传。

年鉴是水利改革发展的见证者和记录者，应致力于服务水利事业，服务行业内外关心支持水利工作的广大读者。年鉴不只是官书，还应是极具实用性的工具书。因此，我们应分析读者心理，不断完善年鉴条目设置、内容安排、排版形式等，使其更加贴合读者需求，让读者能接受，能喜欢，甚至产生阅读依赖。年鉴也是传达新时期水利工作方针和部党组决策部署的重要载体，是宣传新时代水利工作实践和治水成效的重要渠道。要切实通过加强和改善服务功能，扩大年鉴的覆盖面和影响力，凝聚起治水兴水的强大合力。

三、创新年鉴的数字传播方式，拓展年鉴的新功能

（一）《中国水利年鉴》数据库上线

信息技术迅猛发展，移动互联网、大数据、云计算、流媒体等突破了我们对信息形态和应用传播的概念，年鉴也应顺应数字出版领域的发展趋势，向知识服务转型升级。年鉴的编纂、出版、传播、使用也面临数字化变革。我们也应该通过融合出版完成内容集成和技术支持，并为我们所运用，共同形成数字时代里的数据链条。《中国水利年鉴》是水利行业的智慧结晶和资料宝库，为充分发挥其对于各级水行政主管部门，对于水利建设、管理、科研、教育等单位的重要参考价值和指导作用，《中国水利年

鉴》数据库已正式上线。该数据库对 1990 年至今的纸质版年鉴内容资源进行了数字化处理，并通过梳理整合，实施多维度展示，不仅具有资料查阅的功能，还有统计分析的功能，为广大读者提供了数据支撑和服务，丰富了传统的年鉴业态，迈出了年鉴信息化建设的坚实步伐。数据库设置了"综合治理""江河治理""地方水利"三大模块，各模块下设细分条目。用户既可以按年度、类别等快速便利地选取需要了解的水利年鉴资料，又可以通过历年对比功能，清晰了解水利发展历程和脉络，使年鉴的实用性和存史性两大特点得到进一步呈现和加强。

（二）开发编纂出版的线上流程

数字技术是潮流，是趋势。接下来，我们要进一步打破传统出版模式，探索融合发展路径，充分利用数字化和信息化技术，为年鉴编纂运用打造更好的技术服务平台，拓展年鉴创新内涵。要有计划、有步骤地开展年鉴的网络组稿、编辑、校对等线上流程，实现生产模式和运作流程的数字化；充分利用网络存储和云存储容量大的优势，实现信息存储和信息检索的数字化；通过互联网直接发布年鉴的数据信息，实现传播载体和阅读形态的数字化。

（三）拓展年鉴的新功能

我们要追随时代潮流，抓住时代机遇，加强学习，勇于创新，培养信息化思维，推动水利年鉴数字出版与传统出版的融合发展，主动探索利用数字技术来传播运用年鉴成果，拓展年鉴新的功能，进一步加强水利年鉴的数字业态、数据传播应用方式，比如，进一步探索开发水利年鉴微信平台、手机 APP 软件等，利用新媒体手段，创新传播方式，推行智能个性化定制服务、条目扩展阅读，探索与地方志、其他行业专业年鉴以及社会公共媒体资源的互通对接机制等，更好地满足新形势下读者的阅读需求，提供更为系统、便利、快捷的知识服务。总之，在未来工作中，水利年鉴的编纂、制作、传播和运用一定要有前瞻性，有新思维，站在信息时代的最前沿，加快数字化步伐，最大限度地发挥年鉴的功能。

党的十九大描绘了全面建设社会主义现代化国家的宏伟蓝图，开启了实现中华民族伟大复兴中国梦的新征程。进一步贯彻落实习近平新时代中国特色社会主义思想，特别是治水思想，进一步加快转变治水思路和水利发展方式，进一步加快破解新老水问题，进一步加快推进水治理体系和治理能力现代化，对水利工作提出了新的更高要求。新时代要有新气象和新作为，盛世修志助力中国梦。我们需要总结历史经验、把握历史规律，做好水利年鉴工作，为各级领导干部和广大读者了解、熟悉水利提供咨询服务，为推进水治理体系和治理能力现代化提供经验借鉴，为水利科学研究和文化传承提供文献资料，为推动经济社会发展和深化改革提供水利信息支持，这些都具有重要的现实意义和历史意义。

新时代要有新气象和新作为。只有进一步提高对年鉴工作的认识，着力增强做好年鉴工作的责任感和使命感，才能以高度负责的精神扎扎实实做好年鉴编纂工作，为决胜全面建成小康社会作出更大的贡献。

（作者单位：《中国水利年鉴》编辑部）

从文化自信的角度观照主题出版

彭曦瑶

习近平在党的十九大报告中提出，要坚定文化自信，推动社会主义文化繁荣兴盛；没有高度的文化自信，没有文化的繁荣兴盛，就没有中华民族伟大复兴。要坚持中国特色社会主义文化发展道路，激发全民族文化创新创造活力，建设社会主义文化强国。而出版行业在弘扬中华文化、坚定文化自信上具有重大的责任。

一、主题出版的意义和出路

对于主题出版，出版界已有一个较为清晰的概念："主题出版是围绕国家政治、经济、社会、文化等方面的工作大局，就党和国家发生的一些重大事件、重大活动、重大题材、重大理论问题等主题而进行的选题策划和出版活动。主题出版以特定'主题'为出版对象、出版内容和出版重点，开展出版宣传活动。"①"其基本作用是服务党和国家工作大局，巩固壮大主流思想舆论，动员全社会团结一心，谱写实现中华民族伟大复兴中国梦的历史新篇章。"

经过十几年的积累，主题出版目前已成为出版界的一个亮点和热点，同时也成为国内许多出版社创造社会效益的重要途径，并呈现规模越来越大，品种越来越多的态势；主题出版本身也不再局限于纯理论性、学术性的出版物，而是出现了更多接地气、受群众喜闻乐见，且具有较大社会效益和经济效益的通俗读物，一些优秀的主题出版物在生产方式上跨界化，更是提升了主题出版的影响力，扩大了其传播面。

根据主题出版中的现状，若是要在主题出版上有所成就、有所突破，就需要出版社在主题出版上进行创新，除了主题上的创新，还有表达方式、呈现手法、营销方式的创新等。

二、文化自信的理论背景及在文化工作中的意义

文化，广义指人类在社会历史实践中所创造的物质财富和精神财富的总和。在"文化自信"的语境下，这里的文化应该特指中华文化。

2016 年 7 月 1 日，习近平总书记在庆祝中国共产党成立 95 周年大会上明确提出，中国共产党人要"坚持不忘初心、继续前进"，要坚持"四个自信"即"中国特色社会主义道路自信、理论自信、制度自信、文化自信"。习近平总书记还曾指出："我们要坚持道路自信、理论自信、制度自信，最根本的还有一个文化自信。"要"增强文化自信和价值观自信""增

---

① 王坤宁：《2011 年中国出版发行业大事盘点（一）：铿锵奋进》，《中国新闻出版报》2011 年 12 月 13 日。

强文化自觉和文化自信，是坚定道路自信、理论自信、制度自信的题中应有之义。""中国有坚定的道路自信、理论自信、制度自信，其本质是建立在 5000 多年文明传承基础上的文化自信。"① 这一系列重要讲话，意味着文化自信于是成为继道路自信、理论自信和制度自信之后，中国特色社会主义的"第四个自信。"

塞缪尔·亨廷顿在他的《文明的冲突》一书中有这么一个观点：冲突的主要根源将是文化；各文明之间的分界线将成为未来的战线。结合当今世界的局势来看，这句话在某些层面上，可谓是一语成谶。这也给我们敲响了警钟：在当今这个世界格局深刻变化、信息交流越来越方便的时代，这个全球化的浪潮席卷世界的时代，对于文化的认同，也关系到对于国家和民族的认同，关系到国家安全，是有关于中华民族生存的重要因素。习近平总书记曾点明："文明特别是思想文化是一个国家、一个民族的灵魂。无论哪一个国家、哪一个民族，如果不珍惜自己的思想文化，丢掉了思想文化这个灵魂，这个国家、这个民族是立不起来的。"

2017 年 8 月，一部电影刷新了国内电影票房的纪录，那就是《战狼2》。这部动作电影靠着其本身蕴含的价值观与观众的自身价值观之间的共鸣，获得了巨大的成功，产生了强烈的反响。电影中传递出的爱国主义情怀引发了广大观众积极反应。到了 2018 年年初，《红海行动》也产生了类似的文化效果。虽然两者是电影，但这样的现象对于产出精神产品的出版行业来说，也是值得研究和深思的。

就原因而言，是由于随着中国国力的增强，人民群众对于祖国的信心越来越强，民族自豪感越来越强。这种自信和自豪，是随着社会的进步、国家的强大而积累起来的。这种文化自觉，是从近 200 年的中西方文化冲撞中走出来的，是从最初的冲突，到迷茫，再到怀疑，再到自觉和觉醒。费孝通先生有这么一个观点："文化自觉意味着生活在一定文化历史圈子的人对其文化有自知之明，并对其发展历程和未来有充分的认识。换言

---

① 赵银平：《文化自信——习近平提出的时代课题》，《理论导报》2016 年第 8 期。

之，是文化的自我觉醒，自我反省，自我创建。"他还曾指出："文化自觉是一个艰巨的过程，只有在认识自己的文化，理解并接触到多种文化的基础上，才有条件在这个正在形成的多元文化的世界里确立自己的位置，然后经过自主的适应，和其他文化一起，取长补短，共同建立一个有共同认可的基本秩序和一套多种文化都能和平共处、各抒所长、联手发展的共处原则。"正是因为有这样的文化自觉，我们中华民族才能够深刻地领悟中华文化的意义，找准中华文化在世界中的地位，以期达到对中华文化更加深刻的认知，坚定文化自信。

虽然《战狼 2》《红海行动》与绝大多数编辑日常的出版工作确有一定距离，但其成功的特质是非常值得出版行业借鉴的。在主题出版中，应该跳出固有的套路，以时代特质为参照点，主动去策划拥有特点、热点和共鸣点的主题出版选题，去采用更加多样化的作品呈现方式，去寻找将主题出版物作出影响力的营销方式。

三、基于文化自信进行主题出版的方法和路径的探讨

出版不仅产出了作为物质产品的出版物，更重要的，是通过出版物作为精神产品的性质，长期且广泛地影响着大众群体的知识、心灵、道德、价值观等。可以说，出版行业处在文化战线上的最前沿，具有十分重大的责任。围绕"文化自信"进行主题出版，可谓是紧迫而必要的。坚持文化自信，不仅是一句口号，更是需要通过切实的行动来达成。在本文中，主要围绕选题的策划以及呈现方式来加以探讨。

（一）拓宽选题策划思路

选题策划在出版活动中具有举足轻重的地位。在有关于"文化自信"的主题出版中，有两个典型的走向：第一，是围绕"大"的方面着眼，例如用理论性的说明，阐述中国当代价值理念和文化理念、中华优秀传统文化的价值，关注中国经济社会发展、中国道路等；第二，是从"小"的

方面入手，但这个"小"并不是说没有意义的小。文化是一个很庞大的概念，而从地方文化、民俗、工作生活、家庭生活等人民群众身边的事物入手，从不同地方、不同年、不同职业的普通民众的角度，讲述"老百姓自己的故事"，这也是"讲好中国故事，传播好中国声音"的一种方式。作为地方出版社，在"大"的方面可能有一定劣势，但是着眼于"小"也不失为一个较好的方法。此外，我们尤其需要在选题策划时应该尽可能接地气，避免图书内容的空洞化。在这里，谨以如下举例，以进行探讨。

1. 重新发掘中华优秀传统文化

中国拥有上下几千年的悠久历史，在历史长河中诞生出来的优秀传统文化是中华文化的底蕴和基础，已渗入了中华民族最为基础、普遍的价值观。古人的智慧应该不仅仅是写在书本中的生硬的说教和背诵，更重要的，是结合当下，对中国传统文化进行新的好的诠释，讲述其在当下社会的演变、意义和作用中的故事。这将能够夯实中国文化的基础。

例如"家"文化。中华民族的"家"文化情怀，其并不局限于"小家"，而是分有多个层次：家庭，家族，家国，家天下。从"家庭"的道德、责任、亲情，到"家族"的敬祖、孝道、持家之道，到"家国""家天下"的道德标准、文化传承、身份认同、情感认同。可以说，在中国文化中，某种意义上把自己所属的"国"看作"家"，在认知中，始终贯穿以一种强烈的情感联系，亦或者说是"爱"，这种强烈的情感联系是来自文化的传承和悠久的历史。这样的观念和思想，某种意义上使得"家"作为一个最为基本的构建单元，构成了中国国家社会的坚实基础。将"小家"和"大家"的荣辱与共联系起来，将"小爱"扩于"大爱"。在"家"文化中，体现了中华民族最为朴素而真诚的价值观，这在当下是具有十分积极的意义的。

2. 革命文化的再发掘和出版形式的创新

革命文化脱胎于中华民族优秀传统文化，在新的时代，以新的形式表达。尽管此类作品的内容在多年以来的出版实践中，内容被不断地挖掘，被不断地重复讲述，但是随着时代的变迁，其精髓却历久弥新，并且随着人民群众阅读的普及，渐渐变得故事化、通俗化。

例如，由中国少年儿童新闻出版总社、北京大学出版社联合出版的《伟大也要有人懂：一起来读毛泽东》，深入浅出地将伟人的事迹与思想，以讲故事的形式娓娓道来，既展现了一位学者的深邃思维，又富有故事性和可读性。该书获得 2016 年中国好书奖，第四届中国出版政府奖图书奖及第十四届精神文明建设"五个一工程"优秀作品奖。

3. 富于特色的地域文化、民族文化的挖掘、整理以及展望

中国幅员辽阔，许多地方都拥有富有地方特色的文化，一些文化甚至具有几百年、上千年的传承。对于生活在当地的人民群众来说，是更为贴近他们自身的实际生活、具有亲切感的内容。而对于生活在其他地方的人民群众来说，一来是作为一种科普性读物，二来是增进他们对祖国其他地方的了解，增加对于其他地方的文化、人民的认知和认同，拉近生活在不同地区的人民群众之间的心灵距离。有些地方文化更是反映出了时代的发展和社会的变革，具有更高的时代意义。

伴随着时代的发展，一些地方文化在不断地凋零、消失，因此地方文化本身便具有记录、维护、传承的必要性。一直以来，整理出版地方文化资源是各地文化建设的重要内容。但是往往局限在了纸面上的说明和介绍，多为资料性的记录。2012 年的纪录片《舌尖上的中国》可以说给了我们一个很好的启示。《舌尖上的中国》用富有诗意的方式，以讲解美食为切入口，将具有地方特色的历史传统、民俗文化、家风族风、乡愁情怀等一个自成体系的文化环境呈现在观众面前，且在观众中激发了强烈的文化认同感和国家认同感。

而由江西省委宣传部报送并获得第十三届"五个一工程"奖的《瓷上中国——China 与两个 china》也是此类作品。本书是一本纪实文学作品，以闻名天下的景德镇为题材，讲述了一个个精彩的中国故事。本书不仅介绍了景德镇以及景德镇瓷器的历史与现实，在"大"上，以多维的叙述视角和视野广度，深入解剖景德镇的历史沉浮、辉煌和落寞，说明了景德镇和景德镇瓷器在中国文化和世界文化中无可撼动的地位；在"小"上，以

与这座城市紧密相连的无数艺术家、工人工匠、企业家、文人的命运为线索，折射出了江西、中国的历史。可以说，《瓷上中国——China 与两个 china》在提升文化自觉、增强文化自信、实现文化自强等方向的主题出版上，提供了一个很好的范例。

（二）呈现方式的创新及表达的通俗化

利用通俗化的方式、时代化的语言，并不直接讲述，但是在字里行间表现中华文化的内涵，使读者能够在潜移默化中加强文化自信——这是我们出版行业在做主题出版时需要考虑的方式。理论性和学术性的作品确有其巨大的价值，但是其往往道理略显艰深、晦涩。在建立理论基础时能发挥很好的功效，但是在占领文化产业阵地、争夺话语权、为最广大人民群众树立正确价值观时，有其局限性，往往出现一种"曲高和寡"的状况。

但是事实上，通俗化的主题出版物是可以受到人民群众喜闻乐见的。通俗作品往往能和读者站在同一角度，通过讲故事的方式讲道理，传达思想内核，引发读者的共鸣和更深的感悟。这样方能做到满足增强文化自信的需求。这样的主题出版，才能直达人民群众的心底。

获得了中宣部第十四届精神文明建设"五个一工程"奖的《一百个孩子的中国梦》即是一本通俗性的儿童读物。这本书的一百个故事包含了众多中国文化的内容：从传统文化，到当今流行文化；从民间习俗到由于时代发展而产生的新的习惯。这些内容体现了中华文化的深度和广度，体现了其随时代变化而不断变化、不断丰富的基本属性，并描绘孩子们在这些文化环境中的故事，描绘他们的梦想，反映现实。这本书在儿童文学界引起了较大的反响，被列入了 2016 年主题出版重点出版物选题；获得第十届全国优秀儿童文学奖；同年获得"五个一工程"奖。

同样获得第十四届精神文明建设"五个一工程"奖的由海燕出版社出版的《花儿与歌声》，则是一本以留守儿童为主题创作的文学作品。可以看出来，作者并不刻意回避这个时代问题，但描绘的是这些孩子们身上的光明的一面；读者看到的也不是满眼的凋敝，而是作者在字里行间显示出来的爱。可以说，这本书不仅具有现实主义的主题，更具有强烈的人文关怀，是儿童美育教育的结晶。该作品已经于 2018 年改编为电影，并正在拍摄中。而这也和出版的跨界化经营相关。

（三）生产及营销方式跨界化经营

全媒体时代的到来，使得信息传播手段、传播方式不断丰富。出版社需要打破行业间的"壁垒"，不仅要利用广播、电视、网络、电影等媒体平台来帮助进行内容的策划和产品的营销，更要有意识地将优秀的出版资源与其他行业进行深度合作，这样方能扩大主题出版的影响面和传播力，为提升人民群众的文化自信提供有利的条件。例如，之前所提到的《舌尖上的中国》，在 2012 年纪录片出来之后，纸质书也很快推出，成为长销书；2007 年的电视剧《恰同学少年》在中央电视台一套播出，同年湖南人民出版社同名图书《恰同学少年》问世，也达到了社会效益和经济效益的双收，至今仍为湖南人民出版社长销品种；如之前所说，《花儿与歌声》亦被改编为电影。这些都是主题出版跨界化的典范。

四、结语

一个国家、民族的实力，除了"硬实力"，还有作为"软实力"的文化。坚持对中华文化的自信，能够使得中华民族依然具有高度的凝聚力、向心力。出版行业作为产出精神产品的行业，广泛而深远地决定了人民群众的思想和价值观。本文尝试剖析文化自信与主题出版的内在联系，以期探讨如何在当下这个时代出版受人民群众欢迎、具有良好社会效益和经济效益的主题出版物。

（作者单位：江西教育出版社）

如何打造国家级重大出版项目

马爱梅

我国是水利古国，中华民族有着悠久的治水兴水历史，有着几千年与水有关的真实连续的文字记录。这些文献通过不同的介质和形式保存下来，包括史书、志书、类书、科学技术专著、古代行政管理文件、舆图、碑拓、简札等，不仅涉及抗旱、水运、防洪、灌溉、排涝、供水等各方面的成就，还有许多水文水系详勘、江湖河海变迁、水工土石记载和治水兴水档案。这些珍贵文献凝聚了中华儿女艰苦创业、自强不息的民族精神，倾注了祖先探求规律、改造自然的丰功伟绩，对于研究我国古代水利工程技术、地理山川特性、管水治水经验以及社会发展历史等具有重要的参考价值和指导意义。然而，经过初步调研，水利史料文献卷帙浩繁，启动如此大规模的出版工程，没有一定的经济基础和市场预期，选题很难实现。为此，在选题初步设计时，最终决定把争取国家出版基金资助作为选题构建的基础。

一、准确把握基金资助重点，做好选题前期设计

国家出版基金资助的出版项目代表我国出版业发展水平，代表我国哲学社会科学、文学艺术、自然科学和工程技术发展水平，其资助重点为具有重要历史文化价值，对传承和弘扬中华优秀传统文化，体现中华文化精神具有重要作用的出版项目。《中国水利史典》正是一套对传承和弘扬中华优秀传统文化有重要作用，且具有重要科学价值、出版价值和研究价值的大型出版工程，要获得国家出版基金的资助，选题前期设计就需围绕国家出版基金资助的方向确定总体框架，选题定位要站位高、内容全面、代表国家水平、传承优秀文化。

二、全面调研文献状况，构建选题整体方案

《中国水利史典》的初期选题定位是一套约 5000 万字的科技文献整理工程，整理编录的文献大多来自各朝代宫廷档案及官藏的水利相关文字记录，主要是文字，辅以图片，有各流域的风俗、自然、灌溉、地理、防洪、水运、赈济、河工、抗旱等方面内容，包括奏疏、谕旨、方志、专著、图考、会要、则例、报告汇编、日记、图谱、辞源、年表、诗集等多种体裁，涉及经济学、历史学、水利学、建筑学、语言文字等范畴。如何将如此庞杂的水利文献、科技信息构成一个多维的水利史料集成丛书，选题方案设计难题不少。为此，编辑团队在古文献整理经验及文献摸底等方面进行了许多调查研究，经与国家图书馆古籍馆专业人员组织力量复核后形成了文献资料目录，将目录提供给行业内外的从业人员参考补充，分析论证，梳理出总体脉络和选题各分册的整理重点、内容结构和知识体系，与此同时，组织制订了《〈中国水利史典〉编纂工作手册》，为选题的顺利落实奠定了基础。

三、挖掘选题作者资源，科学配置优势团队

如何组织一批经验丰富、协调配合效率高、专业精深的人员建立编纂机构对选题的优质管理和精品力作的顺利出版至关重要。《中国水利史典》选题编纂方案确定后，聘请了资深水利史专家参与选题的深度设计和内容优化，结合选题内容及构思特点，研究设定了以水利部部领导牵头担任编委会主任和主编，分流域成立分卷编委会的编纂思路。这一思路得到了我社主管部委的高度重视，部办公厅专门印发了《关于做好〈中国水利史典〉编纂工作的通知》，要求各参编单位要加强领导，筛选熟悉本流域水利史概况、有较高文史水平的专家参与编纂工作，帮助解决实际工作中遇到的问题和困难，提供必要的办公条件，确保编纂任务顺利完成。在编委会领导下，各有关单位组建了 10 个分卷编委会，编委会办公室同时组建了由中科院、国家图书馆、北京大学、清华大学、武汉大学、南开大学、中国文化遗产研究院以及有关水利单位知名专家近 40 人组成的专家委员会，负责编纂技术问题的研究处理。

四、梳理研究文献素材，优化选题内容特色

《中国水利史典》是首次系统大规模梳理水利历史典籍和文献，各朝各代很少有这样以某一特定专业方向为主题的大型文献整理工程。如何优化设计好选题，体现出选题独有的特色和意义是关键所在。经反复研讨，最终定位的主要选题特色如下。

（一）着力聚焦经典文献，凸显选题的学术价值

在组稿过程中要侧重把减灾防灾、兴水治水、水工建设相关的对学科研究有极大学术价值的经典文献收录梳理。比如："《行水金鉴》系列"是一部真实记录超过 2000 年时序的有关我国大河大江工程建设、水系变迁

与管理历程的系统性资料汇编，文献征引 400 种左右，学术价值不可估量。《河务初模》是一本详述河工算例及做法的文献，《三省黄河全图》是近代运用科学技术实测后绘制而成的重要文献，等等。这些文献对于了解江河变迁规律、研究现在的治河问题和制定防洪规划有着非常重要的参考价值，是环境、水利、农林、地理等专业或行业开展环评、规划、计划、防务等工作必备的大数据资源智库和重要历史档案资料。本选题要把这样的一大批重要技术文献仔细甄别整理入编。

（二）深入挖掘权威文献，关注选题的史料价值

我国历朝历代留下许多珍贵的官修典籍，也有大量河道官员和名人名家的专修之作，这些文献的记载大多能体现出当时国家兴修水利的最高水准，具有很高的学术性和权威性，是当前水利科技史研究过程中不可多得的材料。例如，清政府制定的全面记载漕运制度的《钦定户部漕运全书》，其规模庞大，多涉及漕运河道、漕粮额征、选补官丁、督运职掌、京通粮储、随漕款项等重要事项，面面俱到、错综有序、内容稀缺，完整的全套版本存世量极少，文献价值很高，是研究清代政治、经济制度和漕运历史的珍贵史料。《汉书·五行志》中的水旱资料，《汉书·沟洫志》《史记·河渠书》《汉书·食货志》中的漕运资料，《汉书·地理志》中的水道资料，被视为 16 世纪中国河工水平、水利科学技术和治理水平的重要标志的《河防一览》，等等。本次整理过程中要深入挖掘这类史料价值和传承价值高的文献。

（三）梳理析出实录文献，聚合选题的专业资源

本选题要立足水专业，全面梳理历史文献，将散见于各种谕旨、专著、奏疏、图考、方志、章程、笔记、诗词、纪闻、资料汇编等文献中的涉及水利工程的记载、兴修水利的详情、治理水患的经验、水灾水文的数据、历代河官的事迹等内容分类整理出来。比如，元代的《长安志图·泾渠图说》，明代的重要海塘文献《南湖水利图考》和重要治黄文献《治水或问》，清代的重要治黄文献《治河奏绩书》等。

（四）系统汇集历史数据，重视选题的现实价值

本选题目的是系统整编浩如烟海的水利历史文献，要客观呈现各流域的历史演变情况，汇集农田水利灌溉、防洪抢险等方面的系统历史数据和重要历史描述等，比如，每一个水利工程的长宽高大小比例，每一条河流历史水位高低的数据记录、历史淹没范围、洪涝灾害详情、水情变化等，努力为开展现代水利科学研究提供可能的数据文献资源。

五、精益求精诠释选题内涵，科学组织基金材料

国家出版基金的评审各阶段，《国家出版基金项目申请书》（以下简称《申请书》）是出版社报送的材料中除原稿外最重要的材料。《申请书》是体现申报机构执行能力、选题出版价值、选题学术价值、作者及专家团队学术水平、选题实施方案可行性等重要评价指标的核心材料，也是评价经费预算合理性的材料依据。如何在《申请书》中深刻阐释好选题的意义和价值、体现出选题独特的内涵，对项目是否获得资助至关重要，《申请书》的 4 份表格中需要出版单位填写的单元栏目大小共 168 个，要准备出一份优质的《申请书》，不但要有打动专家的清晰准确的基础文案，更要找准把握栏目的阐释重点，契合相关政策及评审要求，多角度展示选题的内涵精华和出版价值。比如，《申请书》的必备条件是要有两位推荐专家的意见，为了更多角度地体现选题的主要特色、学术价值和出版价值，在项目报送的 5 个月前，我们就开始组织专家学者熟悉项目体系、审读初稿内容、撰写推荐意见。最终组织了清华大学、北京大学、中国工程院、中国科学院、中国社会科学院、国家图书馆等 13 位专家及院士，他们分别从不同研究领域阐释了本选题填补水利科技史文献整理出版空白、文献价值高、史料价值高，以及对减灾防灾、兴水治水和相关学科研究方面的学术价值等。周密细致的准备，使该项目在列入国家重大出版工程项目的同期也获得了国家出版基金的高额资助，为项目的顺利建设提供了强有力的经济基础。

六、科学制订工作细则，实现项目全流程管控

《中国水利史典》是一项规模浩大的科技史料整编出版工程，各参编单位和出版社从前都没有类似经验可借鉴。于是，选题立项后，编委会办公室便开始围绕繁体字录排、文献调研、古籍整理规范等方面展开了调研，摸索经验，探索路子，制订方案，建章立制。

为了落实编纂目标，我们研究制订了《编纂工作目标责任书》，由水利部副部长、编委会副主任代表编委会与各分卷主编签订，从组织上有力保障了选题落实的质量和进度。

为了给各分卷提供样本指导编纂实践，我们组织专家进行了示范性的点校整理，并制订了《点校整理工作细则》。为了做好书稿的三审工作，我们选择不同形式的特殊稿件进行初审和加工整理，针对发现的问题，到相关古籍出版社调研，结合实践及调研收获制订了《编辑加工细则》。

在几年的工作实践中，我们探索积累了大量业务经验，研究制订了许多管控措施，形成了一整套工作规范和工作流程。先后组织制订了《编纂工作流程》《编纂工作手册》《点校整理工作细则》《编辑加工细则》《专家审读工作要求》《点校技术服务委托合同》《分支主编委托合同》《廉政建设管理办法》《资助经费财务管理暂行办法》《档案管理办法》《进度及质量保证措施》等多项规章制度和技术文件。

七、加强保障体系建设，全面落实管控措施

在项目实施初期就制订了由一系列保障措施构成的《质量和进度保障措施》，明确了全流程各环节的责任和任务，创新性地建立了"项目负责人承诺书制度""工作目标责任书制度""项目协调会制度""项目实施督查制度""三加一加一审读制度"等一系列管控措施。

比如，为确保质量，要求每个分卷严格筛选确定点校人员和审稿人员，每个编纂单元交稿前要完成卷内的一审和二审工作，经全书编委会聘请的技术专家审稿通过后，出版社才会接收稿件；责编收到稿件后，组织编辑初审、复审和终审工作；稿件发稿出一校样后，社内编审们再审读一遍；稿件出清样付印前，聘请在古文献整理以及出版业务、技术等方面经验丰富的外审专家加审。稿件进入后期环节，除正常的三次校对外，制定了随机抽校一定比例的编校质量控制制度，差错率超过规定标准的书稿将全文重新校对。经过编辑和校对环节的控制和把关，本项目的编校质量上乘。

八、关注技术发展动态，多维构建融合出版产品

信息技术的迅猛发展，对科技古籍的保存、传播和使用发挥了巨大效用。古籍数字化对于学术研究、文化传播、对外推广中华优秀传统文化具有积极意义。我们在编纂纸质出版物的同时下决心构建多维的衍生产品，用数字化的手段将中国古代经典水文化与现代专家学者的智慧成果进行整合挖掘，实现资源的共享、信息的增值，并通过数字出版技术对相关文献资源进行深度钻取和技术关联。

为更好地体现构建数据库的目标，将资源体系初步规划为三大基础资源和多项功能索引，在文献全文数字化的基础上生成了新的资源体系；在选录《中国水利史典》中专业图片资源基础上，广泛搜集选录历史文献、国内外馆藏资料、地方志中的经典水利图片，构建了图片数据库；对收录的历史文献资源进行横向分析和深入钻取，将文献中散存的谕旨、奏章提取出来，按时间序列将围绕每个重大水利事件的谕旨、奏章分类标引，以时间轴的形式体现历朝历代兴水利除水害的重大决策和技术成果；设计了碑拓、多媒体资料、档案资料、影印资料等预扩展资源空间。

从古文献中搜集古图片段，经过数字化加工和专业标引，将已经不适

宜纸质保存的地图进行数字化修复，将无法全貌展示的珍贵舆图进行完整拼接，增加了存史传世的价值。在此基础上，创新设计的系列衍生选题方案申请获得了国家古籍出版资助和国家出版基金资助，制作的卷轴、文创等产品深受专业读者喜爱。

　　总之，科学构建选题方案、精心优化选题内容、系统完善保障体系、全面落实管控措施、多维构建衍生产品等工作对打造优秀的国家级重点出版项目至关重要。

（作者单位：中国水利水电出版社）

借助新媒体优势　开拓文化传播新路径

张秀芹

2017 年 11 月，美国总统特朗普访华，在朱墙金瓦的故宫使用平板电脑向习近平夫妇展示了其外孙女阿拉贝拉用中文背诵《三字经》和中国古诗的视频。眼尖的网友发现，阿拉贝拉背诵《三字经》时，显示的英文字幕正是赵彦春教授新近翻译的《英韵三字经》，而这本书作为"赵彦春国学经典英译系列"（高等教育出版社出版）的首本图书，也以秀外慧中的独特气质展现在了大家的眼前。目前，赵彦春教授与高教社合作出版的"赵彦春国学经典英译系列"及"英译课堂系列"已推出首批图书共 11本，包括 2018 年 5 月在人民大会堂首发的《〈庄子〉英译》《英韵〈诗经〉》等 9 种汉英双语国学典籍。在全球化的大背景下，中国文化正在以丰富多彩的形式走向世界，而在此过程中，出版社要发挥资源优势，提升出版担当，充分利用新媒体技术优化产品形式，推进跨文化传播与交流，在国内外增强影响力和引导力。

党的十八大报告强调：优秀传统文化是我们最深厚的文化软实力，要实现中华民族伟大复兴，弘扬中华优秀传统文化。在 2018 年 8 月召开的全国宣传思想政治会议上，习近平总书记关于文化自信的论述，更有针对性地为出版界做好中华优秀传统文化传承发展工作指明了道路和方向。以上述赵彦春英译系列为例，为了实现优势资源最大化运用，高教社同时策划了"赵彦春国学经典英译课堂"及"国学经典双语电子书"系列；根据赵彦春教授翻译研修班的内容，还将制作出"文化比较与翻译"和"赵彦春中华文化外译大讲堂"两门在线开放课程（以下简称"慕课"），通过纸质图书、交互式电子产品、学术研修和数字课程等一系列的立体呈现方式探索优秀传统文化在新媒体时代融合发展之路。

一、喜看古树绽新花：新媒体时代传统文化的网络化热播

近年来，读者阅读模式已实现由"纸质媒体的翻阅时代"到"电脑媒体的点击时代"，再到"移动媒体的触屏时代"三次大跨越，呈现出高度碎片化、交互式、体验型和即时性的发展特征。读者需求的变化是出版模式改革与创新的动力，而网络技术的进步使这种创新得以实现。面对行业生态、资源、产品、服务所发生的颠覆性变革，越来越多的出版单位持续探索融合发展，大力推动新形态产品和电子书研发、数字出版等业务，发掘优质内容资源，加快发展在线教育服务，推进资源和平台共享。

2016 年 4 月 9 日，在《人民日报》（海外版）的"互联网 + 传统文化"系列报道中曾对山东大学王小舒主讲的"神韵诗研究"慕课做了介绍。王小舒教授借此呼吁研究者充分发挥"正本清源"的作用，或是以大手笔写小文章，或是参与网络课程，将正确的国学知识和公允的研究成果通过多种媒介"送"到公众眼前。借助于互联网的便捷性，传统文化和网络传播

方式紧密结合，在线教育以其自主性和灵活性的优势开创了文化传播、弘扬新的路径。

2018 年上半年，我们对中华传统文化类课程在境内外慕课平台上线情况进行了调研。截至 5 月中旬，在我国境内主要慕课平台上开设的中华文化类慕课超过百门，内容涉及语言文字、文化典籍、哲学思想、中医药学、书法艺术等多方面，有些课程还走出国门，在境外上线并受到学习者追捧。例如，北京大学的 "Chinese for Beginner" 课程在 Coursera 平台上线，三年来注册学习者超过了 85 万人，覆盖全球 200 多个国家和地区，活跃学习者在 40 万人左右。不少学生在学习网络课程后，激发起了进一步学习汉语和了解中国文化的兴趣，来到中国留学。更多不同年龄和各种职业的学习者得益于网络课程在时间和空间上的便捷，足不出户就从此开始了对中华文化的热爱和向往。

再如，清华大学张国刚教授主讲的 "《资治通鉴》导读" 课程，自 2014 年在国内上线以来就受到了广大学习者的热烈欢迎，作为经典课程被国内 49 所学校引进，共有 15.4 万余人次选修该课程。课程的英文版本通过 edx 在全球投放，成为海外学习者了解中国传统文化、学习中国历史知识甚至学习中文的重要渠道。2016 年，张国刚教授撰写、依据课程修改完善的书籍《〈资治通鉴〉与家国兴衰》一经问世便迅速成为畅销书籍，印数 11 万册，在由中国图书评论学会组织的评选中被评为 2016 年度中国好书。由此可见，在线教育这一新型业务模式逐渐成为出版业新的亮点和利润增长点。

二、守正创新，铸造精品：新媒体对传统文化的传播典型实例分析

对经典著作的发掘体现了对中华文化精华的保护、继承和弘扬，仍然是当前重要的选题方向。唐诗代表着中国文学的顶峰，是非常有生命力的。在

这方面，市场上目前存在不少同类书籍。比如，以"唐诗经典"作为关键词在当当网上搜索，在图书类中就可以得到 678 种相关产品。这些图书大多选题雷同，销量平平，无论是社会效益还是经济效益都很难有大的突破；而高等教育出版社"爱课程"网的"唐诗经典"慕课，以一种崭新的风貌出现在我们面前，作出了经典作品在新媒体时代融合发展的成功探索。

（一）"唐诗经典"慕课的设计理念

"唐诗经典"慕课于 2014 年 9 月 1 日在"爱课程"网（http://www.icourses.cn）"中国大学 MOOC"平台上线，课程选取有代表性的经典名篇，以弘扬优秀传统文化为宗旨，传播高尚、积极的主流价值观。课程在内容设计上以专题研究为基础，将经典作家、经典作品、经典题材和经典著作融为一体，既有整体性的题材类型研究，也有个案性的作家研究与文本解读，更有切合专业研究的专题论述与前沿性话题，以成功的个案研究向读者展示了唐诗研究的方法，极具启发性。

为了要把课程做成精品，主讲教师特别注重"守正来创新"，而不是像社会上出现的一些过分追求新奇怪异的"新"。课程设计遵循少而精的原则，共分十个单元，以文本阅读为核心，以点概面，通过这十个点把三百年的唐诗全部串起来，通过文化拓展向多层面延伸，向整个中国文化来辐射。

（二）"唐诗经典"慕课的成功经验

该慕课是在浙江大学通识核心课程基础之上拓展、凝练、提升并进一步体系化和公开化的课程，课程基础扎实雄厚，课程视频、讲稿、拓展资源等教学资源都很丰富完善。课程还有阵容强大的教学团队，团队分工明确，配合默契。主讲教师胡可先和陶然是浙江大学中文系教授、博士生导师，从事教学和研究工作几十年；负责课程日常运行的助教全部是博士生，这是考虑到博士生更容易跟学员进行接触沟通，形成有效对接。四名助教分工明确，协作良好，有的负责测试和作业题目设计，有的负责后台操作，各司其职，课程运营井然有序。

"唐诗经典"慕课在对传统经典的讲授中创新表现形式，采取多层面和多元化的表现方式，讲授和讨论相结合，线上与线下相结合，教师、助教和学生有效对接，通过多种形式丰富教学内容，活泼教学气氛，使学习者在浓厚的兴趣中享受学习过程，进而达到举一反三、事半功倍的效果，赢得了众多学习者的高度认可。自课程上线以来，无论是单学期选课人数还是累计选课人次均位列"中国大学 MOOC"TOP 10。单次选课人数超过 8.9 万人，迄今累计学习人数已接近 30 万人。学员 Lilezi 评论："感谢老师们辛苦教授，使我能够在花甲之年圆了系统学习唐诗的梦想。激起我对祖国文化精华的欣赏和热爱。这种学习方式很受欢迎。"

从学员构成上来看，注册选课学员年龄跨度大、职业身份各异，地域遍及国内国际。中国台湾淡江大学教育科技系课程委员会委员、台湾文化大学教授邹景平在《MOOC 的同伴互评要顾及游戏元素》中说："以我最近学的'唐诗经典'为例来说明。这是我所学的最好的 MOOC 之一，因为它满足了我的学习渴望，把我对唐诗的认识提升到一个新高度。我每周都会迫不及待地浏览最新内容。"有多家高校或机构都选用此课程作为学校学分课或者培训课程，社会反响和评价良好；还有不少教师将此课程作为自己业务学习的范本。

三、提质增效，行稳致远：新媒体编辑在传承创新中的质量保障作用

"编辑作为文化产品内容的选择者、策划者、加工者、过滤者、把关者、推荐者，甚至是创造者，是出版单位文化责任的主要承载者和担当者。"无论是传统出版还是新兴媒体，都离不开编辑的创造性劳动。在出版产业融合发展的过程中，鉴于新媒体具有多元化、传播广泛快速的特点，课程编辑在坚持传承创新的同时更要坚持质量标准，加强质量意识，发挥经典作品整合、引领和教化的功能，使其能够古为今用，实现传统文化的有效传播。以下仍以"唐诗经典"慕课为例，对此作简单论述。

（一）层层把关，确保规范

作为早期上线的课程之一，"中国大学 MOOC"平台对本课程非常重视，特意挑选了本专业方向硕士毕业的编辑专门负责课程的审核与运营，从思想性、科学性等方面对课程的文字、图像、音频等方面严格校对审核把关，力求做到精益求精。例如，对课程视频的字幕校对，视频与字幕是否同步，引用图片版权问题，随堂课件甚至视频中出现的参考文献及注释、年代、人名等也逐条核对，确保正确规范。除关注常规的动态教学活动外，还从课程章节结构、论坛问题设计、测试和作业预留时间等多处细节问题为课程团队提出合理建议，保障课程质量。

（二）精心打磨，臻于至善

在全媒体时代，各种新的沟通手段出现，编辑要利用多种方式传播产品信息，为其提供良好的运营与服务，争取更多用户。在慕课上线前，课程编辑与团队协作提前做好课程预告，以首页轮播图等形式吸引用户关注，并多次将此课程纳入寒暑假的重点推荐课程之列。课程编辑还利用公告、邮件等定期主动发布信息，密切关注论坛随时回答相关问题，督促课程团队按时发布课件并做好答疑，努力满足学员个性化的需求，把握受众的心理和动向。

在慕课的建设过程中，作为连接教师与学员的桥梁，课程编辑从各渠道多方收集学生和用课教师意见，及时准确地反馈给团队，共同探讨课程改进。由此，课程团队和编辑对知识点的把握，对教学设计和表现形式都有了更深的理解，并在此基础上对后续轮次的开课进行补充完善，进一步提升课程质量，课程建设步入良性发展的轨道。

（三）以点带面，推动发展

随着课程建设的逐渐成熟，我们多次邀请课程主讲教师参加研讨活动，并主动为课程团队提供学习数据，与之建立了更加和谐互助的关系。根据学员意见和课程团队的学科专长，课程团队后续建设了"宋词经典"和"古典小说四大名著"等专题慕课，稳步推进体系化的经典课程群建设。我们还与图书编辑共同策划了慕课配套教材，在课程的基础上加入文献、图谱、实物、动画等要素，并引用部分学员的优秀习作，将慕课资源盘活用好。

（四）立德树人，严格监管

在传统出版业向数字化转型发展中，一些出版企业片面追求发展速度和数量，忽视质量和效益的现象时有发生，尤其以网络出版、数字出版产品中质量问题较多。针对目前网络平台中存在的抄袭等不良风气问题，在课程编辑的倡议下，2017 年 7 月，"中国大学 MOOC"平台发布了《关于倡导诚信学习的课程公告》，从平台方面为维护课程质量与保障学术端正作出规范，注重立德与树人结合，践行育人使命，呼吁学习者坚持诚信原则，自觉遵守学术规范维护学术道德，有效传播核心价值观。

借助互联网多样化的传播平台，传统文化正在加速走进寻常百姓家，走向全世界。仅以国学为例，在"中国大学 MOOC"平台上线的课程就有"《论语》的智慧""弟子规与人生修炼""《道德经》的智慧启示""《世说新语》的国学密码解析""大观与微观：《红楼梦》1—40 回"等多门课程，单学期平均选课人数都在万人以上。传统文化慕课的上线，极大地拓宽了中华文化的宣传范围，培育了研读经典的良好学风，使学生在享受学习过程的基础上形成通达的见识，增强情感体验，提升精神境界，培养创新思维，对于弘扬优秀传统文化有着积极的影响。

加强对中华优秀传统文化的挖掘和阐发，努力实现对中华优秀传统文化的创造性转化、创新性发展，是历史和时代赋予我们编辑的神圣职责和重大任务。目前，新媒体呈现出一种乘风破浪的态势，在影响的深度和广度上比传统媒体都要技高一筹。由此，我们要科学认识网络传播规律，"使互联网这个最大变量变成事业发展的最大增量"，出版更多习近平总书记倡导的"思想精深、艺术精湛、制作精良"的"三精"作品，使优秀传统文化在新媒体的传播下熠熠生辉。

（作者单位：全国高等学校教学研究中心）

新技术的运用对出版业的改变与影响

喻 刚

2007 年，笔者大学毕业后有幸入职出版社成为一名编辑。时光荏苒，弹指一挥，十年来作为编辑的我明显感受到了新技术的运用对行业、对从业人员要求的改变。新技术在出版业中的普及应用，是行业发展的标志，是模式创新的根本，是读者群众的福音。

历数十年来出版业的变革，探寻新技术应用与出版业深度融合的案例，剖析技术改变行业的关键因素，归根结底得出一条认识：编辑如何把握新技术在出版行业中的运用，关键看新技术能否高效、便捷地挖掘读者内心潜在需求，降低读者的购买成本，服务好读者的阅读体验。

一、过去十年，新技术的运用对出版业的改变

我们由远及近，看看过去十年，那些改变出版业的新技术。

（一）POD 按需印刷技术，将工厂印刷变为私人订制

POD 是 Printing on-Demand 的缩写，既按需印刷、即时成书，是把过去印刷厂的印刷设备、印刷流程通过 IT 数字技术的改造，将设备小型化、将流程简化后的一种满足个性化的、即时性的短版印刷技术。早在 2008 年之前，按需印刷技术是出版业中的热点，各大出版集团纷纷引进按需印刷机械设备，建立按需印刷中心，大有星星之火可以燎原之势。然而没过两年，随着按需印刷神秘面纱的日渐褪去，它的不足也日渐显现。首先，机器设备昂贵，耗材成本高，以致成品价格不能让一般读者客户接受；其次，地面实体店的形式又无法承接到足够多的按需印刷订单；最后，按需印刷业务，更多的是一种服务行为，不是印刷厂一样的生产行为，定位上的差别，注定了工业化的生产模式完全不适用于零售服务行业。这三大缺陷，让按需印刷业务在国营出版集团火过两年后又趋于平静。

目前 POD 按需印刷技术通过与电子商务深度结合，形成了线上承接个性化的短版印刷订单，线下印刷制作，快递送货的经营模式，较好地规避了上面提到的三大缺陷。例如，在天猫、淘宝、京东等大型电商平台上，个人订制印刷业务蓬勃发展，像个性化的结婚请帖、相册、学生课堂笔记制作等都是深受客户喜爱，具有较好消费体验的项目。

（二）网络书店，让读者购书不再钟情于新华书店

自新中国成立以来，"新华书店"这块由我们伟大开国领袖毛主席题字的金字招牌就是买书的代名词。买书上新华书店，是我们从小就知道的常识。读者在新华书店买书一直都被认为是一种高尚、神圣、自豪的行为，自然不会有像在菜市场买菜那样讨价还价的事情发生。然而，这一切随着网络书店的兴起，随着电子商务的蓬勃发展都变了。读者变了，新华书店也变了。读者变得不再喜欢到新华书店买书了，只喜欢在新华书店看

书，看到自己喜欢的书，直接用手机上京东、天猫、当当等网购平台购买；新华书店变得不光卖书了，还卖文具、咖啡、奶茶。最重大的变化是在新华书店买书可以打折了。

这一切的变化，并不是读者和新华书店自己主动选择的改变，而是在互联网大发展的浪潮下作出的适应性的应对。网络购书方便了读者的购买需要，降低了读者的购买成本，而新华书店则在购书体验上要更胜一筹，因此网络书店与新华书店在今后很长一段时间内是可以共存的。

（三）网络自媒体，使更多的作者脱颖而出

网络自媒体又称网络个人媒体，是指私人化、平民化、自主化的平民大众或组织通过网络媒介等手段，向不特定的大多数或者特定的单位个人传递信息的新媒体的总称，包括博客、微博、微信、论坛、贴吧、头条、抖音等网络社区。

在网络自媒体时代，各种不同的声音来自四面八方，人们不再是接受一个声音。接受声音的受众，也有了发声的渠道，可以表达自己的观点。自媒体的内容没有既定的核心，想写什么就写什么，只要觉得有价值的东西就可以分享出来，没有太多的限制。也就是因为自由无限制，很多原来只是作为受众的平民凭借自己的专业知识从"吃瓜群众"变成了"被围观者"，涌现出了大批具有一定写作水准的网络作者、专家和具有较高质量的网文作品，极大地丰富了读者们的选择，也为后面的 IP 发展打下了基础。

（四）电子书改变纸质阅读方式，揭开数字出版大幕

电子书通俗一点的理解就是原来的纸质图书，通过数字技术的处理后流通于网络中，呈现于终端屏幕的数字图书。既可以呈现纸质图书的全貌，又可以集成图片、声音、视频等内容。

电子书相较于纸质书优缺点非常明显，但总体是优点的范围远大于缺点。电子书的优点有：①便利性。一部手机或者一部手持阅读器可以装载成千上万本图书。②省时性。随时可以查找下载自己喜欢的图书。③环境友好型。不需要消耗大量的森林资源，环保，减少碳排放。④成本较低。

单本电子书价格只有纸质书价格的 1/3，长时间使用成本远低于纸质书。⑤阅读体验不亚于纸质书。随着网络技术的发展，电子书也在不断地更新换代，其优点的范围会越来越大，阅读的体验会越来越好，直至将纸质阅读变为小众行为。

科技的发展总是朝着服务于人类，让人们的生活越来越便利的方向发展。十年前，人们开始不再到实体书店买书了。现在，人们又开始慢慢不看纸质书，用读书软件进行阅读，例如微信读书 APP。

电子书的出现，开创了新的阅读体验，引入了交互模式，颠覆了已有的出版发行体系，真正的揭开了数字出版的大幕。

（五）小额移动支付，催生了知识付费的繁荣

近两年，知识付费行业热闹非凡，得到、知乎、在行、喜马拉雅、蜻蜓 FM 等知识付费平台是你方唱罢我登场，宣传的声势是一浪高过一浪，恨不能将所有读者一网打尽。

知识经济这两年的红火在于世界变化太快，同质竞争无处不在，时间碎片化，整个的年青一代想要拿到高收入、想要找到好工作、不被淘汰，就需要不断地进行碎片化的学习，所以各种线上付费分享应运而生。同时，在新思维、新技术、新环境下，中产阶级能否有足够的思维认知和趋势把握，决定着是否有新的发展机会。所以，突然之间，整个社会对学习就有着强烈的求知欲望。

然而，这一切都只是表面现象。人们对知识的求知欲望一直就存在，并不是一种什么新的需求发现。21 世纪的人们对知识的求知欲望不会多于 20 世纪的人们。知识经济这两年的快速崛起的真正原因是以支付宝、微信支付为代表的移动支付手段在日常生活中的普及。没有小额移动支付，订阅平台的收费模式不可能成立，读者也无法为所需要的知识及时付费。

自古以来，我们一直都在为求知付费。入校园学习，需要交学费。自我学习，需要购买书本，需要参加培训班。这些都是在为知识付费。只不过是技术的发展，改变了知识付费行业的形式，本质是没有变的。

二、未来十年，哪些新技术的运用将会对出版业产生影响

过去的十年，新技术的运用已经对出版业造成了很大的改变，也催生出了很多新的经营模式和新的业态。但非常可惜的是，这些新经济、新热点、新改变没有一个是发源于出版单位。或者说，出版单位集体缺席了过去十年互联网技术大发展为出版业所带来的改革盛宴。为什么会如此？一百年前，约瑟夫·熊彼特的著作《经济发展理论》可以给我们一些参考答案：通常来说，新企业不是产生于老企业的内部，而是出现在它边上，通过竞争淘汰它。

站在现在看未来十年，出版业的机会正在孕育。在这个时代，只做好自己应该做的事情已经远远不够，必须看懂新技术的发展趋势，提前布局，顺势而为。

（一）大数据技术，留存、抓取、分析出版经营数据，为决策提供指导

大数据技术是伴随着各大网络平台发展而成熟起来的一种技术，随着互联网的普及，每个人只要使用互联网，就会留下大量的使用痕迹并产生相应的数据，而这些数据也日益成为重要的生产资料，并慢慢渗透到各个行业中。在出版业中，如何利用好大数据技术，为出版经营工作提供帮助，首先一点就是完善自身的数字化平台建设工作。为数据收集、抓取提供矿山。然后再根据具体的选题策划、营销销售、生产库存要求去分析收集、抓取到的数据，得出相对客观的参考数据。数据的真正价值不是帮我们来回答问题，而是帮我们来提出我们不知道的问题。

出版社完善自身的数字化平台建设的方式，短期内可以采取和第三方的网络技术公司合作，在他们已有的成熟平台上收集、抓取自己需要的数据。但长期来看，自建平台是最为理想的选择。

（二）区块链技术，版权保护的新手段

互联网因即时、免费、平等、公开、分享、协作等特点，突破了地域的限制，极大地促进了信息的传播。但互联网免费的传播方式也给版权的保护造成了严重的侵害。互联网上的盗版、盗播现象揭示了现行版权保护制度的不足之处。而区块链技术可以提供很好的版权保护解决方案。在区块链上进行版权注册和证明有三点好处。[①] ①突破地域限制。区块链可以作为一个去中心化的版权登记平台。在这个平台上，没有地域限制，版权信息将以数字的形式，展现在世界上的所有人面前，无可争议。著作权人将不需要在不同的司法管辖区做重复烦琐的版权认证。②更低的成本。使用区块链技术创建版权记录，可以永远存在。③更灵活的版权许可条件。利用区块链进行版权注册和保护，版权的许可、转让可以诞生更加灵活多样的形式。

（三）AR/VR/ 全息投影等成像技术，孕育新的影视和音像热点

AR 是增强现实（Augmented Reality），是将虚拟的环境通过技术手段套在真实环境上，并进行互动的一种成像技术；VR 是虚拟现实（Virtual Reality），是一种可以创建和体验虚拟世界的计算机仿真技术；全息投影技术（Front-projected Holographic Display）也称虚拟成像，是利用干涉和衍射原理记录并再现物体真实的三维图像的技术。三种技术目前都面临一些技术难点，还未普及运用。一旦日后技术有所突破，必将给影视和音像业带来巨变，会孕育出新的商业模式，改变我们日常的生活方式。

改革开放 40 年来，我国所取得的伟大成就，完全应验了当年邓小平同志提出的一个著名论断："科学技术是第一生产力"。40 年来，编辑出版业的发展历程也说明了科技创新是行业发展的驱动力。未来，编辑出版业一定要大大加强在科学技术方面的研发投入，积极探索新技术的运用，光靠做好内容出版已无法保持核心竞争力和引领行业创新。

（作者单位：红星电子音像出版社）

---

① 张健：《区块链：定义未来金融与经济新格局》，机械工业出版社 2016 年版。

浅谈新时代图书编辑如何利用大数据

陈学砧

一、引言

随着信息技术产业和互联网行业产生的海量数据，继"移动互联网""物联网""云计算"之后，"大数据"一词应运而生。对于大数据的概念，目前并没有一个明确的定义，其特征是具有典型的 5 个 V，即体积大（Volume）、速度快（Velocity）、多样化（Variety）、难辨识（Veracity）和高价值（Value）①。近年来，大数据在商业、金融、医疗、制造业等领域都得到了广泛应用，随着大数据应用领域的不断拓展，出版业

---

① 孙晓雯：《大数据背景下学术期刊编辑素养要求及提升》，《今传媒》2018 年第 4 期。

也不可避免地受到了大数据时代的影响。出版业的编辑加工、销售、市场、组织设计等基本环节和流程正受到大数据带来的直接或间接影响①。

二、大数据时代传统图书编辑面临的挑战

大数据的普及和应用对图书出版的各个环节均产生了直接或间接的影响，而对于图书出版行业重要主体的图书编辑而言，大数据时代的来临，既是挑战，又是机遇②。

首先，在大数据时代下，数字出版的出现极大地改变了图书出版内容的呈现方式和介质。传统的图书出版，其载体主要是纸张，内容单一，且传播方式也较为单一。但在大数据时代，由于互联网技术的进步和多种电子产品及移动终端的出现，图书出版开始转向多种媒介、多种转播方式的复合出版产业链，一种图书内容通过多种载体复合出版的发展已成为趋势，对传统的图书出版和图书编辑带来了很大的冲击。

此外，传统的图书选题策划是在相应范围内采集并整合信息之后推出自己的选题，这种策划方法单纯从信息采集的深度和角度方面就跟不上大数据时代的步伐；传统的组稿渠道和方式较为单一，范围较窄，且组稿周期较长，已不能满足大数据时代下开放式和精准化图书组稿的要求；随着大数据时代的到来，读者的需求也在发生着巨大变化，传统的图书编辑流程和方式、图书营销方式和读者服务水平已不能满足目标读者的图书需求倾向，传统图书编辑面临巨大挑战。

面对大数据时代带来的冲击和挑战，传统图书编辑应拓宽自己的视野，及时转变思维，积极适应大数据时代带来的变化和要求。作为传统图书编辑应认识到，无论图书的呈现方式和介质如何变化，图书的核心竞争

① 马克·J.H.弗雷茨、柏雯、曹子郁等：《大数据出版》，《出版科学》2017年第1期。
② 孙祥耀：《传统图书出版编辑如何应对大数据时代的挑战》，《新闻研究导刊》2016年第4期。

力"内容为王"的理念不会改变。而在图书内容方面，传统图书编辑在日积月累的实际工作中积累的出版资源、出色的编辑加工能力和经验是得天独厚的优势。但是，传统图书编辑也应认识到大数据时代对选题策划、组稿、编辑加工、营销、读者服务等方面提出的更高要求，在继续保持和发挥其编辑加工基本功、出版资源等方面优势的同时，要及时了解掌握先进的数据收集、数据分析技术和工具，真正做到取长补短，促进大数据时代背景下图书出版行业的持续发展。

三、新时代图书编辑利用大数据的思路与策略

（一）提升选题策划水平

选题策划是图书出版工作中的重要一环，选题失误，将会"牵一发而动全身"，影响整个图书出版流程。一个好的图书编辑，要善于利用好大数据时代带来的机遇，广泛接触社会生活，及时了解政策导向，密切关注图书市场情况，不断提升选题策划水平。

1. 及时掌握国家政治导向

图书具有一定的政治导向性，图书的选题应符合党的路线、方针、政策的要求，弘扬时代主旋律。大数据时代各类信息的实时发布为图书编辑及时了解掌握国家政治导向，提高政治敏锐度提供了便利。例如，习近平总书记在 8 月 21 日至 22 日全国宣传思想工作会议上强调，做好新形势下宣传思想工作，必须自觉承担起举旗帜、聚民心、育新人、兴文化、展形象的使命任务。因此，在图书选题策划时，应牢牢把握正确的国家政治导向，积极围绕培育和践行社会主义核心价值观，多策划一些有利于提高人民思想觉悟、道德水准、文明素养的正能量的精品选题。

2. 及时了解社会热点

相对于科研论文、新闻报道等，图书具有一定的滞后性，但其系统性和权威性更强，通过应用大数据，可及时分析了解相关领域研究进展，把

握社会热点，为图书编辑进行相关图书的选题策划提供帮助。例如，利用中国知网、维普、万方等文献数据库，可广泛收集整理近期某一学科领域内权威期刊发表的论文情况，通过数据分析手段可分析了解该学科目前的主要研究领域；进一步，通过该学科主要研究领域内不同研究方向的聚类分析，可了解目前该学科内各研究领域的主要研究方向和关键热词，从而在以后的相关学科领域的图书选题策划中可以重点关注[①]。

3.准确分析和把握读者需求

大数据的不断发展和应用，为图书编辑精准分析和把握读者需求创造了便利和可能。大数据时代的图书编辑，不再是单单依靠过去传统的现场访问、发放调查问卷等方式，而是可以通过网络平台调查、微信公众号、出版社官方微博等现代技术手段，广泛收集读者对某一专业或某种类型图书的兴趣，以及改进图书内容、质量的意见。还可借助一些图书销售大数据库，专业机构的数据监测、年度报告等，了解掌握目前图书市场热点，获取读者的关注点和兴趣点，从而在选题策划时能够更多地挖掘读者潜在需求，形成针对性的选题方向，实现图书的按需出版[②]。

（二）增加组稿渠道

1.扩大社会征稿范围

利用大数据时代的便利，通过互联网等方式，可以扩大社会征稿的范围。例如，可以通过出版社官方网站、微信公众号、博客、微博等方式，向社会广泛征稿，拓宽组稿渠道。随着组稿经验的不断积累，在有条件的时候还可以建立作者数据库，为今后不同方向的组稿打下良好的基础。

2.明确组稿方向，实现精准组稿

利用各类网络数据库，可以明确组稿方向，实现精准组稿。例如，通过网络科技论文数据库的数据收集和整理分析，可了解掌握出版社相关选

---

① 陈红、田慎鹏：《如何利用大数据进行选题策划——以大气科学为例》，《出版参考》2016年第6期。

② 雷鸣、张钰婷：《大数据在学术图书按需出版中的运用》，《出版发行研究》2015年第11期。

题专业领域内，有哪些重点的、权威的、有代表性的科研院所或机构，从而可以了解到整个学科的分布状况，在组稿时可选择这些权威的、具有代表性的科研院所或机构进行走访约稿，或者通过现代社交软件（微信、QQ 等）与潜在的作者取得联系，从而可以有效提高组稿的针对性，大大提升组稿成功率。

（三）提升编辑加工能力和效率

1.提升编辑加工能力

编辑加工是对书稿进行检查、修改、润色和提高的工作，是精神产品物质形态化之前最重要的一次质量检验和全面优化[1]，过硬的编辑加工能力是一名合格图书编辑的基本要求。在大数据时代，图书编辑可以充分利用网络资源，通过阅读学习一些资深的、优秀的编辑名家的研究论文和工作经验论述等，指导和启发自身的编辑工作，不断巩固提升自身的编辑业务水平。此外，作为一名科技图书编辑，不但要有扎实的编辑加工基本功，也要对自身出版的专业领域有一定的了解和掌握。在大数据时代的今天，图书编辑可以充分利用互联网信息来掌握和学习所需的基本专业知识，不断开阔视野，完善自身知识结构。同时，作为科技图书编辑，通过掌握和运用科技类文献数据库的查询和使用，可以最大限度地减少在编辑加工时书稿中引文、注释、知识点等方面的错误，提高书稿的专业性和准确性。

2.提高编辑加工效率

随着科学技术的进步，一些校对软件如黑马软件等应运而生，这些校对软件通过对异形词表、全国行政区划、计量单位等数据库的整合，可快速检查出书稿中存在的常识性错误，传统图书编辑人员应重视新技术在编辑加工过程中的应用，及时学习熟悉运用此类软件，从而大大提高编辑加工工作效率。

---

[1]　李苓、黄小玲：《编辑出版实务与技能》，四川大学出版社 2005 年版。

（四）拓宽营销渠道

大数据时代，传统的图书营销方式越来越难以满足现代化发展的要求，图书编辑应尽快转变角色，积极利用多种营销手段参与图书的营销过程。

首先，应该积极拓展自办实体营销书店的功能定位，将单一的图书销售行为转变为包含图书零售、阅读、展览、培训、科学探索、创意产品、餐饮等综合服务的阅读文化体验式书店。例如，地质出版社下属子公司大地书院，其职能定位就是集阅读学习、展示交流、聚会休闲、创意生活等于一体的综合平台[①]。其次，应该拓宽网络图书营销渠道，与京东、亚马逊、当当、淘宝等有实力的网络渠道商合作营销，建立出版社图书专营店。通过在网络平台上展示图书的目录大纲、作者简介、图书分类、内容简介等基本信息，尽可能地吸引读者的注意力，扩大销售范围。对于具有特殊需求的图书，还可制作成电子书来销售。此外，在图书编辑已有读者资源的基础上，还可通过群发短信、群发邮件、微信公众号推送信息、官方网站发布、QQ 读者群共享等途径及时将书讯传递给目标读者，促进图书的多方位营销。

（五）改善读者服务

1.转变读者服务意识

读者是图书编辑的服务对象，满足读者需求是图书编辑的责任。大数据时代，读者的需求内容与方式也在随着时代的变化而不断改变，图书编辑必须树立较强的服务意识，以读者需求为中心，积极利用大数据时代提供的便利条件，做好读者服务工作。要借助互联网平台，充分发挥自身内容优势，通过一些共享网站、销售平台、数据库后台数据，如浏览记录、下载记录、点击率等，及时了解和掌握读者的阅读行为，从而为读者提供个性化内容，提升读者的阅读体验。

---

① 祁向雷、李斐、王一宾：《转型决定出路 创新开拓未来——大地书院的改革之路》，《科技与出版》2017 年第 7 期。

2.增加与读者的互动

在大数据时代背景下，图书编辑应通过多种方式，增加与读者之间的互动和交流。例如，可通过微信公众号、官方微博、论坛、QQ 群等新兴媒体开拓专门的读者互动渠道，并广泛搜集读者的反馈信息，加强与读者的沟通，通过优质的图书质量和贴心的服务来获得读者的认可。此外，通过在纸质图书的封底、勒口、腰封等特殊位置增加二维码，读者在扫描二维码后可以深入了解图书的延伸内容和相关服务，进一步增强图书编辑与读者之间的互动关系。通过各类渠道对读者的年龄、消费层级、阅读兴趣的调查和分析，可逐步提升图书出版与读者需求的契合度。

四、结语

大数据时代为传统图书编辑带来了巨大挑战，在选题策划、组稿、编辑加工、营销、读者服务等方面提出了更高要求。新时代下，图书编辑应及时转变思维，积极应对，认清自身不足，取长补短，重点在利用大数据提升选题策划水平、增加组稿渠道、提升编辑加工能力和效率、拓宽营销渠道、改善读者服务几方面下功夫。笔者立足自身工作岗位，只是从图书编辑方面讨论，希望可以抛砖引玉，为出版行业编辑应用大数据方面提供一点参考和借鉴。文中观点有不当之处，望批评斧正。

（作者单位：中国大地出版社）

基于大数据的图书选题策划路径

雷亚妮

选题策划对图书出版至关重要，是图书出版的源头活水。从本质上看，选题策划是一种信息的综合设计和深层引导，是编辑创造性劳动的最重要体现。选题策划强调遵循市场规律，是以用户（读者）为中心的出版业务流程，是为实现图书预期目标而实施的融合科学性与艺术性的策划活动。具体而言，图书选题策划包括：准确的读者定位和选题特色定位、确定选题框架、物色最佳作者、参与选题写作提纲的拟定和审定、引导作者写作（从图书策划和写作技巧角度），等等。

大数据时代的来临，使传统出版社的编辑走出了"闭门造车"的境况，在更大范围、更广领域内发现新选题，策划更加符合读者需求，并能引导读者进入深入阅读体验的选题。大数据时代飞速发展的信息采集和分析技术，给图书选题策划带来了深刻的影响，基于大数据可以采用多重路径为选题策划采集信息。

一、大数据时代对选题策划的影响

（一）改变选题信息的采集方式

大数据不仅是一种数字技术，更是一种信息资源。正如《大数据时代》一书中所说："数据就像一个神奇的钻石矿，当它的首要价值被发掘后仍能不断给予！它的真实价值就像漂浮在海洋中的冰山，第一眼只能看到冰山的一角，而绝大部分都隐藏在表面之下。"① 数据的获取能够形成强大的资本力，解析后的有效数据能够辅助工作，预测未来发展，创造巨大的价值。

相对于传统的信息呈现方式，大数据表现出两个突出的优势：第一，大数据使信息由部分数据进入全数据，这种在全部样本分析基础上得出的全数据能更加精确，接近于实际状况，具有真实的指导价值；第二，大数据从关注因果关系导向更加关注关联性，这种关联性的发掘使原来没有发现的问题更加凸显，能反映出用户对某个事物的关注度和信息需求，发现真正有价值的选题内容。②

以上两点，对于注重信息采集的选题策划而言意义非凡。第一，大数据为编辑提供了作者资源和内容资源。传统的选题信息采集主要依赖于书店调研、读者问卷、关联作者等。互联网突破了编辑自身活动范围的限制，使编辑可以在更大范围甚至全球范围寻找作者、内容资源。第二，大数据为编辑提供了读者信息。以往的图书生产活动是单向的，大多数图书一旦进入市场，就如同"断线的风筝"，编辑无法得到读者关于图书的反馈。互联网的发展改变了这一切，大数据的出现使编辑能够通过互联网收集到读者对图书的信息反馈，包括对图书内容质量、设计装帧质量等方

---

① ［英］维克托·迈尔–舍恩伯格、肯尼思·库克耶：《大数据时代——生活、工作与思维的大变革》，盛杨燕、周涛译，浙江人民出版社 2013 年版。

② 张宏树、王思雨：《大数据时代编辑角色的消解与重构》，《湖北民族学院学报（哲学社会科学版）》2016 年第 4 期。

面。可以说，大数据连接了编辑与读者，为编辑在选题策划时改进图书内容、填补市场空白提供了依据。

（二）避免选题策划中的"无效"工作

随着数字出版的飞速发展及大众阅读习惯的改变，传统图书行业市场竞争日益激烈。我国图书出版种数逐年上升，但大量的图书一印刷出来就已面临被"回收"的境况。大量"跟风"出版、重复出版导致的高库存，造成大量的人力、物力、空间浪费，这是典型的"无效"出版。

当前，我国环境保护掀起"风暴"，无效出版已难以为继。传统出版行业与造纸、印刷密不可分，可以说，没有造纸和印刷，就没有传统出版业。纸作为图书的基本耗材，是图书内容的载体。印刷是由内容到产品的具体实现方式。但是，造纸和印刷都是环境治理的重点行业。在国家环保督查中，大量纸厂被关停，纸价飞涨，出版社成本陡增。印刷行业也多受到影响，大量印刷厂被限制生产，图书印刷周期延长。这一客观环境，无疑"倒逼"出版行业必须改变。因为如果继续过去盲目追求规模效益，不重单产品质量效益的发展模式，出版行业就会产生更多"垃圾书"，这些图书非但不能给出版社带来经济效益，相反会增加成本压力，出版单位和编辑个人都要为此"无效"工作买单。

大数据时代之所以能规避无效出版，核心在于能够实现"精确出版"。知识经济时代，用户的阅读需求旺盛并呈现多样化。精确出版的前提是实现"精确策划"。有学者将大数据时代的"精确策划"定义为通过对主流社交平台和电商平台提供的记录用户行为（浏览记录、购买记录、发表的言论等）的海量数据进行分析，筛选出各领域的当前热点议题作为备选选题，相关的权威或焦点人物作为作者人选，同时对其相关用户的性别、年龄、职业、地理位置等信息进行分析，以准确定位目标读者群和测量市场容量的选题策划方法。[1] 由此可见，大数据为精确策划提供了基础信

---

① 刘鲲翔、杜丽娟、丁雪：《大数据技术在数字出版中的应用前景展望》，《出版发行研究》2013 年第 4 期。

息。通过大数据分析，一方面，编辑可以掌握相关图书的销售情况，从而获知市场对该类图书的需求度；另一方面，可以发现图书市场上的"空白点"，使选题策划达到"填补空白"的作用。这样，就有效避免盲目的选题策划，使每个选题都能准确地找到读者和市场，避免图书出版后"无人问津"的局面。

二、大数据时代图书选题策划的路径

选题策划是一项系统的创造工程，并不是灵光一现的奇思妙想。选题策划在传统出版时代一直存在，但是限于获得信息的广度和深度，编辑策划的能动性并没有得到最大程度的发挥。在大数据时代，编辑通过互联网，可以在不同层面采集到更全面、更准确的信息。具体说来，编辑在图书选题策划中，可以采用以下路径，有效利用大数据。

（一）从社交媒体寻找作者、读者信息

伴随互联网的发展，社交媒体成为大众分享观点、意见的平台。基于这一平台，各种信息得以广泛地传播，社交媒体因而也成为互联网时代内容生产和交换的重要工具。

社交媒体的发展异常迅猛，更新换代也很快。现阶段我国的社交媒体主要形态包括微博、微信、博客、豆瓣、论坛（如猫扑、天涯等点对面交流的论坛）、知乎（知识问答平台）等。这些社交媒体本身已经将具有共同兴趣、爱好的人聚集到一起，形成一个稳定而广泛的社群。

对于传统出版业的编辑来说，通过社交媒体主要可以获得两个方面的信息。

社交媒体是发表和传播观点的平台，社交媒体的背后是个人或组织在发声。作为出版社编辑，可以在相应的社交媒体上寻找到专业的内容提供者，即作者。比如，在天涯论坛上，分史学、文学等板块，每个板块下都有大量的参与者发表他们的作品，图书编辑完全可以通过互动找到这些作

品背后的作者，从而形成图书选题。比如在天涯"煮酒论史"板块，点击量突破百万的热门帖子，多数已出版成书，如《明朝那些事儿》《鬼吹灯》等最开始就是在"煮酒论史"板块连载，后来被编辑发掘为图书选题，进而成为超级畅销书。这可以说是编辑利用社交媒体发现作者、策划选题的典型例证。

社交媒体是重要的读者信息来源，通过这些信息出版企业可获得大量的产品反馈，同时掌握大众的阅读兴趣与趋势，从而为策划选题提供方向。例如近两年来发展迅猛的知乎平台。知乎本身是互联网问答社区，连接各行各业的用户。用户分享着彼此的知识、经验和见解，为中文互联网源源不断地提供多种多样的信息。准确地讲，知乎更像一个论坛，用户围绕着某一感兴趣的话题进行相关的讨论，同时可以关注兴趣一致的人。编辑通过知乎，可以找到兴趣一致的社群；或者通过解答信息者，可以找到某一方面的"专家"，从而同时在知乎平台上获得作者和读者资源。从知乎用户发掘的出版选题非常多，比如知乎与中信出版社合作出版了《职人觉醒：新手如何快速崛起》《我们如何走到今天：重塑世界的 6 项创新》等多部图书。

（二）从专业的数据平台获取图书选题信息

图书作为一种特殊的商品，同时具备精神属性与商品属性。在市场经济下，图书出版的竞争日趋激烈。图书选题策划如果能最终形成畅销书，就能引导整个生产过程和销售过程的顺利进行，创造出丰厚的经济效益。相反，如果选题策划没做好，就不能形成一个正确的评估系统，出版社投入大量人力、物力做出的产品最终可能是一堆"废纸"，前期所有的努力都没有价值。[1] 互联网时代信息是爆炸式的，图书编辑仅仅通过泛泛地检索很难获得有效信息，必须借助于各种与图书出版息息相关的专业平台，获得图书选题信息。

---

① 杨成芳：《从 2011 年开卷畅销书排行榜看畅销书的选题策划》，广西民族大学硕士学位论文，2012 年。

1. 关注开卷等专业图书信息服务平台

目前，国内已经有不少进行图书市场分析的专业机构，如开卷信息技术有限公司、百道网等。其中，开卷是主要的图书信息服务提供平台。

开卷是全球最大规模中文图书市场零售数据连续跟踪监测系统的建立者。开卷图书排行榜被认为是中国目前最权威的畅销书排行榜，其所依靠的市场数据来源于"全国图书零售市场观测系统"，该系统涵盖了遍布全国各地的书店的真实零售数据。开卷将畅销书分为虚构类、非虚构类、少儿类三大板块。目前，开卷已在其官方网站——开卷网定期发布周度、月度、季度、年度的畅销书排行榜，每年会公布《中国图书零售市场报告》，并且具有付费的图书数据采集、付费功能，只要出版社购买了服务，编辑就可以查到相关图书的动态销售状况、同类书的销量比较等。

除开卷外，百道网也提供了大量图书行业专业信息，且每月推出图书榜单，分门类推荐最受推崇也最值得阅读的书目。随着出版行业数据市场的进一步细化，编辑借助更为专业的信息服务，能将海量数据中有价值的信息筛选出来为选题策划所用。

2. 关注网上书店的销售数据和读者反馈信息

伴随着电子商务的发展，网上书店成为用户购买图书的主要渠道，网上书店成为连接读者与编辑的核心纽带。如果说出版社完成了图书的生产，那么网上书店则完成了图书的销售，使图书直接进入消费者手中。目前，我国的网上书店众多，主要有当当、京东、亚马逊等。

用户在网上购买图书，一方面是基于网上书店的价格优势和配送服务，另一方面主要是鉴于网上书店强大的搜索与推荐服务。除了有明确购买意向的消费者，一般读者在网上买书，很大程度上依赖于网站的推荐和已购买者的评价。

第一，网上书店会提供图书的销售排行榜。比如当当网，有根据图书销售总体情况排名的图书热销榜、新书热销榜、电子书热销榜等，又有按图书不同分类排名的童书榜、小说榜、教育书榜、生活书榜等，每个类下还有进一步分类，如童书榜下又有图画书榜、儿童文学榜、科普百科榜等。这些榜单都是根据网站的实时销售状况，通过大数据的运算获得的，内容科学、准确、真实，能够极大地影响用户的购买意向。通过分析图书榜单，编辑可以找到畅销书在选题内容、设计、宣传甚至书名拟定等方面的特点，从而使编辑自己在选题策划时有意识地向畅销书靠近，并有可能策划出真正的畅销书。

第二，网上书店能提供读者反馈的购买体验和阅读感受，这对图书策划编辑来说至关重要。因为传统出版中编辑与读者信息交流不通畅，编辑一般只参与了图书的策划、编辑，至于书到读者手中有怎样的反响，编辑很难获知。网上书店为用户提供了发表评论的机会。通过这一平台，读者可以提出个人对封面设计、内文编排、印刷装帧、编校质量等方面的意见，甚至可以提供相关再版建议、选题建议。通过分析这些信息，图书编辑可以更清楚地了解图书市场的行情、读者对不同产品的消费偏好、图书市场暂时的空白等。而这些信息正是选题策划的基础，在这个基础上，选题策划才能"投其所好"，策划出更多符合市场需求的图书。

3. 关注政府资助项目信息

对社科类图书编辑而言，关注政府各种政府资助项目是日常工作的应有之义。当前我国各级各类文化资助项目非常多，如国家社科基金项目、省级社科基金项目、各种文艺扶持项目等。各类学术或文艺资助项目，目的都是促进我国学术研究与文艺创作的发展。能够获得资助的项目，都经过了层层筛选，项目的价值毋庸置疑，责任人完成项目的能力也有保证。基于这两点，在文化资助项目的基础上策划选题、寻找作者，就不会偏离基本的价值判断，选题策划可以少走很多弯路。下面以社科领域最重要的国家社科基金项目为例，说明如何从政府发布的导向性信息中采集选题策划的信息。

国家社科基金是我国在科学研究领域支持基础研究的主渠道，面向全国，重点资助具有良好研究条件、研究实力的高等院校和科研机构中的研究人员。国家社科基金设有多个学科规划评审小组，已形成包括重大项目、年度项目、特别委托项目、后期资助项目、西部项目、中华学术外译项目等六个类别的立项资助体系。

国家社科基金项目具有明显的导向性、权威性和示范性作用。每年都会公示入选项目的名单，公示信息包括项目名称、项目类别、项目负责人等。编辑对该类信息的利用主要表现在以下两个方面。

第一，通过这些信息，能够了解国家层面大力支持和推进的学术研究方向。出版社编辑依据这一导向，可以多在得到国家支持的方向上着力，策划相关内容的选题。这样策划出的选题，既符合国家"文化大发展大繁荣"的需求，又具有前瞻性，其中某些选题甚至可能获得相应的政府出版类资助，如国家出版基金等，将有效降低图书成本并扩大图书的影响力。

第二，能够提供选题的作者信息。图书出版中，作者是关键，好作者是好书的核心要素。国家出版基金资助项目的负责人，一般是在该领域有突出研究成果的功底扎实、锐意进取的学者或专家。通过项目名单，编辑可以主动和获资助项目的单位和项目负责人取得联系，在入选项目的基础上形成图书选题，甚至可以将选题策划转型为畅销书。

三、结语

大数据时代，信息处于大爆炸状态。作为图书编辑，面对如此大的信息量，需要学会筛选，通过多重的路径，搜集有效信息，实现"精确策划"，避免"无效"出版。大数据时代编辑策划选题更多依赖于对信息的处理，一方面，提高利用大数据的能力，从海量信息中提取最核心、最具价值的部分；另一方面，对提取的核心信息进行深层次的加工、策划，以"头脑风暴"的方式，分析读者、设计图书、分析市场。编辑在选题策划时要基于大数据却不局限于大数据，站在更加专业的角度发挥创造性思维，策划更多既有社会引导价值，又有较高市场价值的优秀图书。

（作者单位：陕西师范大学出版总社有限公司）

主题出版：深度化、生动化、市场化、国际化

——刍议主题出版的发展现状及对策建议

胡艳红

　　"主题出版"的概念源于原国家新闻出版总署 2003 年开始实施的主题出版工程。主题出版是以特定主题为出版对象、出版内容和出版重点的出版宣传工作，具体来说，就是围绕党和国家的工作大局就一些重大会议、重大活动、重大节庆日、重大事件和重大理论问题等集中开展的重大出版活动。主题出版是发挥出版记录历史、宣传真理和资政育人功能的重要载体，也是唱响主旋律、传播正能量的有效渠道。

一、主题出版的发展现状

　　近年来，尤其是党的十八大以来，出版界坚持以主题出版为抓手，围

绕党和国家重点工作和重大活动、重大事件策划了一系列出版活动，主题出版呈现良好发展趋势，表现出以下特点：从出版业自下而上报批选题的基层探索为主，逐渐转化为以国家管理层自上而下总体策划的顶层设计为核心；从主题出版年的专项化变成每年组织的常规化；从部分出版社被适应变成全行业自组织。从国家管理层到各出版机构，主题出版形成了良好的出版运行机制，涌现出大批优秀出版物。

（一）国家管理层面：自上而下做好顶层设计，从全局出发，强化精品意识，优化制度保障，完善主题出版运行机制

2003年，中宣部、原国家新闻出版总署正式启动实施主题出版，自此每年均组织了一系列主题出版活动。分析梳理每年的主题出版项目，基本可以分为两类：一类是题材与时间相对确定的主题项目，如建党、建国、建军、长征胜利、反法西斯战争胜利、重要领导人诞辰和逝世等党和国家重大历史事件的纪念活动（一般逢十或逢五周年的纪念活动），以及中国共产党全国代表大会、奥运会、世博会等重大事件的主题项目。如2018年纪念党的十一届三中全会暨改革开放40周年、2019年中华人民共和国成立70周年、2020年全面建成小康社会、2021年中国共产党成立100周年等主题项目，都属于此类。另一类是题材与时间不确定的主题项目，如抗洪救灾、汶川地震和当年人民群众关心的重大热点问题等。

中宣部、原国家新闻出版广电总局在连续开展主题出版活动的同时，不断优化主题出版的宣传推介、资金扶持、奖励激励机制，强化精品意识和制度保障。在2016年5月颁布的《"十三五"国家重点图书、音像、电子出版物出版规划》中，主题出版被列为11项子规划之首，彰显其重要地位。中宣部办公厅、原国家新闻出版广电总局办公厅《关于做好2016年主题出版工作的通知》明确指出，"有条件的单位可设立主题出版专项资金，在考核方面加大主题出版权重设计，对承担重点项目的编辑团队给予必要支持和待遇兜底。对获得国家重要奖励、受到中宣部和国家新闻出版广电总局重点推荐的作品，对在主题作品出版履行方面做出突出成绩的单位和个人，要给予表扬和鼓励。对优秀作品要结合开展全民阅读活动、

好书推荐活动等，加大宣传推介力度，扩大传播力、影响力"。主题出版的资金扶持与激励政策进一步完善，各项制度有力推动主题出版工作发展。

（二）出版机构层面：自下而上主动对接国家战略，构建多层次、多向性和多元化的产品线，主题出版呈现数量、质量和效益攀新高态势

在中宣部、原国家新闻出版广电总局的大力推进和连续实施下，我国出版机构积极主动对接国家战略，有力推动主题出版发展。在中宣部、原国家新闻出版广电总局近年组织的主题出版申报活动中，主题出版选题申报数量明显增加。2012 年，全国出版单位报送主题出版选题 1608 种，2013 年 2190 种，2014 年 3373 种，2015 年 4750 种，每年增幅均在 35% 以上，甚至达到 54%。2016 年、2017 年，在一个个重大事件的重要节点背景下，我国主题出版申报数量再攀新高。

党的十八大以来的主题出版，除选题数量明显增加外，质量和效益也迈上新台阶，呈现常做常新、百花齐放的繁荣之势。外文出版社 2014 年 9 月出版的《习近平谈治国理政》一书，在全球范围内引起热烈反响，受到国际上的高度重视，成为国际社会了解当代中国的重要窗口、寻找中国问题答案的一把钥匙。截至 2017 年 8 月，以中、英、法、俄、阿等 21 个语种累计发行 640 多万册，发行到世界 160 多个国家和地区，走进美国高端智库、尼泊尔总统府，成为法兰克福、伦敦书展"明星书"。2017 年 10 月 30 日，人民出版社、党建读物出版社和学习出版社共同推出的 6 种党的十九大文件及学习辅导读物在京首发，深受读者喜欢，截至 2017 年 12 月 1 日，相关读物发行量突破 1 亿册。

二、主题出版发展对策建议：主题出版的深度化、生动化、市场化、国际化

在中国特色社会主义步入新时代的背景下，主题出版如何推陈出新，

再出佳作，是出版单位共同探索的话题。笔者认为，我国主题出版可从以下四个方面进一步发力：深度化、生动化、市场化、国际化。

（一）主题出版的深度化

中宣部、原国家新闻出版广电总局近年关于主题出版的通知中明确指出，"要把主题出版内容建设放在第一位，要求突出价值导向，提高原创能力，推进内容创新，反映亮点，解析难点，引导热点，讲究针对性、实效性，注重思想性、艺术性、可读性，不断提高说服力、吸引力、感染力。要把质量放在第一位，要求按照'思想精深、艺术精湛、制作精良'的标准，不断提高主题出版物的思想内涵、学术价值、格调品位和艺术境界。要把出好书放在第一位，要求突出社会价值、社会效益，坚持正确出版导向，保证出版质量，防止对中央精神和重大政策的误解、误导。"主题出版要有深度，不能作为即时性的、一阵风的宣传活动，而要讲求效果，讲求长远影响力。做好主题出版的深度化工作，出版机构可尝试从以下几个方面着手。

1. 超前谋划，精心策划

"第一时间"对于主题出版极其重要。一方面，主题出版有很强的时效性，对图书策划周期性和计划性要求很高，因为一旦热点事件结束，事后再出版，效果与意义大打折扣；另一方面，每逢重大事件的宣传纪念活动，主题出版选题往往会集中呈现，要想自己的选题脱颖而出，第一时间抢占先机是有效办法之一。要确保"第一时间"，要有高度的政治敏锐性，极强的创新意识，还要有高度的责任感。

2. 权威作者，原创解读

做好主题出版工作，重量级作者的权威解读是成功的重要因素。分析近年主题出版入围作品，大部分作者都是某个方向的顶尖级专家。出版社可与相关领域的权威专家和科研机构保持联系，建立长期稳定的合作机制，更新动态，掌握信息，确保主题出版物的权威性、学术性和及时性。

3. 准确定位，深度挖掘

主题出版要在胸怀大局、把握大势、着眼大事的前提下，找准切入点，深度挖掘。选题追求质量，讲究深度，此外，可在主题出版的系列化开发和连续出版工作上下功夫。中国少年儿童新闻出版总社联合北京大学出版社推出的《伟大也要有人懂：一起来读毛泽东》，采用问答体的行文方式，给青少年提供了一个新的了解伟人的角度。书稿不仅内容质量上乘，在形式上也多有创新，收录毛泽东各时期的大量珍贵照片，精心绘制配图，录制朗读音频，做到可观、可阅、可听和可读。该书出版后获市场好评，荣获第十四届精神文明建设"五个一工程"优秀作品奖等多个奖项。该社随后开发的系列化图书《伟大也要有人懂：少年读马克思》《伟大也要有人懂：小目标　大目标　中国共产党一路走来》亦广获好评，向美国等多个国家输出版权。

（二）主题出版的生动化

主题出版物在内容上要深刻把握和传达时代精神，在表达上要有血有肉，做到有意义和有趣的有机结合。这方面的成功案例已不鲜见，《马克思靠谱》一书就是典型。

2017年，《马克思靠谱》（东方出版社）一夜爆红，从书名、封面至内容图文都成为当时热点。《焦点访谈》曾评价，"这本书的学术顾问都是国内马克思主义研究领域的权威，而其创作团队是'80后'。这本书形式新颖、语态年轻，从2016年3月出版到现在已经销售了10万多册，得到了大批读者，尤其是年轻读者的喜爱"。分析其成功原因，以下两点至关重要，即形式活泼、表达通俗。

在图书出版前，《马克思靠谱》编写组对受众（"80后""90后"）的阅读习惯、兴趣爱好、价值观、知识储备和信息获取渠道等方面进行详尽调查，运用相关调查结果指导图书的策划编辑过程。该书生动讲述了马克思和燕妮的爱情，吸引年轻人的眼球。书中大量运用"黑矮富平""白富美贵""微信群""朋友圈"等现代流行词语，拉近与读者的距离。书名大胆启用"靠谱"一词，马克思理论是我党的根本指导思想，肯定是靠谱的，出版社从此书受众特征出发考虑，在表达上做大胆探索，用读者群的流行口语化词汇"靠谱"一词作为书名，使得严肃内容通俗化，这种接地气的表达深受读者青睐。

（三）主题出版的市场化

主题出版是责任，同时也是市场。在主题出版的发行过程中，资源整合式的立体营销作用不可低估。

1.多方位、立体化造势策略

媒体的宣传报道对图书的销量有直线拉升作用，面对一个重大主题事件，不同媒介有不一样的宣传特点与效果。在主题出版工作中，出版机构可打破界限，融合广播、电视、报纸、期刊和网络等不同媒介资源，实施多媒体宣传造势工作，形成出版主题被多种媒介共同关注的发散效应，以扩大主题出版活动的影响面和传播力。

2.多元化、多途径的销售策略

出版机构可以采取以下策略：新华书店、民营书店及党政系统征订销售三管齐下；把一些重点项目列入农家书屋采购、图书馆馆配用书目录、中小学阅读推荐书目等；结合全民阅读活动，举办各类图书推广活动，包括图书捐赠、主题征文征图和演讲比赛等活动，借助 B2C 的销售模式争取销量；另外，以书博会、图书订货会、贸易洽谈会等大型展会为宣传平台，加强主题出版物的图书宣传推广，邀请名人名家进行现场签售，以扩大主题图书的影响，提升销量。

3.创新载体，创新营销方式，充分利用新媒体资源扩大影响力

人民出版社开发的"党员小书包"APP 将传统出版资源与移动互联网技术有机融合，为党员量身打造学习方案，精准推送学习内容，按需提供个性化定制服务，有效推动党建工作和互联网的结合，同时有力带动了该社相应纸质图书的销售。

（四）主题出版的国际化

主题出版天然具备彰显中国道路自信、理论自信、制度自信和文化自信，提升中国文化软实力和中华文化影响力的属性。对国际社会热点问题进行关注并及时回应，发出中国声音，提供中国解读，阐释中国立场，是主题出版在国际传播中的重要作用和独特价值。

对主题出版的国际化，上海人民出版社积累了成功的经验。随着中国的崛起，"中国模式"成为国际学界、理论界热议的话题。上海人民出版社抓住热点，相继推出《中国震撼》《中国触动》《中国超越》，为"中国模式"进行系统权威的解读，为讲好中国故事提供有力支撑。这三本书被很多专家誉为"中国三部曲"，目前累计销量超百万册。该社趁热打铁，在"中国三部曲"的热销之际，向世界发出中国声音，在 2017 年 8 月第15 届北京国际图书节上，上海人民出版社邀请埃及著名汉学家、作家、出版人艾哈迈德·赛义德作为读书形象大使，向读者推荐《中国震撼》一书，使该系列图书的国际影响力迈上一个新台阶。与此同时，该社将"中国三部曲"翻译成多种语言，推向海外，成功输出《中国震撼》《中国触动》和《中国超越》作品的多个语种、多个国家和地区的版权。

值得一提的是，随着中国国际地位的不断提升，主题出版图书在世界各地日渐升温。但由于国别关系，中国的话语体系、表达方式与其他国家存在差异，纯粹的翻译出版工程不能完全适应国外读者的阅读需求，一些图书在输出版权后，在当地遭遇水土不服的问题。针对此种情况，2016年 10 月，"丝路书香"工程正式启动了"外国人写作中国计划"。该项目主要邀请汉学家和学者从旁观者的角度审视中国，书写自己在中国经历的感人故事。这种模式也成为主题出版国际化的重要方式，成为国外读者了解中国的一种新途径。中国出版集团、中信出版社和北京大学出版社都在探讨邀请海外汉学家、畅销书作家和知名作家创作各自的中国故事的模式，此点值得广大出版同仁借鉴。

（作者单位：民主与建设出版社）

地方出版社主题出版板块发展探究

魏飞建

"主题出版"一词源于原国家新闻出版总署 2003 年部署实施的主题出版工程，此后，国家在主题出版层面的扶持力度逐年增加，经过十多年的发展，如今主题出版工作已成为唱响主旋律、传播正能量、提振精气神、服务党和国家工作大局的重要抓手，主题出版物在引导社会风气、宣传国家战略方面起着重要作用。地方出版社是国家出版事业的重要组成部分，在我国，按隶属关系区分，出版社有中央出版社和地方出版社之分，相较于中央出版社，地方出版社有着覆盖范围的地域性、经济实力的有限性和服务对象的明确性三方面特征，由此也决定了地方出版社在进军主题出版板块时，要有着不同于中央出版社的发展特点。

一、我国主题出版板块发展现状

主题出版从概念提出至今十余年，发展迅速，已然成为出版行业发展的一大亮点。目前，在国家级出版奖项、重点出版规划、好书评选活动中，主题出版的分量加重，重要性更加凸显，已然成为衡量精品出版的首要指标，增强四个意识的集中体现。整体而言，一方面，随着国家层面政策支持力度的加大，主题出版将迎来黄金发展期；另一方面，随着出版单位整体发力，主题出版板块竞争日趋激烈。

（一）国家层面政策支持力度加大，主题出版迎来黄金发展期

2018 年 3 月中共中央印发《深化党和国家机构改革方案》明确指出："为加强党对新闻舆论工作的集中统一领导，加强对出版活动的管理，发展和繁荣中国特色社会主义出版事业，将国家新闻出版广电总局的新闻出版管理职责划入中央宣传部。"[①]中央宣传部统一管理新闻出版工作，表明党和国家对出版工作的重视。主题出版作为出版业务的重要组成部分，党和国家层面对主题出版板块的发展也愈加重视。

自 2003 年实施主题出版工程以来，每年中宣部办公厅、原国家新闻出版广电总局办公厅都会发布相关文件，对年度主题出版工作进行专门部署，例如，2015 年联合下发《关于做好 2015 年主题出版工作的通知》，该通知提出 2015 年主题出版要围绕深入宣传阐释"四个全面"战略布局、继续深化中国特色社会主义和中国梦学习宣传教育、深入阐释宣传经济发展新常态和发展成就、进一步弘扬和培育社会主义核心价值观、纪念新疆维吾尔自治区成立 60 周年和西藏自治区成立 50 周年五个方面。2016 年下发《关于做好 2016 年主题出版工作的通知》，提出 2016 年主题出版要围绕以习近平同志为核心的党中央治国理政新理念新思想新战略、中国特

---

① 《深化党和国家机构改革方案》，新华网，见 http://www.xinhuanet.com/2018-03/21/c_1122570517.htm。

色社会主义和中国梦、经济发展新常态和结构性改革、社会主义核心价值观、中国共产党成立 95 周年和红军长征胜利 80 周年五个方面。2017 年联合下发《关于做好 2017 年主题出版工作的通知》，该通知提出 2017 年主题出版要围绕迎接、宣传、贯彻党的十九大这条主线，围绕稳中求进工作总基调和统筹推进"五位一体"总体布局、协调推进"四个全面"战略布局，做好主题出版工作。国家对主题出版工作的部署和国家政策的支持，推动了主题出版在出版领域的迅速发展。

同时，当前及其之后的一段时期内，伴随着重大历史节点的相继到来，主题出版必将迎来大发展和大繁荣。例如，今后五年间，我国将相继迎来 2018 年的改革开放 40 周年，2019 年的新中国成立 70 周年，2020 年的全面建成小康社会，2021 年的中国共产党成立 100 周年，重大历史事件和重要节点需要有重大的出版工程和时代作品进行宣传推广。整体而言，未来几年主题出版将迎来黄金发展期。

（二）出版单位整体发力，主题出版板块竞争激烈

国家层面的政策支持和重大节点的到来，造就了主题出版的整体繁荣。同时，主题出版能够为出版单位带来丰厚的社会效益和经济效益，促使各出版单位纷纷发力做主题出版，主题出版板块整体竞争激烈。以近三年来年度主题出版重点出版物申报为例，2015 年出版单位共申报了符合参评条件的选题 1401 种，包括图书选题 1156 种、音像电子出版物选题 245 种。经过专家论证，中央宣传部和原国家新闻出版广电总局领导审核同意，最终确定了 2015 年主题出版重点出版物选题 125 种，其中重点图书选题 100 种，音像电子出版物选题 25 种。[1] 2016 年共申报了符合参评条件的选题 1791 种，其中，图书 1486 种、音像电子出版物 305 种。经过专家论证和相关部门审核，最终确定 2016 年主题出版重点出版物选题

---

[1] 参见《关于公布 2015 年主题出版重点出版物选题的通知》，见 http://www.gapp.gov.cn/news/1663/267343.shtml。

120 种，其中，图书 96 种，音像电子出版物 24 种。[①] 2017 年共申报了符合参评条件的选题 1762 种，其中，图书 1506 种、音像电子出版物 256 种。经过专家论证和相关部门审核，最终确定 2017 年主题出版重点出版物选题 97 种，其中，图书 77 种、音像电子出版物 20 种。[②]

随着主题出版市场日趋繁荣，主题出版板块的竞争也日趋激烈，具体表现在两个方面：一方面，主题出版策划选题数量居高不下，例如，据统计，全国现在有图书出版单位 584 家，[③] 而申报主题出版重点出版物选题的数量为 2015 年的 1401 种，2016 年的 1791 种，2017 年的 1762 种；另一方面，成功申报主题出版重点出版物的几率低，通过对主题出版重点出版物选题申报的统计数据分析可知，2015 年重点出版物图书选题占图书申报选题的 8.65%，重点音像电子出版物选题占音像电子出版物申报选题的 10.2%。2016 年重点出版物图书选题占图书申报选题的 6.46%，重点音像电子出版物选题占音像电子出版物申报选题的 7.87%。2017 年重点出版物图书选题占图书申报选题的 5.11%，重点音像电子出版物选题占音像电子出版物申报选题的 7.81%。

二、地方出版社主题出版面临的挑战

基于党和国家对出版行业的重视，国家对主题出版板块的大力扶持，以及重大历史节点的相继到来，主题出版迎来了广阔的发展前景。主题出版市场的繁荣使诸多出版单位集中发力做主题出版，从近两年来主题出版重点出版物选题申报的数量均高达 1700 余种可见一斑。但是，

---

① 参见《关于公布 2016 年主题出版重点出版物选题的通知》，见 http://www.sapprft.gov.cn/sapprft/contents/6588/297373.shtml。

② 参见《中央宣传部办公厅 国家新闻出版广电总局办公厅关于公布 2017 年主题出版重点出版物选题的通知》，见 http://www.sapprft.gov.cn/sapprft/contents/6588/336206.shtml。

③ 参见《我国正从新闻出版广电大国向强国迈进》，见 http://whs.mof.gov.cn/pdlb/mtxx/201711/t20171106_2744296.html。

对于地方出版社而言，主题出版门槛较高，中央在京出版企业已经形成垄断性优势，地方出版集团和单位难以找到专业突破口，突围的难度增大。具体而言，地方出版社要在主题出版板块有所成就，主要存在以下两个难点。

（一）主题出版选题资源集中于中央在京出版社，地方出版社对接困难

出版业的竞争，主要体现在作者资源的竞争和读者市场的竞争两个方面，其中作者资源的竞争尤为关键。然而，在我国当前的出版格局下，优秀的作者资源更多地集中于北京这样的政治、经济、文化中心城市。大量优秀作者资源集中在北京，使得中央在京出版单位在获取优质作者资源方面有着得天独厚的优势，这种优势作者资源相较于地方出版社更容易占领读者市场，同时，优秀作者的作品也为中央在京出版单位获取国家项目资助和取得重要奖项提供可靠保证。以 2013—2018 年各地区获得国家出版基金资助项目数量变化为例："近 6 年，中央总数占比最大，达 35.20%。其次，依次是上海、江苏、陕西、辽宁、广东、浙江、天津、湖北、湖南等地区。从 2018 年的数据来看，中央的优势还在继续增强，2018 年国家出版基金，中央共入选 288 个，占 35.24%，较去年同比增长了 4.64 个百分点，但其他排名居前的地区中，除江苏、辽宁、湖北、湖南保持持平外，上海、陕西、广东、天津等地区在 2018 年度都略有下滑。"[1] 作者资源的鲜明优势使得中央在京出版单位占据着先天优势资源，这是地方出版社所无可比拟的，在这一点上，主题出版板块也不例外。

可以说，中央在京出版单位依靠其先天的优秀作者资源和处于政治、文化中心的区位优势已然处于强势地位，地方出版单位看到主题出版广阔的市场前景，纷纷涉入主题出版领域，当前主题出版已然进入群雄逐鹿的时期。

---

① 《2013—2018 年国家出版基金资助项目变化一览》，见 http://www.cptoday.cn/news/detail/4978。

（二）地方出版社主题出版定位不清晰、效益不明显问题突出

一般而言，主题出版是围绕党和国家工作大局，就一些重大会议、重大活动、重大事件、重大节庆日而进行的选题策划和出版活动，因此，主题出版必须坚持正确的出版导向。正因如此，政治因素将是地方出版社做主题出版不可回避的因素。但是，受主客观条件制约，诸如政治类主题出版选题较多涉及 1997 年原新闻出版署印发的《图书、期刊、音像制品、电子出版物重大选题备案办法》中的需申报备案的 15 类重大选题之列，严格的申报程序和严密的编校审查必将耗费地方出版社大量的时间和精力，整体而言，强政治性的主题出版物并不是适合地方出版社的出版方向。以中宣部办公厅、原国家新闻出版广电总局办公厅公布的《2017 年主题出版重点出版物选题》为例，其中《以习近平同志为核心的党中央治国理政新理念新思想新战略》《习近平讲故事》《十八大以来治国理政新成就》这类政治类强的主题出版物皆是由人民出版社策划出版①。在政治类强的主题出版物领域，无论是出版社品牌效应还是作者资源、储备资源层面，地方出版社均无法与中央级和在京出版社相比。可以说中央级和在京出版社在强主题出版领域占据着半壁江山，此外，各地方人民社基于自身政治出版社属性也占据着部分份额，因而对地方非人民社来说，做政治类强的主题出版并非易事。

总体而言，地方出版社做主题出版既没有作者和读者资源优势，又受到出版政策的约束，要想在主题出版板块占有一席之地，必然要进行恰当的战略定位。当前情况下，出版单位在主题出版选题方面已然存在选题雷同、缺乏新意和特色不鲜明的问题，倘若地方出版社不能对自身主题出版进行恰当定位，必然导致社会效益不突出、经济收益入不敷出的问题，并最终严重影响出版社自身的正常运作。

---

① 参见中央宣传部办公厅 国家新闻出版广电总局办公厅：《关于公布 2017 年主题出版重点出版物选题的通知》，见 http://www.sapprft.gov.cn/sapprft/contents/6588/336206.shtml。

三、地方出版社主题出版的策略分析

尽管地方出版社在主题出版领域整体性不占优势，但在主题出版整体繁荣的大背景下，全面放弃主题出版业务也并非明智之举。地方出版社要在主题出版板块方面有所作为，要在主题出版市场占据一席之地，需要有意识地追求主题出版经济效益和社会效益的统一、强化主题出版区域色彩和以创新推动主题出版走向深度融合发展。

（一）突出主题出版类型多样性，追求两个效益的统一

尽管地方出版社在强政治性主题出版领域存在包括作者资源和品牌影响力不足的问题，但是，在当前主题出版繁荣发展的大形势下，地方出版社仍然要在强政治性主题出版领域发力。当前地方出版社要在主题出版领域作出成绩，必须具有国家级甚至国际影响力的作品，可以说，这是地方出版社在主题出版领域占有一席之地的先决条件。但是，在强政治性的主题出版物方面，地方出版社也要量力而行，避免全面出击，应着重集中一点发力，寻找可长期开发的主题出版领域和方向，寻找能够创造较大出版影响力和社会效益的主题出版项目。通过作出 5—10 年的主题出版长远规划，争取获得高、精、尖的强主题出版项目，参加国家级主题出版项目评比，提高出版社知名度和社会关注度，打造具有全国主题出版影响力的主题出版品牌。

出版活动坚持将社会效益放在首位，实现社会效益和经济效益的统一原则。开发大型的主题出版项目有利于提升地方出版社的知名度和社会影响力，但是，要实现地方出版社主题出版的可持续发展，必须坚持社会效益和经济效益的统一。要做到主题出版社会效益和经济效益的统一，开发泛主题出版领域，做多元化主题出版是一个不错的选择。相对于强政治类主题出版的重政治和原则性，轻主题出版更多地涉及经济、社会和生态文明建设层面，在备案审核等环节上可节省大量时间和资源。同时，在我国以经济建设为中心的导向下，经济出版选题存在着广阔的市场空间，此

外，随着国家对社会和环境领域的关注，社会类主题出版和生态主题出版领域也将大有可为。

（二）强化主题出版地域特色，开发区域特色主题出版领域

地方出版社做主题出版并非全无优势，相对于国家级出版社，地方出版社也有着自身的优势，那就是区域范围内的熟悉度和影响力。一直以来，地方出版社在区域内均耕耘多年，以服务区域文化建设为己任，在区域内相关出版领域已然取得不错的成绩。在涉入主题出版板块时，地方出版社应立足区域范围，强化主题出版地域特色，开发区域特色主题出版领域方面具有相当的市场潜力，这也是当前主题出版形势下地方出版社实现"以小搏大"的有效选择。

地方出版社要实现区域主题出版的高效开发，增强主题出版市场竞争力，一方面要紧跟时代脉搏，结合时代主题，做精品出版；另一方面，要结合地域特色，坚持将地方出版单位优势与主题出版选题相对接，集中精力，做具有区域特色的主题出版物。以安徽省地方出版社为例，2016年安徽省新闻广电局提出着力打造徽文化、红色文化、遗产文化"三大出版工程"，在此背景下，安徽省各家出版社应抓住有利时机，争取主动，将主题出版与"三大出版工程"有机结合，努力打造具有安徽省地域特色的主题出版，开发具有安徽区域特色的主题出版产品。

（三）以创新促发展，推动主题出版走向深度融合

2015年中共中央办公厅、国务院办公厅印发的《关于推动传统媒体和新兴媒体融合发展的指导意见》指出："推动传统出版和新兴出版融合发展，把传统出版的影响力向网络空间延伸，是出版业巩固壮大宣传思想文化阵地的迫切需要，是履行文化职责的迫切需要，是自身生存发展的迫切需要。"① 由此可知，国家将推动出版产业融合发展作为出版行业的未来发展方向。图书不同于其他消费品，它属于典型的非重复购买

---

① 《关于推动传统媒体和新兴媒体融合发展的指导意见》，见 http://www.gapp.gov.cn/news/1663/248321.shtml。

品，随着纸张价格上涨，图书单一利润空间越来越有限。同时，数字化和信息化时代的到来使纸质出版的传播媒介功能变得可替代，面对出版行业的整体性困境，打通出版边界、实现出版融合发展是其必然选择。基于出版社在内容上对图书知识产权具有垄断性的特点，通过版权授权实现多种版权的系统化开发，利用新技术、新载体创造新版权价值，可使其价值得到有效增值。在这方面，地方出版社有着"船小好调头"的基础优势，同时，基于主题出版与时代热点联系紧密的特点，地方出版社以主题出版作为出版融合发展的"试验田"和"突破口"有着先天优势。

地方出版社率先尝试做特色主题出版物是主客观因素决定的，在出版行业发展的今天，通过出版融合发展实现打通出版上下游产业链条，打造出版行业闭环是实现社会效益和经济效益相统一的优势选择。2018 年是改革开放 40 周年，也是今年主题出版的最大热点，各地方出版社均会以此为选题出版一批纪念改革开放 40 周年的图书和著作。然而，仅仅以图书的形式展现改革开放的成果，一方面，不能够充分体现其宣传价值，实现社会效益；另一方面，没有充分开发图书作品的市场价值，实现经济效益。在此情况下，根据出版融合发展思维，以图书内容为蓝本，致力将图书内容与视听技术相结合，推出一系列优秀作品，推动实现一个内容多种创意、一个创意多次开发、一次开发多种产品、一种产品多个形态、一次销售多条渠道、一次投入多次产出、一次产出多次增值的生产经营运行方式，充分激发出版融合发展的活力和创造力，实现产品的多元开发。

（作者单位：安徽教育出版社）

新时代教辅图书编辑如何面对新未来

吴艳玲

当前，新闻出版部门认真落实意识形态工作，加强图书质量管理，限制书号审批数量。在基础教育领域，新课标、新课程、新高考等一系列改革稳步推进。与此同时，在线教育、融合出版使得传统的学习、教育方式发生重大变革。如何根据当前新形势、新任务，开启教辅图书出版的新征程，是教辅图书编辑在新时代面临的重大课题。有鉴于此，本文依据当前中小学教辅图书出版面临的突出问题，为从事教辅图书出版的编辑提出应对之策，以期帮助教辅图书编辑走出传统出版困境，成功实现转型蜕变，更好地面对新未来。

一、教辅图书出版面临的突出问题

（一）图书出版管理更加严格

近年来，国家对图书出版的管理整体趋势是越来越严格。尤其是 2018 年，可以说是出版严控之年。先是在 2018 年年初，原国家新闻出版总署将各出版社全年的书号压缩 30%—40%，总计减少约 10 万个书号，书号资源骤趋紧张。从某种程度来讲，这项政策的出台预示着教辅图书出版以往过度强调向规模要效益的经营模式即将成为历史。2018 年 6 月，原国家新闻出版总署发布的文件则又从图书质量管理的角度对教辅图书的出版提出了更高要求。文件要求除对国家统编道德与法治、语文、历史教材和其他学科中小学教材进行质量检查外，还首次将列入各地《中小学教辅材料推荐目录》的中小学教辅材料的内容、编校和印制质量统一纳入检查范围。

（二）教学考试改革力度空前

2014 年 9 月，国务院印发《关于深化考试招生制度改革的实施意见》，对高考制度进行新一轮的改革。目前，已有不少省份已经或即将开启新高考模式。到 2020 年、2021 年，将有 80% 的省市执行新高考改革方案。新高考改革方案打破一考定终身的制度，采用"3+3"、学业水平考试、综合素质评价和自主招生相结合的综合考评制度。为了实现新课程方案和课程标准与高考综合改革的有效衔接，2017 年年底教育部组织修订并颁布了《普通高中课程方案和语文等学科课程标准（2017 年版)》，强调对学生各学科核心素养的培养。目前，与新课标配套的高中新教材正在组织编写，预计从 2019 年秋季开始使用，2025 年实现所有年级全覆盖。

（三）教育图书有高原无高峰

众所周知，教育出版是我国出版业的支柱产业和主要利润来源。全国 500 多家出版社中有 80% 以上出版教辅，教辅市场规模十分庞大。习近平总书记曾在主持召开文艺工作座谈会时强调，"一部好的作品，应该是经得起人民评价、专家评价、市场检验的作品，应该是把社会效益放在首位，同时也应该是社会效益和经济效益相统一的作品。……文艺不能当市场的奴隶，不要沾满了铜臭气。"可是我们的教辅市场却不自觉地充当了"市场的奴隶"，整体格局混乱，有高原无高峰。我们的教辅选题长期围绕练习册、试卷集等应试教育类产品打转，"讲解、例题、练习"的铁三角组合显得坚不可摧。一些教辅图书纯属跟风产品，选题无特色，组稿、编校周期短，内容相似度高，编校质量差，印装质量低劣，盗版盗印严重。种种乱象充斥教辅市场，为我国的教辅图书市场的健康发展埋下重大隐患。

（四）教辅出版遭受网络冲击

随着互联网和信息技术的发展，人们获取知识的方式和途径发生了很大变化。特别是在移动互联网崛起之后，人们的学习、工作、生活方式突破了时空的局限。中国新闻出版研究院发布的第十五次全国国民阅读调查结果显示，2017 年超过半数成年国民倾向于数字化阅读方式，数字化阅读方式接触率为 73.0%，较 2016 年上升 4.8 个百分点；有声阅读成为国民阅读新的增长点，移动有声 APP 平台成为听书的主流选择。[①] 而中商产业研究院的调研数据显示，2018 上半年中国在线教育用户规模为 17186 万人，占整体网民比例为 21.4%，与 2017 年年末相比增长 1.3%。[②] 数字出版和在线教育迅猛的增长势头不仅对众多互联网企业充满诱惑，即使是传统的教育机构也想在这些板块分一杯羹。在此背景下，原本在教辅出版市场中相对稳定的师资和用户资源不断流失，传统教辅出版面临前所未有的挑战。

---

① 参见《第十五次全国国民阅读调查成果发布》，2018 年 4 月 18 日，见 http://www.chuban. cc /yw /201804 /t20180418_178740. html。

② 参见《2018 上半年中国在线教育市场分析：用户规模为 1.72 亿人》，2018 年 8 月 22 日，见 2018-08-22http://www.askci.com/news/chanye/20180822/1525221129659.shtml。

二、教辅图书编辑的应对之策

（一）加强政治理论学习，正确把握政治导向

党的十九大报告中强调，要牢牢掌握意识形态工作的领导权，旗帜鲜明地反对和抵制各种错误观点。作为教辅图书编辑，应该深入学习宣传贯彻落实习近平新时代中国特色社会主义思想，牢牢把握好中小学教辅图书的思想政治特性，坚持正确的出版方向和舆论导向；狠抓质量，扎实推动教辅图书整体质量水平的提高。在教辅图书的策划、编写、编校和出版的过程中，坚持与党的教育方针、政策保持高度一致，贯彻落实立德树人的根本任务，深入体现社会主义核心价值观、中华优秀传统文化、革命传统、法治教育和国家安全教育等内容，增强学生热爱中国共产党、热爱社会主义祖国的情感，使其成为合格的中国特色社会主义事业的建设者和接班人。

（二）强化教育教学培训，精准捕捉行业态势

新时代，教辅图书编辑要牢固树立终身学习的理念，不仅要具备扎实的编辑出版功底，更需要加强中小学教育教学的理论修养和研究水平，不断更新知识，形成完整的知识体系，努力成为基础教育领域的专家。当前，基础教育领域教育教学改革持续深入，新课标、新课程、新高考发生重大变化，教辅图书编辑应当积极搜集国内外前沿教育教学信息，了解相关教育方针政策和招生考试制度的变化，洞悉教育改革方向；深入学习、准确把握新课程标准，深刻领悟和认真落实核心素养；熟悉教材版本使用和更迭情况，特别是近几年新修订教材的基本内容，把握现行教材的结构、特点和重难点以及升学考试的考纲要求，提升对新课标、新教材及新高考的研究把握能力；加强对学校教学活动的调研力度，对中小学的教育现状有深刻理解，抓住教学实际中产生的新型需求。

（三）自觉开发创新思维，提高选题策划能力

新时代呼唤新编辑，新编辑需要新思维。"编辑活动的本质特征是编

辑主体的思维创造性。"①新时代教辅编辑要消除思维定式的负面影响，积极转变观念，开阔视野，勇于创新，精于策划；多关注相关领域行业动态，增强互联网思维能力，运用大数据、云计算、"互联网+"等技术重新观察和分析教辅市场、产品和用户特点。在此基础上，根据自己所在出版单位的出版战略规划，立足于自身的优势和产品，单点突破，以点带线，由线促面，在对传统助学读物做好转型升级的同时，积极策划类似 STEAM 课程、机器人、少儿编程、创客教育等具有较大发展空间的新型产品；提高产品的美誉度和特色度，进而形成一个有前瞻性、有生命力的符合新时代新要求的产品矩阵，并积极推进教辅图书"走出去"。

（四）发挥工匠敬业精神，确保图书质量合格

党的十九大报告指出，"激发和保护企业家精神，鼓励更多社会主体投身创新创业。建设知识型、技能型、创新型劳动者大军，弘扬劳模精神和工匠精神，营造劳动光荣的社会风尚和精益求精的敬业风气。"这是新时代呼唤工匠精神的具体体现。以往教辅行业准入门槛低、编写难度小而利润丰厚的情况吸引了业内外大量的资金，一定程度上造成了教辅图书鱼龙混杂、乱象丛生的状况，教辅编辑被误认为是市场乱象的直接责任人。在如今图书回归其精神文化产品属性的新时代，教辅图书编辑所担负的传承先进文化、服务基础教育的责任更加重大，要想保证教辅图书的质量，就必须以做教材的标准和心态来认真对待教辅图书，坚持"有所为有所不为"，围绕核心领域，集中资源，对每个产品精打细磨，做到极致。说到底，就是要充分发扬工匠精神，"根据自己已有的知识基础和文化兴趣，选定一两个编辑领域或编辑业务方向，然后一直坚持不懈、锲而不舍地做下去，甚至用一生的心血做下去"。②

（五）提高审美欣赏能力，提升图书设计品位

审美能力是编辑必须具备的能力之一。教辅图书编辑不仅承担着为中

---

① 周国清：《编辑主体论》，岳麓书社 2009 年版。

② 郝振省：《倡导工匠精神　做学者型编辑》，《出版发行研究》2016 年第 11 期。

小学生增长知识的责任，还应该重视教辅图书的形式美对少年儿童进行潜移默化的影响作用，通过精美的图书把高尚的审美欣赏能力传递给学生，进而内化为学生的品格，促进学生的综合发展。另外，随着时代的发展，老师、学生和家长的审美眼光和欣赏水平也在不断提高，他们不再喜欢"千人一面"、设计呆板的出版物，而是更加青睐风格独特、能够在众教辅图书中脱颖而出的图书。因此，新时代教辅图书编辑要突破单一审美视角的局限，掌握一定的专业设计常识，在设计教辅图书的封面与版式时，深入挖掘图书的特色与内涵，提炼图书的内容和思想，表现一种对高品质、高品位、高品相的美的追求。

（六）主动拥抱大数据，轻松驾驭新媒体

技术的创新推动着出版业的发展。随着信息与数字技术的迅猛发展，学生的学习生活方式以及教辅图书的运营方式都发生了深刻变化。因此，新时代教辅图书编辑必须与时俱进，以积极开放的心态主动拥抱新技术与新趋势，了解和关注信息与数字技术的发展动态，掌握一些数字技术，提高工作效率，增强自身的业务能力，以满足学生应对考试和课堂以外学习的数字化、个性化需求。以往传统的教辅编辑接触的主要是纸质的文字与图片，但在融合出版的趋势下，需要学习掌握视频、动画、音频等的制作方法与技巧，这样才能更好地为纸质教辅做数字化增值服务。因此，教辅图书编辑要多研究新政策、新技术、新趋势与传统教辅出版融合的可能性，掌握一定的数字内容加工技术，以内容创新为根本，数字化服务为补充，把传统出版和网络化、数字化有机结合，探索全媒体读物的开发，并延伸拓展在线教育产品或服务的开发等，轻松驾驭新媒体。

社会科学文献出版社社长谢寿光先生曾说："编辑是出版社的第一生产力，一家出版社的核心竞争力主要取决于编辑队伍的结构和配置，特别是是否拥有一批领军编辑人才。"[1]在教辅出版行业发生巨大变革的新时

---

[1]　孙海悦：《造就学者型名编辑　引领出版业风向标——专访社会科学文献出版社社长谢寿光》，《中国新闻出版报》2015 年 2 月 9 日。

代，教辅图书编辑只有及时适应时代变化，把自己打造成全面、专业的复合型人才，才能更好地面向未来，面向千千万万个孩子，更好地服务于基础教育出版行业。

（作者单位：北京师范大学出版集团）

媒介融合背景下的出版导向研究

——以明天出版社的出版导向管理为例

刘　琮

2016年2月，习近平总书记在党的新闻舆论工作座谈会上强调，做好党的新闻舆论工作，事关旗帜和道路，事关贯彻落实党的理论和路线方针政策，事关顺利推进党和国家各项事业，事关全党全国各族人民凝聚力和向心力，事关党和国家前途命运。图书出版业是党和国家重要的思想文化宣传阵地，肩负着宣传国家大政方针、服务人民群众的重要职责。坚持正确的出版导向始终与党中央保持高度一致是出版工作最大的政治和首要任务。随着全球一体化、信息多元化、传播网络化，社会信息传播方式和舆论格局正在发生巨变。多种新型媒体通过聚合，形成了媒介融合的强大合力。在媒介融合背景下，传统出版业面临着前所未有的挑战，改革与转型势在必行。在这种形势下，如何做好出版导向工作，是每一家出版单位都亟待解决的问题。本文试图从媒介融合对传统出版业造成的影响入手，分析媒介融合背景下，传统出版业把握出版导向的可行路径与策略。

一、媒介融合对出版导向工作造成的影响

人类世界经历的每一次信息传播革命都把人类文明推向一个新的发展阶段。随着信息技术的不断发展，传统媒介之间、新旧媒介之间的界限逐渐消解，媒介融合成为大势所趋。媒介融合不是简单的技术变革，多种传播方式的出现释放出巨大的能量，不仅改变了既有的信息传播方式，更引起了社会信息传播秩序的调整与社会结构的变迁，更造成思想文化、知识传承和创新领域价值观念的变革。作为文化产业的重要组成部分，图书出版业在媒介融合过程中所受到的冲击和影响是全方位的，就出版导向工作而言，其影响主要体现在以下三个方面。

（一）信息传播渠道多样化，信息环境愈加复杂多变

随着新媒介和数字出版等新型出版方式的出现，曾在传统出版业中占据绝对垄断位置的出版社正在逐渐失去其权威性。传播技术的极速发展使传播主体、传播渠道愈加多样化。移动终端的全民化使用，在为传统出版业拓展市场发展空间的同时，也进一步销蚀着其主导权与话语权。媒介融合时代，传统出版业面临的信息复杂、多变，意识形态领域斗争激烈复杂，在一些重大原则问题和是非问题上"噪声"、杂音不断，如果听之任之，势必扰乱思想、混淆是非。因此，在这种信息环境中，出版行业更应充分发挥把关人的作用，甄别信息的真伪、优劣，坚持正确的出版导向，以精品出版物引领大众的阅读取向，方能在媒介融合的浪潮中，体现出版行业的存在价值。

（二）受众需求个性化，对出版物品质要求提升

媒介的深度融合使得媒介间的壁垒不断消减，多种媒体形式和传播载

体的出现，为受众在获取信息时提供了更多个性化的选择，社会对出版的需求也在发生着巨大的变化。受众愈加精细化的需求，对出版物的质量与品质提出了极高的要求。传统出版业在内容制作方式和运营模式上必须适应媒介融合的趋势，在坚持正确出版导向的同时，不断提升出版物品质，以精品出版物占据舆论高地，用高品位、高格调的图书来赢得受众、赢得市场。

（三）市场竞争升级，社会效益与经济效益的关系更加复杂

在媒介融合这一过程中，原本界限清晰的传统出版业产业价值链逐步消失，而新的能产生潜在价值的资本被重新组合，图书行业面临洗牌与整合。媒介融合构筑了交叉竞争、合作竞争的市场竞争格局，这令传统出版行业在市场效益与社会效益之间，面临前所未有的挑战与压力。当两个效益、两种价值发生矛盾时，经济效益要服从社会效益、市场价值要服从社会价值，越是深化改革、创新发展，越要把社会效益放在首位。

总之，媒介融合对传统出版业造成的冲击是全方位的。媒介融合已经成为社会发展的必然趋势，在这样的大环境下，图书出版业必须转变理念，突破出版导向工作框架，构建适应媒介融合发展需要的出版导向工作策略。

二、媒介融合背景下的出版导向工作的可行路径——以明天出版社的出版导向工作为例

出版导向工作是所有出版企业必须做好的一项重要工作。媒介融合使出版导向工作在管控和实施上面对更加复杂的市场环境和更加多变的舆论空间。出版导向工作必须落实到出版社工作的方方面面，才能在媒介融合趋势下，真正发挥其题中应有之义。本文结合明天出版社出版导向工作实践，探析媒介融合背景下的出版导向工作的可行路径。

（一）严格落实意识形态责任制，切实把好导向关

意识形态工作是党的一项极为重要的工作。历史和现实反复证明，能否做好意识形态工作，事关党的前途命运，事关国家长治久安，事关民族凝聚力和向心力。新媒体的崛起，移动终端的全民化使用，"互联网＋"时代的全面到来，让出版业在进行出版导向工作，特别是落实意识形态工作时，面临诸多新情况、新问题。

作为一家国有文化企业，特别是一家专为少年儿童出版图书的国有文化企业，在媒介融合背景下，既要在市场经济的环境中努力做好经营工作，完成上级下达的各项经营指标，同时也为党和政府担负着意识形态工作的重大责任。一直以来，明天出版社高度重视出版导向工作，通过落实意识形态责任制，将出版导向工作落实到出版工作的方方面面。近年来，明天出版社以党的十九大、十八大，十八届三中、四中、五中、六中全会精神和习近平总书记系列重要讲话精神为指导，坚持正确的出版导向，坚持社会效益第一的原则，以向广大少年儿童提供精美的精神食粮为己任，把确保图书的质量、努力为少年儿童打造精品图书作为求生存、谋发展的着力点。多年的工作实践，使我们认识到，对我们出版文化企业来讲，意识形态工作是一项非常具体的工作，在我们出版的图书中，就要充分体现意识形态工作的作用，坚持正确的出版导向，坚持社会效益第一的原则，树立全面的精品意识是我们做好意识形态工作的最基本的落脚点。只有高度重视意识形态工作，才能坚守文化阵地，为党和政府的工作大局做好服务。

多年来，明天出版社严格遵守原国家新闻出版总局有关出版管理的各项规定，严格执行选题申报制度、重大选题备案制度，在相关出版管理的法规规定的范围内做好出版工作。一旦涉及政治导向、文化品位和社会主义核心价值观的选题，明天出版社都会组织相关编辑人员经过反复推敲，缜密论证后再行出版，以保证出版导向不发生问题。针对少儿读物和教育类图书的读者对象特点，明天出版社对书稿的编辑工作提出了更高的要求，要求编辑进一步强化社会主义核心价值观的引领作用，将社会主义核

心价值观渗入图书内容的方方面面，力求每一个编辑都抓好细节把好关，把意识形态工作的责任落实到编辑部门各层级，落实到人。党的十八大以来，习近平总书记以马克思主义政治家的雄才大略，就教育和新闻出版领域的方向性、根本性、全局性问题作出一系列重要论述和重大部署，指导推动教育和新闻出版工作开创了新局面。为此，明天出版社组织编辑人员进一步加强理论学习，特别是党的十九大以后，编辑人员每周定期学习习近平总书记系列重要讲话、党的第十九次全国代表大会报告等。在这方面，明天出版社对所有编辑人员，无论是否为党员，均按党员的要求，进行理论学习。明天出版社将这项学习活动常态化、制度化，使其成为落实意识形态工作的重要举措。

（二）完善图书质量管理制度，建立图书质量保障体系

履行出版责任，提高出版质量，是党和国家对出版工作的一项基本要求。精神文化产品以质取胜。质量是出版物的生命，是出版业的立身之本，也是在媒体融合的新形势下传统出版业的最后优势所在。媒介融合的不断深入，使受众获取信息的渠道多样化、便捷化，这就提升了受众对信息品质的要求。传统出版行业必须提升图书质量，才能满足当下读者的阅读需求。此外，出版企业要坚持正确的出版导向，就必须严把图书质量关。

作为一家出版图书的文化企业，明天出版社认为质量是图书的生命。为保证图书质量，明天出版社制订和实施了从图书选题策划到编辑、印制、营销等环节的严格管理流程和管理规定，通过这些管理流程，我们把确保图书的内容质量、编校质量、印制质量作为一种制度和标准固定下来，作为一种理念在我们出版社的从业人员中确立下来。明天出版社目前严格实行的《业务流程手册》《关于再次重申严格执行发稿三审制规定并对相关业务流程环节进行调整的通知》《书刊编辑业务流程》《关于提交图书编辑档案的通知》《教材教辅管理规定》《图书印制质量管理细则》《关于在 ERP 系统实行电子版发稿单、书稿审读报告、CIP 数据单、稿费单填报，取消手写发稿单、书稿审读报告、CIP 数据单、稿费单填写的通

知》，是明天出版社出版的图书导向正确、质量一流的有力保障。

明天出版社向来注重书稿三审制度的落实、完善。在书稿编辑流程中，明天出版社要求每个编审环节的相关人员都要严格填写审稿意见，特别是涉及敏感问题的内容，层层把关，步步防范，在三审的每个环节上都严把政治关和政策关，确保书稿正确的出版导向，并切实检查稿件的科学性、艺术性和知识性，努力打造精品力作。对于三审制的执行情况，我们采取自查和抽查及定期检查的方式，对发现的问题汇总并及时解决，加强全体编辑、相关部室主任及分管领导对书稿三审制度的重视，使全社上下都重视出版社引以为生命的图书质量问题。

明天出版社按规定严格执行编辑持证上岗制，要求所有编辑必须持有总局颁发的责任编辑资格证书，并要求青年编辑参加出版专业资格考试，取得中级证书，方可独立使用发稿权。

明天出版社对于再版重印图书也有相应的管理制度。在业务流程管理的过程中，我们对再版重印图书的三审制进行了强化，要求责编提交三审之后的图书作为重印书稿依据。对多次重印的畅销书、品牌书，我们要进行重点审读，严防各种漏洞。

为保证新书的出版质量，明天出版社还建立了印前检查制度。新书出版前，进行印前抽审，发现问题，及时改正，从而在图书印制前就避免了质量问题的产生。

此外，明天出版社还成立了审读室，由专人负责全社图书的质量管理工作，从而使图书审读工作日常化、长期化。每年由审读室定期对全社的图书进行质量检查，通过自查、外审等多种方式，对已出版的图书进行全面的审读，并根据审读结果对责编进行相应的奖惩。

（三）提升编辑业务水平，加强编辑队伍建设

媒介融合对传统出版业造成的冲击是全方位的，在这样的大环境下，图书出版业必须转变人才队伍建设和培养的理念，突破传统的人才战略，建设适应媒介融合发展需要的新型人才队伍。

随着社内青年编辑的不断增多，明天出版社将对青年编辑的培养当作编辑队伍建设工作的头等大事来抓。每年，除了安排新入职的编辑参加集团、股份公司组织的培训外，明天出版社还组织他们单独进行培训学习，并安排经验丰富的资深编辑，对他们进行一对一的业务指导，形成以老带新的业务传承形式。在新编辑实习期满后，明天出版社还会专门组织业务技能考试，对他们进行考核；青年编辑工作满一年后，明天出版社将对他们的专业技能和工作成绩进行评测。这些措施的实施，都强化了青年编辑的出版导向意识和质量意识，有利于编辑队伍的建设。

在编辑业务人员的培训教育方面，明天出版社除安排编辑人员每年参加总局、省局的继续教育学习和各类培训外，还定期邀请业内外专家，对全体编辑进行各种形式的培训。此外，明天出版社还要求编辑认真学习《出版管理条例》《图书质量保障体系》《图书出版管理规定》等出版法规，并将这些学习纳入日常出版工作，作为出版工作的必要组成部分，全面提高编辑的理论素质、政治素质和业务素质。

明天出版社积极为编辑的业务能力提升创造条件，鼓励编辑参与各种业务学习、论文评比、技能大赛等活动。明天出版社对在竞赛中取得优异成绩的编辑给予奖励，鼓励编辑继续积极参与此类活动，在社内形成积极学习、探讨出版业务和出版理论的良好氛围，从而进一步推动本社编辑出版工作的开展。

（四）强化精品意识，以精品图书出版带动导向把关和质量管理工作

习近平总书记在文艺工作座谈会上的讲话中指出："精品之所以'精'，就在于其思想精深、艺术精湛、制作精良。"党的十八大以来，随着少儿图书市场的进一步繁荣，少儿图书市场的竞争也日趋激烈。面对激烈的市场竞争，明天出版社一直坚持出精品、出好书。只有通过出版、销售导向正确、内容质量高的精品图书，出版社的产品才能有持久的影响力和生命力，出版社才能有生存和发展的基础和潜力。推动精品出版的过程，也是出版企业把好导向关、严格图书质量管理的过程。出版企业要把这种精品意识融入经营理念当中，把精品意识作为指导和衡量编辑出版工作的标尺，以精品出版工作带动导向把关和质量管理，同时，通过严格的导向把关和质量管理，来推动精品出版的发展。

抓精品出版绝不是在众多的出版品种中，抓几个重点项目作为精品图书打造，而是树立全面的精品出版意识，对出版的每一本书都要按照精品的标准去要求，并按照出精品的管理标准制订和实施相应的业务管理机制。正是由于对图书质量的严格把关机制所发挥的作用，明天出版社图书在竞争激烈的少儿图书市场上赢得了读者和家长的信任，成为读者书架上立得住的精品。

三、做好出版导向工作是媒介融合背景下出版行业发展的必然要求

媒介融合技术的发展推动了传统出版业的转型与蜕变，在这个过程中，传统出版业做好出版导向工作不应该是外在的要求与压力，而应该成为企业，特别是文化企业生存与发展的内在动力。多年的市场经验告诉我们，坚持正确的出版导向，坚持把意识形态工作扎扎实实地落实到出版工作中去，坚持质量第一的精品意识，坚持社会效益和经济效益的统一，时刻牢记少儿出版工作者的社会责任、道德责任，自觉做好青少年身心健康的保护者，不仅仅是少儿出版人不可推卸的责任，更是少儿出版社的生存之道、可持续发展之道。

首先，媒介融合背景下的信息传播方式要求出版行业必须做好出版导向工作。在数字化时代，信息的传播是去中心化的，信息来源的复杂性和多样性要求出版行业必须坚持正确的出版导向，做好把关人的工作；其次，媒介融合时代，受众的时间是碎片化的，阅读的方式是移动化和个性化，单一形式的媒体已不能满足受众多样化的需求时，出版行业只有坚持质量第一的精品意识，才能打造真正满足受众需求的图书产品；最后，媒介技术的融合与发展，改变了出版行业传统的运行和组织方式，并为传统出版的发展开拓了更为广阔的空间，同时，这也加剧了出版行业的竞争压

力。在这种情况下，承担提供精神产品，传播思想信息，担负文化传承使命的出版企业必须始终坚持把社会效益放在首位、实现社会效益和经济效益相统一。正确处理社会效益和经济效益、社会价值和市场价值的关系是出版行业做好出版导向工作的题中应有之义。

综上所述，坚持正确的出版导向，坚持质量第一的精品意识，不仅仅是出版行业不可推卸的责任，更是出版社的生存之道、可持续发展之道。出版行业只有增强维护核心、拥戴核心的自觉性和坚定性，落实意识形态工作责任制和编校质量责任制，把好出版导向关、图书编校质量关，守好阵地，才能在媒介融合时代实现长足的发展。

（作者单位：明天出版社）

"互联网+"背景下传统专业
出版社之挑战与机遇思考

——以地质出版社为例

何　波

作为传统的文化教育出版机构，专业出版社肩负着"传递专业信息、传播专业知识、服务专业领域"的历史使命，在我国出版领域一直占据着重要的地位。地质出版社作为一家传统的专业出版社，承载着国土地质领域知识和信息的储备、出版和发行工作，服务于国土资源行业，有着明显的专业优势和行业地位。在"互联网+"背景下，传统出版机构将迎来数字出版的历史发展机遇，但在其转型升级发展道路上也将面临诸多挑战和难题。如何抓住"互联网+"的时代利好契机，促进数字出版产品业务建设，推动数字出版转型升级发展，将是传统专业出版社将要思考的问题，这也是本文将要探讨的话题。

一、"互联网 +"背景的时代东风

"忽如一夜春风来，千树万树梨花开。"当前，互联网的发展可谓一路高歌猛进，无疑是当今社会最显著的时代特征。而随着当前信息技术的迅猛发展，互联网思维已逐步投射且渗透到与人类日常生活息息相关的各行各业中，并深刻地融合改变着这些产业领域的发展，进而形成了互联网改造传统行业，促使其加快与网络信息化融合发展的新格局，这就是"互联网 +"。

（一）"互联网 +"国家政策导向

在 2015 年的两会期间，李克强总理在政府工作报告中首次提出了制定"互联网 +"的行动计划，该计划旨在推动（移动）互联网、物联网、云计算及大数据等高新前沿技术与传统产业的融合发展，进而促进传统媒体和新兴媒体融合发展。党的十八届五中全会也提出"必须把创新摆在国家发展全局的核心位置，不断推进理论创新、制度创新、科技创新、文化创新等各方面创新。"①出版业作为一种传统的文化产业，正处于国家政策导向的利好环境下。国家鼓励运用"互联网 +"平台，借助信息技术改造传统产业，推动文化产业创新发展，这对传统专业出版社推动自身发展来说，无疑是个利好消息。可以说，当前"互联网 +"改造传统出版行业的春天已经到来。

（二）"互联网 +"的本质特征

通常，传统意义上的"互联网 +"是指"互联网 + 传统行业"，但这并不是对二者进行简单的合并和叠加，而是充分借助互联网平台及现代通信技术对二者进行深度的贯通和融合，从而创造出一种新兴的发展业态。"互联网 +"的本质是传统产业在经过互联网及通信技术改造后形成的网络在线化与渠道资源数字化运营，它是一种新的产业形态，是对传统产业

---

① 本刊评论员：《把创新发展摆在国家发展全局的核心位置——三论认真学习贯彻党的十八届五中全会精神》，《求是》2015 年第 23 期。

创新发展的新变革，是对近年来互联网在经济活动中广泛应用的高度提炼和概括。腾讯公司董事会主席兼首席执行官马化腾曾说："互联网加一个传统行业，意味着什么呢？其实是代表了一种能力，或者是一种外在资源和环境，对这个行业的一种提升。"基于此，互联网行业的产业定位最终的落脚点是其对外部产业发展的驱动，对资源及环境进行渗透和融合，进而改变行业经营发展模式[①]。对于出版业来说，"互联网 +"表现为"互联网 + 出版"的经营发展模式，本质是互联网与数字媒体技术推动传统出版向数字出版转型与升级发展。

（三）"互联网 +"对数字出版的启示

出版社作为传统的文化企业，其本质属于文化产业范畴，本身就与互联网平台紧密相连，相互渗透融合，并发生相应的化学反应，生成具有时代特征的数字化文化产品。网络时代，人们的阅读方式呈现出了多样化的格局，不再局限于过去的纸质书刊捧阅和传递，诸如电子书、数字报纸、数字图书馆、网络期刊、数据库、数字音乐和电影、移动知识服务平台等新型数字出版物将成为出版业新的产品形态。此外，大众传播领域飞速发展，传统信息传播方式已经发生改变，新媒体（尤其是自媒体）传播方式快速抢占市场份额，互动成为数字出版产业快速发展的基础；数字技术借助"互联网"平台在出版领域的应用越来越广泛，内容的编辑、制作、印刷复制、发行、传播和消费都与技术进步紧密相关。与此同时，在"互联网 +"背景下，传统出版社正面临着从纸质出版物向数字出版物过渡，传统出版与数字出版融合发展的新思考。

二、专业出版社面临的主要挑战

"云开巫峡千峰出，路转巴江一字流。""互联网 +"时代的到来，在

---

① 葛雯斐：《腾讯高管看"互联网 +"本质》，《信息化建设》2015 年第 5 期。

很大程度上改变了人类的生活方式、学习模式、思维方式、工作方法和创富模式，对传统出版业的载体形式、内容加工、产品制作、传播方式产生巨大影响和深刻变化，也给传统出版产业的发展带来了巨大的冲击和挑战。当下流行的电子图书馆、网络出版、手机（APP）阅读、微信宣传等新型出版发行模式正深刻地影响并改变着当下出版业的编辑、印刷、发行的全流程业务，并且来势汹汹，势不可挡。传统专业出版社尽管拥有着自身独有的专业背景和行业优势，但较之于大型综合类出版机构，其载体涉及领域较单一，资源涵盖面较窄，且改制转企后的经营尚未完全走上正轨，数字出版人才极度匮乏，面对当前的数字化大浪潮，如何摆脱转型期茫然的观望和试探情绪，如何把握时代利好机遇，迎接市场竞争大挑战，将是摆在像地质出版社这样的传统专业出版社面前的一项重大而紧迫的核心任务。

（一）传统出版观念尚需转变

面对"互联网+"的时代浪潮，当前国内大多数传统专业出版社还没有找到与自身相适应的数字出版形态，没有开发出适应当下市场需求的数字产品，没有建立起稳固的产品销售渠道，更没有在专业数字出版领域实现赢利[①]。对于诸如电子书、数据库、数字期刊、网络出版物，不同的数字出版形态其盈利模式也不尽相同。一些综合类大型出版单位的出版经营模式对传统专业出版社来说其借鉴的意义不大，一些国外成熟的模式在我国未必一定可行。当前不少出版社还仍秉持着"出好书，出精品"的传统意识，其业务发展的主心骨仍为选题出书，尚未借助"互联网+"平台和信息技术对其既有出版资源进行梳理、整合和数字化加工，在发行营销渠道上大都还停留在面向地方学校及实体店垂直销售的单一模式。这些传统的出版经营观念已严重制约了当下传统专业出版社的发展，在"互联网+"背景下尚需转变。

---

① 田启铭：《应对出版变革，转换传统观念》，《出版参考》2010 年第 30 期。

（二）发展模式急需转型

传统专业出版社大都经历了由过去的事业单位改制成为现在的国有企业，尽管其完成了改制转企，激发了新闻出版产业的内在活力，某些领域改革取得了一定成效，但其发展经营模式不可避免地遗留了过去事业单位的烙印。传统专业出版社肩负着全民专业知识传播与精神文明建设的双重任务，在经历转企改制后，面临着价值取向难题，市场定位以及未来发展目标选择困难，内部管理混乱，机制不健全，转向市场后面临投资、经营、利益分配等方面的风险。此外，由于坚守传统的纸质出版，单一的出版经营体制及发展模式导致其市场竞争力差，难以抵挡综合类大型出版社的市场竞争。因此，在坚持传统专业出版的基础上，加快推进"互联网 +出版"，支持出版企业跨地区、跨行业、跨媒体发展移动阅读、在线教育、多媒体影视产品等新兴数字出版业务，推动传统出版与新兴出版融合发展的新模式，将是传统专业出版社将要面临的新任务。

（三）出版涉猎领域有待拓展

传统专业出版社大都面向自身所在行业领域开展单一形式的专业图书出版工作，其整个出版产业链的选题、设计、编辑、校对、印制、发行与销售等各个环节都围绕单一的专业图书产品进行展开。专业图书由于其专业性太强，读者面相对较窄，在传统的出版流程下，其图书发行量难以确定，有时可能会在各种内外因素的影响下，出现供过于求，库存积压，或者印数不足、成本提高等情况，进而造成效益波动，影响出版积极性。如若借助"互联网 +"平台及数字印刷技术，针对小批量专业图书进行"即需即印""一书一版"的按需印刷，就没有库存也无浪费，进而可以取得较好的平衡效益[①]。此外，在经营上应坚持"用户为上，内容为本，产品为体，服务为王"的 16 字方针，摒弃"只闷着头出书"的传统思维，积极融入"互联网 +"时代，充分利用云计算、知识标引、大数据等新一代信息技术，整合专业图书资源，扩展开发电子书、数据库、移动知识服务

---

① 范业庶：《专业出版社应对数字出版浪潮的几点思考》，《编辑之友》2008 年第 4 期。

平台、音视频及影视作品等数字产品，积极推动传统出版和新兴出版融合发展。

（四）传统营销渠道受到冲击

专业图书专业性强，生产周期长，生产制作成本高，发行数量少，读者面窄，市场份额较低，市场容量也比较有限。一般发行能力较弱，发行成本较高，通常其营销渠道仅面向全国专业领域机构和地方学校，难以融入大众市场，这给图书的销售带来了困难，也是长期困扰专业出版社发行部门的难题。而随着互联网的兴起及迅猛发展，人们热衷于在网上书城购买图书，受网店冲击，实体书店加速萎缩，民营书店面临出局或重洗牌，专业出版社的这种传统营销模式将变得举步维艰，甚至雪上加霜。在"互联网+"背景下的图书及数字产品的营销，已不再拘泥于传统的供应链直销模式，而是综合运用以 B2G、B2C、O2O、B2F 为代表的（移动）互联网知识服务方式，最大限度地挖掘潜在客户，提升其消费潜力，进而增强产品的时效性，降低产品的营销成本。

（五）数字出版人才极度匮乏

对大多数传统专业出版社来说，涉及图书出版的相关环节诸如策划、编辑、发行、市场管理等岗位人才的遴选多偏向于所在行业具有精深专业知识背景的专业型人才，其注重专业人才的培养大多是基于服务传统出版领域这个目标而进行的。就拿笔者所在的地质出版社来说，地质及其相关专业的人才占全社出版产业链人才总数的 60% 以上，其他专业出版社的情况也几乎如此，这是由传统专业出版社的专业属性所决定的。而数字出版作为新兴的出版领域，在"互联网+"背景下，对适用人才的标准较高，不仅要求从业人员具有深厚的人文底蕴和精深的专业背景，还要求其掌握网络信息技术，还要求其是怀有创新意识，具备驾驭出版技术的复合型人才。然而，在"互联网+"刚刚兴起，数字出版方兴未艾的大环境下，当前我国数字出版人才极度匮乏，已成为影响数字出版发展的瓶颈。

三、专业出版社面临的时代机遇

"沉舟侧畔千帆过，病树前头万木春。"当前我国数字出版方兴未艾，在"互联网＋"背景下，传统出版面临着挑战的同时，也孕育着大机遇，昭示着勃勃的生机。如果我们能抓住"互联网＋"的时代机遇，积极投身到传统出版与新兴出版融合发展的新型数字出版事业中，相信在不久的将来定有一番大作为。

（一）"互联网＋"成为激活数字出版的新引擎

传统专业出版社过去基本上都只扮演专业图书出版机构的角色，无论其发行内容、生产模式、运作流程、传播载体，还是读者受众的阅读消费、学习习惯，都是围绕着纸质图书在转。而随着"互联网＋"的兴起及信息技术的广泛应用，传统出版已经开始拥抱互联网思维，并与之融合。自此，传统专业出版社迎来了数字出版转型升级的春天，"互联网＋"也无可厚非地成为激活数字出版的新引擎，带动包括电子图书、数据库、手机出版、网游游戏与影视在内的互联网数字内容产业，在过去短短的数年间，经历了年增速保持20%以上，资产规模达千亿元以上的发展态势。在"互联网＋"思维的深刻影响下，传统专业出版社广泛开展了数字化转型升级的积极探索和实践，"互联网＋"背景下的新兴媒体无疑成了数字出版的主阵地。

（二）"互联网＋"扩大专业数字出版优势

传统专业出版社几乎整个出版产业链都建立在专业化、小众化、学术化的专业图书产品基础之上，其出版物极易淹没在浩瀚的大众社科类图书产品的汪洋中，在出版物领域始终无法逃脱影响较小和地位较低的尴尬局面。而以"互联网＋"为蓝图的专业化数字出版物，借助数字处理技术，可丰富图书产品的再造形式，生成生动形象的电子图书、网络出版物、音视频、网络游戏，读者受众不仅可通过网络搜索技术进行检索、分类，还可借助互联网及移动互联网（自媒体）平台进行分享和传播，进而使得原本专业程度很高的纸质图书经过"互联网＋数字出版"的融合改造后变成了易于被普通大众检索到的通俗形象的数字化出版物。在促进原有图书销量的同时，还能促进其数字出版物及其衍生产品的销售，进而实现专业图书潜在的及应有的经济效益和社会效益，并拓展传统专业出版社的生存空间，扩大专业数字出版的优势。

（三）"互联网＋"扩宽数字出版宣传的新渠道

传统专业出版社在营销上多依托于行业垂直系统或地方学校及遍布全国各地的新华书店，但近年来，随着网络书店的兴起，这种传统的营销方式已不能满足日益增长的市场需求，而在"互联网＋"背景下，越来越多的阅读群体向移动互联网转移，诸如微信、微博、支付宝等手机端应用程序等无所不用其极。读者的注意力和关注度同传统互联网比起来，也打破了唯百度、360 搜索引擎为主要入口的限制。充分利用新媒体优势，尤其是微博、微信等自媒体的分享与传播优势，可加强对数字出版物的创新宣传。此外，在新媒体越来越碎片化的环境下，通过大数据信息流引发营销用户流，是数字出版在"互联网＋"背景下最鲜明的营销手段。

（四）"互联网＋"助推盘活自有库存图书资源

传统专业出版社的一大优势就是拥有众多的精品专业教材和优秀学术专著，其学术研究价值通常都比较高。但因年代久远或处于经济问题的考虑，很多图书资源都得不到重印，不得不成为"绝版书"。笔者所在的地质出版社在成立早期，绝大部分地质专业图书都是从苏联引进并翻译过来的，后来由于俄语的国际影响力减弱，很多具有参考价值的专业图书未得到再版或重印，而市场对这类图书资源的需求却一直得不到很好的满足。"互联网＋"背景下利用数字资源加工技术，则能有效地盘活这些既有库存出版资源，增加产品种类，有效传承其学术科研价值，而且可以挖掘其隐藏的经济价值和社会效应。

四、专业出版社数字出版之对策思考与实践

"且借东风行万里，激情扬帆竞风流。"传统专业出版社将如何抓住时代机遇，搭乘"互联网 +"行动计划的顺风车，在专业出版领域迅速找准自己定位并加快推进转型升级？数字化转型有何路径？又该选择怎样的商业模式？笔者从地质出版社的实际出发，建议传统专业出版社应着重从以下几个方面进行思考并实践。

（一）重塑战略定位，强化专业优势

尽管经历了体制改革，地质出版社走上了全民所有制企业的发展道路，也无论高新信息技术的迅猛发展对传统专业出版社的出版资源和渠道造成了多大的冲击，我社立足于国土地质行业，发挥国土资源专业特长，出版传播国土资源和地球科学类知识和信息的战略理念和宗旨也未曾改变。但在"互联网 +"的新时期，我们应依托专业资源，重塑战略定位，强化专业优势，在数字化出版领域开辟出一条崭新的大道。为顺应时代的发展，地质出版社成立了专门的数字出版公司，全力开展数字化出版工作，并积极申报国家政府数字出版相关项目，当前累计 9 个项目获得文化产业资金和国资预算金的支持，累计获得 5700 万元的财政项目资金支持。而所有这些积极变革和努力尝试终究是为实现我社战略而服务的。

（二）重组专业资源，做精数字产品

资源是出版社的核心和灵魂所在，资源也决定了出版社该走何发展道路。在"互联网 +"的市场竞争环境下，数字出版更应该严抓产品质量，以精度和品质立足取信于数字出版市场。而地质出版社在国土地质出版领域积累了丰富的国土地质内容资源、专业作者库、专业编辑队伍、国土地质垂直系统渠道和专业领域读者群体，凭借得天独厚的专业优势地位，我们更有理由也有信心做好做精我们的数字产品。正如我社近期申报的中央文化企业专项资金"中国地质专业资源知识服务大数据平台"项目借助云计算、大数据、语义分析等高新技术，充分整合我社既有专业内容资源，极力争取在资

源建设、平台建设和知识体系建设方面盘活资源，深耕细作，向专、深、透的方向发展，做出实实在在的可让用户满意受惠的行业级大数据产品。

（三）立足本社资源，融合创新发展

充分利用出版社既有专业资源，深挖资源潜在经济价值和社会价值，积极借助"互联网 +"新媒体头脑，引入大数据思维、（移动）互联网思维、多媒体思维、大众用户思维，创造性地拓展产品表现形式，拓宽目标用户对象，延伸产品受众领域，进行跨空间、跨时间和跨领域的专业资源再创和研发，打造出全新的具有吸引力的新产品。地质出版社借助自身所积累的古生物地质内容资源，创造性地对内容资源素材进行整合加工制作的 4D 特效电影《会飞的恐龙》就很好地立足了我社自有资源，进军影视界，进行创造性地跨界融合发展尝试。该特效电影已在全国众多院线上映，并取得了良好的业界反响，这正是"互联网 +"行动计划在地质出版社数字化转型的一次积极尝试，也是其推动传统出版与互联网新兴技术融合发展的成功实践。

（四）创新营销模式，开拓多方市场

在做好做精做强专业数字产品，深挖探究已有产品潜在价值，跨界融合创新发展的同时，传统专业出版社还应在数字产品营销商业盈利模式上下功夫。在探索产品盈利模式方面，地质出版社先后积极研发创作《中国国土资源数字图书馆》和《国土悦读移动知识服务平台》两大数字产品，并面向全国国土地质垂直系统进行推广和营销。此外，我社还积极尝试深挖专业教育资源，尝试在线教育实践，开展数字教材的研发，连同纸质教材同步进行发售。在跨界融合发展方面，我社自主研发的裸眼 3D 地图——《大美山川立体地图系列：3D 中国》已在京东商城上架，采用线上付费，线下运送的方式进行推广和销售。4D 特效电影《会飞的恐龙》已在中国科技馆和多家数字影院上映销售，并通过版权租赁方式取得额外经济收入。以上的这些数字产品的营销实践，都积极采用了 B2C、B2B、B2G、O2O、B2F 等多种颇具"互联网 +"特色的商业营销模式，进而实现产品社会效益和经济效益最大化的目标。

（五）深化体制改革，加强人才培养

作为出版界的新宠儿，数字出版得到了国家的高度重视，在"互联网 +"背景下其发展可谓方兴未艾，但很多传统专业出版社由于受规模、资金、技术和人才等因素限制，进军数字出版领域的时间较晚，尚未建立起一套迎合时代发展、有利于数字出版的长效机制。为此，传统专业出版社应注重数字出版在顶层设计、规章制度、人才队伍、项目实施等建设上的统筹规划、科学管理。此外，在数字人才的选拔和培养方面还亟待加强。鉴于人才作为企业发展的关键，传统专业出版向数字出版转型升级更需要培养并储备一批复合型的数字出版专业人才。对地质出版社来说，所需要的复合型人才不仅要懂地质专业和出版编辑方面的知识，还需熟悉了解计算机、（移动）互联网、大数据、云计算等方面的知识。为推动数字出版发展和数字人才建设，地质出版社联袂南京大学信息管理学院，签署了共建数字出版基地的合作协议，确立了共同培养数字出版人才的战略目标。此外，地质出版社还创新地设立了社长人才奖励基金，专门用于创新性人才的培训、培养和激励，鼓励全社员工不断增强自身素质，不断提高对新技术、新业态的驾驭能力，拓展员工知识技能学习的领域，加强数字出版复合人才的储备，进而全面促进优秀的人才脱颖而出，加快推进数字出版人才的培养和储备[1]。

五、结论

当前，"互联网 +"在各个行业领域搞得红红火火，数字出版是传统出版社的未来和方向已成为业界共识。笔者认为，在"互联网 +"时代背景下，出版社特别是传统专业出版社数字化转型升级向前发展的趋势犹如大河向东流——趋势不可逆，诱惑不可拒。在机遇与挑战并存的环境下，

---

① 张新新：《融合发展的现状认知与路径思考——以传统出版单位为视角》，《科技与出版》2015 年第 5 期。

专业出版社应认真分析其数字出版发展面临的战略定位、资源优势、融合创新、商业营销模式、体制建设和人才培养等问题。这样，传统专业出版社就脚踏坚实的大地，站在数字出版的路口，乘着"互联网 +"的时代春风顺势而为，就会如我社精心创制且已在影院上映的 4D 特效电影《会飞的恐龙》一样，能自信满满地飞起来了。

（作者单位：地质出版社）

互联网时代的纸质书籍设计应
融入新理念

徐　晖

说起阅读，人们总会想到读书。然而，互联网的兴起为人们提供了海量的知识宝库、实时的信息来源以及强大的检索功能。改变着人们的阅读方式，读书越来越被边缘化。地铁上，手里拿着报纸、期刊、书籍阅读的人已经很难看到，满眼都是捧着手机的低头族。

在这样的时代背景下，纸质书籍看似与互联网是对立的，互联网大有取而代之的趋势。其实不然，它们各有特色，互联网和纸质书籍将长期共存，即互联网与纸质书籍可以互利共赢。

纸质书籍怎样发挥它的优势，抓住读者群，是出版工作者的责任与担当。要做到这一点，首先要搞清楚纸质书籍的优点在哪里？人类几千年的文明史，从原始人把文字、图形刻画在岩石、兽骨上，后来渐渐的用竹简、木头、布帛做载体。自从蔡伦发明了造纸术，纸张作为书籍的载体，沿用至今。几千年来，人类的眼睛与头脑长期习惯于纸质书籍的阅读。人们的阅读方式和习惯是长期养成的，改变一种阅读习惯不可能一蹴而就。

然而时代的脚步飞快，我们要紧跟时代步伐适应互联网发展的需要，把纸质书籍做得更漂亮，更便于阅读，不被时代抛弃，就要把纸质书籍融入互联网的新理念、新技术之中，主动向互联网靠拢，实现优势互补。根据纸质书籍的特点，要从下面几方面与互联网相融合。

一、内容是书籍的灵魂

书籍是传播知识与文化的载体，内容至上才是最高境界。纸质书籍应该从互联网海量的信息中，汇总和提炼出自然科学、人文科学中最本质的科学精神。用明确的论点、翔实的论据，朴素、生动、简洁的文字阐述鲜明观点，始终围绕和专注于文章的核心思想深入探索，尤其是大部头的系列丛书，长时间阅读电子书籍，眼睛和精神更容易疲劳。所以说，纸质书籍比电子书籍最大的优越性在于对眼睛的保护。因此，纸质书籍更加适用于大部头的作品和需要长时间阅读的书籍。

多年以来，我设计了大量的学术专著，如《中国学术通史》《中国工程院院士传记丛书》《中国国家历史地理丛书》《山东通史》《20 世纪的中国丛书》《辛亥革命全景录系列丛书》《清史》《济南通史》《庄子学史》《中国历史》等等，类似这样的丛书都是学术巨著，少则十几本，多则上百本。纸质书籍不受篇幅影响，更加便于阅读，是深入探索学术问题的最佳载体，能使读者获取的知识层面更加深入更加精准。这些书籍的受众，往往是学科的专业人士。

二、封面是书籍的脸面

书籍的封面，就像人的外貌，向读者传达了很多信息，反映了人的气质与修养。例如：有知识的人，往往妆容淡雅，得体大方；而追逐时尚的人，则服饰夸张，标新立异等。书籍的封面也是如此。互联网为封面设计提供了海量的图片、图形、影像元素等等，如何运用这些元素来体现各学科、各领域书籍的不同风格，用不同的元素表达最丰富的内涵，值得设计者们去不断思索。同时封面设计的目的，是形式服务于内容，要让读者有探究书籍内容的强烈愿望。

我在设计《中国工程院院士传记丛书》时，考虑到中国工程院院士人数众多，涉及的学科领域各不相同。封面上每一位院士的头像，都是院士们自己提供的。他们的背景、年龄、工作、生活千差万别，个性极其鲜明。怎样在方寸之间的设计中，凸显院士们个人的风采，我进行了深入的思考。最终我以简洁的艺术风格，以概括、洗练的设色，呈现较为丰富的视觉效果。设色单纯、雅致，把该套丛书的内涵，含蓄而诗意般地呈现给读者，体现了每一位院士的独有气质。以最少的设计语言传达最多的视觉信息。书名醒目，装帧单纯明快，重视色彩构成，富于视觉冲击力。

三、版式是书籍的表达方式

书是用来阅读的，阅读纸质书籍是人类长期养成的习惯。版式设计是最直接与阅读相关联的环节。在版式设计方面，要注意人们的阅读习惯。各级标题所用字体字号的大小、粗细，层次要清晰明了，要符合文章结构的逻辑性。字距行距、页眉页脚、天头地脚以及插图与表格，在文字间的穿插是否合理，都是版面美观性的重要因素。从字体、字号的选择到整体版面的排列，一定要使人读起来轻松自如，眼睛疲劳程度最小，而不是一味地追求新奇。字号太小、行距拥挤，会使阅读者产生视觉疲劳，也没有留给读者批注的空间。字号太大、行距稀疏、空白太多，又直接导致纸张的浪费。因此，合理地运用各种元素，使图书的内文疏朗有致，再配以符合内容的插图等以增加情趣和美感，才是版式设计的理想境界。总之，使读者阅读时，眼睛舒适程度最大化是版式设计的终极目标。

《懒虫瘦身跟我来》是我多年以前设计的一本市场书，这本书从书名上就可以看出，是为年轻爱美女性量身打造的。于是从封面到版式，我都大胆创新，勇于实践。尤其在版式设计上，采用四色印刷，用亮丽夺目的色彩吸引读者的眼球。文字与插图也打破一般图书的中规中矩，借鉴了时尚期刊的多种元素，活泼中透着流行。

四、装帧材料、印刷和装订工艺对书籍品质的影响

如果把装帧设计比喻成："为书籍做嫁衣"，那么封面和版式设计，就像是服装的款式，装帧材料是服装的面料，印刷装订则是裁剪缝制的精细程度。

装帧材料是指：平装书的封面用纸、正文用纸；精装书的硬壳、环衬纸张，以及包封常常会用到的布艺材料，如绸缎、绒布、特种纸、胶化纸、皮革等等。纸质书籍让人拿在手里，有一种存在感、实物感。随着时代的发展，纸质书籍大有作为礼品、纪念品等等的趋势。因此装帧材料要考虑到美观、质感；同时还要考虑成本等因素。纸张的克数决定了书籍的轻重，材料的运用对书籍的档次、品质也有一定的影响。所以装帧材料的运用也是影响纸质书籍整体的重要环节。

例如，我设计的《回族史诗》是一套诗歌类丛书，分上下两卷，作者是一位优雅的女诗人。封面采用了蓝色丝布料，手感细腻、丝滑、有光泽。当读者拿在手中时，拥有丰富的触觉感受。文字和图形用烫银工艺，印刷工艺极简，既节约了成本，又保证了书籍整体效果，明亮、干净、典

雅、细腻，与作者的气质非常吻合。

印刷和装订工艺，随着时代步伐越来越自动化、油墨越来越环保化、管理越来越网络化。开展按需印刷业务对发行量少的纸质书籍，采用个性化按需印刷的方式，减轻了库存压力，减少了资源浪费，为传统出版业开拓了新的亮点。

五、纸质书籍的发行要与互联网紧密融合

互联网时代要求纸质书籍的发行，应该更好地满足读者的需求，规划好线上和线下的布局，达到纸质书籍的发行精准地流向各个渠道。认识传统发行的职能改变，规划发行渠道要重视产品的专业类别，随着电子商务的快速发展，传统的发行渠道逐渐缩减，导致一些渠道的生存变得困难。在这种情况下，纸质书籍发行业务要根据市场的发展，及时调整战略。同时不能忽视实体书店的存在，应不断开发实体书店多样化的经营模式，以满足读者的不同需求。这样才能在互联网时代生存和发展下去。

总之互联网背景下的纸质书籍，要适应现代化快节奏的生活方式。各种传播知识的媒介发展非常迅猛，为了满足人们更快更多地获取知识，互联网以它最快的知识传播方式和检索方式异军突起；但是纸质书籍便于阅读的特性，则是更深层次探索知识的载体，所以互联网是不能完全替代纸质书籍的。纸质书籍要适应和融合互联网时代的先进技术，出版更美丽、更优质的纸质书籍，服务于广大读者！

（作者单位：人民出版社）

编辑工匠精神在新时代的发扬光大

刘 迅

时代以超乎我们想象的高速向前发展，铺天盖地的网络几乎覆盖了我们所处城乡空间的每一个角落，信息进入大数据时代，作为传统媒体的出版业正面临着前所未有的严峻考验，如何转型升级传统业态，使其在新时代中立于不败之地，就成为所有出版从业人员面临的课题。而新时代的编辑工匠精神这一理念的提出，恰好给身负转型压力的编辑们一把开启新思路的钥匙。

党的十九大报告提出："建设知识型、技能型、创新型劳动者大军，弘扬劳模精神和工匠精神，营造劳动光荣的社会风尚和精益求精的敬业风气。"改革开放以来，我国的经济、政治、文化等各项社会主义事业进入了发展的快车道，人民生活水平有了极大提高，综合国力和国际竞争力有了显著增强，在此情境下，高速发展的经济和文化进一步追求质的提高，也就成为必然，而"工匠精神"正是质的提高的精神保证。

新时代的"工匠精神"的基本内涵，主要包括爱岗敬业的职业精神、精益求精的品质精神、协作共进的团队精神、追求卓越的创新精神这四个方面的内容。通过对新时代文化思想的深入学习和实践，融会贯通地思考新时代工匠精神的内涵，将新时代的工匠精神放置于出版编辑工作中来解读，可以发现其在编辑职业操守、职业技能、职业素养、职业理想等方面是可以一一联系的。敬业爱岗的职业精神，即编辑对出版行业的热爱和献身；精益求精的品质精神，即编辑对图书品质的追求；协作共进的团队精神，即编辑需要协调好与作者和营销发行团队的关系；追求卓越的创新精神，即编辑要在媒介融合的环境中创新性地发展传统出版业。如此解读就可以更好地把握新时代的编辑工匠精神，以更广阔的视野去理解新时代的工匠精神对处于转型期的图书出版行业的意义，可以在更宽广、更深入的空间范围内实践新时代的工匠精神，在理论和实践中，多方位、立体化地将其发扬光大。

下面本文将从以上四个方面深入分析新时代的工匠精神在出版编辑领域内的重要意义。

一、敬业爱岗的职业精神——编辑对出版行业的热爱和献身

编辑时常被认为是"为他人作嫁衣裳"，殊不知，编辑可不只是为他人的文字和思想做"嫁衣"的"文字裁缝"，而是一个几乎与文献产生与保存同源的古老文化工种。据考证，殷商时代起，收集、编次、保存那些在甲骨、玉版和钟鼎上的文献的最原始的编辑行当就已经产生了。到西周后期，中国的编辑工作发展到了新的阶段，竹简代替甲骨、钟鼎，书写代替契刻雕铸，文字记录变得更廉价、更易普及，"编辑工作突破了官方垄断的物质基础"。[①] 东汉以后，纸张替代了竹简，开启了编辑出版业的新

---

① 姚福申：《中国编辑史（修订本）》，复旦大学出版社 2004 年版，第 7 页。

篇章。19 世纪，西方近代印刷术传入我国，出版行业开始了现代化进程，"编辑业务更加丰富多彩"。20 世纪最后十年崛起的互联网技术打破了传统的文化传播壁垒，"形成了网状结构的传播方式，强化了信息传播的同步性和交互性"。①

回顾往昔，正是历史上那些或赫赫有名的，或寂寂无名的，众多参与文字校勘、书籍出版的同仁们，传递给了我们今天这样一份平凡而又不凡的编辑工作，是他们在漫漫的历史长河中追波逐浪、荡舟弄潮，将出版编辑的接力棒，传递到了我们手中。著名编辑学家王振铎认为："即使从最原始的意义上看，编辑活动也是人类社会从蒙昧走向文明、从史前进入历史的文化生产实践。"② 历史上的编辑同仁们用他们手中的纸和墨记录历史，使那些遥远而伟大的思想文化流传至今，触手可及；他们用他们编纂的书籍作为文化启蒙的号角、抗击外侵的枪炮，启发蒙昧，武装头脑。而今时今日，这份沉重而荣耀的责任传递给了我们当今的编辑，我们更应当以前人的热爱为热爱，以前人的献身为榜样，扎扎实实、一丝不苟地做好自己的出版编辑工作，敬业爱岗，将这份工作视为一份崇高的、传承千古亦可流传千古的事业来对待，抵抗住文化多元化的当下那些形形色色的诱惑，理清思路，深入学习党的理论知识，坚定不移地坚守文化阵地，热爱编辑岗位，勤学校勘知识，苦练编辑技能，发扬工匠精神，将自己视为新时代文化领域中的一个小小的匠人，雕琢每一个字，斟酌每一句话，打磨每一篇文章，出好每一本带着工匠精神和坚定信念的书，默默地将自己的青春和才干奉献给编辑事业。把每一次的选题都看作对历史文化传承的选择，把每一次校改都当作为文化传递积累星火般的能量，把每一次发稿付印都看作一个重要的历史时刻。只有这样，我们才能无怨无悔地投入自己的热情和理想，贡献自己的青春和力量，亦启发后来人也这般默默勤恳且执着。

---

① 姚福申：《中国编辑史（修订本）》，复旦大学出版社 2004 年版，第 8—10 页。

② 王振铎：《编辑的"学"与"术"》，载中国出版科学研究所科研办公室编：《论编辑和编辑学》，中国书籍出版社 1991 年版，第 52 页。

二、精益求精的品质精神——对图书品质的追求

"工匠精神"在编辑工作中最主要、最直观的体现，就是编辑所编内容承载物质量优劣的客观呈现，即图书、杂志、报刊的品质如何。因为笔者从事的是图书出版工作，所以这里主要以图书为例进行分析。如果图书内容品质较高，就会带给读者愉快的阅读体验，并能供其以充足的精神食粮；如果内容有导向错误，低俗无趣，错字连篇，那么就会给读者以负面的阅读体验，进而影响读者的精神健康。

曾任《中国语文》杂志主编的著名语言学家吕叔湘先生认为："编辑工作主要是把关。这里所说的编辑工作指一般性的编辑工作，不包括选题、组稿以及审定、去、取、退改等等高层次的工作。这一般性的工作，无论报刊编辑部还是出版社编辑部都是必不可少的。""在编辑要把的关之中，首先是文字关"，"除文字之外还有许多事情需要编辑把关，总的说就是内容的准确性"。[①] 正如吕叔湘先生所说，编辑的首要工作，就是把好图书内容质量关。这里的内容质量关包含了两层意思：一是指图书文本的质量，即语言是否通顺流畅，是否有错别字，是否有语病，是否有明显的修辞错误等；二是指图书内容的质量，是否符合政治导向，是否有低俗无趣的内容，是否有空泛乏味、毫无社会价值的内容等。而要把好这两层关卡，就要求编辑具备极强的政治敏感度、价值判断力和深厚的文字功底。

要发挥编辑的工匠精神，必须具备较强的文字能力。"范剑华同志曾将编辑的语言文字素养概括为三方面……第一，敏锐的语言文字感知能力；第二，高超的语言文字修改能力；第三，准确的语言表达能力。"[②] 如果没有扎实的语言基础和深厚的文字功底，就很难胜任每天与文字打交道的工作。要在编辑领域内发挥工匠精神，必须具备较强的文字能力，这样才能够真

---

① 吕叔湘：《编辑的任务是把关》，载吕叔湘等：《文字编辑纵横谈》，中国书籍出版社 1992 年版，第 1 页。

② 吴平、芦珊珊编著：《编辑学原理》，武汉大学出版社 2011 年版，第 77 页。

正地像"文字工匠"一样去打磨书稿，在高速运转的出版传媒行业高效地完成大量的稿件审读和编校工作，并把图书的编辑工作做实、做细、做精。

要发挥编辑的工匠精神，还必须具备较强的内容价值判断力。著名的语言学家、编辑家张志公认为："编辑工作是宣传工作，宣传真理，宣传高尚的思想境界和良好的行为准则。编辑工作是教育工作，向全社会进行自然科学、社会科学各方面的教育，以至审美的教育，语言的教育；它是受教育者的良师，是教育者的益友。"[①]编辑有责任也有义务宣传积极正面的思想和价值观，充分发扬工匠精神，严把内容导向关，从众多书稿中精挑细选出优质的、有利于国家和社会发展的、能够满足读者精神需求的好书稿，进行精心打磨，把优质的文化成果以高品质图书的形态呈现在读者眼前。将既具有社会价值又令人爱不释手的好书奉献给读者，是编辑工作的重要价值所在，也是新时代编辑工匠精神最显著的体现。

三、协作共进的团队精神——协调好与作者和营销发行团队的关系

独木不成林，要成为具有工匠精神的新时代编辑，只靠孤勇是不行的，还要协调好与作者的关系，协调好与营销发行团队的关系。如果说作者资源是编辑工作的上游，那么营销发行就是编辑工作的下游，只有沟通好与上下游的关系，编辑工作才能畅行无阻，奔流到海。

协调好与作者的关系，才能发掘出优质的书稿。作者和编辑向来都是亲密无间、并肩作战的伙伴。作者希望编辑将自己的书稿推送给广大读者，编辑希望作者能够交给自己优质的作品以实现自己的职业价值。因此，编辑一方面要树立良好的为作者服务的意识，另一方面，也要与作者

[①] 张志公：《漫话编辑学》，载阮波主编：《编辑与出版基础课程》，中国展望出版社1988 年版，第 73 页。

建立平等沟通的关系，要与作家交朋友。著名出版家赵家璧先生在《编辑忆旧》一书中提到："30年代因组稿关系认识的作家，在以后的岁月中，不少人与我建立了友谊。特别有几位著名作家如郑振铎、老舍、巴金等，在我此后数十年经历磨难的编辑出版生涯中，分别给予我终生难忘的鼓励和种种帮助。就靠这种雪中送炭的温暖的友情，才使我一直站在文艺编辑这个光荣的岗位上，没有退却，没有掉队。"[①]编辑是一份工作，也是一份事业；作者是编辑的工作伙伴，也是编辑志同道合的朋友。在当下竞争日益激烈的市场环境下，编辑应当始终不忘最初的那一份情怀，与作者共同创作好作品，多出好书，将编辑工匠精神发扬光大。

协调好与营销发行团队的关系，才能使图书顺利地与读者见面。出版前辈陆本瑞认为，发行是"联结图书供需之间的纽带，是沟通作者、出版者和读者之间的桥梁。出版、发行是不可分割、相互依存的唇齿关系"。编辑"不仅仅要编好书，出好书，为广大读者提供更多更好的精神产品，而且还要关心图书的流通，参与图书的发行工作"。[②]如果编辑将制作精美的图书束之高阁，也无法实现图书应有的价值，编辑的价值也就无从谈起。而将图书按照读者的需求，精准地推送到读者手中的，正是营销发行团队。因此，协调好与营销发行团队的关系，是新时代编辑工匠精神发扬光大的过程中，至关重要的一环。

四、追求卓越的创新精神——在媒介融合的环境中创新性地发展传统出版业

现如今，科技发展日新月异，以网络为主的新媒体已经深深地融入了

---

① 赵家璧：《我是怎样爱上文艺编辑工作的》，载《编辑忆旧》，生活·读书·新知三联书店2008年版，第6页。

② 陆本瑞：《图书发行工作》，载阮波主编：《编辑与出版基础课程》，中国展望出版社1988年版，第227—228页。

人们的生活，如何在媒介融合的环境中创新性地发展传统出版业，使传统编辑在新时代中有一个华丽的转身，这已经成为我们无法回避的课题。在高速发展的环境中求生存，就必须具有创新精神。

出版前辈郝铭鉴这样理解"编辑匠"一词："'匠'，不仅要有灵巧的'手'，更要有睿智的'心'。'得心应手'，方谓之匠。""正是从这个意义上，我们认为在编辑的业务素质中，创造型的思维方式是不可或缺的。"① 编辑的工匠精神不仅体现在技艺之精上，更体现在创新之力上。只有创新精神，才能将我们与日益变化的时代环境融合在一起；只有创新精神，才能赋予我们使传统出版在新的历史时期依旧闪光的灵感。

电子媒介充斥着我们的生活，传统纸质媒体面临着刻不容缓的转型，这是一道攸关存亡的题目。智能手机、平板电脑、WIFI 网络这些名词在十年前还都只是新兴事物，而今天，它们已经深深融入了人们的生活，吸引了相当一部分大众的阅读注意力，作为传统媒体的编辑，不能仅仅将意识停留在感慨世事变化上，而应当以积极的姿态去面对变化，充分发挥自己的创新能力，去应对媒介融合环境下大众阅读习惯的转变。正如上文所说，编辑这群"工匠"，在外人看来巧的是"手"，即编辑的职业技能，而只有他们自己明白，更需要灵巧的，是那一颗不抛弃传统又不害怕改变的"心"，即编辑的创新精神。充分发挥纸质书的优势打造精致出版和深度开发作者资源使读者离不开传统阅读方式，将新媒体中二维码和微信群等社交方式融进传统图书的阅读和营销之中，将多媒体影音通过二维码植入纸质书中丰富阅读体验等等，创新精神总能幻化成某些思路，引领我们找到更适宜传统出版业转型的发展模式，这也是编辑"工匠精神"在新时代中最重要的价值所在。

高科技的发展，正以光速将我们带入不可预知却令人期待的新时代

---

① 郝铭鉴：《书林守望　撞进编辑这扇门》，首都师范大学出版 2016 年版，第 92—93 页。

中，在这样的时刻，将编辑的工匠精神发扬光大，不仅是传承文化的需要，更是传播知识、传递幸福的需要。新时代的编辑，就应当极致地追求图书的品质、积极应对媒介融合的趋势，以工作伙伴为志同道合的朋友，热爱自己的出版事业并为之奋斗、奉献青春。因为，我们肩负的不仅仅是自己职业发展进阶的今天，还有中华文化更加辉煌的明天。

（作者单位：青岛出版社社科人文中心）

标准化铸就出版人工匠精神

李　旗

一、标准化与工匠精神

（一）工匠精神的内涵

2016 年政府工作报告中提出"鼓励企业开展个性化定制、柔性化生产，培育精益求精的工匠精神，增品种、提品质、创品牌"。2017 年政府工作报告再次提到："质量之魂，存于工匠。要大力弘扬工匠精神，厚植工匠文化，恪尽职业操守，崇尚精益求精，培育众多'中国工匠'，打造更多享誉世界的'中国品牌'，推动中国经济发展进入质量时代。"习近平同志在党的十九大报告中明确，要"弘扬劳模精神和工匠精神，营造劳动光荣的社会风尚和精益求精的敬业风气"。"工匠精神"已成为时代共识和社会发展的驱动力量。

社会各界对"工匠精神"的具体解释不尽相同，但对其内涵的理解基本相同，即精益求精、专注和创新力。习近平同志在 2014 年文艺工作座谈会上讲到精品之所以"精"，就在于其思想精深、艺术精湛、制作精良。"精益"是"工匠精神"的核心，而"精益"又与质量密切相关，可谓"质量之魂，存于匠心"。在当前的市场环境下，质量的含义已不只是产品本身的质量还涉及产品的品牌和企业品牌形象。这种"工匠精神"不仅渗透到产品生产、设计、经营的每一个生产过程中，还是企业品牌内涵的重要体现[1]。

（二）标准化与工匠精神的内在联系

首先，标准化是一项管理技术，是规范人类实践活动的有效工具，它通过制定和实施标准，达到统一，以获得最佳秩序和社会效益。标准化为衡量产品质量、服务和企业品牌的好坏提供了技术依据。专注的工匠气质的形成离不开标准的约束，较强的标准化意识是保持专注的必要条件。创新是在达到一定质量要求的前提下进行的，创新不是凭空想象，而是需要遵循一定的规则和经验，执行标准是创新的基础。

其次，我国自古以来的工匠精神中处处显现出标准化意识和标准化实践。出土的新石器时代陶器就已经形成了统一化、定型化的形状，可窥见先民应用标准化意识生产制作器物的痕迹。春秋时期的《考工记》载"是故规之，以眡其圆也；萭（矩）之，以眡其匡也；县之，以眡其辐之直也；水之，以眡其平沈之均也；量其薮以黍，以眡其同也；权之，以眡其轻重之侔也。故可规、可萭、可水、可县、可量、可权也，谓之国工。"这是对车轮质量检验的六道标准的记述。《考工记》记录了周代至春秋战国期间器物制作的大量技术规范和检测工序方法，也因此成为我国古代标准化重要文献[2]。宋代制定的《军器法式》是当时兵器制造的标准，同时期设

---

① 徐耀强：《论"工匠精神"》，《红旗文稿》2017 年第 10 期。

② 邓学忠、姚明万、邓红潮：《〈考工记〉中的制车手工业标准化及对秦代的影响》，《南阳师范学院学报（社会科学版）》2012 年第 4 期。

立的"军器监"则成为我国古代的质量监督机构。严格执行标准与质量监督保证了兵器生产的质量和数量。《营造法式》是宋代建筑领域的标准规范，其编写方法也与当代标准相似，整部由术语、技术规范和质量检验几个部分组成①。明代宋应星编著的《天工开物》则是继《考工记》之后的另一部综合性的技术规范，尤其是其中所绘制的图解成为当时科技器械的标准图谱②。清代《工程做法则例》则对清代宫殿、厅堂等建筑设施进行了标准化的规范③。

此外，我国古代的出版活动中也存在着标准化精神。秦代统一文字，以小篆为标准字体。唐代规范书籍的格式，印制的书籍要打上印记，如唐玄宗时期书籍要求印有"开元"两小字。宋代《相台书塾刊正九经三传沿革例》则记录了图书编辑中文字规范方面的具体要求，可看作是最早有关编辑出版业务工作的规范。在书籍印刷方面，宋体字成为宋代书籍复制的标准印刷字体，也对后世产生影响深远。我国古代出版业是手工业中的重要部分，标准化意识和标准化生产已经渗透到古代出版业中。

最后，发达国家的工匠精神的养成与标准化密不可分。美、德、日等国家制造业发达，其产品享誉国际，秘诀就在于工匠精神。然而，工匠精神形成的基础与其标准化生产密不可分。实用主义是美国工匠精神的重要内容，而标准化生产是美国实用主义的最好体现。通过标准化生产提高了效率，提升了产品品质，促进了美国经济快速发展④。效率和质量意识是德国工匠精神的重要特征。德国制造的高品质是通过"法律、标准、质量认证"三位一体的质量管理体系实现的。德国标准化行业协会（DIN）和德国电工委员会（DKE）两大标准化组织主导制定了德国制造业领域大量标准并推动标准的实施应用。同时，德国通过第三方质检和认证机构，

---

① 王平：《宋朝李诫编修〈营造法式〉对古代建筑标准化的贡献》，《标准科学》2009年第1期。

② 李腾杰：《我国古代标准化的源和流》，《航空标准化》1981年第2期。

③ 司马标：《中国古代标准化史话》，《中国质量技术监督》1999年第4期。

④ 王金芙：《"工匠精神"的当代价值与培育研究》，黑龙江大学硕士论文，2018年。

确保企业持续的遵循标准生产，长期保持产品品质。日本工匠品质仍然离不开标准化支撑。日本通过政府制定法律保障工业标准化制度，并通过标准化中的认证手段对符合标准的工业产品加标识，标识成为消费者判断产品质量的依据。此外，日本政府还对获得认证的产品和企业加强后续监管，从而促使各类企业为了符合标准要求，相应地也提高了对工匠的要求①。

二、标准化在打造当代出版工匠精神中的显著作用

"工匠精神"既体现在匠人的对生产过程的一丝不苟的态度上，也体现在产品的质量品质上。对于出版工作者来说，这种"工匠精神"就是出版人严谨、细致的工作作风和对高品质的出版产品的追求。

出版从业人员在塑造工匠精神中，其责任意识和敬业精神固然重要，而在长期的工作中保持这种严谨细致的作风还需要依靠标准、规则进行约束。出版工作是内容加工工作，图书内容千变万化但出版过程仍然具有规律性，是有章可循的。而标准就是对生产经验和规律的科学总结，既可提高生产效率，又能保证操作的准确性、一致性。目前，从出版物的选题策划到编辑审稿加工再到校对、印刷以及发行，各个环节中都有涉及的相关标准。出版人员在出版过程中增强标准化意识，以标准为对照，依据标准生产，形成标准化工作机制，才能做到每个细节的精益求精，从而彰显工匠精神。

出版产品的品质是出版人在工作中彰显工匠精神的另一个表现。质量是图书出版的保障，我国出版一贯秉持质量第一的方针。1983年的《中共中央、国务院关于加强出版工作的决定》中就提出"出版部门要坚持质

---

① 蔡秀玲、余熙：《德日工匠精神形成的制度基础及其启示》，《亚太经济》2016年第5期。

量第一"的原则。2014 年习近平在文艺工作座谈会上强调了文艺创作中的质量问题。我国《图书质量管理规定》和《图书质量保障体系》的颁布也是以提高出版物质量为目的。标准化是当前各国控制质量的重要依据和手段，其在保障出版产品质量中也发挥着不可或缺的作用。

持续的保障出版产品质量不仅要靠长期坚持依据标准生产，还需要有必要的检验、认证做支撑。检测可以及时发现产品的质量问题，认证可以推动标准的执行。检测和认证都属于合格评定活动，合格评定是标准化的重要方面，是标准实施最有效的手段。GB/2000.1–2002 对合格评定的解释是有关直接或间接地确定是否达到相应要求的活动。国际上已将标准、计量和合格评定作为国家质量基础设施的技术要素。质量检验是以标准为依据，出版产品要通过质量检验就必须在加工过程中执行相应标准，而通过检验符合标准要求的产品或企业则会获得认证。认证帮助企业树立良好的市场形象和信誉，消费者在市场上进行选择时也更青睐获得认证的产品或企业。因此，认证增强了产品和企业信誉和市场竞争力。良好的信誉和市场竞争力是出版者的价值追求，合格评定驱动出版者持续地执行标准，出版产品的质量也因此得到了保证。

三、以标准化为途径打造出版人的工匠精神

（一）营造标准化气氛，将标准化建设融入企业文化建设

企业文化是企业全员共同遵循的基本信念和认知[1]，是企业管理理念和生产模式的集中体现。质量是工匠精神的精髓，出版企业坚持质量优先是传承和发扬工匠精神、展现企业文化的重要途径。出版产品质量的实现和保持需要标准化为支持。出版企业应将标准化建设纳入企业整体建设中，建立一套标准化机制，提高全员标准化意识，营造标准化工作气氛，

---

[1]　陈永青：《企业文化建设在企业管理中的重要性》，《中国商贸》2014 年第 31 期。

促进标准执行，以实现规范编辑加工流程、提高出版物质量的目的。事实上，企业的标准化建设情况与标准执行及其产品质量具有较明显的相关性。2017 年开展的一项出版单位的问卷调查显示，53 家标准应用程度较高的出版社中，标准化建设得分在平均分以上的占 64.15%[①]。

将标准化建设纳入出版企业文化建设中，就需要鼓励一线编辑参与企业标准制定工作和企业内外的标准化活动，提高编辑、发行等人员的标准化素养和标准化能力。同时，将编辑工作流程进行标准化管理，实施从编辑、校对、印刷到发行的全过程质量控制，减少工作过程的不确定性。此外，扩大质量检测人员队伍，加强出版产品质量检验和质量追溯，形成精益生产、质量诊断的生产模式和管理理念。

（二）加强标准化人才培养

编辑人员的标准化素养与工匠精神的养成息息相关。然而，出版业标准化起步较晚，具备标准化基本知识、具有标准应用能力的编辑人才相对缺乏。培养出版界的标准化人才应从两方面入手，一是学校教育，二是职业教育。

一方面，高等院校出版专业课程中应增加标准化基础知识和行业标准的有关内容，促使即将进入出版行业的出版专业学生增强标准化意识，具备一定标准化基本理论和知识。同时，加强行业标准化机构、标准化科研机构与高等院校合作，共同开展标准化项目研究，以项目带动高等院校师生深入标准化实践，为高校师生提供更多学习交流机会。

另一方面，出版从业人员的职业教育中加入标准化知识与技能培养。行业标准化机构和出版企业应开展出版管理人员和技术人员的标准化宣传和培训工作，提升标准化和质量意识水平和标准应用能力。借助网络平台，为出版人员提供行业标准化资讯和网络学习交流机会，提高标准学习的实效性和便捷性。探索出版行业标准化机构与出版企业联合培养质量人

---

① 中国新闻出版研究院标准化研究所：《北京地区图书出版机构标准应用现状调查分析报告》。

才机制，加快培养出版企业质量管理和质量检测人员，提供出版企业质量控制和质检水平。

（三）建立标准实施主体的激励机制

2017 年开展的面向 111 家北京地区出版单位标准实施意愿的调查显示，在不愿使用标准的原因中，约 47.7% 的参与者认为原因在于缺少标准化支持，约 27% 的认为对销售结果影响不大，还有约 27% 的认为缺少标准实施验证（如测试、认证）[①]。因此，管理方在鼓励出版企业、出版一线人员应用标准方面可建立一定的扶持和奖励机制，提高其标准化实践的积极性。

第一，标准化支持体现在资金支持和技术支持两方面。一方面，对参与国家标准、行业标准制定或进行本企业标准化建设的单位给予一定的经费支持，一线工作人员给予一定奖励，使编辑等一线人员专业技术职称评审、各类出版奖项与其参与标准化活动挂钩，提高标准自主实施的积极性；另一方面，在重点标准或新标准的实施推广中，制定实施细则，加强技术讲解，帮助编辑等一线人员快速理解和使用标准。此外，支持出版企业与标准化机构开展合作，推动出版企业自主优势技术标准成为行业标准。

第二，研究建立标准实施效果评价和出版产品质量认证机制。出版产品不同于一般商品，其具有文化属性。出版产品在市场中的优劣只有通过读者的阅读才能发现。我国出版产品的认证刚刚起步，读者难以通过认证标志判断出版物的优劣，因此编辑加工过程中严格遵循标准的出版产品在市场上并不能使读者快速识别，因而出现了应用标准但对出版物销售作用有限的情况。出版一线工作者也会因劳动回报不足而消解了主动使用标准的积极性。因此，研究制定标准实施的效果评价是政府引导出版者增强标准实施积极性的重要策略。通过标准实施效果评价，及时了解标准执行

---

① 中国新闻出版研究院标准化研究所：《北京地区图书出版机构标准应用现状调查分析报告》。

情况，对标准执行较好的出版企业和个人给予奖励和表彰。通过开展出版产品质量认证，增强优秀出版物的识别度，从而提高出版产品的市场竞争力，使出版工作者感受到标准实施的好处，从而增强其规则意识，以形成专注、精益的"工匠精神"。

（作者单位：中国新闻出版研究院）

编辑助力书稿"更上一层楼"

——以《儒藏》精华编为例

王长民

众所周知，产品出现质量问题，有收回下架之处置。同样，图书作为文化产品，若出现重大质量问题，按照我国《出版管理条例》《图书质量管理规定》等规定，也要受到相关处罚。图书质量包括内容、编校、设计、印刷四项；分为合格、不合格两个等级。四项均合格，其质量属合格；若有一项不合格，则其质量为不合格。狭义的图书质量不达标，是指差错率超过万分之一（期刊万分之二，报纸万分之三）。2009 年中华书局出版了阎崇年校点的《康熙顺天府志》。阎氏用时多年，感觉应该没啥问题，颇为自负，效仿战国末年吕不韦故事，信誓旦旦曰，凡发现一处错误者，赏一千元。山西大学白平教授通读全书后，找出近千处错误。阎氏食言，不承认赏金之事，在媒体引起轩然大波。后来中华书局不得不发出通告，将该书收回。此为古籍整理界与出版界之一大事，也是警示。

实话说来，古籍整理出版是出版业中专业化程度极高的领域，做好实非易事。执当今中国古籍出版之牛耳的中华书局、上海古籍出版社等，图书错误在在多有。期刊、网络中常见古籍整理本的指瑕类文章，如《书品》《古籍整理研究学刊》《古籍整理出版情况简报》《儒家典籍与思想研究》等。必须承认的现实是，编辑实力非五六十年代甚至八九十年代可比，且古籍编辑人才流失现象较普遍，当下中国古籍整理出版面临着质量滑坡的境地。如今全国的专业古籍编辑不足一千人。难怪专家感叹，当下的古籍整理编辑队伍后继乏人。①

北京大学出版社负责《儒藏》精华编②的编校出版，一般不牵涉政治、格调、重大备案等问题。所谓的质量问题，主要是在整理本中校点、编校等环节出现。虽说"无错不成书"，但要在合理范围之内。如何才能更好地提高《儒藏》的编校质量，助力书稿"更上一层楼"？笔者选取责编过的十余种《儒藏》书稿，结合发现的问题，按类举例，从编校出版的角度略陈数言，如能对古籍整理出版有镜鉴之功，幸莫甚焉。

一、底稿整理质量要好

（一）稿件的底本要精，校点质量要高

古籍整理涉及多方面的学问，但在很多高校、科研机构却不算学术成果，不被重视。有能力的人更愿意著书立说，而不是整理古籍，为他人做嫁衣。有些部类主编将书稿交给学生或非专业人士校点，而对样稿不认真

---

① 诸葛漪：《专家叹专业古籍编辑后继乏人：很多东西不像样》，《解放日报》2013年8月19日；亦见诸葛漪：《专业古籍编辑后继乏人 或因高校缺乏相关培养机制》，《深圳特区报》2013年8月21日。
② 北京大学主持的《儒藏》编纂工程，是在教育部和全国哲学社会科学规划办公室立项的重大学术文化工程，联合海内外30余所高等院校和研究机构、300多位专家学者参与。

把关。多人校点者，常见前后处理不一致、水平参差不齐等情形，缺少统稿环节。如《春秋集传大全》校点者六人，明显感觉部分书稿的校点质量堪忧。校点人或是不负责，或是水平如此。有的书稿的校点质量实在太差，则退还校点者加工处理。[①] 但如果校点者有限，只能换校点者重做。《女诫》不足两千字，退改过两次，还是存有较多问题，实在无语。责编最后与北大《儒藏》编纂中心责任编委[②] 商议，由双方合作，代校点者完成。当然，此属个案。责任编委抽检样稿，并非全部审读。如果初审、通审不够细致认真，或存有"知识盲区"，责任编委抽审未及寓目，则很容易将差错放过。进入编校出版流程，如不改正，就成了编校差错。试举数例。

《儒藏》精华编一九六册之《思辨录辑要》，以北大图书馆藏同治间江苏书局本为底本。笔者据《中国古籍总目》著录[③]，清光绪三年江苏书局本附"先儒陆子从祀一卷"，底稿未收，审稿记录中注明"是否为复印时去掉，或有遗漏"，并请责任编委和校点者核查。责任编委回复，底本是用北大图书馆藏本复印，而北大藏本佚去"附录"一卷，系残本。后据他馆所藏同版补足。如不查工具书，则无从知晓底本有缺页，《儒藏》整理本则非足本，岂不有"遗珠之憾"？

《儒藏》二〇三册之《河东先生集》，"校点说明"言及"部分篇章原缺"，并据底本"目录"在正文相关位置出校说明。鉴于上文提及的《思辨录辑要》之情形，责编在审稿记录里写道：底本（济美堂本）原缺部分，是否为复制时遗漏？如是，不当有校记。如否，则当在"校点说明"

---

① 汤一介先生说，交到北大《儒藏》编纂中心的校点初稿约有 60% 以上需要退改，还有些在中途更换校点者的。转引自赵新：《经典·修典·儒藏》，《儒家典籍与思想研究》（第七辑），北京大学出版社 2015 年版。按，出版社编校环节，如果某些书稿总体质量存在问题，亦有换底本、换校本、加校本之情形。如《尚书考异》《大学衍义》等。

② 责任编委制度是《儒藏》工程根据实际编纂工作需要确立的工作模式。责任编委主要负责从样稿提交到出版成书的流程中各环节的统筹安排以及学术质量把关工作。文中提及的"责编""编辑"，系出版社专门负责图书出版的人员，多处特指笔者。特此说明。

③ 中国古籍总目编纂委员会编：《中国古籍总目》，子部第一册，中华书局 2010 年版，第 129 页。

中指出。如卷三十九"贺诛淄青逆贼李师道状"，缺三页。济美堂本不是难得之书，多个图书馆有藏，建议校点者复核其他馆藏。又如，今存宋版柳宗元文集未收《龙城录》，明济美堂本收录。学界一般认为，《龙城录》乃后人附入，非柳宗元作。中华书局整理本《柳宗元集》① 未收。校点者不应以所谓"为了保持版本的完整"而收入。此条建议得到校点者认可，出版时将《龙城录》删去，并在"校点说明"作了交代。②

（二）电子稿录入不可靠

审读打印稿时，因"编辑职业病"之故，"于不疑处而有疑"，需时时翻看底本。校点者、责任编委说电子稿与底本核对过，可以信任。其实未必。《儒藏》精华编一七册为《尚书集注音疏》，有清乾隆五十八年近市居本、《清经解》道光本和《清经解》咸丰庚申补刊本三种版本。近市居本刊刻校勘颇为精确，然通篇为篆文，识读不便，故《儒藏》精华编整理本以庚申补刊本为底本，以近市居本为校本③。近市居本"目录"之前有江声自撰《募刊尚书小引》，《清经解》本（道光九年学海堂本和咸丰补刊本）未收录。校点者整理时将其补入。全文一千余字，笔者审稿时对此文的某些地方颇有怀疑，核对近市居本，赫然发现，校点者提供的电子版竟有 16 处错误，涉及脱、衍、误等情况，错误率高达万分之百以上！部类主编审稿以及北大《儒藏》编纂中心的初审、通审诸环节，均轻信了校点者的电子稿录入无误，而未核对校本。

对于出版流程来说，工作本如用复印本（即底本复印稿，下同）校点，出版社的编校效率可能会更高一些。④ 即使对于认真负责的校点者来说，有了电子版，责编审稿中时有怀疑或不放心之处，虽然常被证明是责

---

① 中华书局《柳宗元集》校点组整理：《柳宗元集》，中华书局 1979 年版。

② 北京大学《儒藏》编纂与研究中心编：《儒藏》精华编二〇三册，张勇校点，北京大学出版社 2018 年版。

③ 《清经解》道光本"校对不甚严谨，文字多有讹误、缺漏乃至语句窜乱，且隶定原书古字不加详辨而通改"（引自《儒藏》精华编一二册"校点说明"），庚申补刊本是在道光本基础上重校补刻，文字校勘已有改善。因此，未将道光本列为校本。

④ 按，用电子稿录排与用复印本录排，对于排版员来说，相差无几。

编"多心"。加之电子稿版式不明确，需常翻看复印本核查并确定。当然，校点者录排（或由他人代）费了很多精力，但因多了一道工序，人为因素所致错误比复印本多了一些几率，难以确保准确无误。比如，《儒藏》精华编一八二册之《昌言》，提交给出版社的工作本是电子打印稿，并附了录排时所用底稿复印本。因书稿字数不足二万，责编初审时，将电子稿与底稿校对一过，发现两处错字，系校点者误排。此等硬伤，如非核对复印底本，很难发现。仅此而论，《昌言》书稿错误率已超过万分之一。又如《河东先生集》之"优游"，电子版书稿全部排成"优遊"，共 15 处，而所据底本济美堂本作"优游"。"优游"出自《诗经·采菽》"优哉游哉"，游、遊二字虽通，但"优游"，且底本如此，当改为"游"。电子稿中的一些简体字和错字，当是校点者录排时的大意疏忽所致。因此，古籍整理当尽量用复印本作为工作本，慎用电子版。除非无法得到复印本，只能抄录。对此，终审意见是"校点者交稿为电子文本，尽管有减少录排工作难度的好处，但电子稿作为工作底本，则完全要依赖于校点者的认真程度和对文字的处理能力。到目前为止，还没有一部可以完全放心处理得没有问题的电子稿。责编在编校过程中应予特别注意"。

近市居本书影（《续修四库全书》本）

总之，用最好的底本、最优秀的学者校点，方是理想书稿。"先天不足"的书稿，多次打磨，也难以尽善尽美。

二、编校环节处处留心

责任编辑,"责任"二字当头。责编要常翻工具书,常跑图书馆,及时解决相关问题。校对人员水平参差不齐,且古籍整理类书稿比较专业,三校过后,有些较难的书稿,需加一个校次。甚或责编校对一过。笔者责编的《说文段注》《尚书集注音疏》《籀廎述林及遗文》等,均全部自校一遍,方可放心。再者,三校完,编辑尽量通读清样,亦可发现一些问题。前文提及的《尚书集注音疏》,笔者据初刻本图像版核对,改正较多。甚至底本有标题漏刻者,而校点者竟未能留意。江声爱用生僻字、古字,底稿需要描清、描正者,多有遗漏。(此当为校点者完成,但因字数不算多,没有退回《儒藏》编纂中心)需要说明的是,校本为篆文,底本有些不清楚之处,查找颇费精力。篆文的排版较难,容易认错排错,有些篆文的辨析,相差无几。笔者查找了数百个篆文古字,交给排版公司。这样可以避免校对人员/排版人员识别不清而造成的错误。

《尚书集注音疏》需要用的篆文图片

(请根据以下提示位置,分别替换篆文。原来造字笔画不准。注意字号。)

6 页下栏第 5 行倒数第 5 字、第 9 行倒数第 4 字,2 处。

第 6 页下栏第 8、9 行,共 3 处。

第 6 页下栏第 7 行第 1 字。

第 6 页下栏第 7 行倒数第 3 字

第 6 页下栏第 7 行倒数第 2 字、第 8 行倒数第 8 字,两处。

第 6 页下栏第 6 行倒数第 1 字、第 8 行第 9 字,共 2 处。

第 8 页下栏第 10 行第 6、7 字,2 处。

第 8 页下栏第 9 行、10 行,3 处。

第 8 页下栏倒数第 4 行第 2 字。

第 8 页下栏倒数第 4 行第 4 字。

,第 9 页下栏中间,2 处。

第 11 页下栏倒数第 5 行第 5 字、第 11 字,2 处。

第 11 页下栏倒数第 5 行、倒数第 4 行,2 处。

第 17 页上栏倒数第 5 行倒数第 6 字

26 页上栏中间(第 11 行第 5 字)

26 页下栏第 3 行第 4 字、第 5 字,2 处。

第 38 页下栏第 5 行倒数第 4 字

第 39 页下栏倒数第 3 行,2 处,注意字号。

第 41 页上栏,2 处。

,51 页上栏倒数第 2 行、倒数第 1 行,2 处。

《尚书集注音疏》初审记录截图

除了点破句读①、误描误录外，校点说明和校记是出问题最多的两大板块：校点说明主要是版本调查不仔细，校记主要是校语不规范。编辑能助力《儒藏》书稿"锦上添花""臻于至善"者，亦多在此。先谈校点说明。

上文提及的《思辨录辑要》，"校点说明"可补充者如下：正谊堂本及《四库全书》本书名均题为"陆桴亭思辨录辑要"。另有清宣统三年刻本，今藏南京。安义本，《中国古籍总目》未著录，疑已亡，或失载。清刘蓉撰有《思辨录疑义》一卷，清光绪三年湖南长沙思贤讲舍刻本，今藏国图、上海、南京等地。据书末应宝时跋（底稿第 434 页左第 1—2 行，清样第 412 页第 3—4 行。下文无特殊说明者，所言页码均为原稿所编页码），康熙元年毛天麒初刻本之后，"续有宋商丘中丞刻本"（"宋商丘中丞"即宋荦，康熙时人，刻书多种）。1936 年商务印书馆排印，收入《丛书集成初编》，1985 年中华书局据以影印。《丛书集成初编》本施以简单句读，有"筚路蓝缕"之功。1975 年，台北财团法人广学社印书馆以"困知记等三种"（收入《广学丛刊》）为名整理出版。这些版本信息，均当在"校点说明"中提及。

《儒藏》五二册至五四册是《礼记集说》。"校点说明"提及"明抄本"系统。据《中国古籍总目》②，明抄本有三部，今藏南京、北大和天一阁（天一阁仅存卷 113—卷 136），校点者均未提及。《中国古籍总目》未载校点者所言"国图藏明抄本"，疑失载。《中国古籍善本书目》载两部"明本"，一为"丁丙跋"。底本阙卷之配补，《中国古籍善本书目》《中国古籍总目》均言"配清抄本"，而校点者言"据明抄本配补"，未知孰是。通志堂本有数次刊刻，康熙本外，又有同治本、〔日本〕文化本等。除此之外，宜提及《四库全书荟要》本（收《礼记集说》）。复审老师批示，"校点人宜据《文津阁》本查对一些地方，并可写入说明"。笔者在发稿

---

① 破句是审读古籍类书稿常见的现象，本文不再举例详述，仅在下文论及"校记问题"的举例，涉及一处句读有误。

② 中国古籍总目编纂委员会编：《中国古籍总目》，经部第一册，中华书局 2012 年版，第 477 页"经 10505585"条。

卷处理复审意见时写道:"实际上,校点者连起码的校本、参校本都有大量失校,何敢奢言据《文津阁》本去核对?且斯人(西南大学毛远明先生)已逝,接稿者更不大可能去做这项工作了。除了文津阁本(商务印书馆2005年、2010年先后两次影印),文澜阁本已于2015年由杭州出版社出版。'四库本,虽有七套',然学者所用,一般指的是文渊阁本,因其影印较早而易得。摛藻堂《四库全书荟要》本亦收有《礼记集说》,吉林出版集团2005年影印。"①

《中国古籍总目》②和《宋版古籍佚存书录》③是笔者审读"校点说明"版本信息的常用参考书。其他工具书如《宋元版书目题跋辑刊》④《四库全书总目提要》《中国丛书综录》《藏园订补郘亭知见传本书目》《书目答问汇补》等,更是案头必备之书。

校记问题主要是前后不统一、术语不规范、失校、不必出校、虚列校本、不明《儒藏》精华编出校原则等。因涉及类型较多,仅举数例以言之。《礼记集说》第2305页右第6—7行(卷一百零九)"而《左传》昭公二十五年、《家语》《五帝》篇则以五祀为为重、该脩、熙、黎,句龙之官",第6行末底本为空白,补"为"字,未出校,然此处不当补。补字适为衍文。通志堂本、四库本仅一"为"。《礼书》《周礼订义》《钦定礼记义疏》《五礼通考》等引此均不衍"为"字。"昭公二十五年",通志堂本、四库本同。然翻检《左传》,所言内容实在昭公二十九年。此处当出校。"五祀为为重、该脩、熙、黎,句龙之官","五祀"后仅列四名,标点显

---

① 上海古籍出版社于2003年出版了《影印文溯阁四库全书四种》,全一函,全四册。经、史、子、集各一种影印出版。分别是经部宋代吴仁杰的《易图说》、史部元代李好文的《长安志图》、子部明代沈继孙的《墨法集要》、集部明代康万民的《璇玑图诗读法》。按,据悉,文溯阁本影印已列入甘肃人民出版社之出版计划。

② 《中国古籍总目》,中华书局、上海古籍出版社2009—2013年版。按,该书由多所机构合作编写,皇皇二十六册。难免有著录错讹之处,使用时需甄别。

③ 夏其峰编著:《宋版古籍佚存书录》,三晋出版社2012年版。

④ 贾贵荣、王冠:《宋元版书目题跋辑刊》(全四册),北京图书馆出版社2003年版。按,此下几种工具书常见而易得,不再一一注明版本信息。

误。初以为校点者误将顿号点为逗号。后核此句所涉《左传·昭公二十九年》：

> 献子曰："社稷五祀，谁氏之五官也？"对曰："少皞氏有四叔，曰重、曰该、曰脩、曰熙，实能金、木及水。使重为句芒，该为蓐收，修及熙为玄冥，世不失职，遂济穷桑，此其三祀也。颛顼氏有子曰犁，为祝融；共工氏有子曰句龙，为后土，此其二祀也。"

由此可知，"三祀"与"二祀"总为"五祀"，句龙在五祀之内，该、脩不在同祀之内。将标点改为"五祀为重、该、脩熙、黎、句龙之官"。

又如，《经义考》卷二百八十八"北魏石经"条"秋春相因，□生蒿杞人"，□，《册府元龟》卷六百三引作"闭"，宜出校。同卷"唐国子学石经"条"《孝经》二千□百□十三字"，两□，据《曝书杂记》《甘泉乡人稿》《雍州金石记》等载，《孝经》字数是 2113 字，则两□字当作"一"。亦可从第 1 行言"九经并《孝经》《论语》《尔雅》字样等，都计六十五万二百五十二字"。下列各经具体字数，由总字数减去各经字数，可得《孝经》具体字数。"附录"之《上谕》首行"乾隆四十二年四月二十日承准大学士舒□、大学士于□□字寄浙江巡抚三□"，几处□，据下文和《清实录》[1] 可知阙文内容，当出校记。据下文内容，"三□"，为"三宝"；"大学士于□、舒□□"，据《清实录》，当为"大学士于敏中、舒赫德"。宜加校记说明。校点者均从之，出版时予以补正。[2] 书稿中多处阙字，当尽量据校本、他书中查出（《经义考》很多内容是各书之序，核查较易），以方便读者，避免无为。

再以《尚书注疏校勘记》为例[3]。左为文选楼本（《续修四库全书》影印南京图书馆藏嘉庆十三年刻本），中为南昌府学本（重栞宋本《十三经

---

①　《清实录》，中华书局 1985 年影印版，总第 21 册，卷一〇三一。按，中华书局 2008 年再版重印。

②　北京大学《儒藏》编纂与研究中心编：《儒藏》精华编一七六册，李峻岫、张文等校点，北京大学出版社 2018 年版。

③　《儒藏》精华编收录《十三经注疏校勘记》，截至 2018 年年底，尚未进入出版编校流程。此为笔者参与责编刘玉才先生主编"《十三经注疏校勘记》整理"的审稿所得。

注疏》附校勘记),右为学海堂本(《清经解》道光九年刊咸丰补刊)。①
校点者校记初稿如下:"法古,'法'字左原衍'作'字,今删。按,此条
校记仅一行,左行不当有字,此盖手民之误(请考虑,这种情形是否要出
校,抑或迳改,此种情形又见于卷十八)"。责编意见:"卷十六校记1、卷
十八校记1和2,或因校语有改动所致。卷十六校记1,'涉'下,学海堂
本增'山井鼎曰,考疏意,作"涉"者非'。文选楼本'涉'下有七字空,
正合转行有'作'字,盖原当有此数字,后刊刻时挖改未尽所致。"校点
从之,改为:"法古,'法'字左原有'作'字,今删。'非'上,咸丰补
刊本有'山井鼎曰考疏意作涉者'十字。此数字中'作'字转行,正合在
'法'字之左。盖原有此数字,刊刻时删去而剜改未尽耳。"卷十八校记
1"六服"下,学海堂本作"□按作六服十行本是也"。文选楼本"六服"
下有九字空,正合转行有"也"字。又,两次刊刻,文义正好相反。校点
者改为"底本以十行本为非,咸丰补刊本则以十行本为是。道光初刻本剜
去'罔'字左侧之'也'字"。

《尚书注疏校勘记》各版本文字差异

① 关于《尚书注疏校勘记》的主要版本,可参看王耐刚撰《整理说明》,载《十三
经注疏校勘记》第288—298页,北京大学出版社2015年版;亦可参看王耐刚撰《〈十三经
注疏校勘记〉版本考述》,《历史文献研究》总第37辑,华东师范大学出版社2016年版。

犹有令人愕然者：校记所涉内容竟是虚构。《春秋集传大全》"校点说明"言"以明永乐内府刻《春秋集传大全》三十七卷为底本，以影印清乾隆文渊阁《四库全书》本为校本"。底本第 1393 页校记 1 提及《四库全书》本，核查文渊阁《四库全书》本，并无此文，将校记删去。两相对照可知，第 1391 页右第 1 行"则在郑、卫之境"（卷三十七"鲁哀公十三年"之"公会晋侯及吴子于黄池"条）下，至第 1394 页上，凡三页内容，文渊阁本《春秋集传大全》脱去[①]。按：据文字内容和位置，我们可以确定，阙文非为影印文渊阁《四库全书》时遗失。或为四库馆臣誊录时脱漏。

（作者单位：北京大学出版社）

[①] 《春秋大全》，影印文渊阁《四库全书》本，经部第 166 册，台湾商务印书馆 1986 年版，第 963 页。

铸教育援外"航母"
扬文化自信"风帆"

邹楚林　甘　哲

随着综合国力的不断提升，我国日益成为国际援助体系中一个重要的新兴援助国。20 世纪 80 年代以来，我国对外教育援助的规模日益扩大，援助的内容和形式日益多元化。为帮助南苏丹共和国解决其教育领域目前存在的诸多难题，如师资匮乏、教科书奇缺、现有教科书体系混乱等，并进一步搭建现代化综合教育体系，经中南两国政府友好协商，中国援助南苏丹实施"中国和南苏丹教育技术合作项目"。

"中国和南苏丹教育技术合作项目"涵盖顶层教育规划、教科书开发、教科书印刷、教师培训、ICT 中心建设等五大部分，是我国第一个成体系教育援外项目，也可说是我国第一艘教育援外"航母"。该项目于 2018 年被我国商务部、中宣部、财政部、文化部、原新闻出版广电总局五部委联合认定为"2017—2018 年度国家文化出口重点企业和重点项目"。

在我国商务部的主导下，中南出版传媒集团股份有限公司（以下简称"中南传媒"）有幸成为该"航母"的"承建方"。笔者作为全程见证该"航母"建造完成的主要负责人之一，将以南苏丹小学一年级数学教科书开发过程为例，浅介首艘教育援外"航母"的制造经验，以供大家探讨。

一、充分准备，铸就航母之基

不同文明有着不同的信仰、价值观、风俗习惯，导致了文化教育的大不同。面对中南两国文化教育的巨大差异，在承担援外教科书编写任务后，我们深感责任重大。为了能编写出符合南苏丹人民需求的教科书，我们做了大量的前期准备工作，力求为这艘援外"航母"的建造奠定坚实的基础。

（一）组建高水准编写团队，准备好"航母动力"

笔者所在的湖南教育出版社作为中南传媒旗下的一家出版社，拥有多年组织国标版数学教科书编写经验，编写数学教科书本应是驾轻就熟，游刃有余。但考虑到此次编写的教科书是英文版援外数学教科书，作者和编辑都不仅需要深厚的数学功底，更要有扎实的英语基础；不仅要熟悉国内小学数学教科书，更要熟悉英美等英语国家的小学数学教科书。因此，我们决定针对南苏丹小学数学教科书的开发，专门构建一支强大的编写团队，并将团队人员构成作为关系教科书编写成败的根本性、关键性问题来抓。于是，我们立足国内，精心挑选了一批熟悉国际数学课程改革理念，既拥有国内小学数学教科书编写经验，又对英语国家的小学数学教科书颇有研究的专家来承担编写任务；同时我们还通过南苏丹教育部，邀请该国部分优秀课程专家共同参与开发，为教科书开发工作护航。另外，挑选出了一批既具有扎实的英语功底，又拥有多年国内教科书编辑经验的编辑，为教科书开发工作锦上添花。

就这样，这支由中南两国优秀专家等组成的高水准编写团队，为这艘援外"航母"的建造提供了强劲的"动力"。

（二）展开充分的前期调研，摸清"航母建设需求"

为使我们开发的南苏丹小学数学教科书既贴合南苏丹现实教育需要，又吻合南苏丹教育长远发展目标，我们做了扎实的前期调研。

一方面，在我国驻南苏丹大使馆的帮助下，我们深入一线，实地考察南苏丹教育现况。通过走访当地学校、采访南苏丹教育官员和一线从教人员、搜集南苏丹政府以及驻南苏丹国际组织的教育资料信息等多种渠道和方式，我们获得了大量一手调研成果，形成了《南苏丹教育发展考察报告》《南苏丹教育现代化建设指南》两大调研报告，基本明确了南苏丹教育现状与未来发展目标；同时，我们还对南苏丹现行小学数学教科书的优缺点进行了仔细梳理研究，为后续援外教科书的开发工作提供重要参考。

另一方面，我们也对国际范围内的教科书进行了比较研究。编写团队先后分析研究了中国、南非、英国、美国、澳大利亚、加拿大、德国、新加坡、中国香港等 13 个国家和地区的教科书，并将它们的优点或长处进行了有目的的筛选总结，以备借鉴之用。

这些细致、充分的前期调研，为能够更好地制造出适合使用方需求的教育援外"航母"打下了良好的基础。

（三）订立科学的编写依据，绘制"航母设计图"

南苏丹教育部的 Curriculum Framework（课程框架）是该国整个小学 1—8 年级学科教育的总纲，也是该国开发教科书的重要依据与指导。为使教科书开发工作有章可循，又能与南苏丹现行教科书"平顺接轨"，我们在着手编写教科书之前，首先研讨了南苏丹原课程框架，尤其对其中的小学数学内容进行了深入研究，然后又将其与多个发达国家和地区的最新数学课程理念等课程开发指导性文件进行了比较研究。经过系统深入研究，我们发现南苏丹原课程框架有许多优点，如注重学生对知识与技能的学习、注重学生批判性思维的培养等；但也存在许多亟待补充或调整的地方，如过于强调教师的作用，对学生学习的主体地位、数学思想的培养不够重视；学习领域划分欠合理；个别内容不符合现代数学发展需求等。于是，在保留原课程框架优点的同时，在研究多个国家或地区的小学数学课程指导性文件基础上，我们充分引进国际先进教学理念，借鉴吸收我国最新《义务教育数学课程标准》中的经验与智慧，以"培养优秀的南苏丹公民"为宗旨，以学生的发展为本，从"激发兴趣、夯实基础、拓宽视野、培养能力、提高素养"出发，遵循"低起点、缓坡度、降难度"原则，着重从培养新一代人的责任感、生活能力、自主学习能力、合作能力、创造能力以及科学精神、创新精神等角度，对原课程框架中的数学板块内容进行了较大幅度的修订完善，精心绘制科学、先进的"航母设计图"。

2017 年 3 月，经过 40 多人 100 多天的艰辛奋斗，修订后的南苏丹课程框架中的小学数学内容顺利通过南苏丹教育部的审定。南苏丹教育部代表认为，修订后的南苏丹课程框架中的小学数学内容既遵循数学学科特点，符合国际数学教育发展趋势；又遵循南苏丹学生心理及年龄特征，符合南苏丹教育实情及教育发展目标，完全可以作为新教科书开发的依据。

至此，经过编写团队苦心孤诣订立出来的编写依据，为后续援外"航母"的建造绘制好了"设计图"。

二、精益求精，打造航母之本

摸清了"航母建设需求"、绘制好"设计图"后，我们于 2017 年 3 月下旬正式启动了南苏丹小学一年级数学教科书内容的编写工作。

（一）明晰编写目的，建好"导航系统"

导航系统是帮助航空母舰确定自身位置、航向、航速等运动参数，引导航空母舰正确到达目的地的组合系统。对于我们这艘教育援外"航母"来说，明晰编写目的，则是帮助我们正确到达目的地的"导航系统"。

编写时，我们明确要求教科书在内容、目标和形式等方面形成一个完整的体系，确保知识、技能、情感、态度等内容和目标相互结合、相互渗透、相互支持。同时，我们也始终坚持以"内容吻合南苏丹教育目标和未来发展需要"为准绳，以"南苏丹儿童发展所需数学知识"为原则，基于南苏丹教育实情和学生认知心理特征，严格按照修订后的《课程框架》中的小学数学内容要求，以实现"南苏丹下一代每一位学生的全面发展"为目标来精选精编内容。

（二）立足当地实情，建好"操作系统"

如果没有便利的"操作系统"，再先进的"航空母舰"也只是废铁一堆。所以，我们也力求为自己的"教育援外航母"打造一套便于南苏丹师生使用的"操作系统"。

第一，我们在内容编排上，沿袭南苏丹原有课程框架中的领域划分标准，在我国课程框架中"数与代数""图形与几何""统计与概率""综合与实践""数学文化"五大领域的基础上，依然保留"量与测量"这个领域。而且每个领域均是分单元呈现，单元之中又设置若干小节，由浅入深、螺旋上升。同时，领域之间采取混编形式，有机结合，层层铺垫，逐步突破学科难点。

第二，在栏目设置上，我们也集中体现了"知识、技能、情感、态度"四个维度上的目标要求，"以活动促发展"，设置了"例题讲解""探索规律""问题解决"等栏目，让学生主体活动贯穿教科书始终，充分发挥学生的能动作用和教师的引导作用，注重激发学生学习数学的兴趣，培养良好的学习方式。

第三，在充分考虑南苏丹教学实情后，我们大胆革新，除了仍以"例题讲解"栏目来传授新知识外，又新设了"课堂活动"栏目。在这一栏目中，采用动手操作、语言交流等形式来强化学生的参与性、活动的过程性，使学生在活动中不断积累数学经验，为终身学习奠定基础。

第四，考虑到南苏丹人民多以部落形式群居，为增进学生与家庭成员之间的亲情感，加深学生对所学知识的理解，增强学生"用数学"的意识，我们新创了"家庭活动"栏目。在这一栏目中，通过游戏、简单操作、对话交流等形式来帮助学生更好地认识数学、理解数学、应用数学，提高学生学习能力、实践能力和创新能力，从而培养学生学数学、用数学的能力。

课堂活动样例

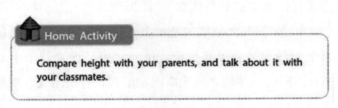

家庭活动样例

总之，专门设置这些"操作系统"，既能便于学生的实际学习，并不断提升其数学素养、促进其全面发展；又能便于教师的操作，且有效促进南苏丹现行的"以教师为主体"的教学方式逐渐向符合当今时代发展需求的"以学生为主体"的教学方式的转变。

（三）体现当地特色，建好"润滑系统"

在保证教科书的内在质量的基础上，我们也非常重视教科书内容的呈现形式，以尽可能地减少中南两国因文化差异、教育差异而带来的教科书使用过程当中的"水土不服"，以"润滑"可能产生的"不适"与"摩擦"。

考虑到英语是南苏丹的"非母语"官方语言，一年级学生英语词汇量有限，为降低教科书的阅读难度，我们以图为主，尽量少用文字，多用图形来讲解说明新知。对必需的文字表述进行了简约化、统一化处理，以降低教科书的阅读难度。

为使书中插图吸引学生目光，帮助学生对所学知识进行理解、记忆，教科书绘图在保证科学性、准确性的前提下，力求体现"南苏丹风格"。

为此，我们以在前期准备工作中收集来的当地儿童活动照片或当地建筑物、动植物、生活用品的图片为参照，精心设计教科书中的人物形象（如发型、服装、动作等）、活动场景等，以此让学生感受数学源于身边的生活，从而吸引学生的学习兴趣。

教科书插图样例

同时，运用图片、游戏、卡通、表格等多种方式，直观形象、图文并茂、生动有趣地呈现内容，以增强教科书的趣味性。

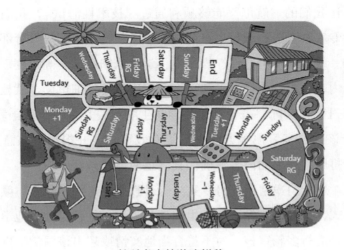

教科书中的游戏样稿

在严密的组织部署下，在多方力量的齐心协力下，经过近 12 个月的努力奋斗，通过精益求精的"量身打造"，终于高标准、高质量地建造好了这艘教育援外"航母"之本。

三、多措并举，搭好航母之翼

在编写过程中，我们一方面依照国标版教科书的编写方式，在充分发挥团队成员的主观能动性的同时，齐心协力，严格落实各项任务要求，确保教科书编写工作稳步推进，另一方面密切保持与受援国方面的沟通交流，不断征询南苏丹政府和教育专家、一线教师的意见，多措并举，注重实效，以求能辅助第一艘教育援外"航母"平稳启航。

（一）真诚采纳南苏丹教育部门意见，做好航母"技术性海试"准备

海试是一个非常重要的阶段，就像学生考试，能不能及格，需要在海试这个环节中进行检验。而我们这艘教育援外"航母"建造工作是否合格的客观标准，则是能否通过南苏丹政府审定、是否满足南苏丹教育所需。

为了让我们的"航母"能够顺利通过"技术性海试"，我们除了邀请国内顶尖专家学者进行教科书审读把关外，还特邀南苏丹教育部官员、教育专家和一线教师从可行性、操作性、学生认知心理学等角度，对教科书每一单元内容、每一个栏目、每一个文字进行了仔细审读，就教科书是否切合南苏丹教育实际，是否利于该国学生学习，是否便于该国教师教学，是否符合该国语言习惯等方面进行了有效审核，并根据审核意见精心修订，反复打磨教科书的内容，确保其满足南苏丹教育所需。

同时，还专门邀请南苏丹专家学者对教科书封面、版式、颜色与风格等外在形式，是否能激发该国学生的学习兴趣、是否符合当地学生的审美观等角度，进行多轮审核，对不符合当地实情或超出该国学生生活实际过高的插图等进行重绘或修改。

另一方面，我们积极寻求第三方智囊支持，如采纳吸收商务部委派的项目第三方验收单位——中国教育学会验收专家的意见、邀请国内外知名专家学者及南苏丹在华留学生等对教科书进行多批次审读，并采纳合理意见或建议，不断提升教科书的编写质量。

2018年3月，南苏丹教育部一次性审核通过中方开发的南苏丹小学一年级数学等三门学科的教科书，并对我们的教科书开发工作给予了高度肯定。在最后的总结会上，南苏丹教育专家多次向中方编写团队起立致敬，南苏丹教育部次长隆格里奥先生更是激动地说，"我为我们南苏丹的孩子感到高兴，因为他们终于能用上好教科书了！这次新编的教科书超出了我们的期望，希望在不久的将来，能看到从小学二年级到中学四年级等更多的教科书被我们共同编写出来"。

（二）精心搭建教科书使用平台，做好航母"作战环境中海试"准备

教科书最终是要在课堂上度过它的全寿命，课堂才是它真正担负使命的合格土壤。因此完成"技术性海试"之后，我们还需要到作战环境——课堂中去检验它的"性能"。

为此，在南苏丹小学一年级数学教科书付梓后，基于让南苏丹的教职人员了解本套教科书特点、掌握教科书使用方式、灵活运用本套教科书展开有效教学的目的，编写团队遵循"新理念、重细节、留空间、助发展"的原则，精心编写了与教科书配套的教师用书。

除此之外，我们还面向由南苏丹政府选拔的种子教师，展开现场教科书使用培训，手把手地指导南苏丹一线教师如何使用本套教科书进行课堂教学。

在教科书使用培训过程中，我们着重从当前国际最新数学教育理念、我国近20年来的课改经验、如何使用教科书和教师用书、如何设计教学过程、如何正确评价学生以及如何进行特色专题教学等方面，进行了课堂讲解和实际操作示范。培训结束后，南苏丹教师代表纷纷表示理解本套教科书的使用要则，并通过此次培训，接受了国际最新教学理念、方法、思想，明确了身为教师的努力方向。

另外，为方便更多的教师使用，我们精心制作了长达 120 分钟的教学视频资源，以介绍如何实际操作教科书及教师用书。

无论是确保"航母"顺利通过南苏丹官方验收，还是我方精心帮其培训合格的"航母人才"，这些都是为让这艘教育援外"航母"如虎添翼，航行得更快、更稳、更远。

对外教育援助是重要的人文交流方式。通过首艘教育援外"航母"的建造，不仅有助于改善南苏丹的教育条件，也是提高我国国际影响力和培育我国国家软实力的重要途径，更是促进中南两国民心相通的重要方式。但由于不同国家之间的文化背景、民俗习惯迥异，决定着我国教育援外"航母"的开发建造既要着眼现实，也要放眼未来；既要吸收中国智慧，也要借鉴国际经验；既要立足当地实情，也要融入中国方案。因此，我们将在习近平总书记高屋建瓴的统一部署下，在"一带一路"倡议和"人类命运共同体"的框架下，进一步总结建造首艘教育援外"航母"的经验，始终坚持真诚友好、平等相待、义利相兼、以义为先，发展为民、务实高效，开放包容、兼收并蓄的原则，精心建造更多更先进的教育援外"航母"，脚踏实地扬起文化自信的"风帆"，让中华文化走向世界，从而为世界文化交流、文明互鉴作出更多更大贡献。

（作者单位：湖南教育出版社）

提升《中国大百科全书》传播力的思考

王　瑜

《中国大百科全书》第三版（以下简称"《百科》三版"）2011年由国务院正式立项，已列入《"十二五"国家重点图书出版规划项目》和《2013—2025年国家辞书编纂出版规划》。《百科》三版以专业板块为核心内容，按学科分类编纂，以大学及其以上水平者为阅读对象。《百科》三版已启动103个学科，组织了近3万名专家学者，国家对项目的支持已有4年，在《中国大百科全书》的编纂出版中，国家投入大量的人力、物力、财力。那么，如何扩大《中国大百科全书》的传播范围；增强《中国大百科全书的》传播能力；产生与国家投入相匹配的传播效果；让更多的人受益于这项国家知识服务工程，是在编纂《百科》三版过程中持续被关注和思考的一个重要问题。

一、《中国大百科全书》的传播现状分析

经过 40 年的编纂出版发行，《中国大百科全书》已经出版了第一版、第二版，《中国大百科全书》第一版编纂出版历时 15 年，全书 74 卷，共 77859 个条目，从事编纂的专家学者 20670 人。到 1994 年，总发行量达到 260 万册。《中国大百科全书》第二版编纂历时 14 年，32 卷本的发行量近 2 万套（64 万册），与第一版相比，发行量明显下降。至 2016 年，基于中国知网 1.3 亿篇的文献总量和 7200 多万篇的中文文献，《中国大百科全书》的中国知网文献被引次数总量累计不足万次。而其他某些重要文献的单篇引用次数或某些学者的文献引用次数就可超过《中国大百科全书》。中国知网的被引用文献相关数据也从一个侧面反映出作为知识工具书的《中国大百科全书》内容的被引用率低，读者范围相对有限。近年来，随着人们对各种网络百科如维基百科、百度百科和专著论文、期刊数据库的应用，《中国大百科全书》的传播方式、传播范围、传播效果等方面都表现出较明显的不足。

《中国大百科全书》面临的传播困境有：首先，传播方式单一。《中国大百科全书》第二版为 32 卷，按汉语拼音统编出版，定价高、部头大，极不易走入寻常人家。其次，编纂出版方式单一，无法满足受众所需。以学科分卷的单卷本无法满足受众日益多元化的阅读需求；以字母排序的综合版无法满足受众专业化需求；纸质版无法满足人们网络阅读和快速查寻的需求。最后，国际传播力明显不足。《中国大百科全书》纸质版的域外传播主要以华人为主，尽管各国家图书馆对《中国大百科全书》都有一定收藏，但迄今为止，《中国大百科全书》仍未出版英文版，而全世界说英语的国家和地区共有 172 个，比较《不列颠百科全书》《大美百科全书》等对中国和世界的传播和影响，《中国大百科全书》的对外传播范围有限，传播质量有待提高，传播能力也需进一步提升。

二、如何提升《中国大百科全书》传播力

2012年3月13日，不列颠百科全书公司宣布，已有244年历史的《不列颠百科全书》将停印纸质版，只提供电子版。2011年，《中国大百科全书》第三版在立项时就定位为"数字化时代的新型百科全书，是基于信息化技术和互联网，进行知识生产、分发和传播的国家大型公共知识服务平台"。相比第一版、第二版，应用数字化编纂方式和进行网络发布传播，《中国大百科全书》网络版可着力于4个方面提升《中国大百科全书》的传播力。

（一）坚持传统，优化内容

"无论是网络版还是纸质版，百科全书首先应是知识的书。应如同传统的百科全书一样，不失百科全书作为知识工具书的基本性质和基本性格"（金常政：《网络百科全书刍议》）。沿袭《中国大百科全书》第一版、第二版的编纂传统，第三版在内容上仍坚持学科全面、释文准确、实事求是。当今，随着信息技术的发展，信息更新速度加快，各种人人可创建、编辑的网络百科品种繁多。大量信息的汇聚让受众可以"一查就有"，但随之，需要选择判断的信息也充斥网络。纷繁芜杂的内容为判断带来困扰，而虚假、错误的信息和观念也进一步影响着人们。再加上人们思维方式、文化背景、历史传统、风俗习惯等方面的差异也易造成网络百科在"协同编纂"的模式下产生一个条目几十种解释的怪现象。受众也容易被错误的信息或舆论误导，产生认识的偏颇，甚至走向极端。而此时，能够提供准确、客观的科学知识的百科全书就成为人们辨别真伪的知识世界里最好的向导。"查阅者接受的是权威性专家提供的正确可靠、可以放心引以为据的知识"。

在第一版、第二版全面、客观、准确、权威的基础上，百科全书的内容也要产生一些新的变化才能够适应当前网络化、信息化时代的发展，满足受众多元化的需求。在形式上，《百科》三版先"网"后"纸"。网络版

不受篇幅限制，可将海量知识收入其中；网络版不受空间的限制，传播渠道更为便捷；网络版不受时间限制，方便随时查询。《百科》三版的传播范围和受众更加广泛。以数据库技术为基础，网络版百科可容纳海量知识内容，满足不同受众多层次、多方位、多元化的需求；以大数据技术为支撑，网络版百科可通过用户行为分析等，为受众提供真正所需的内容，留住读者；以多媒体技术为辅助，网络版让单一枯燥的知识内容多维呈现，让知识更加立体和丰富，吸引读者。

（二）互动协同，五位一体

互动协同是《百科》三版网络版的一大特点，互动协同在建设编纂流程、整合内容资源、创新工作方式等多个方面对《百科》三版都有助力。在网络版的编纂中"互动协同"不仅是一种简单的组稿方法、编辑方式；也是知识组织和再生产方式；更是一种编辑理念。

互动协同允许多个角色对同一个条目进行处理，如多个作者同时编纂一个条目，这一功能为解决交叉重复条目问题也提供了帮助。交叉重复是编纂综合性百科全书最常遇见也最难解决的问题之一，对于同名不同学科归属内容有所不同的条目，可以由多位撰稿人协同编纂完成，以形成综合性条目，适应不同学科背景读者的需求。对百科全书的编纂意味着以更加开放包容的态度来进行相关问题的处理，如"孔子"条目既可以邀请研究孔子的专家撰写，也可再由不同的专家对同一个条目进行协同编纂。

在协同编纂的理念下，《百科》三版的条目不再如一二版一般，一经出版，即使已知错误，也无法改变，只能修订。网络版的条目可是一个迭代开发的过程，读者、普通作者、专家作者、编辑、出版方五位一体，允许读者针对专家所撰条目提意见，编辑收到意见反馈专家，经相关查询求证后，及时补充新的知识内容，修改或更新原有条目。同时普通作者也被允许参与条目的撰写，所撰内容经过专家作者、编辑的审定后被发布。这种知识的交流、互动一方面增强了知识创造的活力；另一方面，"互动"也让关心百科全书的人参与到编纂百科全书的事中来，增强了读者与百科全书的黏合度，提升了《中国大百科全书》的传播力。

（三）中国范，国际观

百科全书不仅体现一个国家民族的文化知识，还应体现一个国家对人类知识总体的认知。在编纂《百科》三版的过程中，如何创建具有中国特色、中国风格、中国气派的知识话语体系是编纂者们一直努力探索的问题。《中国大百科全书》具有明显的"中国范"，首先，在学科层面更体现有中国特色的内容，如戏曲、中医等都在原有基础上大量地增添知识内容；其次，在内容层面更偏重于中国的内容，如在设计框架时国外人物的选条标准略高于中国人物，以保证大多数学科的人物条目中国国内和国外人物数量之比不低于1∶1。在形式上，也特别注意对中国特色的内容以更丰富的多媒体方式呈现，加入大量的音视频资源。

在坚持中国特色时，《百科》三版也增强与国际知识界的对话和交流，"设计学""公共管理""传播学"等这些与国际学科、学术发展接轨的新学科被单列为一级学科进行组织建设。在条目的选择上，也体现了"国际观"，随着中外学术界交流日益增多，出现了学术界通用的英文条目，如心理学选择了"chocking"这个条目，在编纂中，这些英文条目也要完成中国化命名，"chocking"被专家建议中文定名为"克金"，意为"克服金牌恐惧症"，既简明又形象。

网络版的传播范围更远、更广，可以增加对"特色学科""重点条目""中国特色条目"的其他语种释文，实现对外直接传播。如与美国宝库山集团和德国施普林格·自然集团围绕中国主题百科内容和《中国大百科全书》英文版建立了国际编辑部，依托合作方的海外专业编辑团队和营销团队推动中国百科内容走向国际，并向纵深传播。从参与到引领，中国专家的中国知识，参与世界知识体系的建设之中。

（四）进行市场化运作

《中国大百科全书》编纂时间长、投入大、盈利空间有限，无论是第一版还是第二版或是现在的《百科》三版，国家都投入了大量的支持，这种支持对于完成《中国大百科全书》的编纂工作至关重要。但是维系长远，实现《中国大百科全书》的市场化运作，被消费者所接受和使用，才能进一步提升百科全书的传播力，让它发挥更大的影响力。《中国大百科全书》将以"百科"的内容资源和专家资源为核心，开发多种图书产品、教育产品、文化产品，实现多次销售、线上线下互动、跨媒体经营。比如在营销中，开展有专家参与的线上推荐和线下活动等高质量的营销。以学科编纂专家团队为核心，在编纂百科全书的过程中产生"百科百家"、视频资源"百科口述"等，不仅实现百科全书的多元化和富媒体化，也会带来后续的持续的产品开发和增值。

《百科》三版是中国知识界对知识的一次集体表达，随着中国的国际地位、国际角色和面对的国际形势的变化和发展，《百科》三版的有效传播，既诠释了中国故事，解释了中国知识，又传承了中国文化，传播了中国观念；既塑造了中国的国际形象，又让中国学界更加深度地参与了全球知识共建。有人说："一部《中国大百科全书》不仅代表中国现代科学文化水平，也凝结着当今中国知识分子的智慧和心血"，但《中国大百科全书》的出版不仅是一座文化的丰碑，一曲当代中国知识分子的颂歌，更是来之不易的知识成果。这一成果需要通过各种渠道、方式得到更广泛、有力的传播，让人民群众共享文化建设成果。在人类历史上，百科全书的编纂曾经推动了人类社会的进步，而《中国大百科全书》历时 40 年的编纂、出版和传播，也让中国人在社会发展和变迁中，更加有理性、有知识、有智慧、有能力。

（作者单位：中国大百科全书出版社）

责任编辑：张双子

责任校对：吴容华

封面设计：徐　晖

图书在版编目（CIP）数据

新时代　新编辑　新作为：中国编辑学会第 19 届年会获奖论文 . 2018 ／
　中国编辑学会 编 . —北京：人民出版社，2019.8
ISBN 978－7－01－020976－0

I. ①新… 　 II. ①中… 　 III. ①编辑学－文集 　 IV. ① G232-53

中国版本图书馆 CIP 数据核字（2019）第 118646 号

新时代　新编辑　新作为
XINSHIDAI XINBIANJI XINZUOWEI

——中国编辑学会第 19 届年会获奖论文（2018）

中国编辑学会　编

人民出版社 出版发行
（100706　北京市东城区隆福寺街 99 号）

北京中科印刷有限公司印刷　新华书店经销

2019 年 8 月第 1 版　2019 年 8 月北京第 1 次印刷
开本：710 毫米 ×1000 毫米 1/16　印张：32.75
字数：470 千字

ISBN 978－7－01－020976－0　定价：86.00 元

邮购地址 100706　北京市东城区隆福寺街 99 号
人民东方图书销售中心　电话（010）65250042　65289539